齐长城遗址保护与研究

QICHANGCHENG YIZHI BAOHU YU YANJIU

山东省古建筑保护研究院／编著

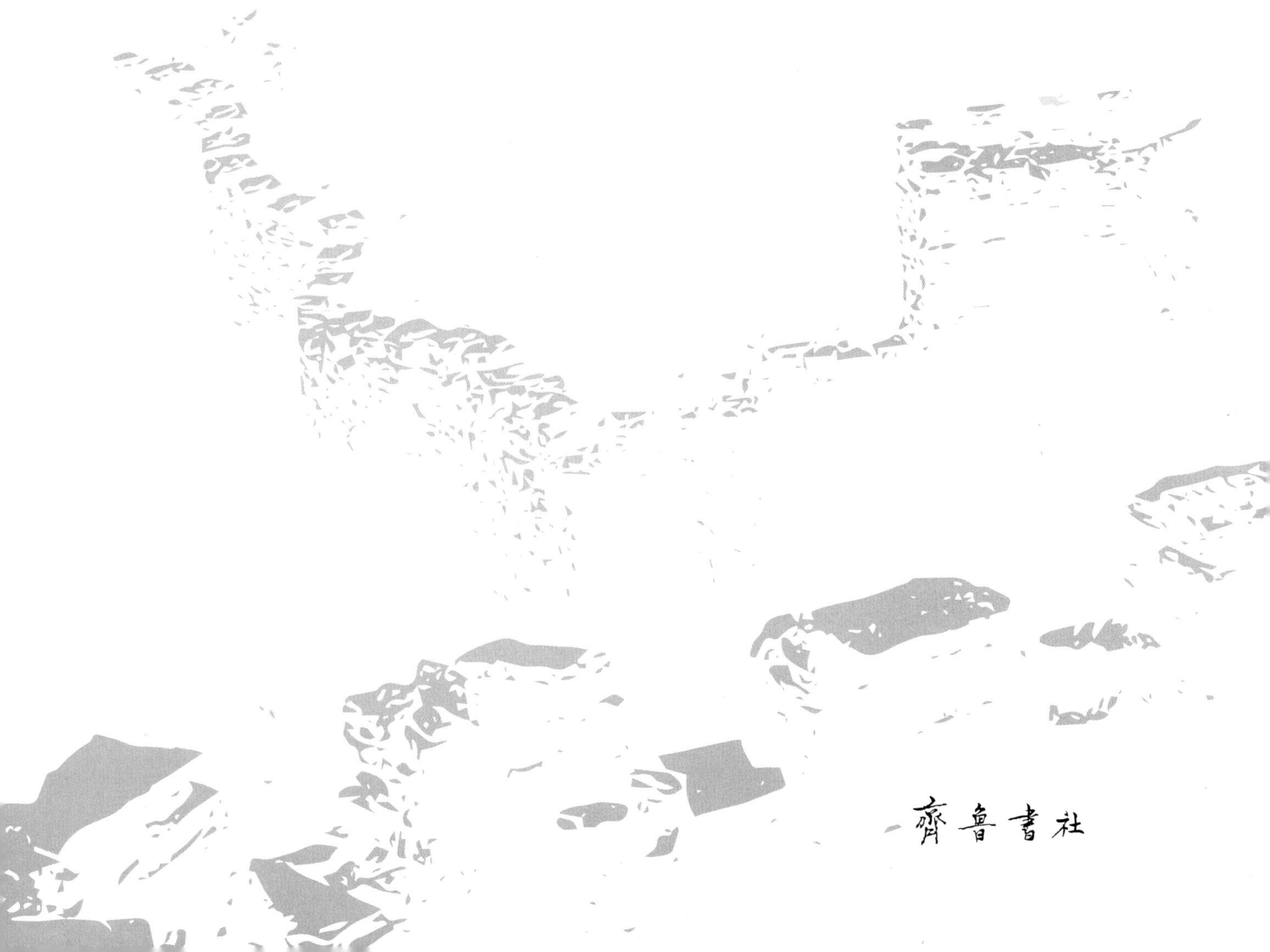

齊魯書社

编写组

编委会主任：周晓波

副　主　任：孟令谦　荣瑞峰

学术顾问：张宪文　杨新寿

主　　　编：荣瑞峰

编写人员：（按姓氏笔画排序）

于　军　于　超　王亚雯　王荣林　王万忠　甘信魁　齐　敏　刘婷婷
苏　媛　张艳群　别晓燕　张　强　宋莲平　尚　伟　林圣杰　杨登倩
郑洋坤　赵夫召　赵　敏　高金宇　顾宪凯　侯彩筠　常国庆　尉洪鑫
崔　昱　程留斌　韩晓蕾　董伟丽　曾　波　雷子军　魏　建

行政及施工参与人员：（按姓氏笔画排序）

王　文　刘明东　李永春　汪文锦　张洪雷　房立民　段　芾　袁广华
郭德群　韩　艳　韩树军

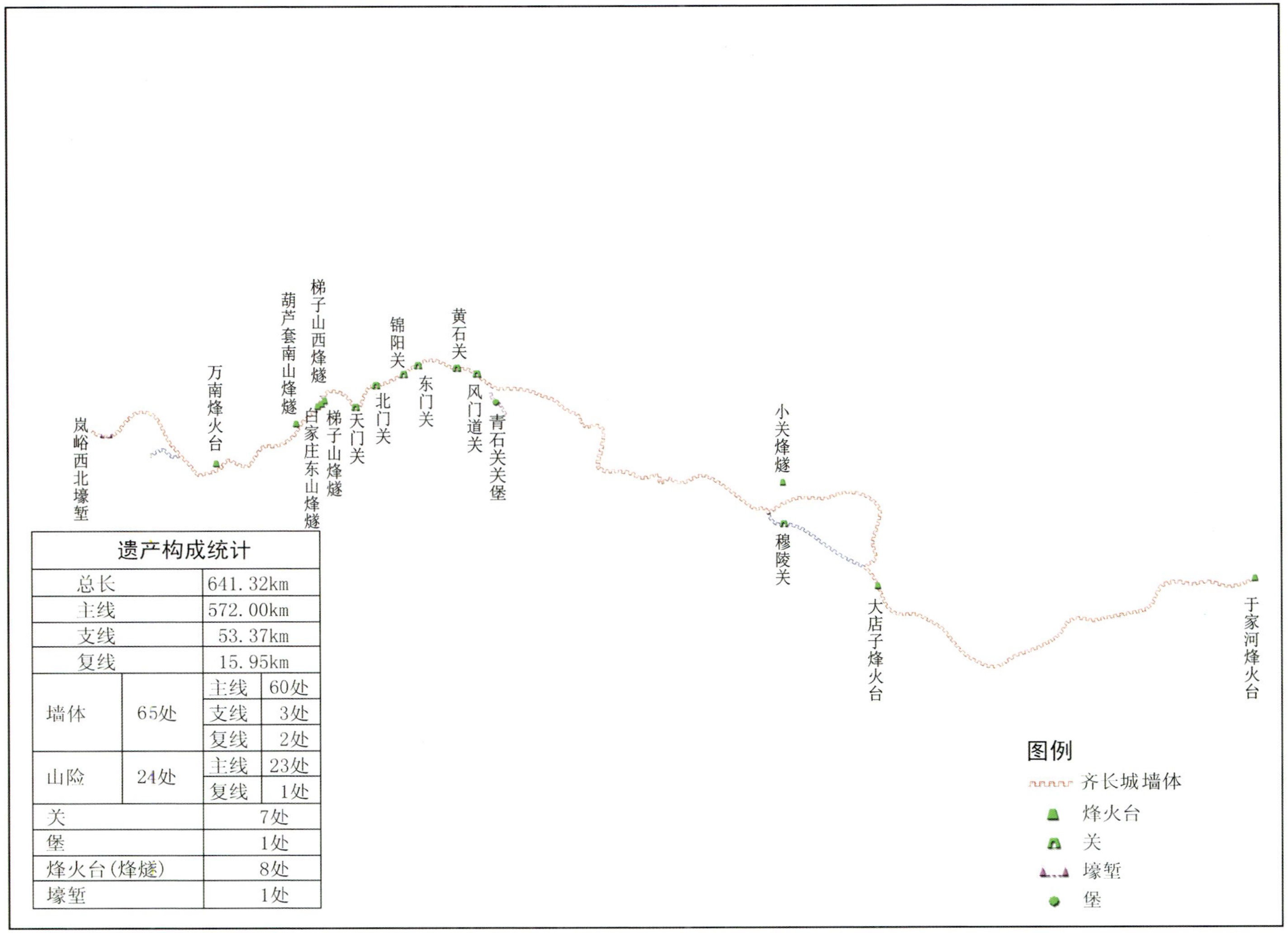

遗产构成统计			
总长		641.32km	
主线		572.00km	
支线		53.37km	
复线		15.95km	
墙体	65处	主线	60处
		支线	3处
		复线	2处
山险	24处	主线	23处
		复线	1处
关		7处	
堡		1处	
烽火台(烽燧)		8处	
壕堑		1处	

图1-1　齐长城遗址遗产分布总图

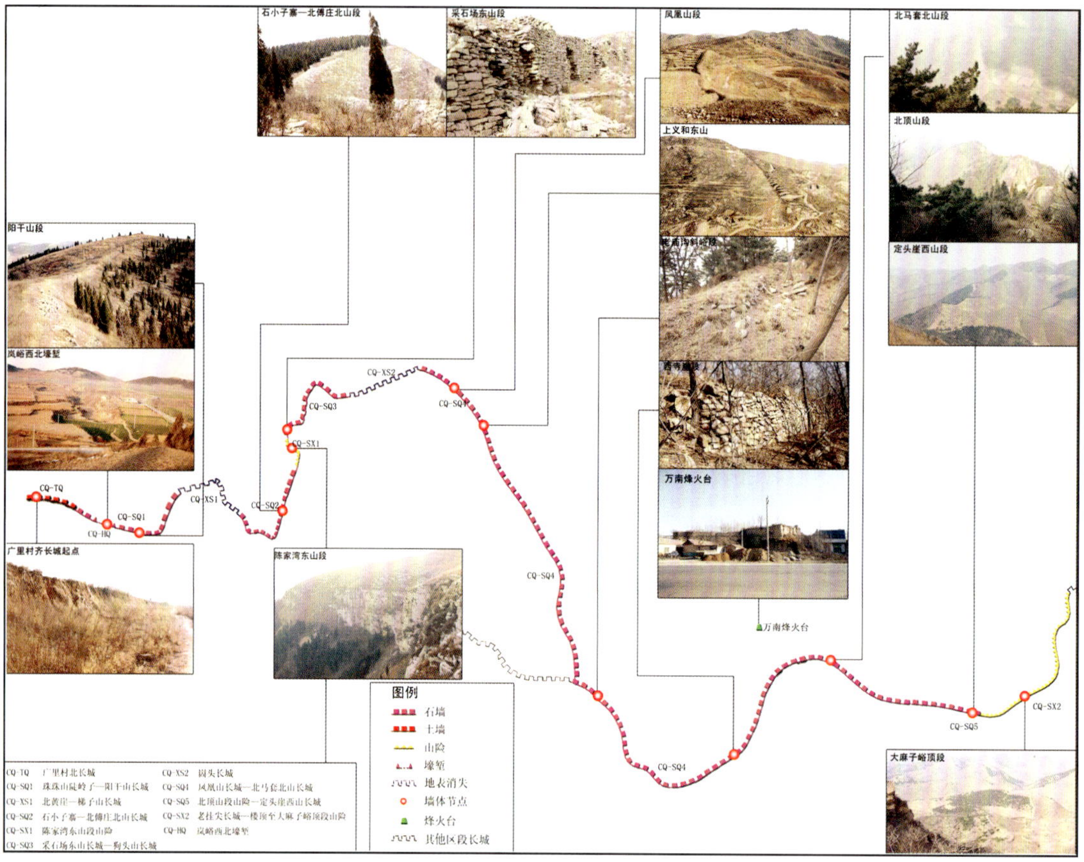

图 2－1　长清区遗产分布图

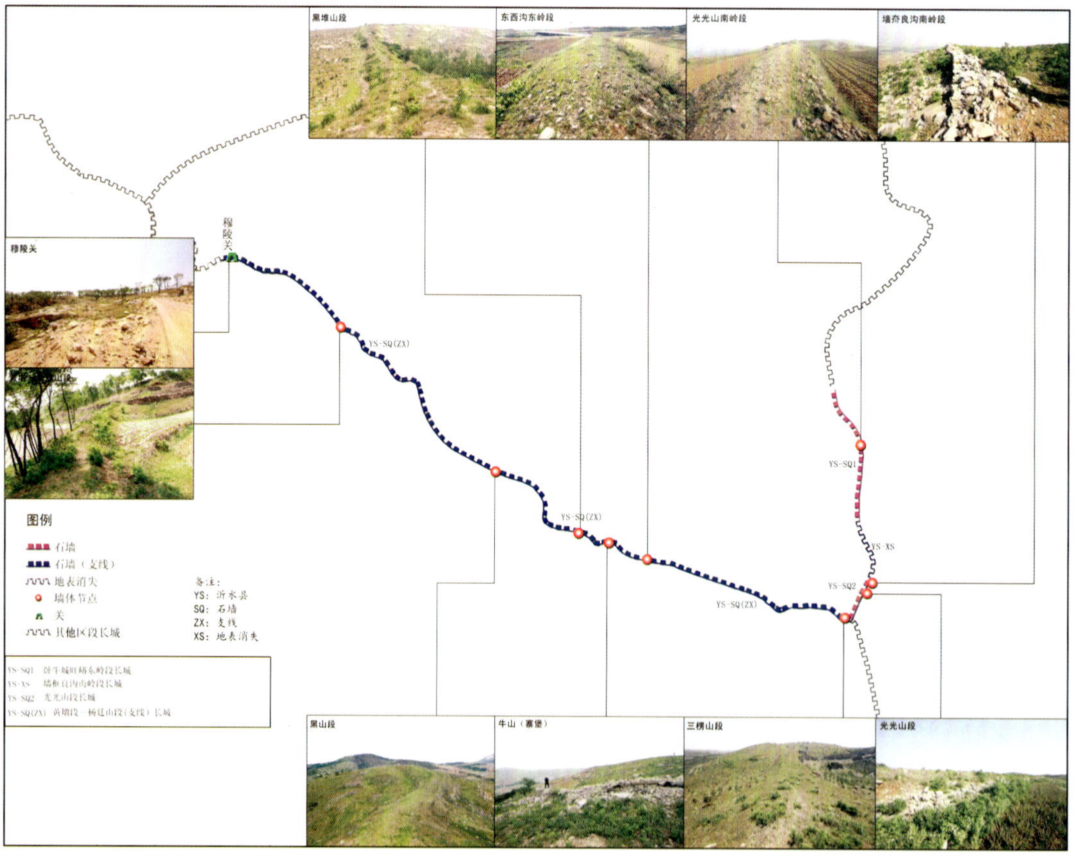

图 2－2　沂水县遗产分布图

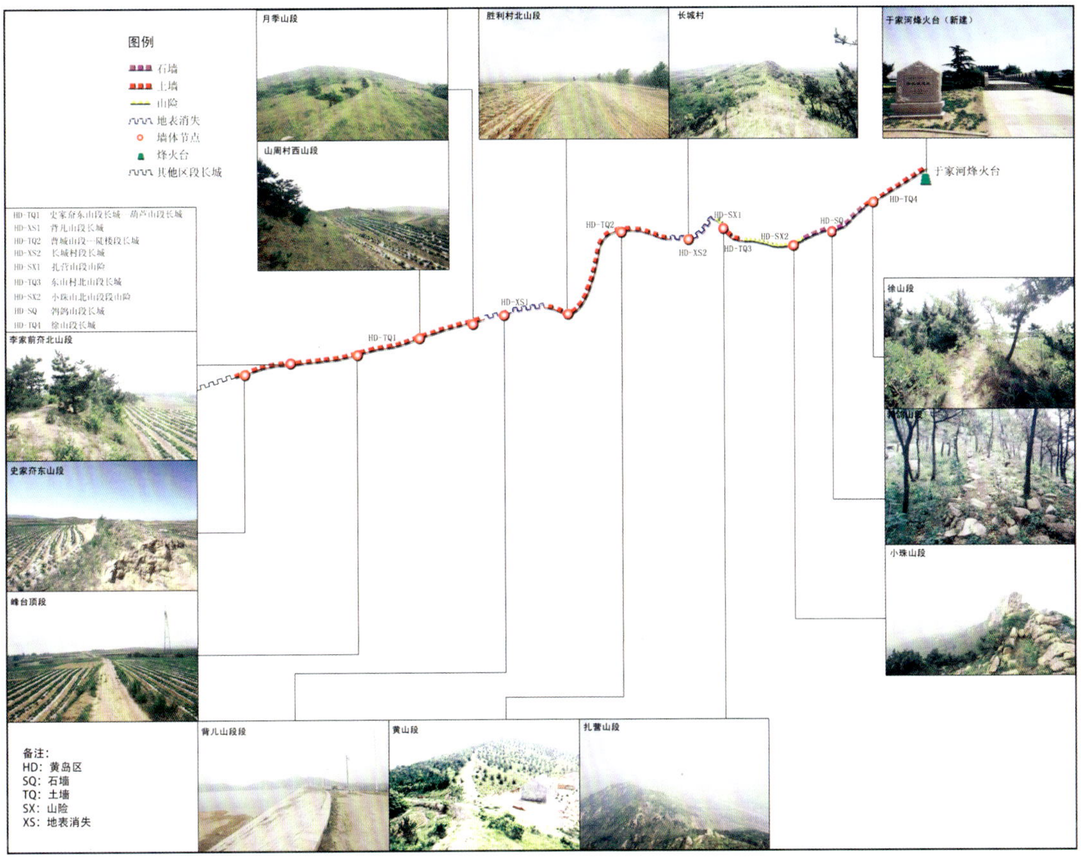

图 2－3　黄岛区遗产分布图

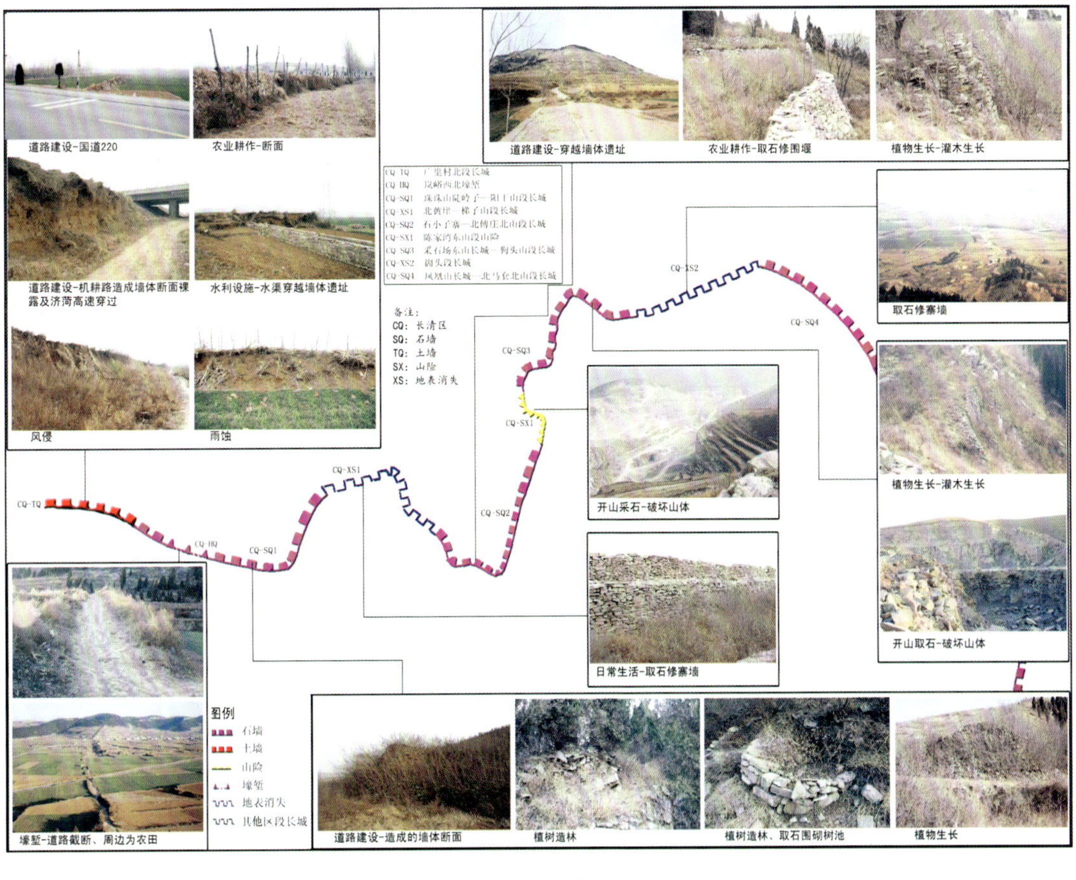

图 2－4　长清区遗产保存现状图

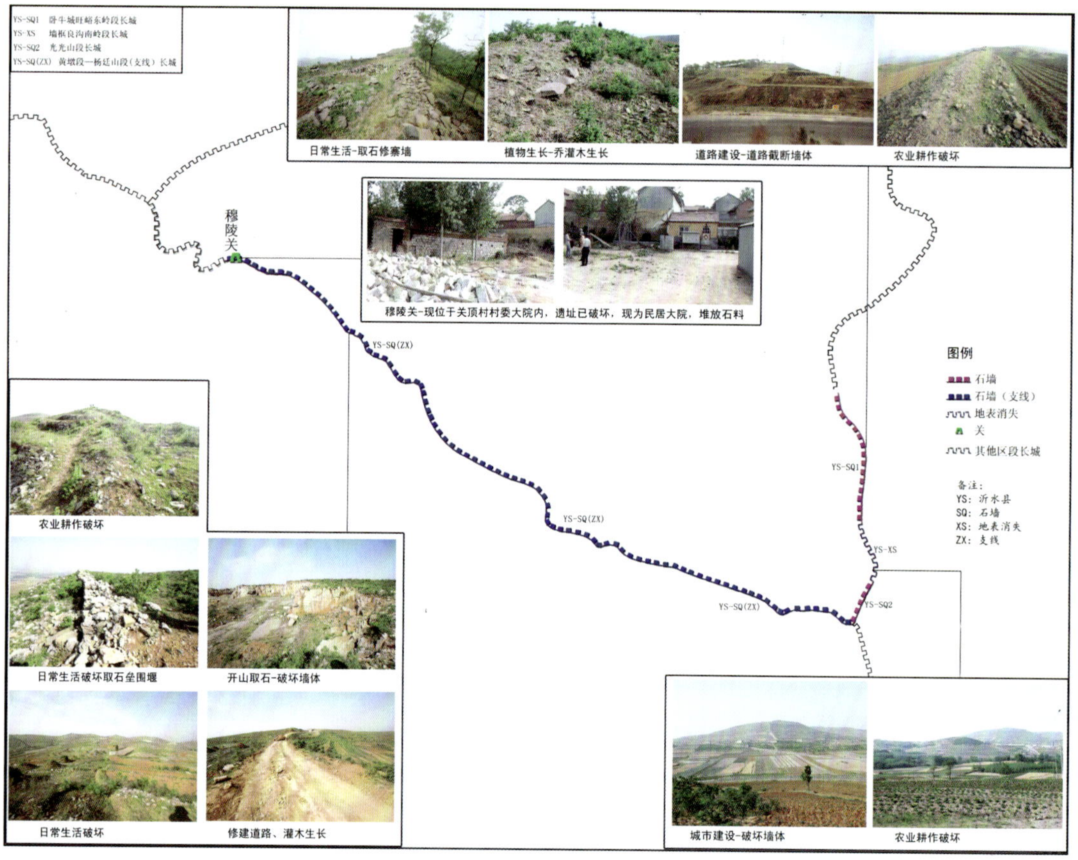

图 2－5　沂水县遗产保存现状图

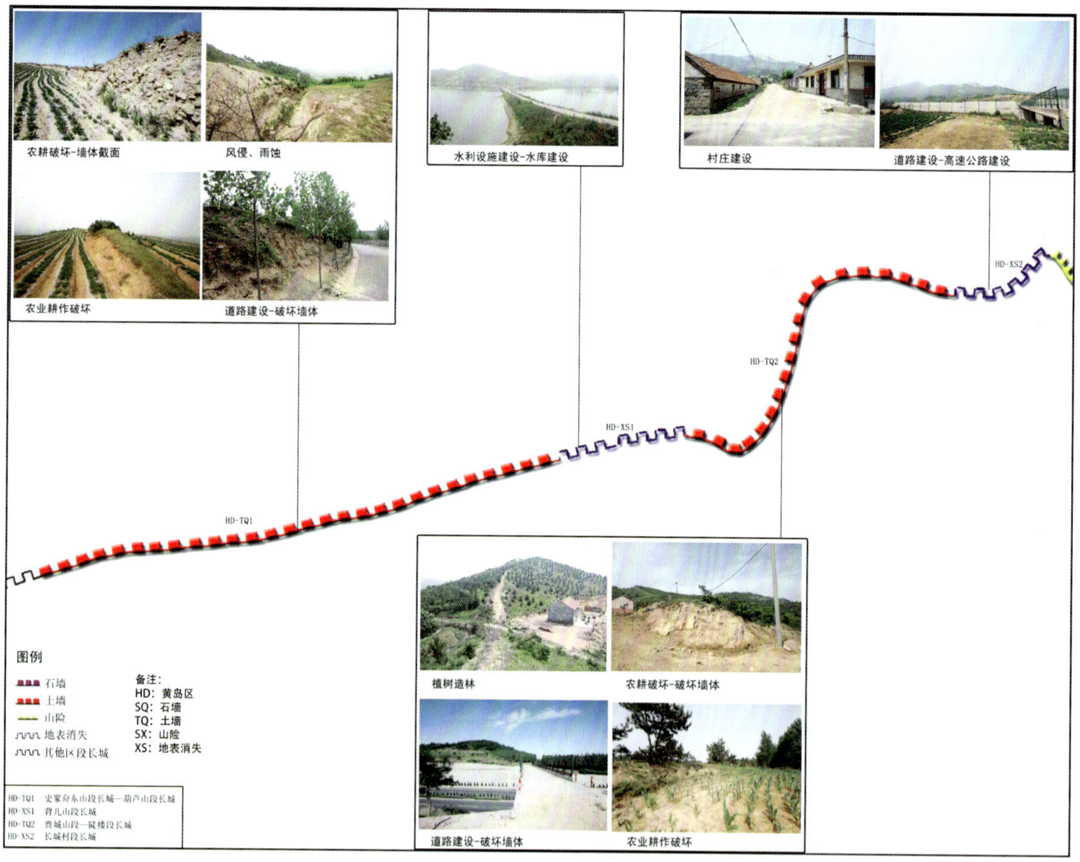

图 2－6　黄岛区遗产保存现状图

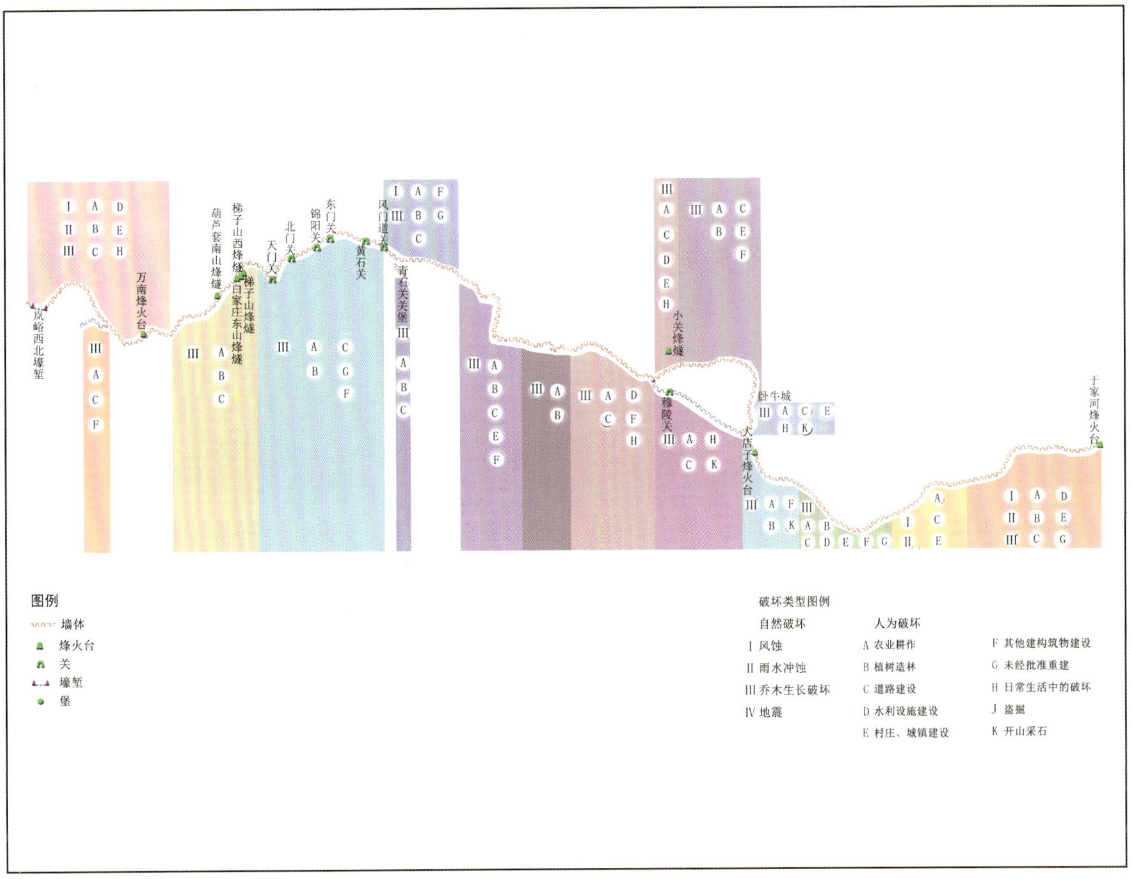

图 2－7　齐长城遗址本体病害分布图

图 2－9　土墙－雨水冲蚀(诸城段)【由东向西拍摄】

图 2 - 10　断面掏蚀（黄岛段）【由北向南拍摄】

图 2 - 11　纵向断面掏蚀（诸城段）【由北向南拍摄】

图 2－12　墙体坍塌(章丘段)【由南向北拍摄】

图 2－13　墙体塌落（章丘段)【由东向西拍摄】

图 2－14　墙体塌落（章丘段）【由西向东拍摄】

图 2－15　墙体塌落（章丘段）【由南向北拍摄】

图2－16　石墙-墙体风化（章丘段）【由南向北拍摄】

图 2－17　土墙－植物根系破坏(黄岛段)【由东向西拍摄】

图 2－18　土墙－采矿破坏(诸城段)【由南向北拍摄】

图 2－19　土墙－利用墙基作为道路(诸城段)【由西向东拍摄】

图 2－20　开山采石破坏(长清段)【由西向东拍摄】

图 2 - 21　土石混筑 - 道路破坏(黄岛段)【由西向东拍摄】

图 2 - 22　道路建设破坏(黄岛段)【由东向西拍摄】

图 2－23　城镇建设(博山段)【由东向西拍摄】

图 2－24　村落建设(黄岛段)【由东向西拍摄】

图 2-25　水利设施建设（黄岛段）【由西向东拍摄】

图 2-26　未经批准重建（黄岛段）【由西向东拍摄】

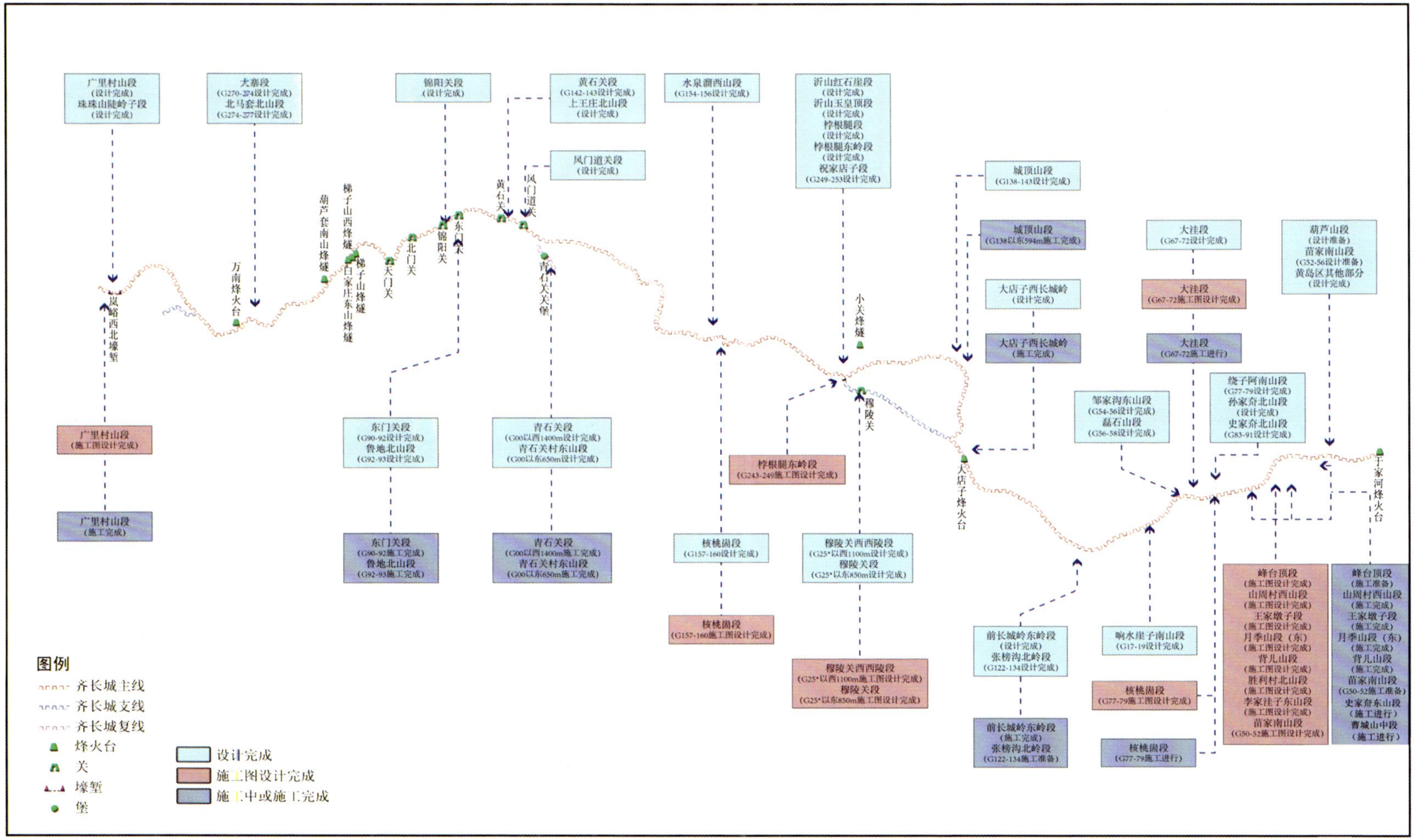

图2－27　齐长城遗址文物保护工程评估图

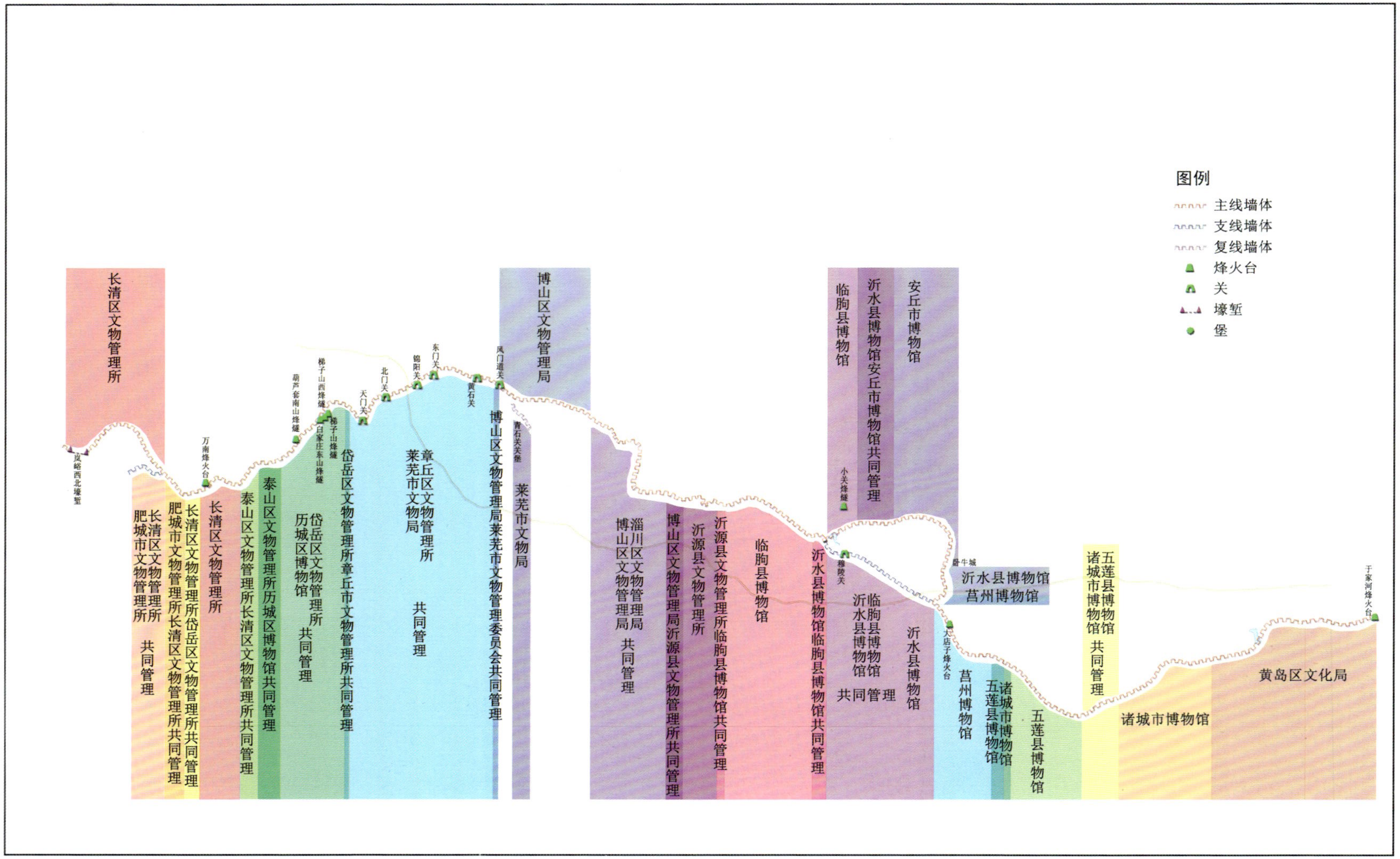

图3－1　齐长城遗址管理现状图

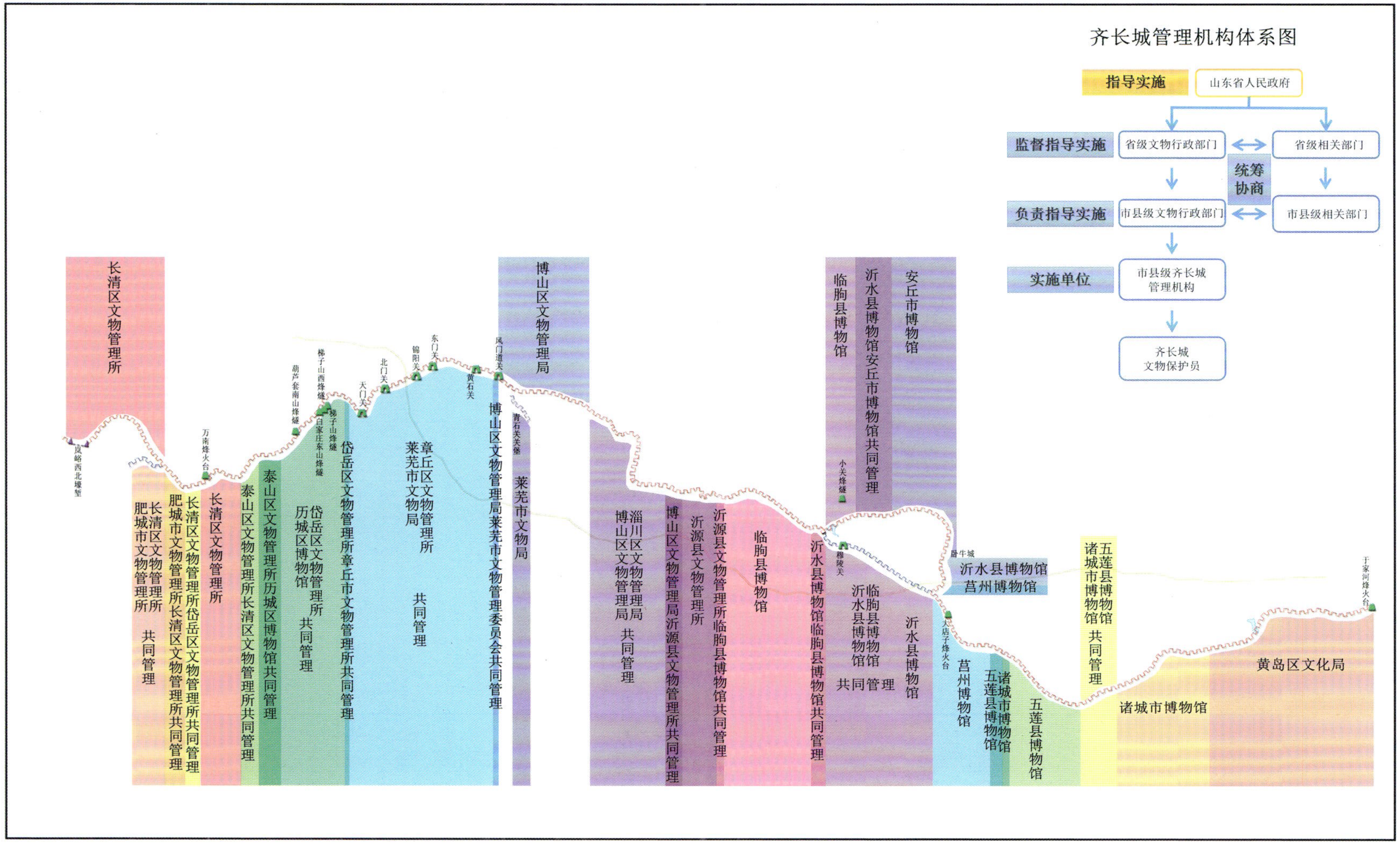

图3－2　齐长城遗址管理体系建设图

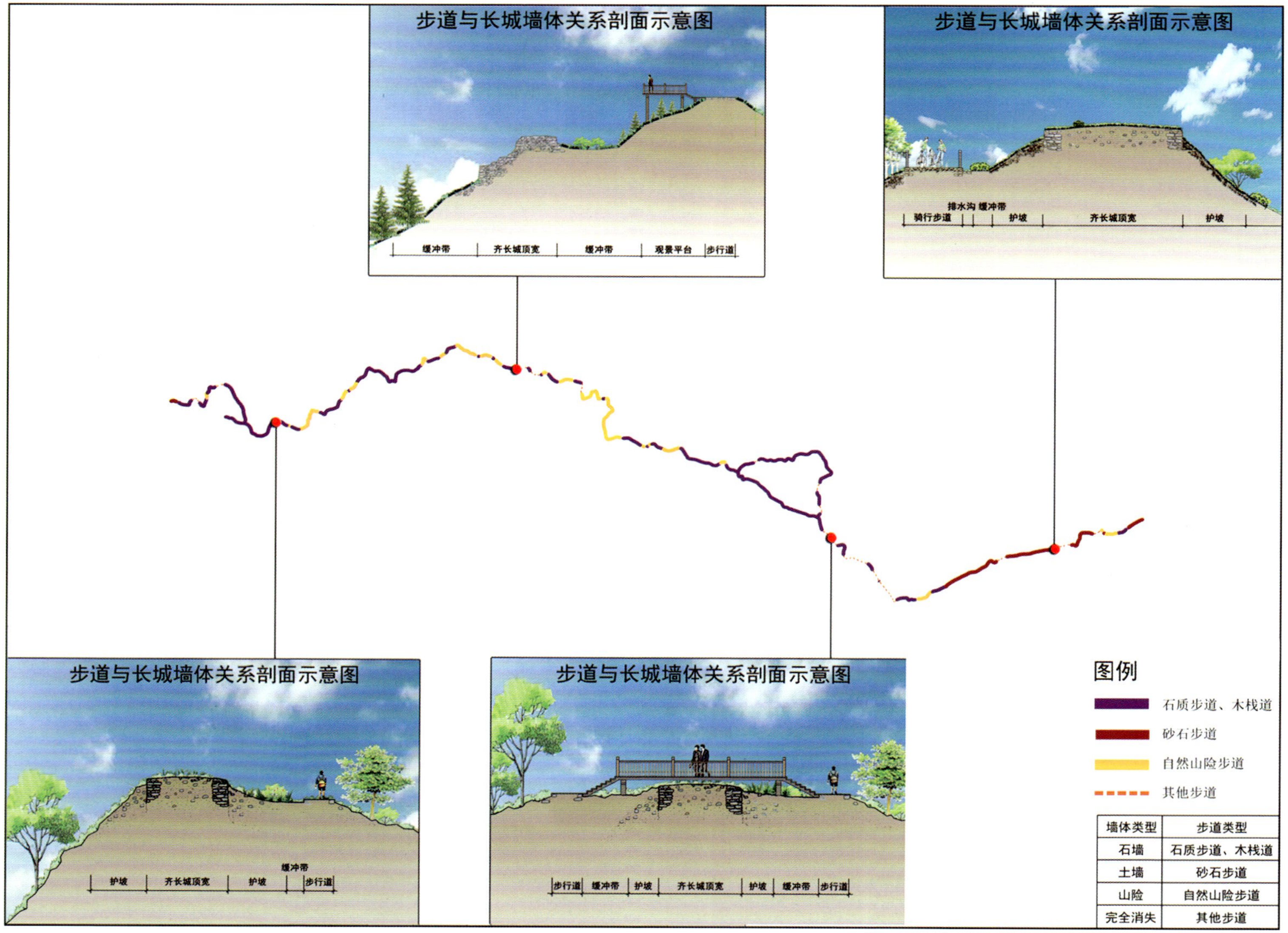

图4－1　齐长城国家步道系统规划总图

图 4－2　砂石步道效果图

图 4－3　木栈道效果图

图 4 - 4　石质步道效果图

图 4 - 5　山险步道效果图 1

图 4－6　山险步道效果图 2

图 4－7　长城村效果图

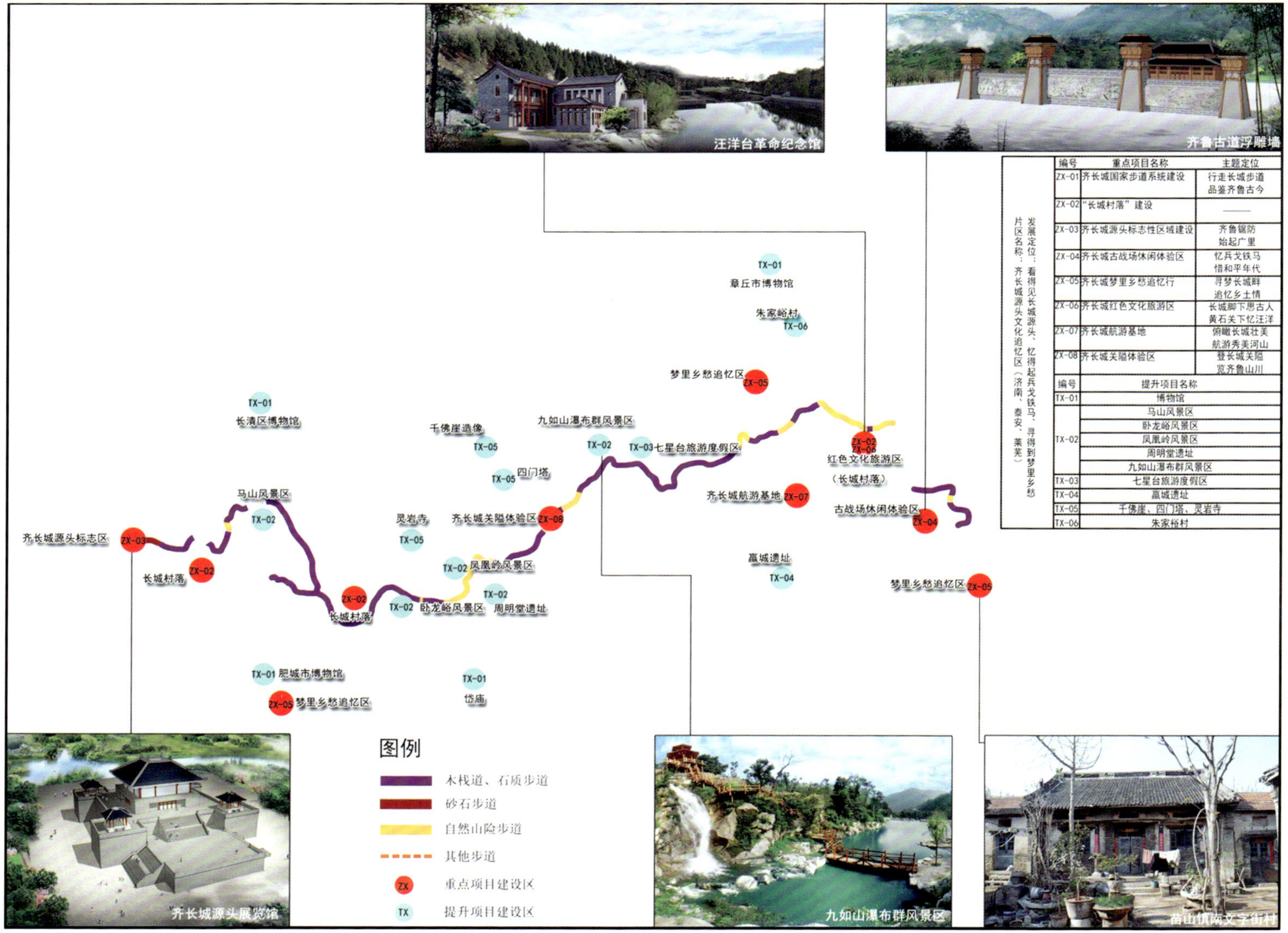

片区名称：齐长城源头文化追忆区（济南、泰安、莱芜） 发展定位：看得见长城源头、忆得起兵戈铁马、寻得到梦里乡愁	编号	重点项目名称	主题定位
	ZX-01	齐长城国家步道系统建设	行走长城步道 品鉴齐鲁古今
	ZX-02	“长城村落”建设	——
	ZX-03	齐长城源头标志性区域建设	齐鲁锯防 始起广里
	ZX-04	齐长城古战场休闲体验区	忆兵戈铁马 惜和平年代
	ZX-05	齐长城梦里乡愁追忆行	寻梦长城畔 追忆乡土情
	ZX-06	齐长城红色文化旅游区	长城脚下思古人 黄石关下忆汪洋
	ZX-07	齐长城航游基地	俯瞰长城壮美 航游秀美河山
	ZX-08	齐长城关隘体验区	登长城关隘 览齐鲁山川
	编号	提升项目名称	
	TX-01	博物馆	
	TX-02	马山风景区	
		卧龙峪风景区	
		凤凰岭风景区	
		周明堂遗址	
		九如山瀑布群风景区	
	TX-03	七星台旅游度假区	
	TX-04	嬴城遗址	
	TX-05	千佛崖、四门塔、灵岩寺	
	TX-06	朱家峪村	

图4-8　齐长城源头文化追忆区项目规划图

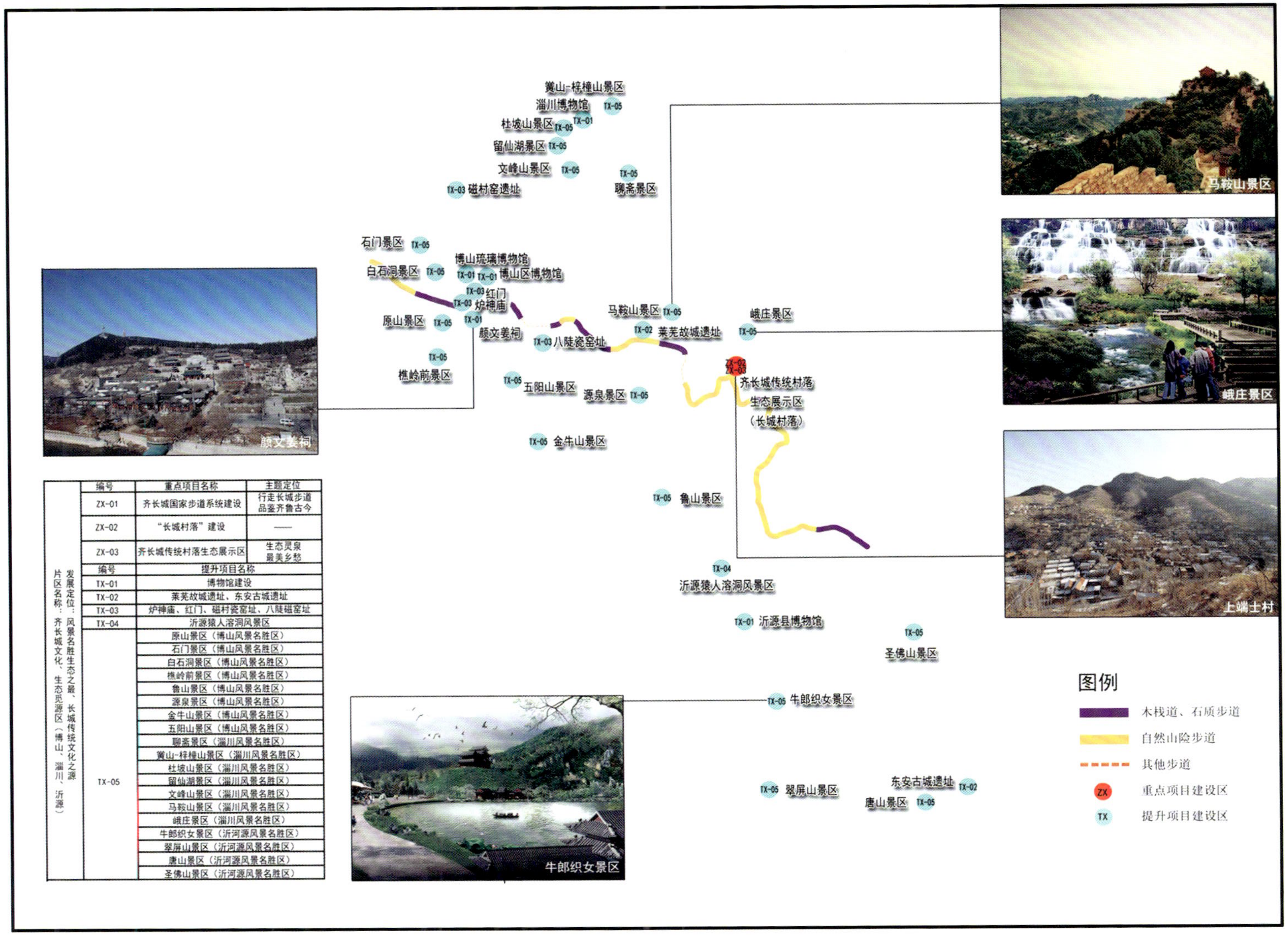

片区名称：齐长城文化、生态觅源区（博山、淄川、沂源） 发展定位：风景名胜生态之最、长城传统文化之源	编号	重点项目名称	主题定位
	ZX-01	齐长城国家步道系统建设	行走长城步道 品鉴齐鲁古今
	ZX-02	“长城村落”建设	——
	ZX-03	齐长城传统村落生态展示区	生态灵泉 最美乡愁
	编号	提升项目名称	
	TX-01	博物馆建设	
	TX-02	莱芜故城遗址、东安古城遗址	
	TX-03	炉神庙、红门、磁村瓷窑址、八陡磁窑址	
	TX-04	沂源猿人溶洞风景区	
	TX-05	原山景区（博山风景名胜区）	
		石门景区（博山风景名胜区）	
		白石洞景区（博山风景名胜区）	
		樵岭前景区（博山风景名胜区）	
		鲁山景区（博山风景名胜区）	
		源泉景区（博山风景名胜区）	
		金牛山景区（博山风景名胜区）	
		五阳山景区（博山风景名胜区）	
		聊斋景区（淄川风景名胜区）	
		黉山-梓橦山景区（淄川风景名胜区）	
		杜坡山景区（淄川风景名胜区）	
		留仙湖景区（淄川风景名胜区）	
		文峰山景区（淄川风景名胜区）	
		马鞍山景区（淄川风景名胜区）	
		峨庄景区（淄川风景名胜区）	
		牛郎织女景区（沂河源风景名胜区）	
		翠屏山景区（沂河源风景名胜区）	
		唐山景区（沂河源风景名胜区）	
		圣佛山景区（沂河源风景名胜区）	

图4-9 齐长城文化、生态觅源区项目规划图

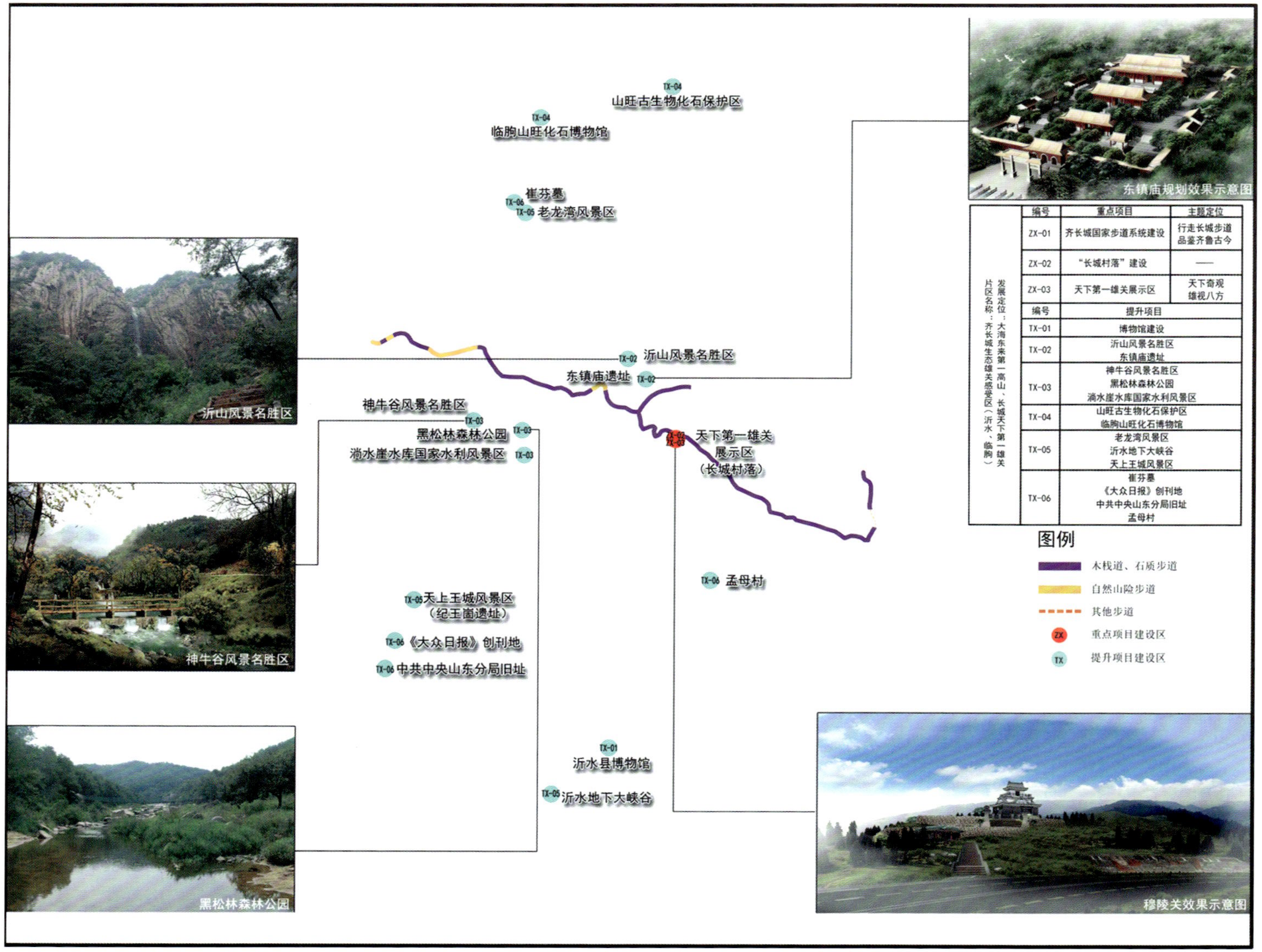

片区名称：齐长城生态雄关感受区（沂水、临朐） 发展定位：大海东来第一高山、长城天下第一雄关	编号	重点项目	主题定位
	ZX-01	齐长城国家步道系统建设	行走长城步道 品鉴齐鲁古今
	ZX-02	“长城村落”建设	——
	ZX-03	天下第一雄关展示区	天下奇观 雄视八方
	编号	提升项目	
	TX-01	博物馆建设	
	TX-02	沂山风景名胜区 东镇庙遗址	
	TX-03	神牛谷风景名胜区 黑松林森林公园 淌水崖水库国家水利风景区	
	TX-04	山旺古生物化石保护区 临朐山旺化石博物馆	
	TX-05	老龙湾风景区 沂水地下大峡谷 天上王城风景区	
	TX-06	崔芬墓 《大众日报》创刊地 中共中央山东分局旧址 孟母村	

图4-10 齐长城生态雄关感受区项目规划图

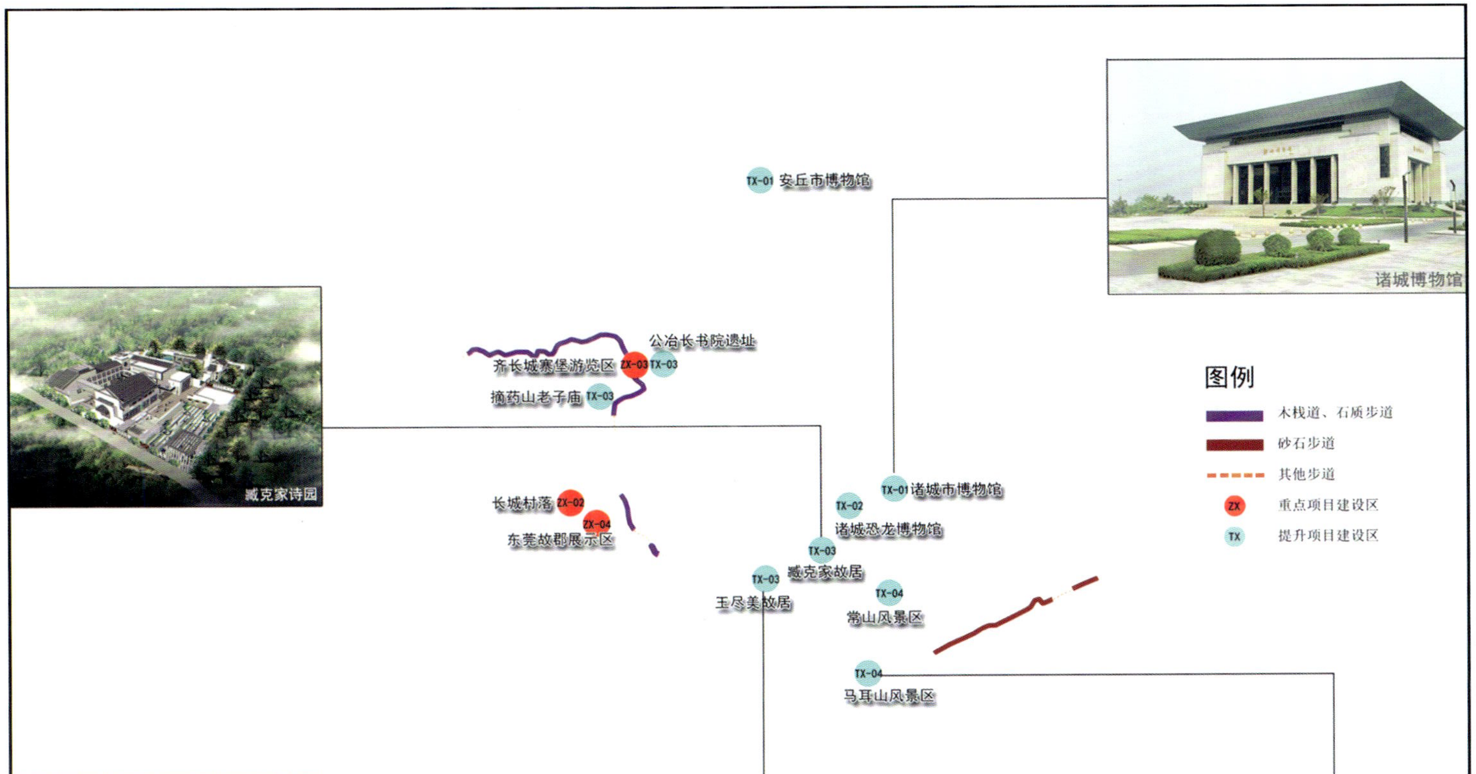

片区名称：齐长城经典文化体验区（莒县、诸城、安丘）
发展定位：文化灿烂、名人荟萃

编号	重点项目名称	主题定位
ZX-01	齐长城国家步道系统建设	行走长城步道 品鉴齐鲁古今
ZX-02	“长城村落”建设	——
ZX-03	齐长城寨堡游览区	登长城寨堡 习贤人文化
ZX-04	东莞故郡展示区	东莞故郡 长城名镇
编号	提升项目名称	
TX-01	博物馆建设	
TX-02	莒国故城	
TX-03	王尽美故居 臧克家故居 公冶长书院遗址 摘药山老子庙	
TX-04	马耳山风景区 常山风景区	

图4－11　齐长城经典文化体验区项目规划图

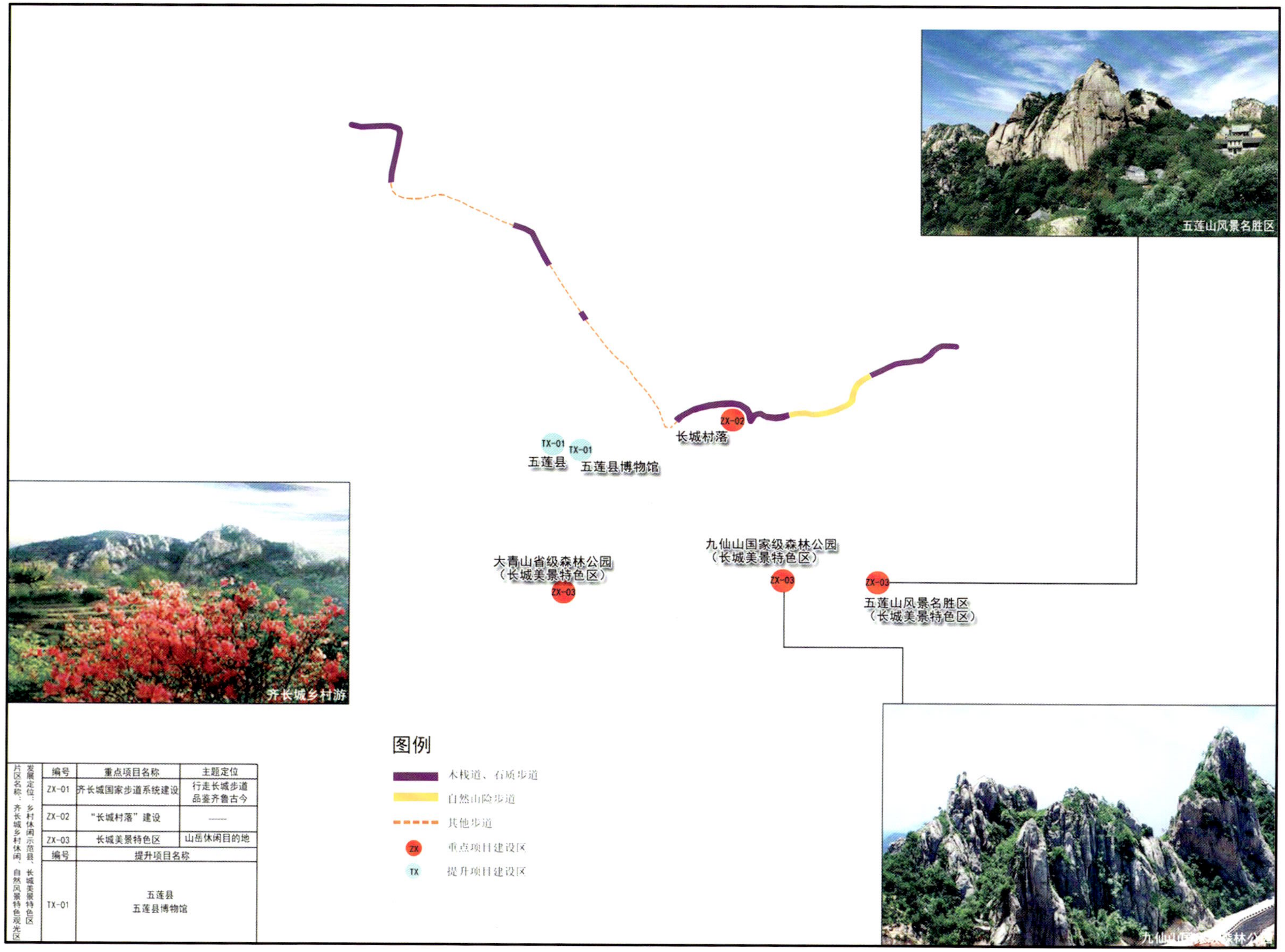

图4－12　齐长城乡村休闲、自然风景特色观光区项目规划图

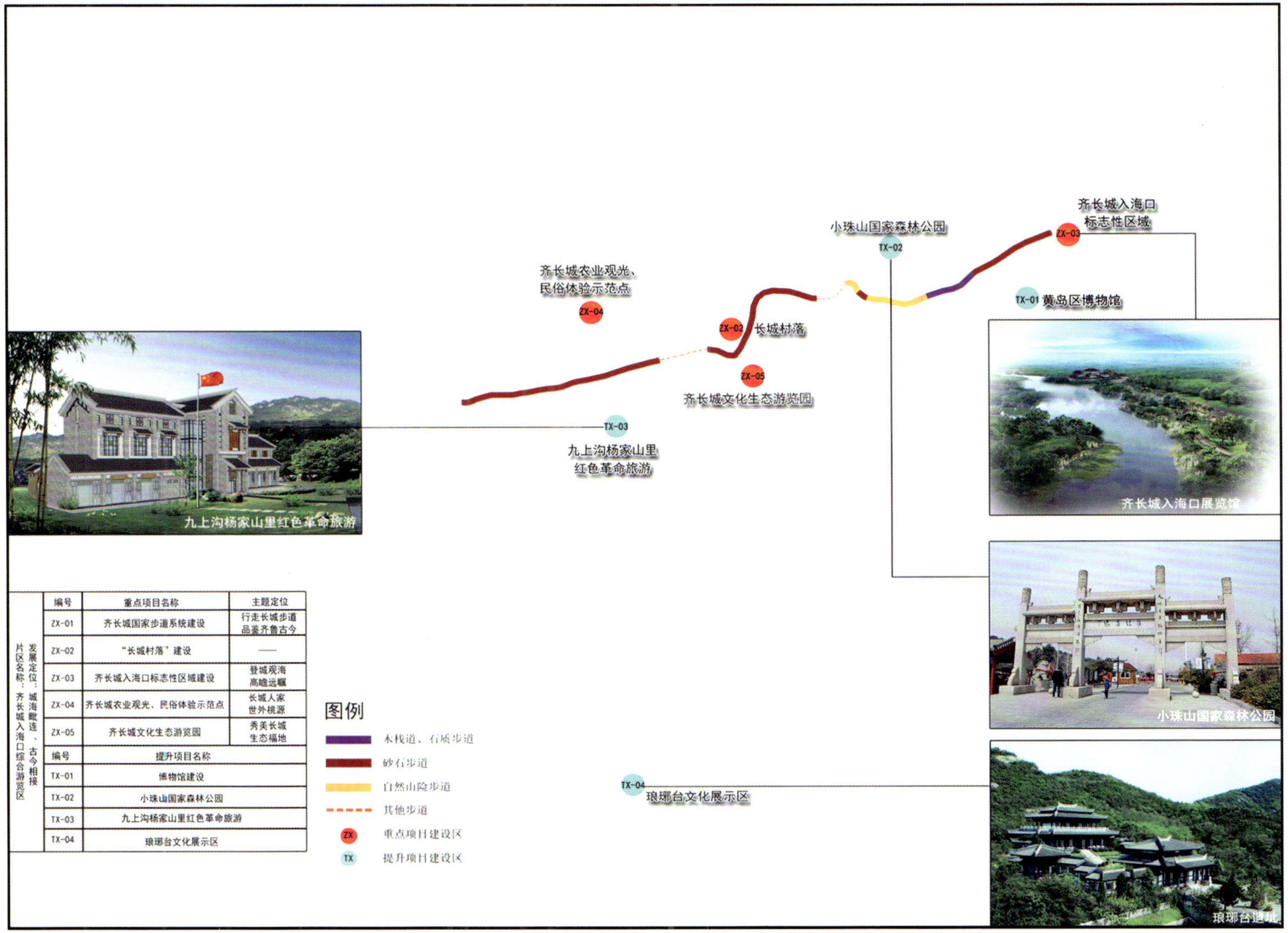

片区名称：齐长城入海口综合游览区 发展定位：城海融连、古今相接	编号	重点项目名称	主题定位
	ZX-01	齐长城国家步道系统建设	行走长城步道 品鉴齐鲁古今
	ZX-02	“长城村落”建设	——
	ZX-03	齐长城入海口标志性区域建设	登城观海 高瞻远瞩
	ZX-04	齐长城农业观光、民俗体验示范点	长城人家 世外桃源
	ZX-05	齐长城文化生态游览园	秀美长城 生态福地
	编号	提升项目名称	
	TX-01	博物馆建设	
	TX-02	小珠山国家森林公园	
	TX-03	九上沟杨家山里红色革命旅游	
	TX-04	琅琊台文化展示区	

图4－13　齐长城入海口综合游览区项目规划图

序　言

党的十八大以来，习近平总书记就文物工作发表一系列重要论述，作出多次重要指示批示，深刻阐述了加强文物保护的历史意义和时代价值，为做好新时代文物工作提供了根本遵循。齐长城遗址是第五批全国重点文物保护单位，并归入第五批全国重点文物保护单位——长城，为世界文化遗产长城的重要组成部分。2016 年 3 月，山东省政府办公厅印发了《关于加强齐长城保护管理工作的意见》。齐长城遗址沿线各级党委政府、全省各级文物部门持续开展了大量针对齐长城遗址保护的基础性工作。

据文献记载，早在春秋战国时期，齐、楚、魏、燕、赵、秦等国先后修筑长城防御工事。现存齐长城遗址西起济南市长清区孝里镇广里村，东至青岛市黄岛区于家河庄入海，总长度 641.32 千米。齐长城以墙体为主体，联系山险、沟壑等自然地物，与关口、寨堡、烽火台等军事设施共同形成一套完备的军事防御体系。其所处地形有黄河冲积平原、丘陵及山险地段；砌筑方法有夯土墙、土（砂）石混筑墙、干摆石墙、墙芯土石混筑包边石墙等；破坏因素，有冲蚀、掏蚀、植物破坏等自然因素和战争、挖掘、修路、城镇建设、耕作、采石、采矿等人为因素。复杂多变的地形环境、多样的砌筑方式和众多的自然、人为破坏因素，给齐长城遗址的调查、保护带来了极大的困难和挑战。由山东省古建筑保护研究院（原山东省文物保护科技中心）、山东省文物工程公司开展的齐长城长清段、莱芜段、临朐段、安丘段、莒县段、五莲段、诸城段及黄岛段等十余处重点区段保护维修方案全部获得国家文物局批复，十多项保护工程陆续实施完成。《齐长城遗址保护与研究》这本书是对多年工作的整合集成，凝结了前期工作成果的精华，倾注了研究人员多年的心血，内容丰富、资料翔实，系统梳理了齐长城遗址现状、文物构成、文物价值以及保护措施。

山东省古建筑保护研究院是山东省文化和旅游厅直属事业单位,2017 年 9 月以原山东省文物保护科技中心为基础设立,与山东省文物工程公司合署办公,所谓“一套人马两个牌子”;既有国家文物局专家库成员、古建筑保护学术带头人,又拥有一支年轻的科研队伍,多数人员是 80 后、90 后。他们朝气蓬勃,积极向上,是山东省文化遗产保护大军中最为靓丽的一道风景线。无论是在寒冬腊月、数九寒天的户外勘察,还是在铄石流金、七月流火的测量现场;无论是在万家灯火、夜深人静时的室内作业,还是在承担刻不容缓、举足轻重的紧急任务中,他们从来都是兢兢业业、严谨负责。工作之余仍不断充电学习新知识,全员参加了国家文物局组织的文物保护工程专业人员资格考试,每一位工作人员都呈现出优良的专业素养。

文化和旅游深度融合的大幕已经拉开,优秀传统文化创造性转化、创新性发展正当其时,文物保护工作进入了高质量发展的新时代。古老的齐长城历经沧桑,静静地矗立在那里,记录了历史,也见证着历史;如今它重新焕发勃勃生机和活力。今后,山东省古建筑保护研究院这支科研队伍,将保持着与时俱进、善于学习、敢打硬仗、能打胜仗的优良传统,对老祖宗留下来的珍贵文化遗产心存尊重和敬畏,带着初心和情怀,在全省乃至全国广袤大地上继续前行。

另外,本书成稿于 2018 年,书中的数据及行政区划等截至 2018 年。

编　者

2020 年 1 月

目　录

下编 保护方案选编

上编

综合研究

第一章　本体研究

齐长城自济南长清孝里镇至青岛黄岛于家河村，全长641.32千米。作为春秋战国时期齐国强盛的历史见证，其修建过程凝聚着两千五百多年前我国劳动人民的聪明才智，是中华民族的骄傲。齐长城修建工程之浩大、时间之长久、构筑之艰巨、结构之合理，在中国早期建筑历史上十分罕见，为后来其他长城的修建积累了宝贵的经验。虽然随着秦朝的统一，齐长城失去了军事上的防御作用，但作为齐鲁大地的脊梁，它以苍凉巍峨的身躯，无声地凝聚着沉重的历史积淀和丰厚的文化底蕴；它融自然景观与人文景观于一体，不仅成为古老文明的象征，也是中华民族五千年悠久历史的丰碑。

为了有效保护和合理利用齐长城这项人类宝贵的历史文化遗产，弘扬中华民族优秀传统文化，2001年6月，国务院公布齐长城遗址为第五批全国重点文物保护单位，将其归并入全国重点文物保护单位——长城。自此，齐长城成为世界文化遗产长城的重要组成部分。

一、防御体系

（一）防御体系形成背景

齐国有“四塞之国”之称，因“齐南有泰山，东有琅邪，西有清河，北有勃海，此所谓四塞之国也”[①]。齐国腹地淄潍平原被“四塞”围护，其中泰沂山脉最为突出，泰沂山脉不但是齐鲁大地的分水岭，而且成为齐国南部的天然屏障。春秋时期，泰沂山脉以南的鲁、

① 〔西汉〕司马迁：《史记·苏秦列传》，中华书局1959年版，第七册，第2256~2257页。

莒先后与晋、吴、越等诸侯国联合，频繁组织对齐国的军事行动，迫使齐国不得不加强西、南面的防卫，重点在泰沂山脉分水岭上加强山地防御。战国时期，各国间的兼并战争愈演愈烈，地缘相对独立、缺乏战略纵深的齐国在国防上的投入从未停止，经过历代国君的努力，至“齐宣王乘山岭之上筑长城，东至海，西至济州千余里，以备楚”[①]，最终筑成齐长城。

齐长城被称为“钜防”[②]，在两千五百多年前生产力不发达、科技水平有限、战争冲突频仍的情况下，修建一座绵延千余里的大规模防御工程，首先要凭借自然形成的山河险阻。《孙子兵法》曰：“夫地形者，兵之助也。”[③] 齐长城就是齐人善于利用地形地势的最好证明。此外齐长城在平原、丘陵地区或以土夯，或以石砌，或土石结合，联合各种类型的防御设施，最终形成了一套切实可行的山地和平原相结合的防御体系。

（二） 山地防御

山东大陆在长达3000Ma（Ma是“Million anniversary”的缩写，“百万年”之意）的地质历史中，经历了复杂的地质作用，地质历史的发展演化既与中国大陆的整体演化相协调，又有自己独特的发展历程。华北拗陷区、鲁西地块具有稳定区的演化特点。[④] 这种地质地貌丰富的地层环境为齐长城形成山地和平原结合的防御体系奠定了基础。

齐长城沿泰沂山脉而行，沿途展现距今25亿年太古代的泰山岩群、沂水岩群，距今20亿年元古代的下元古界胶南群、五莲群和粉子山群，距今5亿年古生代的寒武系、奥陶系沉积岩层，以及几千万年前新生代时期喷发出地表的玄武岩等奇景，齐长城一线可谓沉积岩、玄武岩的“标本馆”。分布于泰沂山脉的齐长城存在断裂构造发育，断裂的规模与方向不同，出现形状各异的地质块体，即断块突起与断块凹陷，在地貌景观上表现为一系列单斜断块山地与单斜断块盆地交替出现；主要出露黑云斜长片麻岩夹角闪黑云斜长片麻岩、斜长角闪岩夹透闪片岩以及各种混合岩。而且在新构造运动的影响下，泰山的侵蚀切割作用十分强烈，广泛发育成不同类型的侵蚀地貌。由于泰山南坡的上升量远比北坡大，南坡的侵蚀强度相对比较强，侵蚀地貌发育也相对比较好。侵蚀构造亦见于齐长城所经过的区域，集中分布

---

① 〔唐〕张守节：《史记·楚世家》正义，中华书局1959年版，第五册，第1732页。

② 最早见于《战国策·秦一》张仪说秦王篇：“臣敢言往昔。昔者齐南破荆，中破宋，西服秦，北破燕，中使韩、魏之君，地广而兵强，战胜攻取，诏令天下，济清河浊，足以为限，长城、钜防，足以为塞。齐，五战之国也，一战不胜而无齐。故由此观之，夫战者，万乘之存亡也。”引文出自〔西汉〕刘向（集录）：《战国策》，上海古籍出版社1989年版，上册，第99页。

③ 郭化若（编译）：《今译新编孙子兵法》，中华书局1962年版，第89页。

④ 宋明春、李洪奎：《山东省区域地质构造演化探讨》，载《山东地质》，2001年第6期，第12页。

在蓥山主峰玉皇顶周围以及老平台、黄石崖和黄崖山一带，这里的海拔在1000—1500米之间，组成山体的岩石主要是变质岩和花岗岩，是区域内地势最高、抬升幅度最大、侵蚀切割最强的山地。这里峰高谷深，地形陡峻，切割的深度达500—800米，谷坡陡、跌水多，重力崩塌作用显著，崩塌后形成的绝壁陡崖和倒石堆随处可见。① 齐长城进入沂水岩群时，横穿四条大断裂以及大断裂构成的地垒和地堑构造。中太古代的混合岩及部分古生界的沉积岩构成地垒式突起，在地貌景观上表现为剥蚀较强，以丘陵和剥蚀平原为主；地堑式槽地形成沂河、沭河断陷河谷平原，堆积有新生界碎屑岩、玄武岩和松散层。② 可以说借助这些丰富的山险地形，齐长城成功构成了山地防御体系。

（三） 平原防御

平原防御的典型例子是“平阴地峡”，这里是地理上著名的裂谷地，位于古济水东岸。此处西接晋郑、南通鲁楚，和平时期是商贾往来的交通要道；战争时期是军队及其战车、辎重最容易穿行的战略要地，换言之，就是其他诸侯国进攻齐国腹地的通道。一旦诸侯联军的主力从“平阴地峡”正面进攻，非主力穿越泰沂山地迂回侧击，从而形成两面夹攻的战术，齐国就很容易被击溃，联军便可直入淄潍平原，攻击齐都临淄。正是由于战略需要，齐国在国境线附近修筑多处城墙、关卡，相关的事迹可与《左传》“（襄公十八年）冬十月，会于鲁济……同伐齐，齐侯御诸平阴，堑防门而守之广里”③ 的记载相印证。

（四） 全线防御

全线防御是经过战争洗练一步步完善的。战国中后期兼并战争愈加激烈和迅猛，军队主力也发生了由战车到骑兵的革命性改变，因为骑兵机动性能更好，突击性更强，可在山地、平原、峡谷作战，这使得原先单纯用来抵御战车的要塞防御战术逐渐失去作用。为了缓解齐国南部战线吃紧的局面，齐国逐渐将国境线上的山地防御和平原防御联系起来，在且战且修的漫长时间里，终于形成了山地和平原相结合的全线防御体系。

---

① 吕朋菊、张明利、张永双：《新构造运动与现今泰山的形成及其地貌景观》，载《山东矿业学院学报》，1995年第14期，第333页。

② 吴根耀、梁兴、陈焕疆：《试论郯城—庐江断裂带的形成、演化及其性质》，载《地质科学》，2017年第1期，第160～175页。

③ 杨伯峻：《春秋左传注》，中华书局1981年版，第三册，第1037页。

二、布局特征

齐长城总体布局共有两部分，分别位于齐国的西边境和南边境，二者构成统一的防御体系，护卫齐国腹地。其一为济水段，即济水岸防长城；其二为泰沂山段，即山地长城，两段长城呈“人字形”布局。①

（一）济水段（济水岸防长城）

关于济水段的情况，历代文献语焉不详，直到《清华简·系年》的整理和解读，世人才有了更进一步的认识。书简第二十章记载：“晋敬公立十又一年，赵桓子会（诸）侯之大夫，以与戉（越）令尹宋盟于（鞏），遂以伐齐。齐人（焉）（始）为长城于济，自南山属之北海。”“济”即“济水”。

齐长城修建之时所遇河流包括古济水、汶水、沂水、沭水等，其中古济水尤为重要，它不但是重要的水路，更是“济左陆桥”形成的重要因素，而“济左陆桥”便是济水岸防长城形成的基础。

古济水发源于河南，在当时的山东境内虽是黄河的一条支流（支津），但水量比较稳定，且自鲁西沿泰山的北面、西面往东一直流入渤海，据《水经注·济水》记载，在平阴邑西南数里的济水之上“有石门，以石为之，故济水之门也，《春秋》隐公五年，齐郑会于石门……济水又北径平阴城西”②。齐国特设水门于此，从战略角度出发，应是用来防止诸侯国军队顺济水进攻。

古济水与泰山合围形成狭长、平坦的低地，即齐国联系中原各国的“济左陆桥”。齐国为加强此地的防御，在低地两侧分别设置历下邑和平阴邑两座重镇，其中平阴邑不但是“平阴地峡”的核心地段，也是齐国武库所在，根据考古发现的手工作坊和器具等遗存来看，当时此处可铸造兵戈、长剑等武器。这种在天然防线的薄弱处增强的做法可在王永波《齐长城始筑年代及相关问题的再考察》中得以印证：“尽管齐桓公时期的山地长城，可能还没有连接成完全闭合的防御工事，但在战车易于通过的平坦地带和交通要道，必定都设有相应的关隘和防御工事。齐桓公之后的历代齐国君主，应有增筑和修补长城的行为，这恐怕

---

① 王永波、王云鹏：《齐长城的人字形布局与建制年代》，载《管子学刊》，2013 年第 12 期。
② 〔北魏〕郦道元：《水经注·济水》，商务印书馆万有文库版本，上册，第 44 页。

也是相关文献关于齐威王、齐宣王、齐闵王修筑长城等记载的缘由之一。春秋末年至战国初期的齐国，因田氏代姜，内扰不断，'三晋'和北方的燕国频频入侵，齐国于此时加筑'济水岸防'长城，也是出于形势所迫。"①

（二）泰沂山段（山地长城）

较之济水段，泰沂山段不论是历史文献资料抑或实物遗存都较为丰富。关于泰沂山段的历史文献主要有《左传》《史记》等，其中对于齐长城的起点与终点、走向、途经线路都做了详细记录。

《左传》："（襄公十八年）秋，齐侯伐我北鄙……晋侯伐齐……齐侯御诸平阴，堑防门而守之广里。"② 其中的"平阴"位于泰山附近。

《史记·楚世家》正义："《太山郡记》云：'太山西北有长城，缘河径太山千余里，至琅邪台入海。'《齐纪云》：'齐宣王乘山岭之上筑长城，东至海，西至济州千余里，以备楚。'《括地志》：'长城西北起济州平阴县，缘河历太山北冈上，经济州淄川，即西南兖州博城县北，东至密州琅邪台入海'。《蓟代记》云：'齐有长城巨防，足以为塞也。'"③

三、遗产认定

（一）资源调查分类特征

1.《长城资源调查工作手册》中的分类

2007 年，为科学开展长城资源调查工作，获取完整、准确的调查资料，在广泛征求意见的基础上，国家文物局、国家测绘局参照国家相关行业规范和标准编制了《长城资源调查工作手册》；其中长城的资源类别构成包括墙体、墙体设施、关堡设施、烽火台、其他相关遗存及标本等，墙体包括土墙、石墙、砖墙、木障墙、壕堑、界壕等。

2. 齐长城遗址遗产分类及特征

山东省文物局组织齐长城资源调查队于 2008 年 12 月至 2010 年 6 月对齐长城泰沂山段

---

① 节选自王永波在 2015 年 8 月举办的"第 22 届国际历史科学大会淄博卫星会议"上所做的主题报告内容，文章拟发表中。

② 杨伯峻：《春秋左传注》，中华书局 1981 年版，第三册，第 1037 页。

③〔唐〕张守节：《史记·楚世家》正义，中华书局 1959 年版，第五册，第 1732 页。

进行了实地踏勘调查，在调查基础上编制完成《齐长城资源调查工作报告》，并于2017年12月由文物出版社出版发行。

根据调查结果，齐长城遗址遗产类型包括墙体、烽火台、烽燧、关隘、寨堡、壕堑、遗址、遗物等。墙体总长641.32千米，由山险、土墙、石墙、石包土墙（土石混筑）等类型构成，部分墙体段落现已在地表消失；根据位置不同包括主线、支线、复线三种。现存烽火台3处，平面多呈圆形或椭圆形，或泥土夯筑，或外砌石墙内填土石。烽燧5处，皆为深坑式，通常是在山顶挖出边长3—5米圆角方形土坑，周边垒砌略高于地面的石圈。关隘8处，为齐长城南北交通要道设置的出入关防。寨堡27处，多用石块砌筑围墙和寨门，有的还保存有石砌房屋。壕堑1处，是于长清发现并确定的一条东西向壕沟，壕沟地处山谷平地，不同于山谷地带的自然冲沟。周代遗址8处，面积小者数千平方米，大者上万平方米；遗物包括陶片标本3例、木炭标本1例、碑刻4统。

（二）国家文物局认定的遗产分类及特征

2012年，国家文物局《关于山东省长城认定的批复》（文物保函〔2012〕949号）认定齐长城遗址遗产总量为260处。包括墙体、壕堑、山险、烽火台（烽燧）、关、堡六大类，其中墙体198处（包括主线172处、复线6处、支线20处）、壕堑1处、山险45处（包括主线44处、复线1处）、烽火台（烽燧）8处、关7处、堡1处（详见表1　齐长城遗址遗产认定表）。

墙体按其所处位置分为主线、支线、复线三种；按其构筑材料和保存状况分为石墙、土墙、地表消失三种。对于资源调查中发现的石包土墙（土石混筑）墙体，统一认定为石墙。

齐长城涉及的相关定义如下。

主线：功能最完备的主干墙体。

支线：与主线相连接，分支出去的墙体。

复线：不与主线相连接，与主线相平行的墙体。

烽火台（烽燧）：在齐长城沿线用于点燃烟火传递信息的高台，是长城防御系统的重要组成部分，又可称为烽燧。

关：在沟通长城内外的通道处依托于墙体，筑有城、围的屯兵地，也称为口。

堡：筑有城、围的屯兵、居住地，为长城防御系统的重要组成部分，与墙体不发生直接关联，又可称为寨、寨堡等。

壕堑：墙体和壕沟的组合防御体。

山险：在地势险要之处，与墙体共同构成防御体系的山体、沟壑等自然地物。

土墙：构筑时的墙体外观以土筑为主，包括夯筑、土砂混筑。

石墙：构筑时的墙体外观以石筑为主，包括干摆石墙、土石混筑。

地表消失：全段地面无遗迹的墙体段落。

（三）遗产分布

2008 年 12 月至 2010 年 6 月，山东省文物局组织的齐长城资源调查工作确定了泰沂山段（山地长城）的墙体长度共计 641.32 千米，西起济南市长清区孝里镇广里村北，沿泰沂山脉，跨泰山、鲁山、沂山、五莲山、小珠山等主要山系，东至黄岛于家河入海，途经长清区、肥城市、岱岳区、泰山区、历城区、原章丘市、原莱芜市莱城区、博山区、淄川区、沂源县、临朐县、沂水县、安丘市、莒县、诸城市、五莲县、原青岛胶南市、黄岛区 18 个县（区）。

2012 年，国家文物局《关于山东省长城认定的批复》（文物保函〔2012〕949 号）认定齐长城分布于 16 个县（区），即长清区、肥城市、历城区、原章丘市、原莱芜市莱城区、博山区、淄川区、沂源县、临朐县、沂水县、安丘市、莒县、诸城市、五莲县、原青岛胶南市、黄岛区，其中将岱岳区、泰山区境内齐长城认定为与长清区、历城区共有。

后因 2012 年原青岛市黄岛区与胶南市合并，成立新的黄岛区，以及 2016 年济南章丘市撤市设区，齐长城的分布县（区）调整为 17 个，具体为长清区、肥城市、岱岳区、泰山区、历城区、章丘区、莱城区、博山区、淄川区、沂源县、临朐县、沂水县、安丘市、莒县、诸城市、五莲县、黄岛区。①

---

① 本书中有关齐长城的分布县（区）资料以 2018 年 9 月底为准。

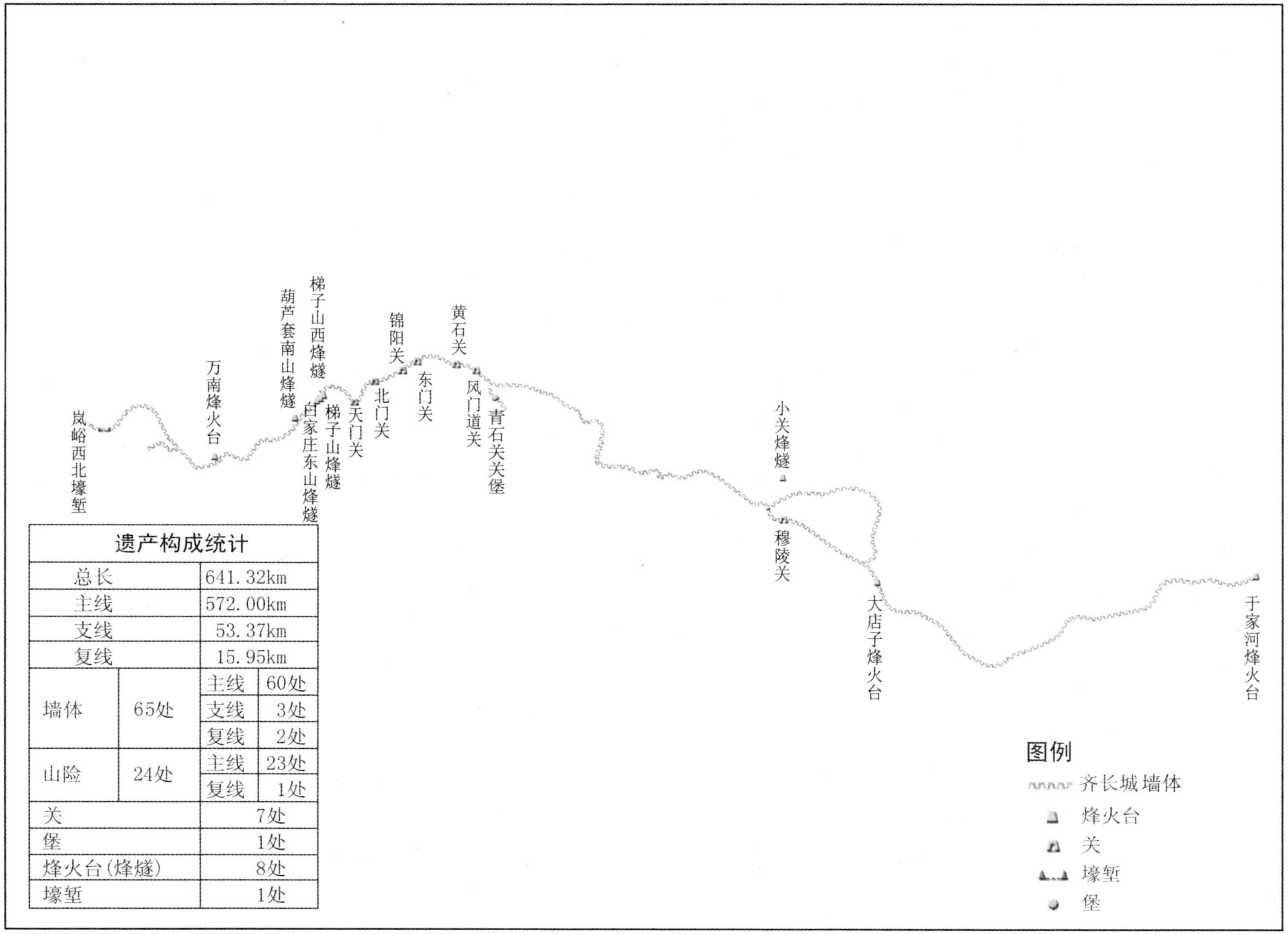

遗产构成统计			
总长		641.32km	
主线		572.00km	
支线		53.37km	
复线		15.95km	
墙体	65处	主线	60处
		支线	3处
		复线	2处
山险	24处	主线	23处
		复线	1处
关		7处	
堡		1处	
烽火台(烽燧)		8处	
壕堑		1处	

图1-1　齐长城遗址遗产分布总图

表 1　齐长城遗址遗产认定表

（全国重点文物保护单位以下简称国保）

市	县	编码	名称	位置	时代	保护级别
日照市	莒县	371122353201020001	大店子烽火台	大店子村西南 700 米，小店子村西 500 米，小山的顶部	春秋战国	国保
青岛市	黄岛区	370211353201020001	于家河烽火台	东于家河	春秋战国	国保
济南市	长清区	370113353201020001	万南烽火台	长清万南遗址、104 国道东侧	春秋战国	国保
济南市	历城区	370112353201020001	葫芦套南山烽燧	位于葫芦套村南山，南距药乡林场观测站 500 米，高尖子山北	春秋战国	国保
济南市	历城区	370112353201020002	白家庄东山烽燧	位于白家庄东山上，由村北山口向东第 5 个山头上	春秋战国	国保
济南市	历城区	370112353201020003	梯子山西烽燧	梯子山西侧山顶，白家庄山口东第 6 个山头上	春秋战国	国保
济南市	历城区	370112353201020004	梯子山烽燧	白家庄东梯子山山顶	春秋战国	国保
潍坊市	临朐县	370724353201020001	小关烽燧	小关村东南小山的顶部	春秋战国	无
济南市	章丘区	370181353101020001	天门关	垛庄镇南麦腰村南	春秋战国	国保
济南市	章丘区	370181353101020002	北门关	垛庄镇桥子村东南，章莱乡村公路上	春秋战国	国保
济南市	章丘区	370181353101020003	锦阳关	垛庄镇三槐树村南	春秋战国	国保
济南市	章丘区	370181353101020004	黄石关	阎家峪乡北王庄村南	春秋战国	国保
莱芜市	莱城区	371202353102020001	青石关关堡	和庄乡青石关村	春秋战国	国保
莱芜市	莱城区	371202353101020002	东门关	雪野镇鲁地村北	春秋战国	国保
淄博市	博山区	370304353101020001	风门道关	博山东厢村南，双堆山北	春秋战国	国保

（续表）

市	县	编码	名称	位置	时代	保护级别
临沂市	沂水县	371323353101020001	穆陵关	马站镇关顶村	春秋战国	国保
济南市	长清区	370113382202010001	岚峪西北壕堑	陡岭子东山脚——陡岭子东山脚东512米处	春秋战国	国保
潍坊市	安丘市	370784382301020001	太平山段长城	起点：三界碑； 止点：太平山东	春秋战国	国保
潍坊市	安丘市	370784382102020002	碾台山段长城	起点：太平山东； 止点：石门顶	春秋战国	国保
潍坊市	安丘市	370784382102020003	石虎山段长城	起点：石门顶； 止点：南北山山顶	春秋战国	国保
潍坊市	安丘市	370784382102020004	南北山东段长城	起点：南北山山顶； 止点：青石胡同	春秋战国	国保
潍坊市	安丘市	370784382102020005	磨山段长城	起点：青石胡同； 止点：磨山东岭公路	春秋战国	国保
潍坊市	安丘市	370784382102020006	五龙山段长城	起点：磨山东岭公路； 止点：大车山南	春秋战国	国保
潍坊市	安丘市	370784382102020007	大车山段长城	起点：大车山南； 止点：紫草山东	春秋战国	国保
潍坊市	安丘市	370784382102020008	石山子南岭段长城	起点：紫草山东； 止点：温柘公路	春秋战国	国保
潍坊市	安丘市	370784382102020009	白山顶段长城	起点：温柘公路； 止点：峰山东	春秋战国	国保
潍坊市	安丘市	370784382102020010	望君顶段长城	起点：峰山东； 止点：望君顶东柘山公路	春秋战国	国保
潍坊市	安丘市	370784382102020011	城顶山段长城	起点：望君顶东柘山公路； 止点：郚家崖东山顶	春秋战国	国保
潍坊市	安丘市	370784382102020012	钟楼顶段长城	起点：郚家崖东山顶； 止点：凤凰沟东水坝	春秋战国	国保
潍坊市	安丘市	370784382102020013	摘药山李家顶段长城	起点：凤凰沟东水坝； 止点：李家顶西山谷	春秋战国	国保
潍坊市	安丘市	370784382102020014	虎崖段长城	起点：李家顶西山谷； 止点：虎崖东岭南山根	春秋战国	国保
潍坊市	安丘市	370784382301020015	王家庄段长城	起点：虎崖东岭南山根； 止点：卧牛城西峰	春秋战国	国保

（续表）

市	县	编码	名称	位置	时代	保护级别
日照市	莒县	371122382102020001	三楞山魏家官庄段长城	起点：三楞山三叉点；止点：魏家官庄西岭保护碑	春秋战国	国保
日照市	莒县	371122382102020002	大店子西长城岭	起点：魏家官庄西岭保护碑；止点：后发牛山西岭	春秋战国	国保
日照市	莒县	371122382301020003	玄武庵苏家官庄长城	起点：后发牛山西岭；止点：玄武庵东岭	春秋战国	国保
日照市	莒县	371122382102020004	玄武庵东岭长城岭	起点：玄武庵东岭；止点：陡沟村南	春秋战国	国保
日照市	莒县	371122382301020005	陡沟南长城岭	起点：陡沟村南；止点：后泥牛子村西	春秋战国	国保
日照市	五莲县	371121382301020001	河西水库段长城	起点：后泥牛子村西；止点：206 国道	春秋战国	国保
日照市	五莲县	371121382301020002	分水岭北淮河北岭段长城	起点：206 国道；止点：白马山主峰	春秋战国	国保
日照市	五莲县	371121382301020003	白马山长城岭	起点：白马山主峰；止点：诸城墙夼水库水电站南	春秋战国	国保
日照市	五莲县	371121382102020004	墙夼云门段长城	起点：诸城墙夼水库水电站南；止点：云门东岭	春秋战国	国保
日照市	五莲县	371121382102020005	潘村西北岭段长城	起点：云门东岭；止点：潘村西北岭	春秋战国	国保
日照市	五莲县	371121382102020006	潘村西南岭段长城	起点：潘村西北岭；止点：潘村西南岭	春秋战国	国保
日照市	五莲县	371121382102020007	高泽东岭段长城	起点：潘村西南岭；止点：高泽东岭	春秋战国	国保
日照市	五莲县	371121382102020008	邱村东北岭段长城	起点：高泽东岭；止点：院上东岭	春秋战国	国保
日照市	五莲县	371121382102020009	院上东岭段长城	起点：院上东岭；止点：山王西岭	春秋战国	国保
日照市	五莲县	371121382102020010	梁家坪北岭段长城	起点：山王西岭；止点：分流山北坡	春秋战国	国保
日照市	五莲县	371121382102020011	分流山东岭段长城	起点：分流山北坡；止点：前长城岭村西	春秋战国	国保

（续表）

市	县	编码	名称	位置	时代	保护级别
日照市	五莲县	371121382102020012	前长城岭东岭段长城	起点：前长城岭村西；止点：前长城岭东岭	春秋战国	国保
日照市	五莲县	371121382102020013	张榜沟北岭段长城	起点：前长城岭东岭；止点：马耳山	春秋战国	国保
日照市	五莲县	371121382102020014	马耳山景区段长城	起点：马耳山；止点：马鞍东山	春秋战国	国保
日照市	五莲县	371121382301020015	南路西岭长城	起点：马鞍东山；止点：石人山南山	春秋战国	国保
日照市	五莲县	371121382102020016	永镇关段长城	起点：石人山南山；止点：永镇关东	春秋战国	国保
日照市	五莲县	371121382102020017	玉带北岭段长城	起点：永镇关东；止点：西峪北山口	春秋战国	国保
日照市	五莲县	371121382102020018	石八盘段长城	起点：西峪北山口；止点：三块石北山口（诸城龙湾头西山）	春秋战国	国保
潍坊市	诸城市	370782382101020001	龙湾头北山段长城	起点：龙湾头西山（即五莲三块石北山口）；止点：龙湾头北山	春秋战国	国保
潍坊市	诸城市	370782382101020002	望海楼山段长城	起点：龙湾头北山；止点：望海楼山	春秋战国	国保
潍坊市	诸城市	370782382101020003	响水崖子南山段长城	起点：望海楼山；止点：桃行北山	春秋战国	国保
潍坊市	诸城市	370782382101020004	黄牛山段长城	起点：桃行北山；止点：桃行东山	春秋战国	国保
潍坊市	诸城市	370782382101020005	大坪子北山段长城	起点：桃行东山；止点：大坪子北山	春秋战国	国保
潍坊市	诸城市	370782382101020006	马山段长城	起点：大坪子北山；止点：上崔家沟北山	春秋战国	国保
潍坊市	诸城市	370782382101020007	邹家沟南山段长城	起点：上崔家沟北山；止点：邹家沟南山	春秋战国	国保
潍坊市	诸城市	370782382101020008	邹家沟东山段长城	起点：邹家沟南山；止点：邹家沟东山	春秋战国	国保
潍坊市	诸城市	370782382101020009	磊石山段长城	起点：邹家沟东山；止点：磊石山	春秋战国	国保

（续表）

市	县	编码	名称	位置	时代	保护级别
潍坊市	诸城市	370782382101020010	石河头北山段长城	起点：磊石山；止点：石河头北山	春秋战国	国保
潍坊市	诸城市	370782382101020011	大洼段长城	起点：石河头北山；止点：大洼村	春秋战国	国保
潍坊市	诸城市	370782382301020012	竹园东山段长城	起点：大洼村；止点：竹园东山	春秋战国	国保
潍坊市	诸城市	370782382101020013	绕子阿南山段长城	起点：竹园东山；止点：绕子阿南山	春秋战国	国保
潍坊市	诸城市	370782382101020014	孙家夼北山段长城	起点：绕子阿南山；止点：孙家夼北山	春秋战国	国保
潍坊市	诸城市	370782382101020015	史家夼北山段长城	起点：孙家夼北山；止点：史家夼北山	春秋战国	国保
青岛市	黄岛区	370284382101020001	史家夼东山段长城	起点：史家夼东山；止点：李家前夼北山	春秋战国	国保
青岛市	黄岛区	370284382101020002	李家前夼北山段长城	起点：李家前夼北山；止点：丰台村	春秋战国	国保
青岛市	黄岛区	370284382101020003	峰台顶段长城	起点：丰台村；止点：丰台村南山	春秋战国	国保
青岛市	黄岛区	370284382101020004	山周村西山段长城	起点：丰台村南山；止点：山周村西山	春秋战国	国保
青岛市	黄岛区	370284382101020005	王家墩子段长城	起点：山周村西山；止点：王家墩子东山	春秋战国	国保
青岛市	黄岛区	370284382101020006	月季山段长城	起点：王家墩子东山；止点：月季山	春秋战国	国保
青岛市	黄岛区	370284382101020007	葫芦山段长城	起点：月季山；止点：葫芦山	春秋战国	国保
青岛市	黄岛区	370284382101020008	背儿山段长城	起点：葫芦山；止点：背儿山	春秋战国	国保
青岛市	黄岛区	370284382101020009	曹城山段长城	起点：背儿山；止点：曹城山	春秋战国	国保
青岛市	黄岛区	370284382101020010	胜利村北山段长城	起点：曹城山；止点：胜利村北山	春秋战国	国保
青岛市	黄岛区	370284382101020011	李家洼子东山段长城	起点：胜利村北山；止点：李家洼子东山	春秋战国	国保

（续表）

市	县	编码	名称	位置	时代	保护级别
青岛市	黄岛区	370284382101020012	苗家南山段长城	起点：李家洼子东山； 止点：同三高速	春秋战国	国保
青岛市	黄岛区	370284382101020013	黄山段长城	起点：同三高速； 止点：204 国道	春秋战国	国保
青岛市	黄岛区	370284382101020014	报屋顶段长城	起点：204 国道； 止点：大报屋北山	春秋战国	国保
青岛市	黄岛区	370284382101020015	陡楼段长城	起点：大报屋北山； 止点：陡崖子	春秋战国	国保
青岛市	黄岛区	370284382101020016	长城村段长城	起点：陡崖子； 止点：长城村	春秋战国	国保
青岛市	黄岛区	370211382105020001	扎营山段长城	起点：长城村； 止点：大黑涧	春秋战国	国保
青岛市	黄岛区	370211382105020002	东山村北山	起点：大黑涧； 止点：东山村北山	春秋战国	国保
青岛市	黄岛区	370211382105020003	小珠山北山段长城	起点：东山村北山； 止点：小珠山北山	春秋战国	国保
青岛市	黄岛区	370211382102020004	鹁鸽山段长城	起点：小珠山北山； 止点：大顶山	春秋战国	国保
青岛市	黄岛区	370211382101020005	徐山段长城	起点：大顶山； 止点：东于家河村齐长城入海处	春秋战国	国保
淄博市	沂源县	370323382102020001	敖子顶段长城	起点：太平山； 止点：鞭皮顶山	春秋战国	国保
淄博市	沂源县	370323382106020002	鞭皮山段长城	起点：鞭皮顶山； 止点：铜井村南山	春秋战国	国保
淄博市	沂源县	370323382105010003	璞丘西山段长城	起点：铜井村南山； 止点：璞丘西山	春秋战国	国保
淄博市	沂源县	370323382105020004	歪头顶山段长城	起点：璞丘西山； 止点：歪头顶山	春秋战国	国保
淄博市	沂源县	370323382105020005	歪头顶东山段长城	起点：歪头顶山； 止点：歪头顶东山	春秋战国	国保
淄博市	沂源县	370323382105020006	车场东山段长城	起点：歪头顶东山； 止点：车场东山	春秋战国	国保
淄博市	沂源县	370323382105020007	大崮顶段长城	起点：车场东山； 止点：小崮	春秋战国	国保

（续表）

市	县	编码	名称	位置	时代	保护级别
淄博市	沂源县	370323382105020008	马头崮段长城	起点：小崮； 止点：马头崮	春秋战国	国保
淄博市	沂源县	370323382102020009	水泉溜西山段长城	起点：马头崮； 止点：水泉溜西山	春秋战国	国保
淄博市	沂源县	370323382102020010	核桃崮段长城	起点：水泉溜西山； 止点：龙王崖主峰	春秋战国	国保
济南市	长清区	370113382101020001	广里村北长城	起点：广里村北现存长城西端； 止点：珠珠山西山脚	春秋战国	国保
济南市	长清区	370113382102020002	珠珠山陡岭子长城	起点：珠珠山西山脚； 止点：陡岭子东山脚	春秋战国	国保
济南市	长清区	370113382102020003	岚峪北山长城	起点：岚峪北山西山脚； 止点：阳干山南山脚	春秋战国	国保
济南市	长清区	370113382102020004	阳干山长城	起点：阳干山南山脚； 止点：阳干山东北山脚	春秋战国	国保
济南市	长清区	370113382301020005	北黄崖长城	起点：阳干山东北山脚； 止点：梯子山西山脚	春秋战国	国保
济南市	长清区	370113382102020006	梯子山长城	起点：梯子山西山脚； 止点：梯子山东山崖东寨墙	春秋战国	国保
济南市	长清区	370113382102020007	石小子寨长城	起点：梯子山东山崖东寨墙； 止点：梯子山山顶	春秋战国	国保
济南市	长清区	370113382102020008	满井峪东山长城	起点：石小子寨山顶； 止点：满井峪东山北山脚	春秋战国	国保
济南市	长清区	370113382102020009	北傅庄北山长城	起点：满井峪东山北山脚； 止点：马西西山山腰	春秋战国	国保
济南市	长清区	370113382106020010	陈家湾东山长城	起点：马西西山山腰； 止点：杜家山寨西山	春秋战国	国保
济南市	长清区	370113382106020011	采石场东山长城	起点：杜家山寨西山； 止点：采石场东山	春秋战国	国保
济南市	长清区	370113382102020012	狗头山长城	起点：采石场东山； 止点：潘庄西山东山脚	春秋战国	国保
济南市	长清区	370113382301020013	崮头长城	起点：潘庄西山东山脚； 止点：长城岭	春秋战国	国保
济南市	长清区	370113382102020014	凤凰山长城	起点：长城岭； 止点：牛角沟南山西山脚	春秋战国	国保

（续表）

市	县	编码	名称	位置	时代	保护级别
济南市	长清区	370113382102020015	上义合北山长城	起点：牛角沟南山西山脚；止点：上义合北山东山脚	春秋战国	国保
济南市	长清区	370113382102020016	上义合东山长城	起点：上义合北山东山脚；止点：上义合东山	春秋战国	国保
济南市	长清区	370113382102020017	郭家峪北山长城	起点：上义合东山；止点：郭家峪北山南山脚	春秋战国	国保
济南市	长清区	370113382102020018	薛家峪东山长城	起点：郭家峪北山南山脚；止点：薛家峪东山南山脚	春秋战国	国保
济南市	长清区	370113382102010019	红山长城	起点：薛家峪东山南山脚；止点：红山南山脚	春秋战国	国保
济南市	长清区	370113382102010020	孙土北山长城	起点：红山南山脚；止点：孙土北山东山脚	春秋战国	国保
济南市	长清区	370113382102010021	黄路山东山长城	起点：孙土北山东山脚；止点：黄路山东山	春秋战国	国保
济南市	长清区	370113382102010022	茅山长城	起点：黄路山东山；止点：茅山南山脚	春秋战国	国保
济南市	长清区	370113382102020023	张家老庄东山长城	起点：茅山南山脚；止点：斜峪北岭北山脚	春秋战国	国保
济南市	长清区	370113382102020024	老庙沟斜峪长城	起点：斜峪北岭北山脚；止点：辘辘道山口	春秋战国	国保
济南市	长清区	370113382102020025	九顶寨长城	起点：辘辘道山口；止点：九顶寨南山山口	春秋战国	国保
济南市	长清区	370113382102020026	夹子山长城	起点：九顶寨南山山口；止点：莲花盆山三界碑	春秋战国	国保
济南市	长清区	370113382102020027	黄巢寨山长城	起点：莲花盆山三界碑；止点：五花岩山西山山谷	春秋战国	国保
济南市	长清区	370113382102020028	五花岩山长城	起点：五花岩山西山山谷；止点：桃尖山	春秋战国	国保
济南市	长清区	370113382102020029	西寺崖长城	起点：桃尖山；止点：小大峪北山口	春秋战国	国保
济南市	长清区	370113382102020030	长城铺子西山长城	起点：小大峪北山口；止点：曹庄北	春秋战国	国保
济南市	长清区	370113382102020031	曹庄北山长城	起点：曹庄北；止点：曹庄北山	春秋战国	国保

（续表）

市	县	编码	名称	位置	时代	保护级别
济南市	长清区	370113382102020032	大寨长城	起点：曹庄北山； 止点：大寨山	春秋 战国	国保
济南市	长清区	370113382102020033	北马套北山长城	起点：大寨山； 止点：北马套北山	春秋 战国	国保
济南市	长清区	370113382105020034	北顶山长城	起点：北马套北山； 止点：北顶山	春秋 战国	国保
济南市	长清区	370113382102020035	定头崖西山长城	起点：北顶山； 止点：定头崖	春秋 战国	国保
济南市	长清区	370113382106020036	老挂尖长城	起点：定头崖； 止点：青天南山口	春秋 战国	国保
济南市	长清区	370113382106020037	穿穿顶段长城	起点：青天南山口； 止点：场圆顶	春秋 战国	国保
济南市	长清区	370113382106020038	摩天岭段长城	起点：场圆顶； 止点：楼顶	春秋 战国	国保
济南市	长清区	370113382106020039	楼顶至大麻子峪顶段	起点：楼顶； 止点：大麻子峪顶	春秋 战国	国保
泰安市	肥城市	370983382102020001	（支线）连环山长城	起点：连环山； 止点：于家庄南山口	春秋 战国	国保
泰安市	肥城市	370983382102020002	（支线）于家庄长城	起点：于家庄南山口； 止点：长城岭子路口	春秋 战国	国保
泰安市	肥城市	370983382102020003	（支线）卢家沟长城	起点：长城岭子路口； 止点：杨家山山脚	春秋 战国	国保
泰安市	肥城市	370983382102020004	（支线）张家山长城	起点：杨家山山脚； 止点：张家花峪山口	春秋 战国	国保
泰安市	肥城市	370983382102020005	（支线）三岔山山口长城	起点：张家花峪山口； 止点：三岔山	春秋 战国	国保
济南市	历城区	370112382106020001	清阳台段	起点：大麻子峪顶； 止点：清阳台北侧	春秋 战国	国保
济南市	历城区	370112382106020002	瓦子岭段	起点：清阳台北侧； 止点：大药乡北山	春秋 战国	国保
济南市	历城区	370112382102020003	大药乡东北段	起点：大药乡北山； 止点：林场监控室	春秋 战国	国保
济南市	历城区	370112382102020004	高尖子山北侧长城	起点：林场监控室； 止点：黄巢公路南山口	春秋 战国	国保

（续表）

市	县	编码	名称	位置	时代	保护级别
济南市	历城区	370112382102020005	锯齿崖长城	起点：黄巢公路南山口； 止点：大母猪窝西岭	春秋 战国	国保
济南市	历城区	370112382102020006	上疃西山段	起点：大母猪窝西岭； 止点：西道沟西段	春秋 战国	国保
济南市	历城区	370112382102020007	西道沟西北段	起点：西道沟西段； 止点：西道沟北段	春秋 战国	国保
济南市	历城区	370112382106020008	天马顶段	起点：西道沟北段； 止点：白家庄西沟长城出现点	春秋 战国	国保
济南市	历城区	370112382102020009	白家庄北段	起点：白家庄西沟长城出现点； 止点：白家庄东山	春秋 战国	国保
济南市	历城区	370112382106020010	梯子山段	起点：白家庄东山； 止点：磨油台南山沟	春秋 战国	国保
济南市	历城区	370112382102020011	黑松林长城	起点：磨油台南山沟； 止点：王家庄公路山口	春秋 战国	国保
济南市	历城区	370112382102020012	南天门长城	起点：王家庄公路山口； 止点：高本公路山口	春秋 战国	国保
济南市	历城区	370112382102020013	大高尖山长城	起点：高本公路山口； 止点：大高尖山东南山峰	春秋 战国	国保
济南市	历城区	370112382102020014	四界首长城	起点：大高尖山东南山峰； 止点：四界首	春秋 战国	国保
济南市	章丘区	370181382102020001	四界首段长城	起点：四界首； 止点：门前子岭北山	春秋 战国	国保
济南市	章丘区	370181382102020002	岳滋南山段长城	起点：门前子岭北山； 止点：岳滋南山长城岭大桥	春秋 战国	国保
济南市	章丘区	370181382102020003	三界首段长城	起点：岳滋南山长城岭大桥； 止点：三界首碑	春秋 战国	国保
济南市	章丘区	370181382102020004	西麦腰西山段长城	起点：三界首碑； 止点：西麦腰西山	春秋 战国	国保
济南市	章丘区	370181382102020005	三平山段长城	起点：西麦腰西山； 止点：鸡爪顶	春秋 战国	国保
济南市	章丘区	370181382102020006	天门关段长城	起点：鸡爪顶； 止点：南麦腰东山	春秋 战国	国保
济南市	章丘区	370181382102020007	南麦腰东山段长城	起点：南麦腰东山； 止点：东麦腰南山起点	春秋 战国	国保

（续表）

市	县	编码	名称	位置	时代	保护级别
济南市	章丘区	370181382102020008	东麦腰南山段长城	起点：东麦腰南山起点；止点：东麦腰南山	春秋战国	国保
济南市	章丘区	370181382102020009	红山段长城	起点：东麦腰南山；止点：疙瘩岭	春秋战国	国保
济南市	章丘区	370181382102020010	疙瘩岭段长城	起点：疙瘩岭；止点：疙瘩岭	春秋战国	国保
济南市	章丘区	370181382102020011	胡家庄段长城	起点：疙瘩岭；止点：胡家庄	春秋战国	国保
济南市	章丘区	370181382102020012	望米台北山段长城	起点：胡家庄；止点：望米台北山	春秋战国	国保
济南市	章丘区	370181382102020013	毛家林北山段长城	起点：望米台北山；止点：曹曹峪顶	春秋战国	国保
济南市	章丘区	370181382102020014	北峪西山段长城	起点：曹曹峪顶；止点：北峪村	春秋战国	国保
济南市	章丘区	370181382105020015	官屋子山段长城	起点：北峪村；止点：南岭东山	春秋战国	国保
济南市	章丘区	370181382102020016	锦阳关段长城	起点：南岭东山；止点：章莱公路	春秋战国	国保
济南市	章丘区	370181382102020017	东门关段长城	起点：章莱公路；止点：东门关	春秋战国	国保
济南市	章丘区	370181382102020018	鲁地北山段长城	起点：东门关；止点：磨池岭脚下	春秋战国	国保
济南市	章丘区	370181382105020019	磨池岭山段长城	起点：磨池岭脚下；止点：磨池岭东山脚	春秋战国	国保
济南市	章丘区	370181382102020020	北栾宫东山段长城	起点：磨池岭东山脚；止点：北栾宫北山	春秋战国	国保
济南市	章丘区	370181382102020021	北栾宫北山段长城	起点：北栾宫北山；止点：北栾宫北山东	春秋战国	国保
济南市	章丘区	370181382102020022	龙子北山段长城	起点：北栾宫北山东；止点：龙子北山	春秋战国	国保
济南市	章丘区	370181382102020023	龙子东山段长城	起点：龙子北山；止点：龙子东山	春秋战国	国保
济南市	章丘区	370181382102020024	相峪西山段长城	起点：龙子东山；止点：珍峪北山	春秋战国	国保

（续表）

市	县	编码	名称	位置	时代	保护级别
济南市	章丘区	370181382105020025	珍峪北山段长城	起点：珍峪北山； 止点：珍峪东山	春秋战国	国保
济南市	章丘区	370181382105020026	四赋峪顶段长城	起点：珍峪东山； 止点：四赋峪顶东山	春秋战国	国保
济南市	章丘区	370181382102020027	黄石关段长城	起点：四赋峪顶东山； 止点：黄石关	春秋战国	国保
济南市	章丘区	370181382102020028	上王庄北山段长城	起点：黄石关； 止点：猴子寨	春秋战国	国保
济南市	章丘区	370181382105020029	霹雳尖段长城	起点：猴子寨； 止点：霹雳尖山	春秋战国	国保
莱芜市	莱城区	371202382102020001	青石关段长城（复线）	起点：青石关； 止点：西坡村北山	春秋战国	国保
莱芜市	莱城区	371202382102020002	樵岭前南山段长城（复线）	起点：西坡村北山； 止点：樵岭前南山	春秋战国	国保
莱芜市	莱城区	371202382102020003	青石关村东山段长城（复线）	起点：樵岭前南山； 止点：青石关村东山	春秋战国	国保
莱芜市	莱城区	371202382106020004	武山段长城（复线）	起点：青石关村东山； 止点：武山	春秋战国	国保
莱芜市	莱城区	371202382102020005	焦家峪西山段长城（复线）	起点：武山； 止点：焦家峪西山	春秋战国	国保
莱芜市	莱城区	371202382102020006	东车辐南山段长城（复线）	起点：焦家峪西山； 止点：东车辐南山	春秋战国	国保
莱芜市	莱城区	371202382102020007	原山段长城（复线）	起点：东车辐南山； 止点：原山	春秋战国	国保
淄博市	博山区	370304382105020001	卧铺北山段长城	起点：霹雳尖山； 止点：卧铺东山	春秋战国	国保
淄博市	博山区	370304382102020002	风门道关段长城	起点：卧铺东山； 止点：双堆山南崖	春秋战国	国保
淄博市	博山区	370304382105020003	禄柱崖段长城	起点：双堆山南崖； 止点：禄柱崖	春秋战国	国保
淄博市	博山区	370304382102020004	老虎头岭段长城	起点：禄柱崖； 止点：老虎头岭东山	春秋战国	国保

（续表）

市	县	编码	名称	位置	时代	保护级别
淄博市	博山区	370304382102020005	伊家楼段长城	起点：老虎头岭东山； 止点：博莱高速公路	春秋战国	国保
淄博市	博山区	370304382102020006	干贝峪段长城	起点：博莱高速公路； 止点：凤凰山	春秋战国	国保
淄博市	博山区	370304382102020007	凤凰山段长城	起点：凤凰山； 止点：北神头	春秋战国	国保
淄博市	博山区	370304382102020008	鹅眉山段长城	起点：北神头； 止点：两平村	春秋战国	国保
淄博市	博山区	370304382102020009	两平村段长城	起点：两平村； 止点：冯八峪村东山	春秋战国	国保
淄博市	博山区	370304382102020010	冯八峪东山段长城	起点：冯八峪村东山； 止点：石炭坞北山	春秋战国	国保
淄博市	博山区	370304382102020011	黑山段长城	起点：石炭坞北山； 止点：胡南公路	春秋战国	国保
淄博市	博山区	370304382102020012	西沟峪北山段长城	起点：胡南公路； 止点：西沟峪北山	春秋战国	国保
淄博市	博山区	370304382102020013	岳家北峪北山段长城	起点：西沟峪北山； 止点：岳家北峪北山	春秋战国	国保
淄博市	淄川区	370302382102020001	青龙山段长城	起点：岳家北峪北山； 止点：青龙山	春秋战国	国保
淄博市	淄川区	370302382102020002	护宝泉村南山段长城	起点：青龙山； 止点：护宝泉村南山	春秋战国	国保
淄博市	淄川区	370302382102020003	岳阳山段长城	起点：护宝泉村南山； 止点：岳阳山	春秋战国	国保
淄博市	淄川区	370302382105020004	四座山段长城	起点：岳阳山； 止点：聚峰山	春秋战国	国保
淄博市	淄川区	370302382102020005	城子段长城	起点：聚峰山； 止点：城子	春秋战国	国保
淄博市	淄川区	370302382102020006	三太山段长城	起点：城子； 止点：三太山	春秋战国	国保
淄博市	淄川区	370302382102020007	陈家井西山段长城	起点：三太山； 止点：陈家井西山	春秋战国	国保
淄博市	淄川区	370302382102020008	鹿角山段长城	起点：陈家井西山； 止点：鹿角山	春秋战国	国保

（续表）

市	县	编码	名称	位置	时代	保护级别
淄博市	淄川区	370302382105020009	黑虎寨段长城	起点：鹿角山； 止点：黑虎寨	春秋 战国	国保
淄博市	淄川区	370302382105020010	西股庄东山段长城	起点：黑虎寨； 止点：西股庄东山	春秋 战国	国保
淄博市	淄川区	370302382105020011	油篓寨段长城	起点：西股庄东山； 止点：盘龙山	春秋 战国	国保
淄博市	淄川区	370302382105020012	雁门村东山段长城	起点：盘龙山； 止点：雁门村东山	春秋 战国	国保
淄博市	淄川区	370302382105020013	雁门寨段长城	起点：雁门村东山； 止点：前紫峪北山	春秋 战国	国保
淄博市	淄川区	370302382102020014	胡兰顶段长城	起点：前紫峪北山； 止点：胡兰顶	春秋 战国	国保
淄博市	淄川区	370302382102020015	太平山段长城	起点：胡兰顶； 止点：太平山	春秋 战国	国保
潍坊市	临朐县	370724382106020001	大崮段长城	起点：龙汪崖主峰； 止点：龙王崮山东	春秋 战国	国保
潍坊市	临朐县	370724382102020002	里峪南山口长城	起点：龙汪崮山东； 止点：南坪山	春秋 战国	国保
潍坊市	临朐县	370724382106020003	南坪山长城	起点：南坪山； 止点：南坪山东	春秋 战国	国保
潍坊市	临朐县	370724382102020004	小辛庄段长城	起点：南坪山东； 止点：高嘴子西山山顶	春秋 战国	国保
潍坊市	临朐县	370724382106020005	高嘴子驴皮崮山险	起点：高嘴子西山山顶； 止点：马头崖山顶	春秋 战国	国保
潍坊市	临朐县	370724382106020006	钜梁崮山险	起点：马头崖山顶； 止点：钜梁崮东	春秋 战国	国保
潍坊市	临朐县	370724382301020007	小花龙砂崮子段长城	起点：钜梁崮东； 止点：黄门顶	春秋 战国	国保
潍坊市	临朐县	370724382105020008	大崮豁口鞍段长城	起点：黄门顶； 止点：大崮南	春秋 战国	国保
潍坊市	临朐县	370724382102020009	黄粮崮将军台段长城	起点：大崮南； 止点：长城头断崖	春秋 战国	国保
潍坊市	临朐县	370724382102160010	长城头段长城	起点：长城头断崖； 止点：紫草岭水坝西岸	春秋 战国	国保

（续表）

市	县	编码	名称	位置	时代	保护级别
潍坊市	临朐县	370724382102160011	紫草岭长城	起点：紫草岭水坝西岸； 止点：高山山顶	春秋战国	国保
潍坊市	临朐县	370724382102020012	蜂子窝西岭长城	起点：高山山顶； 止点：南蜂子窝村	春秋战国	国保
潍坊市	临朐县	370724382102020013	南蜂子窝东岭	起点：南蜂子窝村； 止点：下龙湾村	春秋战国	国保
潍坊市	临朐县	370724382102020014	大蚕场南岭	起点：下龙湾村； 止点：水石屋子北山	春秋战国	国保
潍坊市	临朐县	370724382106020015	沂山红石崖段	起点：水石屋子北山； 止点：歪头崮停车场	春秋战国	国保
潍坊市	临朐县	370724382102020016	沂山玉皇顶段	起点：歪头崮停车场； 止点：红崖顶	春秋战国	国保
潍坊市	临朐县	370724382102020017	桲根腿段长城	起点：红崖顶； 止点：桲根腿南山主复线交叉	春秋战国	国保
潍坊市	临朐县	370724382102020018	桲根腿东岭段长城	起点：桲根腿南山主复线交叉； 止点：大关水库西岸	春秋战国	国保
潍坊市	临朐县	370724382102020019	祝家店子段长城	起点：大关水库西岸； 止点：太平山	春秋战国	国保
潍坊市	临朐县	370724382102020020	围子山北段长城（穆陵关支线）	起点：桲根腿南山主复线交叉； 止点：围子山山顶	春秋战国	国保
潍坊市	临朐县	370724382102020021	穆陵关西西岭段长城（穆陵关支线）	起点：围子山山顶； 止点：穆陵关西	春秋战国	国保
潍坊市	临朐县	370724382102020022	穆陵关段长城（穆陵关支线）	起点：穆陵关西； 止点：穆陵关东山顶	春秋战国	国保
临沂市	沂水县	371323382102020001	黄墩段长城（穆陵关支线）	起点：穆陵关东山顶； 止点：黄墩	春秋战国	国保
临沂市	沂水县	371323382102020002	大旗山段长城（穆陵关支线）	起点：黄墩； 止点：大旗山山顶	春秋战国	国保
临沂市	沂水县	371323382102020003	龙山段长城（穆陵关支线）	起点：大旗山山顶； 止点：簸箕山东北山	春秋战国	国保
临沂市	沂水县	371323382102020004	申家庄段长城（穆陵关支线）	起点：簸箕山东北山； 止点：申家庄	春秋战国	国保

（续表）

市	县	编码	名称	位置	时代	保护级别
临沂市	沂水县	371323382102020005	老师傅旺南岭长城（穆陵关支线）	起点：申家庄； 止点：鸡叫山北山	春秋战国	国保
临沂市	沂水县	371323382102020006	鸡叫山段长城（穆陵关支线）	起点：鸡叫山北山； 止点：大山山顶	春秋战国	国保
临沂市	沂水县	371323382102020007	黑堆山段长城（穆陵关支线）	起点：大山山顶； 止点：牛山	春秋战国	国保
临沂市	沂水县	371323382102020008	东西沟东岭段长城（穆陵关支线）	起点：牛山； 止点：闵泉头村北山	春秋战国	国保
临沂市	沂水县	371323382102020009	高家石岭段长城（穆陵关支线）	起点：闵泉头村北山； 止点：长城岭头	春秋战国	国保
临沂市	沂水县	371323382102020010	王家箕山段长城（穆陵关支线）	起点：长城岭头； 止点：王家箕山村北公路	春秋战国	国保
临沂市	沂水县	371323382102020011	黄堐北山垛庄段长城（穆陵关支线）	起点：王家箕山村北公路； 止点：垛庄村东	春秋战国	国保
临沂市	沂水县	371323382102020012	杨廷山段长城（穆陵关支线）	起点：垛庄村东； 止点：三楞山三叉点	春秋战国	国保
临沂市	沂水县	371323382102020013	卧牛城旺峪东岭段长城（主线）	起点：卧牛城西峰； 止点：双山南山根	春秋战国	国保
临沂市	沂水县	371323382301020014	墙框良沟南岭段长城（主线）	起点：双山南山根； 止点：光光山北山根	春秋战国	国保
临沂市	沂水县	371323382102020015	光光山段长城（主线）	起点：光光山北山根； 止点：三楞山三叉点	春秋战国	国保

四、修建工艺

齐长城墙体构筑类型可分为土墙和石墙两种，修筑过程中多根据其所在区域的修筑条件和地形地貌情况因地制宜、就地取材。按照不同构筑材料及修建工艺又可具体分为夯土墙、土砂混筑墙、干摆石墙、土石混筑墙等。

（一）夯土墙

夯土墙多分布于齐长城西端起点位置，集中分布于济南市长清区，此处地形地貌为黄河冲积平原。

以齐长城西端起点广里村北长城为例，经考古勘探，其墙体绝对宽度在23—30米间，最宽处在济荷高速公路两侧110米长的区段，墙体底部的宽度达30米。西端起点向东南60米处逐渐变宽，至220国道西侧又恢复到宽23米，扩出部分呈弧状，向西南扩出最宽点为13米。与山体石砌墙体连接处夯土墙体向南扩出36米，总宽度为64米。

墙体皆由取自当地的黄土、黄黏土、沙土、沙砾土等夯筑而成。构筑方式为版筑，分层夯实，夯层明显，夯层厚度8—25厘米不等，从现存墙体的剖面上可明显看出夯层痕迹。从探出夯土的夯窝观察，为集束夯（用多根木棒捆扎在一起做成的夯）夯筑而成，夯窝直径2—4厘米不等。在220国道东侧的70多米地段，墙体北侧发现约60米长的壕沟遗迹，沟宽约6米，深1.3米，应是构筑城墙时取土所形成。

西端起点位置，自地表以下至1.4米深即到生土，地层可分为3层。第1层为耕土层，距地表深0.3米，灰褐色土，土质松软。第2层为扰乱层，厚0.46米，据当地村民讲，农业学大寨时期在此处深翻过土。该层为黄褐色土，含有细砂。第3层为夯土层，厚0.64米，黄色土，含少量碎小石块，土质坚硬，夯筑较结实。

220国道西侧由地表至生土深2.4米，大致分为4层。第1层为耕土层，厚0.3米。第2层为扰乱层，厚0.45米，黄褐色土。第3层为夯土层，厚0.65米，黄色土，夹杂细砂粒，夯层、夯窝较明显，但夯筑不实。第4层为夯土层，黄色土，含有小石子，土质坚硬，夯筑结实。

220国道东侧110米区段距地表深1.4米即到岩石，地层分为3层。第1层为耕土层。第2层为扰乱层，厚0.46米，黄褐色土。第3层为夯土层，厚0.7米，土呈黄灰色，土质坚硬，夯层明显，夯筑结实。

夯土墙东段与石砌墙交接地段距地表1.6米即到岩石，地层分为3层。第1层为耕土层。第2层为扰乱层。第3层为夯土层，厚0.9米，黄色黏土，夯筑结实。

（二）土砂混筑墙

土砂混筑墙多集中分布于长清、博山、淄川、临朐、安丘、沂水、诸城、黄岛等丘陵地带或地势平缓区域。现存墙体顶部残宽1—6米，底部残宽7—15米，截面呈上窄下宽的梯形，用黄土（或砂土）和大小不一的石块混合夯筑而成，夯层痕迹相对不明显。经调查，夯筑的土砂为长城两侧附近的平地就近挖沟取土而来，墙体内大小不一的石块来自附近的基岩。部分墙体的两侧有修筑城墙时的取土沟，沟底距现地表深1—1.5米。

以齐长城黄岛段为例，经考古勘探，长城墙基处地层堆积分为3层。第1层厚0—0.2米，耕土层，土质较疏松。第2层厚0.2—0.4米，黄褐土，土质较密，可发现夯层，部分地段含砂量较大。第3层为0.4米往下部分，基岩层。

长城墙体两侧取土沟地层也分为3层。第1层厚0—0.4米，耕土层，土质较疏松。第2层厚0.4—1.5米，灰褐淤土，土质较疏松，含砂量较大，沟宽10—20米。第3层为1.5米往下部分，基岩层。

（三） 干摆石墙

干摆石墙多集中分布于长清、泰山、岱岳、肥城、历城、章丘、莱芜、博山、淄川、临朐、安丘、黄岛等山岭地带。砌筑方法为就地取材干摆而成，即石块压缝叠压，缝隙不用泥等填抹，而是采用石楔垫、填、塞等办法，把石墙的每块毛石安放规整、牢固。石块大小不一，小者尺寸约0.2×0.1×0.04（米）；大者尺寸约1.2×0.5×0.4（米）。不同区域石块材质不同，西部长清、肥城多为片麻岩，石薄易取，层层叠起；中部岱岳、历城等地，多用泰山青石；章丘、莱芜多用石灰岩；而东部地区多用红色砂岩或花岗岩。

干摆石墙有单面和双面之分。单面石墙利用山岭自然地势，在外侧陡坡贴近山脊处，整修基础后错缝干摆石块，筑成墙体，石墙内侧与山脊之间的空隙处填塞土石或碎石，墙体顶部基本与山脊齐平或略高。干摆石墙时不用任何黏结物，石缝间以填塞石片的方式找平，整段墙体少有收分。墙体外侧陡高险峻，内侧矮平与山脊相连利于防守。双面石墙多位于山谷之间或平缓山坡地带，墙体全部用块石干摆而成或内外两面用大块石干摆，内部填充碎石，石缝间填塞石片找平，墙体内外顶部均高于地面。

（四） 土石混筑墙

土石混筑墙多集中分布于博山、淄川、临朐、安丘、诸城、青岛等丘陵地带或地势平缓区域，整体表现形式为墙芯土石混筑石墙包边。墙芯用碎石和土砂混筑，土为就地取材，多为风化砂土，其中夹杂石块大小不同，多寡不一。这与墙体所处地形有关——地势陡峭的地方石料充足，碎石比例大于土；地势平缓的地方，土比例大于碎石，且夯层多不明显。墙体内外两侧包砌石边墙，边墙砌筑方式均为石块干摆，且包边石墙的高度均低于墙芯高度。

五、价值评估

（一）历史价值

1. 齐长城是全线防御的典型代表

从军事方面来看，东周末年各诸侯国都在修筑、加固城墙和城池，以提高军事实力、保卫国家安全。从地理方面来看，齐国东面为大海，北面和西面以水系和山系为天险，唯南面泰沂山脉两侧有部分平原。齐国的西南部由济水与泰山构成依河临山之险，是齐国对外的交通要道，更是春秋战国时期中原诸国进攻齐国的咽喉。齐国在泰沂山脉设防，集山地防御和平原防御作用于一体，直到战国末期，这里始终是齐国的主要防线，在保障齐国经济发展、战争防御和进攻等方面，都具有重要的作用和意义。

2. 齐长城是众多著名战役的发生地

齐国针对弱国的战略战术是主动出击，而对实力强劲的国家则是以防守为主，所以才会花费巨大的财力、物力和人力建造绵延千里的齐长城。齐长城的战略意义是进可攻、退可守。依据文献记载，齐国与鲁国、楚国和中原各国的战役多集中于泰沂山脉，"齐之边境，青州以南，则守在大岘。济南以南，则守在泰山"①。沿线的长清、淄川、莱芜地区和济水防御尤为重要，历史上众多的著名战役就发生在这一带。如公元前 555 年在长清附近发生的晋联军与齐国进行的防门之战，公元前 684 年在莱芜沿线发生的齐鲁长勺之战和公元前 484 年发生的吴鲁联军与齐之艾陵之战，约公元前 342 年发生的济水防御最著名的设伏歼敌经典战——齐魏马陵之战。根据相关志书记载，曾有清末太平军依靠锦阳关抵抗清军，也有清军依靠锦阳关、青石关抵挡捻军之进攻，近代更有抗日战争时期爱国将领于学忠、周复率军队在城顶山与日军进行的仅次于台儿庄战役的城顶山之战。

3. 齐长城是东周时期会盟的重要见证者

春秋战国时期，各诸侯国为应对各种复杂、混乱的状况，专门组织了各种会盟用以规范政治、军事、经济领域的行为准则和划分势力范围，有时甚至通过政治联姻、商贸往来达到

① 〔清〕顾炎武：《山东考古录·考楚境及齐长城》，山东书局重刊光绪八年七月，第 19 页。

目的。比如齐桓公九合诸侯、葵丘会盟[①]；周桓王五年（前715年），鲁隐公与齐僖公盟于艾；周桓王二十三年（前697年），鲁桓公与齐襄公盟于艾，商量郑国许叔为公之事；周桓王十一年（前709年），鲁桓公与齐襄公在嬴相会，谋文姜；鲁定公十年（前500年），鲁定公与齐景公在莱芜谷前举行夹谷会盟，发生了著名的孔子返汶阳田的故事；战国时鲁哀公二十年（前475年）春，齐、鲁在廪丘会盟；第二年秋八月，鲁哀公及齐侯、邾子盟于顾邑；哀公二十三年（前472年）夏，晋伐齐，战于犁丘；二十四年（前471年）夏，晋伐齐，求鲁出兵助战，等等。

4. 齐长城是春秋战国时期商贸往来的重要实物体现

齐国以工商立国，是先秦时代工商业最为发达的地区。齐长城的修建在实现防御目的的同时，也满足了维护齐国与他国间商贸交往秩序的需要。齐长城设置的许多关隘要塞，不仅是齐国对外开放的前沿、文化与贸易交流的窗口，也是齐国积累财富、控制重要战略物资输出的保障。以青石关为例，现在两侧坡道上仍存在清晰可辨的商旅车辙印，两旁仍有方便旅、商牵拉登攀的石阶盘道，可见当初此地的繁荣程度。齐国临海，最早生产海盐并将海盐纳入官营，使海盐成为齐国向其他诸侯国出口的重要物资。为了打击走私和贩运海盐，齐国在出入国境的必经之路设置关隘加强管理，这样既可以杜绝海盐的私自销售，增加国家收入，也进一步规范了与各诸侯国间的贸易往来。因此，齐长城的修建和使用，让齐国的商贸活动更加规范、更加有秩序。

5. 齐长城是中国长城文化的源头

从流传于世的各类先秦典籍到东周墓葬出土的铜器铭刻《𠫑羌钟铭》，再到近年发现的战国晚期“清华简”，可以佐证齐长城之名存在之久远，且早已名扬于世，堪称中国长城文化的源头。“清华简”的出现证实了早在公元前441年济水附近已经出现齐长城，并说明了此处是齐国的防御重点；《𠫑羌钟铭》的内容说明早在公元前404年诸侯国已经在齐长城附近发动重要战争。

“清华简”的发现增加了目前所知最早的有关齐长城的简帛文献资料。在《系年》中，第20章记载了齐长城设置的年代和区域：

---

① 《史记》中多次提到葵丘会盟，记述最详的是《齐太公世家》：“（齐桓公）三十五年夏，会诸侯于葵丘。周襄王使宰孔赐桓公文武胙、彤弓矢、大路，命无拜。桓公欲许之，管仲曰‘不可’，乃下拜受赐。秋，复会诸侯于葵丘，益有骄色。”〔西汉〕司马迁：《史记·齐太公世家》，中华书局1959年版，第五册，第1490页。清代考城知县郭藻在《创建葵丘书院碑记》中写道：“《春秋》备书五霸，齐桓葵丘之会，其最盛者也。使春秋无葵丘之会，则二百四十年之史，于义无所载。孔子亦必绝笔而无可作……夫靖兵车于天下，严中外之大防，圣人或犹仁之。孟子羞称桓文，而葵丘五禁独详于其书。”

晋敬公立十又一年，赵桓子会［诸］侯之大夫，以与越令尹宋盟于邢，遂以伐齐，齐人焉始为长城于济，自南山属之北海。晋幽公立四年，赵狗率师与越公朱句伐齐，晋师閔长城句俞之门。越公、宋公败齐师于襄平。

“晋敬公立十又一年…… 齐人焉始为长城于济”，晋敬公十一年是公元前 441 年，这明确标注了齐长城的始建年代，而始建地域“济水流域”在齐国古平阴。《左传》襄公十八年载：“冬十月，会于鲁济，寻湨梁之盟，同伐齐，齐侯御诸平阴，堑防门而守之。”《水经注・济水》篇引京相云：“平阴，齐地也，在济北卢县故城西南十里。平阴城南有长城，东至海，西至济，河道所由，名防门，去平阴三里。”这里正是齐国的要塞，是防御晋国的重要地带。①

《鷹羌钟铭》记载：

唯廿有再祀，鷹羌作伐，厥辟韩宗融。率征秦迮齐，入长城，先会于平阴。武侄是力，袭敓楚京。赏于韩宗，令于晋公，昭于天子，用明则之于铭。武文□烈，永世毋忘。

钟铭大意是：在（周威烈王）二十二年，鷹羌随其主韩宗起兵，统率军队征伐秦，迫使齐国屈服，入长城，先在平阴会合军队。依恃勇武之力，突袭楚京。受命于晋公，明德为周天子所昭见。刻铭于鼎，武文之功烈，世世代代永不忘。

钟铭说明，至少在公元前 404 年，齐长城已经存在。由于鷹羌钟是可信的出土文字材料，故这一年可以作为判断齐长城营建的可靠下限②。

（二）科学价值

1. 齐长城是运用多学科成果的体现

齐长城的修建涉及政治、经济、军事、地理、交通、建筑等多方面，其修建过程借鉴了曲防和城池的建设经验，是古代劳动人民勤劳与智慧的结晶。齐长城集中展示了春秋战国时

① 代生：《清华简〈系年〉所见齐国史事初探》，载《烟台大学学报（哲学社会科学版）》，2015 年第 1 期，第 89 页。

② 陈民镇：《鷹羌钟与清华简〈系年〉合证》，载《考古与文物》，2015 年第 6 期，第 86 页。

代齐国科技的整体实力和水平，充分证明了齐国在地理学、测绘学、建筑学、系统工程学、物理学、化学以及冶金技术等方面的领先水平。

2. 齐长城的建造工艺是古代防御设施建筑的重要范本

齐长城是春秋战国时期齐国建筑水平的重要体现，在选址、取材、建筑工艺等方面，齐长城都为后来历代的长城开了先河，它是中国古人智慧的结晶。齐长城修筑之初，齐人就充分发挥聪明才智，尽量建城墙于己方主动、敌方被动之险要处；充分利用泰沂山脉，在自然山势基础上合理设计，注重因地制宜、就地取材，借助地形地势之利，不仅遵从了“丘陵堤防，必处其阳，而右背之”的军事原则，而且节约了大量的人力、物力，充分显示了齐长城建筑上的科学性和军事防御的合理性。齐长城运用毛石干垒、土石混筑、土砂混筑等筑城手段，巧妙地将关、烽火台、堡等建筑与山水地形结合在一起，形成完整的防御体系。就地取材和多种形式的建筑方式体现了齐长城先进的建筑理念和建筑技术，这种理念和技术影响了春秋战国时期周边的诸侯国，因此说，齐长城堪称冷兵器时代的巅峰之作，是成功的大型防御工事的代表。

（1）巧妙利用山险地形

山险墙以泰山长城和博山长城为代表。齐长城自泰山西北，经泰山之阴迤逦东去，但城墙只修筑到泰山西北的钉头崖，其东的老鸹尖、摩天岭、高山尖子、牛山口一带的“泰山北岗”，利用高山险峰代替城墙阻挡步兵车阵。齐长城南侧出土了许多箭镞，这证明齐国军队依靠长城、依靠山险，在沂水流域与入侵之敌交战。

泰沂山脉的山脊本身就十分险峻，在山脊上修筑城墙就更加易守难攻，而且齐国在修筑时，注意利用山脊的崖壁来修筑城墙，有的地段从外侧看去非常陡险，但里侧却较平缓，外侧用以御敌，内侧则是方便防守士卒上下使用；有的山脊外侧巨石悬崖本身即可起到防御作用，当齐长城修到这种地方，便利用这些悬崖巨石或陡坎险坡稍加修筑、平整。

（2）用关、堡、烽火台加强防御和反攻

山地、平原防御的各种关、堡等都是在充分考量其军事作用的基础上设置的，除墙体外，还配备烽火台，形成立体的防御体系，在预警的同时也能有效拖住敌军兵力，使齐军得以有效打击屯兵于坚城之下的敌军，进而依托齐长城，主动出击，建立据点与防线，实现战略反攻。凡是修筑关隘的地方，基本都是两山之间的狭口或是平川往来必经之道，这样既能控制险要，又可节约人力与材料。烽火台、关、堡等更是在仔细选择地形的基础上因地制宜而建，以确保彼此间的距离合适，传递的烽火信息能够被准确接收①，达到传递军情、及时援救的目的。

以位于潍坊与临沂交界处的古大岘山山口的穆陵关为例，史家普遍认为其初建于西周时期，而且在谭其骧主编的《简明中国历史地图集》中，在西周时期全图上唯一标注的关口就是穆陵关。延续到春秋战国时期，齐国为巩固其防御能力，在齐长城的主线加固了穆陵关，在穆陵关以北5公里处建立了“大关”，此关址虽已被大关水库淹没，但当时大关所在的齐长城复线和穆陵关所在的主线构成了严密、纵深的防御体系，这标志着齐长城军事防御活动由单项防御发展到了系统防御的更高阶段。

（三） 文化价值

1. 齐长城是齐文化的重要代表

齐长城是现存最大的齐文化物质载体。齐长城正是依托了齐国比较稳定的政治局势、相对独立的军事力量、丰富厚实的文化底蕴、得天独厚的地理条件、实践丰富的科学基础，才得以在齐鲁大地绵延千里、存续至今，使后人得以通过齐长城领略当年齐国作为“千乘之国”的强大军事实力，以及“五霸之首”“战国七雄”的风采。同时，齐长城也是齐鲁大地众多的物质文化遗产和非物质文化遗产存在的实体，这充分证明齐长城与齐文化之繁荣发展是相辅相成的。其文化价值丝毫不逊色于其在历史上的战略意义，是中国历史长河中优秀文化积淀的成果。

2. 齐长城是齐国兵家文化的载体

首先，齐长城体现了“不战而屈人之兵”的思想。齐国军事思想首先强调防御，确保自己立于不败之地。春秋战国时期，各国围绕着齐长城进行征战，在实际战争中将兵家的理论精华一一体现。虽然齐国存续期间败多胜少，但整个齐长城沿线作为军事探索研究和实践的优良土壤，造就了诸多如吕尚、孙膑、司马穰苴等中国最著名的军事理论家，使得齐国兵家文化无出其右者，尤其以孙膑所著《孙子兵法》推崇的“不战而屈人之兵”的兵家思想为代表，展示出战争艺术的最高境界。

其次，齐长城还体现了“防御至上”的思想。齐长城是冷兵器时代的早期防御工程代表。为适应步兵、骑兵协同作战方式的演变，尤其在骑兵机动性、反攻性更强的情况下，原

① 关于烽火台之间的距离，史书记载“每三十里置一烽，须在山岭高峻处”。〔宋〕曾公亮、丁度等撰：《武经总要·前集》烽火台篇，明万历二十七年影印版，第205页。

有的孤立的关、堡、城均已失效，必须重新树立新的全线防御阵线，齐长城就是将不确定的战场予以框定，使原本不可知的非固定的战场变为固定的战场，这样既能在和平时期节省戍边之军力、物力，又可在战时及时报警，甚至拖延敌军之进攻速度，获得组织兵力转移、民众和财产转移的时间，实现积极防御的目的。

3. 齐长城沿线的非物质文化遗产是齐长城历史文化的重要组成部分，对于全面认识、了解齐长城有重要作用

齐长城沿线流传着许多民间传说，这些民间传说不仅富有文学性、故事性，更因其从不同角度反映了与齐长城有关的历史信息，成为后世研究齐长城历史、文化、民俗、建筑等的重要资料。如常将军传说和杨廷将军传说，揭示出在某些军事要地齐国并不只修筑了一道长城，还修筑了复线；钉头崖传说证实了齐长城并不是一道连续不断的城墙，在一些险峻的山峰处往往因地制宜以山险代替城墙；铁牛上树传说证实了齐长城的起点在今济南长清广里村；老龙头的传说证实了齐长城入海处不是在大珠山而是在小珠山；孟姜女的传说不仅与齐长城的建造密切关联，自战国时《春秋左氏传》《礼记·檀弓》《孟子》记载后，几乎历代都有附会和改创，并与各地长城的建造和时政紧密联系。可以说齐长城不但在建造理念上成为中国长城的渊薮，同时也深远地影响了长城文化。

第二章 保护研究

齐长城遗址为国务院公布的第五批全国重点文物保护单位，其遗产构成是进行保护工作的主体。经过多年调查、保护和探索，我们愈加意识到保护齐长城遗址的重要性。在保护过程中，我们始终遵循《中华人民共和国文物保护法》《长城保护条例》《长城保护维修工作指导意见》等法律法规的规定，秉持“保护为主、抢救第一、合理利用、加强管理”的工作方针和长城保护理念的四点共识①，通过不断的实践，逐渐总结出齐长城遗址的保护理念。

关于齐长城遗址的保护研究，首先在总体阐述长城保护理念及产生背景的基础上，对齐长城遗址的保护经验进行总结；其次结合多年来的工作实践，分析齐长城遗址本体病害分类、形成机理，有针对性地探究齐长城遗址面临的病害及保护难度；最后总结目前齐长城遗址维修工程所采用的主要保护措施及相关技术要求。

一、保护理念

（一）长城维修、管理及保护理念的产生过程

1987 年被联合国教科文组织列入《世界遗产名录》的长城是中华民族的精神象征，是我国现存体量最大、分布最广的文化遗产之一，同时也是由多种遗存及其所处自然环境共同构成的具有独特审美价值的文化景观。保存至今的长城饱受自然因素和人为因素的双重影

① 四点共识具体内容详见国家文物局《中国长城保护报告》（2016 年）。

响，保护长城已经成为摆在世人面前一项紧迫而艰巨的任务。

1. 长城维修工程

中华人民共和国成立后，我国政府高度重视长城的保护工作，组织实施了一大批长城保护维修工程。1952 年，我国政府组织开展了新中国第一批长城保护维修工程——居庸关、八达岭和山海关长城维修工程。此后又对慕田峪、金山岭等一批具有重要价值的长城代表性点段进行修缮。《长城保护工程（2005—2014 年）总体工作方案》颁布实施后，中央拨付文物保护专项资金组织开展了长城墙体、敌楼、烽火台、关堡等文物本体保护维修项目 218 项，维修、加固长城本体 410 千米、单体建筑 1402 处，涉及春秋战国、秦、汉、唐、辽、金、明等各个时代，工程范围覆盖了长城资源分布的全部 15 个省（自治区、直辖市）。其中，明长城砖城墙段落维修工程量已超过 10%。2006 年以来先后实施的山海关、嘉峪关长城保护工程，最大限度地保留了不同时期的重要历史遗存和信息，有效改善了遗产保护状况和环境景观。

此外，各地还实施了一批环境整治、遗产监测、展示以及保护性设施建设等工程，消除了一大批长城点段突出的安全隐患。同时，一批重要长城段落和著名景点向社会开放，在推动地方经济社会发展中发挥了独特的作用①。

2. 长城管理

（1）保护管理

自 1961 年以来，国家陆续将八达岭、山海关、嘉峪关、玉门关等 32 处长城重点点段公布为全国重点文物保护单位，地方各级人民政府也先后将一大批长城资源分别公布为省、市、县各级文物保护单位。《长城保护条例》（2006 年）颁布以来，长城沿线各省级人民政府陆续将认定的长城段落核定公布为省级文物保护单位。2014 年国家文物局颁布《长城保护维修工作指导意见》《长城“四有”工作指导意见》，就进一步加强、规范长城各项保护管理工作做出明确规定。《长城保护维修工作指导意见》对长城保护维修工作提出如下原则：

长城本体抢险加固、消除长城本体安全隐患是长城保护维修工作的首要任务。在开展保护维修工作计划编制和保护维修工程立项时，应分清轻重缓急，优先考虑文物价值高，本体或环境现状恶劣，因国家重大基础设施建设项目或在历史上因自然或人为因素已形成开口或缺口并亟须开展保护维修工作的长城。

---

① 长城维修工程中内容主要引自国家文物局《中国长城保护报告》（2016 年）。

长城保护维修必须遵守不改变文物原状和最小干预的原则。严格控制各类干预措施的实施范围和工程量，妥善保护长城遗存的真实性、完整性和沧桑古朴的历史风貌，使长城的突出普遍价值得以延续和传承。除非是结构安全需要，否则不得进行长城主体结构及相关设施的复原或重建。

对于历史上已经局部损毁、坍塌或已经全部毁坏的长城遗址，应当实施遗址保护，不得在原址上重建、复建或进行大规模修复。

长城保护维修必须保持长城的原形制、原结构，优先使用原材料、原工艺。只有传统工艺做法无法达到长城本体安全的技术要求时，才可考虑采用新技术和新材料，且必须在设计方案编制阶段完成室内实验和现场试验，实（试）验结论及评价报告应随保护维修工程设计方案上报并经审批后方能实施。

不得采用水泥及未经室内实验和现场试验证明可靠、安全、有效及具有可再实施性的化学材料或工艺进行长城结构加固或表面防风化加固处理，避免形成新的安全隐患。

长城保护维修应与环境治理相结合。在开展本体保护维修工作中，应对影响拟实施保护维修的长城本体或载体安全的地质、水文等环境因素进行勘察、评估，并依据勘察评估结果，在编制专项工程设计方案时优先解决直接影响长城安全的重大环境问题。

（2）维修管理

长城保护维修工程始终坚持科学研究先导，针对长城形制、材料、技术和外部自然环境的不同特点，开展相应的考古勘探调查和维修试验的科学研究，尊重传统工艺，开展合理恰当的现状维修、架构加固等方面的探索，总结出大量行之有效的保护维修方法和经验。

工程的实施遵循《长城保护维修工作指导意见》《文物保护工程设计文件编制深度要求》《全国重点文物保护单位文物保护工程竣工验收管理暂行办法》等制度规范，科学制定保护技术方案，严格履行审批程序，强化工程规范管理，不断提升长城维修工程质量。

（二）长城保护理念的四点共识

通过多年对长城保护维修和管理的实践，逐渐形成了长城保护理念的四点共识：

对于地面上仍存有建筑的长城段落，严格遵循不改变文物原状和最小干预的原则进行维修加固，严格保持其原形制、原结构，保证长城结构安全，最大限度保存历史信息，妥善保护长城沧桑古朴的历史环境风貌。

对于历史上地面部分已坍塌或消失的长城遗址，实施遗址原状保护，通过局部整理归安和日常养护避免残损加剧，不在原址上重建或进行大规模修复。

对于面临自然灾害威胁的长城段落，加强预警监测，控制安全隐患，必要时可设置有针对性的保护性设施，缓解灾害风险压力，避免自然灾害的直接破坏。

对于价值突出或与重大历史事件有密切联系，具有展示潜力的长城点段，在严格保护其原形制、原结构的基础上，结合展示服务的需求，可适度进行局部修复展示。

长城保护理念的四点共识对于长城保护至关重要，是指导长城保护的基石。齐长城遗址以遗址形态存在为主，即属遗址类长城，应实施遗址原状保护，并妥善保护长城沧桑古朴的历史环境。

（三） 齐长城保护理念

1. 真实性、完整性原则

通过保护工作，使齐长城遗址及其周边环境得到有效保护，使其真实性、完整性得到保持，历史信息及价值得以延续。

2. 最低限度干预原则

确保保护措施科学、合理，对文物本体的干预最少，将危害因素降到最低。

3. 可操作性原则

根据齐长城遗址各类遗产的价值和现状，结合齐长城沿线社会、经济发展计划，科学、合理地划定齐长城遗址的保护区划，提出明确的保护、管理、展示措施，保证实施的可操作性。

4. 合理利用原则

统筹考虑齐长城遗址保护与当地社会发展需求，正确处理好齐长城遗址保护与沿线农业发展、城镇建设的关系，促进文物保护与城乡建设协调发展。强调在做好保护的前提下合理利用。开放展示宜采用多种主题、多种形式，提倡专业性与科普性相结合。

5. 可持续发展原则

坚持齐长城遗址各类遗产保护与永续利用并重的原则，贯彻将文化遗产作为社会和经济可持续发展资源的原则，坚持文化遗产资源可持续利用，保护文化遗产可持续发展。

6. 科学保护原则

严格遵守文物保护方针，对齐长城遗址的保护、管理、展示进行科学规划。根据齐长城遗址各类遗产不同特性以及遗址周边环境，制定科学合理的保护措施及环境整治措施。制定总体保护对策，明确齐长城遗址各类遗产的价值特征；突出保护的同时，正确处理齐长城遗址、环境保护和城乡经济建设的关系。在总体保护框架下，把握轻重缓急，合理筛选重要点段，以重要点段作为制定保护措施、确定管理体系和展示利用要求的主要对象，并确保取得遗产保护、管理和利用的显著成效，为科学保护齐长城遗址奠定基础。

二、总体保护

（一）关于遗产构成的探索①

为便于进行总体评估和制定保护工程类型，在总体保护工作中，对198处墙体和45处山险中位于同一行政区段内的、连续的段落进行了合并。合并后墙体共65处，其中主线60处、支线3处、复线2处；合并后山险共24处，其中主线23处、复线1处。经合并后齐长城遗址的遗产总量为106处。

1. 墙体

（1）主线

济南长清段，总长76402.7米。合并后墙体共8处，分别为广里村北长城、珠珠山陡岭子—阳干山长城、石小子寨—北傅庄北山长城、采石场东山长城—狗头山长城、凤凰山长城—北马套北山长城、北顶山长城—定头崖西山长城、北黄崖—梯子山长城、崮头长城。墙体类型包括土墙、石墙和地表消失。

济南历城段，总长25434米。合并后墙体共3处，分别为大药乡东北段—西道沟西北段长城、白家庄北段长城、黑松林长城—四界首长城。墙体类型包括石墙和地表消失。

济南章丘段，总长41998米。合并后墙体共4处，分别为四界首段—北峪西山段长城、锦阳关段—鲁地北山段长城、北栾宫东山段—相峪西山段长城、黄石关段—上王庄北山段长城。墙体类型包括石墙和地表消失。

淄博博山段，总长24165米。合并后墙体共6处，分别为风门道关段长城、老虎头岭段—干贝峪段长城、两平村段—冯八峪东山段长城、岳家北峪北山段长城、凤凰山段—鹅眉山段长城、黑山段—西沟峪北山段长城。墙体类型包括石墙和地表消失。

淄博淄川段，总长19016米。合并后墙体共4处，分别为护宝泉村南山段—岳阳山段长城、城子段—三太山段长城、胡兰顶段长城、陈家井西山段—鹿角山段长城。墙体类型包括石墙和地表消失。

淄博沂源段，总长8933米，合并后墙体共2处，分别为敖子顶段长城、水泉溜西山

① 数据引自《齐长城资源调查工作报告》，文物出版社2017年版。

段—核桃崮段长城。墙体类型包括石墙和地表消失。

潍坊临朐段，总长41011.7米。合并后墙体共5处，分别为里峪南山口长城、小辛庄段长城、黄粮崮将军台段—大蚕场南岭长城、沂山玉皇顶段—祝家店子段长城、小花龙砂崮子段长城。墙体类型包括土墙、石墙和地表消失。

临沂沂水段，总长9155米。合并后墙体共3处，分别为光光山段长城、卧牛城旺峪东岭段长城、墙框良沟南岭段长城。墙体类型包括石墙和地表消失。

潍坊安丘段，总长46164米。合并后墙体共3处，分别为碾台山段—虎崖段长城、太平山段长城、王家庄段长城。墙体类型包括土墙、石墙和地表消失。

日照莒县段，总长11853米。合并后墙体共4处，分别为三楞山魏家官庄段—大店子西长城岭长城、玄武庵东岭长城岭、玄武庵苏家官庄长城、陡沟南长城岭长城。墙体类型包括石墙和地表消失。

日照五莲段，总长47868米。合并后墙体共8处，分别为河西水库段长城、墙夼云门段—潘村西北岭段长城、高泽东岭段长城、院上东岭段—张榜沟北岭段长城、永镇关段—石八盘段长城、分水岭北淮河北岭段—白马山长城岭长城、潘村西南岭段长城、邱村东北岭段长城。墙体类型包括土墙、石墙和地表消失。

潍坊诸城段，总长37312米。合并后墙体共3处，分别为龙湾头北山段—大洼段长城、绕子阿南山段—史家夼北山段、竹园东山段长城。墙体类型包括石墙和地表消失。

青岛黄岛段，总长49839米。合并后墙体共7处，分别为鹁鸽山段长城、史家夼东山段长城—葫芦山段长城、曹城山段—陡楼段长城、东山村北山长城、徐山段长城、背儿山段长城、长城村段长城。墙体类型包括石墙和地表消失。

（2）支线

泰安肥城段，总长11384米，合并后墙体共1处，为连环山—三岔山山口长城。墙体类型包括石墙和地表消失。

潍坊临朐段，总长8878米，合并后墙体共1处，为围子山北段—穆陵关段长城。墙体类型包括石墙和地表消失。

临沂沂水段，总长33110米，合并后墙体共1处，为黄墩段—杨廷山段长城。墙体类型包括石墙和地表消失。

（3）复线

莱芜莱城段，总长14234米，合并后墙体共2处，分别为青石关段—青石关村东山段长城、焦家峪西山段—原山段长城。墙体类型为石墙。

2. 山险

（1）主线

济南长清段，总长 11512 米，共 2 处，分别为陈家湾东山段山险、老挂尖段—楼顶至大麻子峪顶段山险。

济南历城段，总长 10366 米，共 3 处，分别为清阳台段—瓦子岭段山险、天马顶段山险、梯子山段山险。

济南章丘段，总长 23846 米，共 4 处，分别为官屋子山段山险、磨池岭山段山险、珍峪北山段—四赋峪顶段山险、霹雳尖段山险。

淄博博山段，总长 10043 米，共 2 处，分别为卧铺北山段山险、禄柱崖段山险。

淄博淄川段，总长 24102 米，共 4 处，分别为青龙山段山险、四座山段山险、黑虎寨段—雁门寨段山险、太平山段山险。

淄博沂源段，总长 24587 米，共 1 处，为敖子顶段—马头崮段山险。

潍坊临朐段，总长 15242 米，共 4 处，分别为大崮段山险、南坪山山险、高嘴子驴皮崮—大崮豁口鞍段山险、沂山红石崖段山险。

日照五莲段，总长 6915 米，共 1 处，为马耳山景区段—南路西岭山险。

青岛黄岛段，总长 6238 米，共 2 处，分别为扎营山段山险、小珠山北山段山险。

（2）复线

莱芜莱城段，总长 1714 米，共 1 处，为武山段山险。

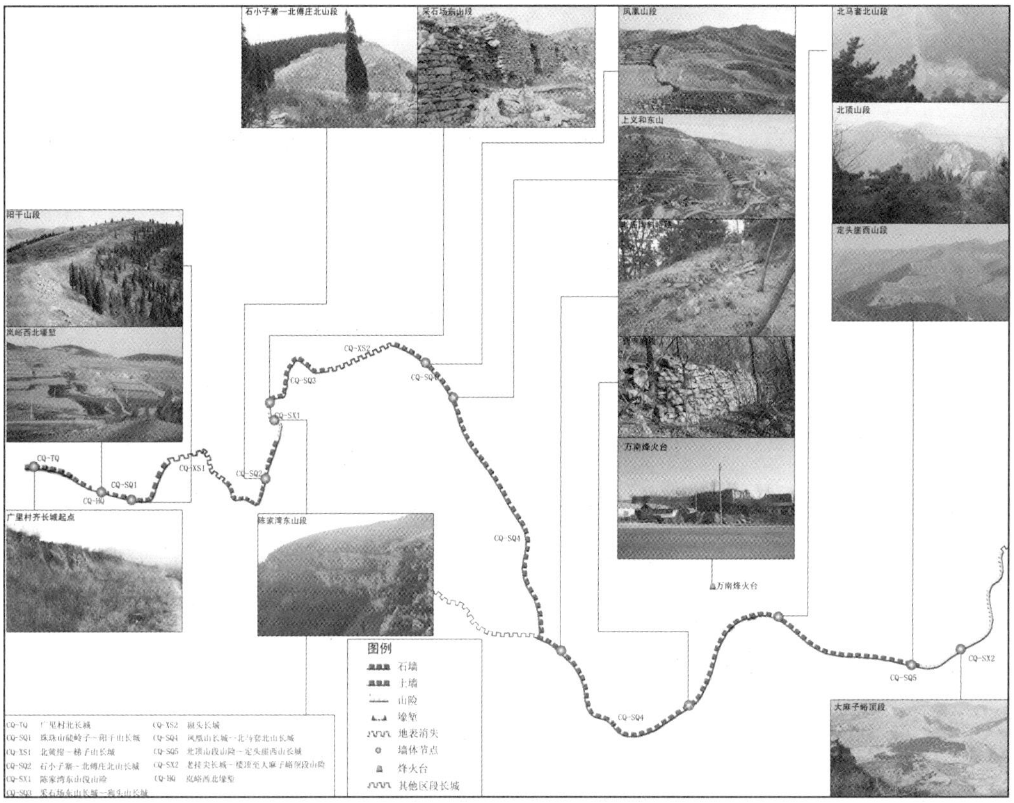

图 2－1　长清区遗产分布图

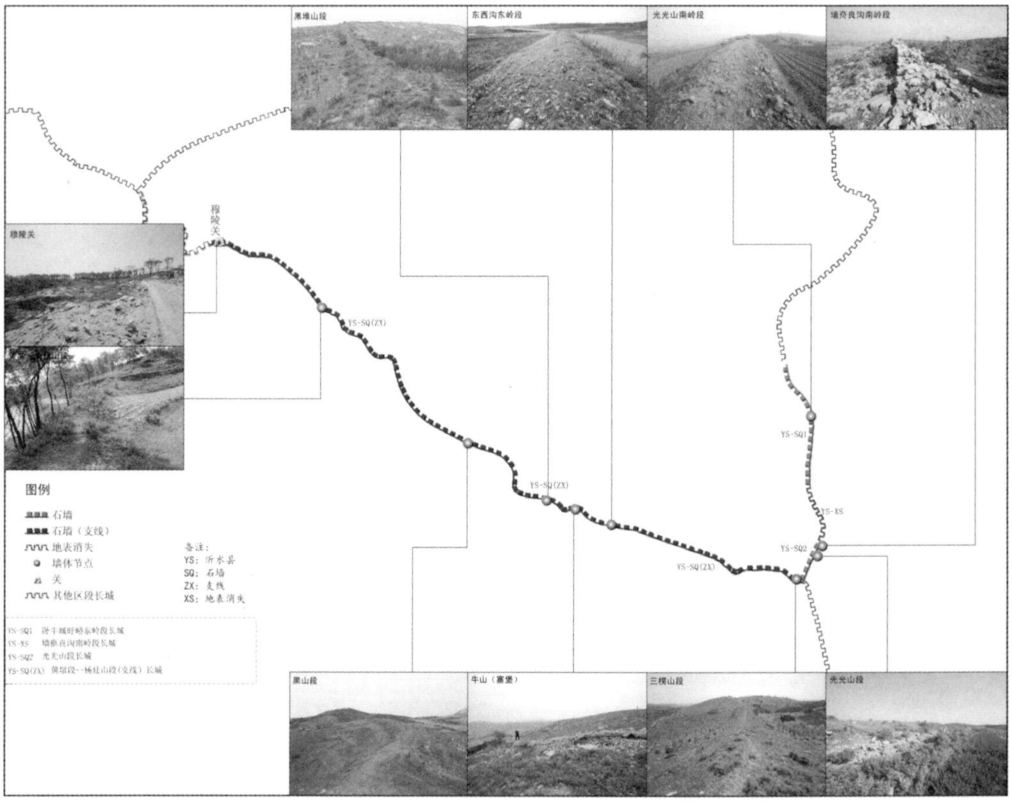

图 2－2　沂水县遗产分布图

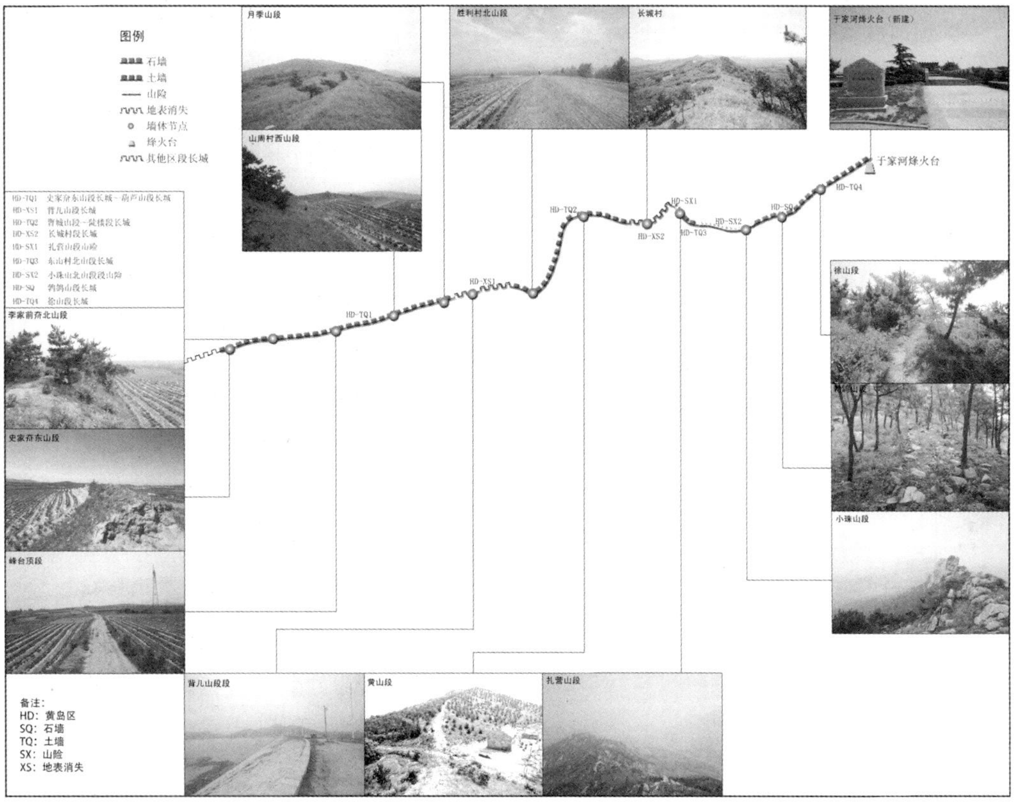

图 2－3 黄岛区遗产分布图

表 2－1　合并后齐长城遗址墙体、山险构成表

遗产类型		市	县（区）	合并后段落		国家文物局认定段落		备注
				编号	名称	编号	名称	
墙体	主线	济南市	长清区	CQ—TQ	广里村北长城	370113382101020001	广里村北长城	CQ：长清区 TQ：土墙 SQ：石墙 XS：地表消失
				CQ—SQ1	珠珠山陡岭子—阳干山长城	370113382102020002	珠珠山陡岭子长城	
						370113382102020003	岚峪北山长城	
						370113382102020004	阳干山长城	
				CQ—SQ2	石小子寨—北傅庄北山长城	370113382102020007	石小子寨长城	
						370113382102020008	满井峪东山长城	
						370113382102020009	北傅庄北山长城	
				CQ—SQ3	采石场东山长城—狗头山长城	370113382106020011	采石场东山长城	
						370113382102020012	狗头山长城	
				CQ—SQ4	凤凰山长城—北马套北山长城	370113382102020014	凤凰山长城	
						370113382102020015	上义合北山长城	
						370113382102020016	上义合东山长城	
						370113382102020017	郭家峪北山长城	
						370113382102020018	薛家峪东山长城	
						370113382102010019	红山长城	
						370113382102010020	孙土北山长城	
						370113382102010021	黄路山东山长城	
						370113382102010022	茅山长城	
						370113382102020023	张家老庄东山长城	
						370113382102020024	老庙沟斜峪长城	
						370113382102020025	九顶寨长城	
						370113382102020026	夹子山长城	
						370113382102020027	黄巢寨山长城	
						370113382102020028	五花岩山长城	
						370113382102020029	西寺崖长城	
						370113382102020030	长城铺子西山长城	
						370113382102020031	曹庄北山长城	
						370113382102020032	大寨长城	
						370113382102020033	北马套北山长城	
				CQ—SQ5	北顶山长城—定头崖西山长城	370113382105020034	北顶山长城	
						370113382102020035	定头崖西山长城	
				CQ—XS1	北黄崖—梯子山长城	370113382301020005	北黄崖长城	
						370113382102020006	梯子山长城	
				CQ—XS2	崮头长城	370113382301020013	崮头长城	

（续表）

遗产类型		市	县（区）	合并后段落		国家文物局认定段落		备注
				编号	名称	编号	名称	
墙体	主线	济南市	历城区	LC—SQ1	大药乡东北段—西道沟西北段长城	370112382102020003	大药乡东北段	LC：历城区 SQ：石墙
						370112382102020004	高尖子山北侧长城	
						370112382102020005	锯齿崖长城	
						370112382102020006	上疃西山段	
						370112382102020007	西道沟西北段	
				LC—SQ2	白家庄北段长城	370112382102020009	白家庄北段	
				LC—SQ3	黑松林长城—四界首长城	370112382102020011	黑松林长城	
						370112382102020012	南天门长城	
						370112382102020013	大高尖山长城	
						370112382102020014	四界首长城	
			章丘区	ZQ—SQ1	四界首段长城—北峪西山段长城	370181382102020001	四界首段长城	ZQ：章丘区 SQ：石墙
						370181382102020002	岳滋南山段长城	
						370181382102020003	三界首段长城	
						370181382102020004	西麦腰西山段长城	
						370181382102020005	三平山段长城	
						370181382102020006	天门关段长城	
						370181382102020007	南麦腰东山段长城	
						370181382102020008	东麦腰南山段长城	
						370181382102020009	红山段长城	
						370181382102020010	疙瘩岭段长城	
						370181382102020011	胡家庄段长城	
						370181382102020012	望米台北山段长城	
						370181382102020013	毛家林北山段长城	
						370181382102020014	北峪西山段长城	
				ZQ—SQ2	锦阳关段长城—鲁地北山段长城	370181382102020016	锦阳关段长城	
						370181382102020017	东门关段长城	
						370181382102020018	鲁地北山段长城	
				ZQ—SQ3	北栾宫东山段—相峪西山段长城	370181382102020020	北栾宫东山段长城	
						370181382102020021	北栾宫北山段长城	
						370181382102020022	龙子北山段长城	
						370181382102020023	龙子东山段长城	
						370181382102020024	相峪西山段长城	

（续表）

遗产类型		市	县（区）	合并后段落		国家文物局认定段落		备注
				编号	名称	编号	名称	
墙体	主线	济南市		ZQ—SQ4	黄石关段—上王庄北山段长城	370181382102020027	黄石关段长城	
						370181382102020028	上王庄北山段长城	
		淄博市	博山区	BS—SQ1	凤门道关段长城	370304382102020002	凤门道关段长城	BS：博山区 SQ：石墙 XS：地表消失
				BS—SQ2	老虎头岭段—干贝峪段长城	370304382102020004	老虎头岭段长城	
						370304382102020005	伊家楼段长城	
						370304382102020006	干贝峪段长城	
				BS—SQ3	两平村段—冯八峪东山段长城	370304382102020009	两平村段长城	
						370304382102020010	冯八峪东山段长城	
				BS—SQ4	岳家北峪北山段长城	370304382102020013	岳家北峪北山段长城	
				BS—XS1	凤凰山段—鹅眉山段长城	370304382102020007	凤凰山段长城	
						370304382102020008	鹅眉山段长城	
				BS—XS2	黑山段—西沟峪北山段长城	370304382102020011	黑山段长城	
						370304382102020012	西沟峪北山段长城	
			淄川区	ZC—SQ1	护宝泉村南山段—岳阳山段长城	370302382102020002	护宝泉村南山段长城	ZC：淄川区 SQ：石墙 XS：地表消失
						370302382102020003	岳阳山段长城	
				ZC—SQ2	城子段—三太山段长城	370302382102020005	城子段长城	
						370302382102020006	三太山段长城	
				ZC—SQ3	胡兰顶段长城	370302382102020014	胡兰顶段长城	
				ZC—XS	陈家井西山段长城—鹿角山段长城	370302382102020007	陈家井西山段长城	
						370302382102020008	鹿角山段长城	
			沂源县	YY—SQ	水泉溜西山段长城—核桃崮段长城	370323382102020009	水泉溜西山段长城	YY：沂源县 SQ：石墙 XS：地表消失
						370323382102020010	核桃崮段长城	
				YY—XS	敖子顶段长城	370323382102020001	敖子顶段长城	
		潍坊市	临朐县	LQ—SQ1	里峪南山口长城	370724382102020002	里峪南山口长城	LQ：临朐县 SQ：石墙
				LQ—SQ2	小辛庄段长城	370724382102020004	小辛庄段长城	
				LQ—SQ3	黄粮崮将军台段—大蚕场南岭长城	370724382102020009	黄粮崮将军台段长城	
						370724382102160010	长城头段长城	
						370724382102160011	紫草岭长城	
						370724382102020012	蜂子窝西岭长城	
						370724382102020013	南蜂子窝东岭	
						370724382102020014	大蚕场南岭	

（续表）

遗产类型		市	县（区）	合并后段落		国家文物局认定段落		备注
				编号	名称	编号	名称	
墙体	主线	潍坊市		LQ—SQ4	沂山玉皇顶段—祝家店子段长城	370724382102020016	沂山玉皇顶段	
						370724382102020017	椁根腿段长城	
						370724382102020018	椁根腿东岭段长城	
						370724382102020019	祝家店子段长城	
				LQ—XS	小花龙砂崮子段长城	370724382301020007	小花龙砂崮子段长城	
		临沂市	沂水县	YS—SQ1	卧牛城旺峪东岭段长城	371323382102020013	卧牛城旺峪东岭段长城（主线）	YS：沂水县 SQ：石墙 XS：地表消失
				YS—SQ2	光光山段长城	371323382102020015	光光山段长城（主线）	
				YS—XS	墙框良沟南岭段长城	371323382301020014	墙框良沟南岭段长城（主线）	
		潍坊市	安丘市	AQ—SQ	碾台山段—虎崖段长城	370784382102020002	碾台山段长城	AQ：安丘市 SQ：石墙 XS：地表消失
						370784382102020003	石虎山段长城	
						370784382102020004	南北山东段长城	
						370784382102020005	磨山段长城	
						370784382102020006	五龙山段长城	
						370784382102020007	大车山段长城	
						370784382102020008	石山子南岭段长城	
						370784382102020009	白山顶段长城	
						370784382102020010	望君顶段长城	
						370784382102020011	城顶山段长城	
						370784382102020012	钟楼顶段长城	
						370784382102020013	摘药山李家顶段长城	
						370784382102020014	虎崖段长城	
				AQ—XS1	太平山段长城	370784382301020001	太平山段长城	
				AQ—XS2	王家庄段长城	370784382301020015	王家庄段长城	
		日照市	莒县	JX—SQ1	三楞山魏家官庄段—大店子西长城岭长城	371122382102020001	三楞山魏家官庄段长城	JX：莒县 SQ：石墙 XS：地表消失
						371122382102020002	大店子西长城岭	
				JX—SQ2	玄武庵东岭长城岭	371122382102020004	玄武庵东岭长城岭	
				JX—XS1	玄武庵苏家官庄长城	371122382301020003	玄武庵苏家官庄长城	
				JX—XS2	陡沟南长城岭	371122382301020005	陡沟南长城岭	

（续表）

遗产类型		市	县（区）	合并后段落		国家文物局认定段落		备注
				编号	名称	编号	名称	
墙体	主线	日照市	五莲县	WL—SQ1	河西水库段长城	371121382301020001	河西水库段长城	WL：五莲县 SQ：石墙 XS：地表消失
				WL—SQ2	墙夼云门段—潘村西北岭段长城	371121382102020004	墙夼云门段长城	
						371121382102020005	潘村西北岭段长城	
				WL—SQ3	高泽东岭段长城	371121382102020007	高泽东岭段长城	
				WL—SQ4	院上东岭段—张榜沟北岭段长城	371121382102020009	院上东岭段长城	
						371121382102020010	梁家坪北岭段长城	
						371121382102020011	分流山东岭段长城	
						371121382102020012	前长城岭东岭段长城	
						371121382102020013	张榜沟北岭段长城	
				WL—SQ5	永镇关段—石八盘段长城	371121382102020016	永镇关段长城	
						371121382102020017	玉带北岭段长城	
						371121382102020018	石八盘段长城	
				WL—XS1	分水岭北淮河北岭段—白马山长城岭长城	371121382301020002	分水岭北淮河北岭段长城	
						371121382301020003	白马山长城岭	
				WL—XS2	潘村西南岭段长城	371121382102020006	潘村西南岭段长城	
				WL—XS3	邱村东北岭段长城	371121382102020008	邱村东北岭段长城	
		潍坊市	诸城市	ZC—TQ1	龙湾头北山段—大洼段长城	370782382101020001	龙湾头北山段长城	ZC：诸城市 TQ：土墙 XS：地表消失
						370782382101020002	望海楼山段长城	
						370782382101020003	响水崖子南山段长城	
						370782382101020004	黄牛山段长城	
						370782382101020005	大坪子北山段长城	
						370782382101020006	马山段长城	
						370782382101020007	邹家沟南山段长城	
						370782382101020008	邹家沟东山段长城	
						370782382101020009	磊石山段长城	
						370782382101020010	石河头北山段长城	
						370782382101020011	大洼段长城	
				ZC—TQ2	绕子阿南山段—史家夼北山段长城	370782382101020013	绕子阿南山段长城	
						370782382101020014	孙家夼北山段长城	

（续表）

遗产类型		市	县（区）	合并后段落		国家文物局认定段落		备注
				编号	名称	编号	名称	
墙体	主线	潍坊市		ZC—TQ2	绕子阿南山段—史家夼北山段长城	370782382101020015	史家夼北山段长城	
				ZC—XS	竹园东山段长城	370782382301020012	竹园东山段长城	
		青岛市	黄岛区	HD—TQ1	史家夼东山段长城—葫芦山段长城	370284382101020001	史家夼东山段长城	HD：黄岛区 SQ：石墙 TQ：土墙 XS：地表消失
						370284382101020002	李家前夼北山段长城	
						370284382101020003	峰台顶段长城	
						370284382101020004	山周村西山段长城	
						370284382101020005	王家墩子段长城	
						370284382101020006	月季山段长城	
						370284382101020007	葫芦山段长城	
				HD—TQ2	曹城山段—陡楼段长城	370284382101020009	曹城山段长城	
						370284382101020010	胜利村北山段长城	
						370284382101020011	李家洼子东山段长城	
						370284382101020012	苗家南山段长城	
						370284382101020013	黄山段长城	
						370284382101020014	报屋顶段长城	
						370284382101020015	陡楼段长城	
				HD—TQ3	东山村北山	370211382105020002	东山村北山	
				HD—TQ4	徐山段长城	370211382101020005	徐山段长城	
				HD—SQ	鹁鸪山段长城	370211382102020004	鹁鸪山段长城	
				HD—XS1	背儿山段长城	370284382101020008	背儿山段长城	
				HD—XS2	长城村段长城	370284382101020016	长城村段长城	
	支线	泰安市	肥城市	FC－SQ（ZX）	连环山—三岔山山口长城	370983382102020001	（支线）连环山长城	FC：肥城市 LQ：临朐县 YS：沂水县 SQ：石墙 ZX：支线
						370983382102020002	（支线）于家庄长城	
						370983382102020003	（支线）卢家沟长城	
						370983382102020004	（支线）张家山长城	
						370983382102020005	（支线）三岔山山口长城	
		潍坊市	临朐县	LQ－SQ（ZX）	围子山北段—穆陵关段长城	370724382102020020	围子山北段长城（穆陵关支线）	
						370724382102020021	穆陵关西西岭段长城（穆陵关支线）	
						370724382102020022	穆陵关段长城（穆陵关支线）	

（续表）

遗产类型		市	县（区）	合并后段落		国家文物局认定段落		备注
				编号	名称	编号	名称	
墙体	主线	临沂市	沂水县	YS－SQ（ZX）	黄墩段—杨廷山段长城	371323382102020001	黄墩段长城（穆陵关线）	FC：肥城市 LQ：临朐县 YS：沂水县 SQ：石墙 ZX：支线
						371323382102020002	大旗山段长城（穆陵关线）	
						371323382102020003	龙山段长城（穆陵关线）	
						371323382102020004	申家庄段长城（穆陵关线）	
						371323382102020005	老师傅旺南岭长城（穆陵关线）	
						371323382102020006	鸡叫山段长城（穆陵关线）	
						371323382102020007	黑堆山段长城（穆陵关线）	
						371323382102020008	东西沟东岭段长城（穆陵关线）	
						371323382102020009	高家石岭段长城（穆陵关线）	
						371323382102020010	王家箕山段长城（穆陵关线）	
						371323382102020011	黄堐北山垛庄段长城（穆陵关线）	
						371323382102020012	杨廷山段长城（穆陵关线）	
	复线	莱芜市	莱城区	LW－SQ1（FX）	青石关段长城—青石关村东山段长城	371202382102020001	青石关段长城（复线）	LW：莱芜市 SQ：石墙 FX：复线
						371202382102020002	樵岭前南山段长城（复线）	
						371202382102020003	青石关村东山段长城（复线）	
				LW－SQ2（FX）	焦家峪西山段—原山段长城	371202382102020005	焦家峪西山段长城（复线）	
						371202382102020006	东车辐南山段长城（复线）	
						371202382102020007	原山段长城（复线）	

（续表）

遗产类型		市	县（区）	合并后段落		国家文物局认定段落		备注
				编号	名称	编号	名称	
山险	主线	济南市	长清区	CQ—SX1	陈家湾东山段山险	370113382106020010	陈家湾东山长城	CQ：长清区 SX：山险
				CQ—SX2	老挂尖—楼顶至大麻子峪顶段山险	370113382106020036	老挂尖长城	
						370113382106020037	穿穿顶段长城	
						370113382106020038	摩天岭段长城	
						370113382106020039	楼顶至大麻子峪顶段	
			历城区	LC—SX1	清阳台段—瓦子岭段山险	370112382106020001	清阳台段	LC：历城区 SX：山险
						370112382106020002	瓦子岭段	
				LC—SX2	天马顶段山险	370112382106020008	天马顶段	
				LC—SX3	梯子山段山险	370112382106020010	梯子山段	
			章丘区	ZQ—SX1	官屋子山段山险	370181382105020015	官屋子山段长城	ZQ：章丘区 SX：山险
				ZQ—SX2	磨池岭山段山险	370181382105020019	磨池岭山段长城	
				ZQ—SX3	珍峪北山段—四赋峪顶段山险	370181382105020025	珍峪北山段长城	
						370181382105020026	四赋峪顶段长城	
				ZQ—SX4	霹雳尖段山险	370181382105020029	霹雳尖段长城	
		淄博市	博山区	BS—SX1	卧铺北山段山险	370304382105020001	卧铺北山段长城	BS：博山区 SX：山险
				BS—SX2	禄柱崖段山险	370304382105020003	禄柱崖段长城	
			淄川区	ZC—SX1	青龙山段山险	370302382102020001	青龙山段长城	ZC：淄川区 SX：山险
				ZC—SX2	四座山段山险	370302382105020004	四座山段长城	
				ZC—SX3	黑虎寨段—雁门寨段山险	370302382105020009	黑虎寨段长城	
						370302382105020010	西股庄东山段长城	
						370302382105020011	油篓寨段长城	
						370302382105020012	雁门村东山段长城	
						370302382105020013	雁门寨段长城	
				ZC—SX4	太平山段山险	370302382102020015	太平山段长城	
			沂源县	YY—SX	鞭皮山段长城—马头崮段山险	370323382106020002	鞭皮山段长城	YY：沂源县 SX：山险
						370323382105010003	璞丘西山段长城	
						370323382105020004	歪头顶山段长城	
						370323382105020005	歪头顶东山段长城	
						370323382105020006	车场东山段长城	

（续表）

遗产类型		市	县（区）	合并后段落		国家文物局认定段落		备注
				编号	名称	编号	名称	
山险	主线	淄博市		YY—SX	敖子顶段—马头崮段山险	370323382105020007	大崮顶段长城	
						370323382105020008	马头崮段长城	
		潍坊市	临朐县	LQ—SX1	大崮段山险	370724382106020001	大崮段长城	LQ：临朐县 SX：山险
				LQ—SX2	南坪山山险	370724382106020003	南坪山长城	
				LQ—SX3	高嘴子驴皮崮段—大崮豁口鞍段山险	370724382106020005	高嘴子驴皮崮山险	
						370724382106020006	钜梁崮山险	
						370724382301020007	小花龙砂崮子段长城	
						370724382105020008	大崮豁口鞍段长城	
				ZQ—SX4	沂山红石崖段	370724382106020015	沂山红石崖段山险	
		日照市	五莲县	WL—SX	马耳山景区段—南路西岭山险	371121382102020014	马耳山景区段长城	WL：五莲县 SX：山险
						371121382301020015	南路西岭长城	
		青岛市	黄岛区	HD—SX1	扎营山段山险	370211382105020001	扎营山段长城	HD：黄岛区 SX：山险
				HD—SX2	小珠山北山段山险	370211382105020003	小珠山北山段长城	
	复线	莱芜市	莱城区	LW—SX（FX）	武山段山险	371202382106020004	武山段长城（复线）	LW：莱芜市 SX：山险 FX：复线

（二） 保存现状

1. 评估标准

（1） 墙体

墙体保存现状评估主要从墙体现存高度、砌筑状况、是否存在坍塌现象、山形及走向是否被破坏几方面进行。各墙体段落的现状评估结论分为Ⅰ级、Ⅱ级、Ⅲ级、Ⅳ级四个等级。

土墙的评估标准为：墙体保存高度2.5米以上，清晰可见，土层基本无垮塌，无人为破坏现象的墙体占可识别墙体长度的50%以上为Ⅰ级；墙体保存高度1.5米以上，基本清晰可见，土层出现局部垮塌或破坏现象的墙体占可识别墙体长度的50%以上为Ⅱ级；墙体保存高度1.5米以下，能辨出轮廓，土层出现大面积垮塌、破坏现象或仅能辨出长城轮廓的墙体占可识别墙体长度的50%以上为Ⅲ级；地表墙体消失为Ⅳ级。

石墙的评估标准为：墙体保存高度2.5米以上，墙体砌筑整齐，无大面积或间隔坍塌现象的墙体占可识别墙体长度的50%以上为Ⅰ级；墙体保存高度1.5米以上，墙体砌筑较为整齐，有小面积坍塌现象的墙体占可识别墙体长度的50%以上为Ⅱ级；墙体保存高度1.5米以下，墙体砌筑不整齐，有大面积坍塌现象或仅能辨出长城遗迹的墙体占可识别墙体长度的50%以上为Ⅲ级；地表墙体消失为Ⅳ级。

（2）壕堑、烽火台（烽燧）、关、堡

烽火台（包括烽燧）、关、堡、壕堑现状评估主要从是否有残损、是否存在病害和破坏因素几方面进行，分为Ⅰ级、Ⅱ级、Ⅲ级、Ⅳ级四个等级。保存较好，基本无残损和病害为Ⅰ级；部分残损，存在少量病害或破坏因素为Ⅱ级；严重残损，存在较多病害或破坏因素为Ⅲ级；地表无遗存为Ⅳ级。

（3）山险

山险现状评估主要从山形、走向是否遭到破坏几方面进行，分为Ⅰ级、Ⅱ级、Ⅲ级、Ⅳ级四个等级。基本保持原有地形地貌为Ⅰ级，原有山形、走向遭到部分破坏为Ⅱ级，原有山形、走向遭到严重破坏为Ⅲ级，地形地貌完全被破坏为Ⅳ级。

2. 保存现状（详见附表1）

3. 现状评估分级

（1）墙体

1）主线

济南长清段，Ⅰ级：1处，即北顶山长城—定头崖西山长城；Ⅱ级：3处，分别为珠珠山陡岭子—阳干山长城、采石场东山长城—狗头山长城、广里村北长城；Ⅲ级：2处，分别为石小子寨—北傅庄北山长城、凤凰山长城—北马套北山长城；Ⅳ级：2处，分别为北黄崖—梯子山长城、崮头长城。

济南历城段，Ⅱ级：1处，即大药乡东北段—西道沟西北段长城；Ⅲ级：2处，分别为白家庄北段长城、黑松林长城—四界首长城。

济南章丘段，Ⅱ级：1处，即锦阳关段长城—鲁地北山段长城；Ⅲ级：3处，分别为四界首段长城—北峪西山段长城、北栾宫东山段—相峪西山段长城、黄石关段—上王庄北山段长城。

淄博博山段，Ⅲ级：4处，分别为风门道关段长城、老虎头岭段—干贝峪段长城、两平村段—冯八峪东山段长城、岳家北峪北山段长城；Ⅳ级：2处，分别为凤凰山段—鹅眉山段长城、黑山段—西沟峪北山段长城。

淄博淄川段，Ⅲ级：3处，分别为护宝泉村南山段—岳阳山段长城、城子段—三太山段长城、胡兰顶段长城；Ⅳ级：1处，即陈家井西山段—鹿角山段长城。

淄博沂源段，Ⅲ级：1处，即水泉溜西山段—核桃崮段长城；Ⅳ级：1处，即敖子顶段长城。

潍坊临朐段，Ⅲ级：4处，分别为里峪南山口长城、小辛庄段长城、黄粮崮将军台段—大蚕场南岭长城、沂山玉皇顶段—祝家店子段长城；Ⅳ级：1处，即小花龙砂崮子段长城。

临沂沂水段，Ⅱ级：1处，即光光山段长城；Ⅲ级：1处，即卧牛城旺峪东岭段长城；Ⅳ级：1处，即墙框良沟南岭段长城。

潍坊安丘段，Ⅲ级：1处，即碾台山段—虎崖段长城；Ⅳ级：2处，分别为太平山段长城、王家庄段长城。

日照莒县段，Ⅲ级：2处，分别为三楞山魏家官庄段—大店子西长城岭长城、玄武庵东岭长城岭；Ⅳ级：2处，分别为玄武庵苏家官庄长城、陡沟南长城岭。

日照五莲段，Ⅲ级：5处，分别为河西水库段长城、墙夼云门段—潘村西北岭段长城、高泽东岭段长城、院上东岭段—张榜沟北岭段长城、永镇关段—石八盘段长城；Ⅳ级：3处，分别为分水岭北淮河北岭段—白马山长城岭长城、潘村西南岭段长城、邱村东北岭段长城。

潍坊诸城段，Ⅰ级：1处，即绕子阿南山段—史家夼北山段长城；Ⅱ级：1处，即龙湾头北山段—大洼段长城；Ⅳ级：1处，即竹园东山段长城。

青岛黄岛段，Ⅱ级：1处，即曹城山段—陡楼段长城；Ⅲ级：4处，分别为史家夼东山段长城—葫芦山段长城、鹁鸽山段长城、东山村北山、徐山段长城；Ⅳ级：2处，分别为背儿山段长城、长城村段长城。

2）支线

泰安肥城段，Ⅲ级：1处，即连环山—三岔山山口长城。

潍坊临朐段，Ⅱ级：1处，即围子山北段—穆陵关段长城。

临沂沂水段，Ⅲ级：1处，即黄墩段—杨廷山段长城。

3）复线

莱芜莱城段，Ⅱ级：1处，即青石关段长城—青石关村东山段长城；Ⅲ级：1处，即焦家峪西山段—原山段长城。

（2）壕堑

济南长清区，Ⅰ级：1处，即岚峪西北壕堑。

（3）山险

24处山险保存现状评估结论全部为Ⅰ级。

（4）烽火台（烽燧）

济南长清区，Ⅲ级：1处，即万南烽火台。

济南历城区，Ⅰ级：4处，分别为葫芦套南山烽燧、白家庄东山烽燧、梯子山西烽燧、梯子山烽燧。

潍坊临朐县，Ⅰ级：1处，即小关烽燧。

日照莒县，Ⅰ级：1处，即大店子烽火台。

青岛黄岛区，Ⅰ级：1处，即于家河烽火台。

（5）关

济南章丘区，Ⅳ级：4处，分别为天门关、北门关、锦阳关、黄石关。

莱芜莱城区，Ⅲ级：1处，即东门关。

淄博博山区，Ⅳ级：1处，即风门道关。

临沂沂水县，Ⅳ级：1处，即穆陵关。

（6）堡

莱芜莱城区，Ⅲ级：1处，即青石关关堡。

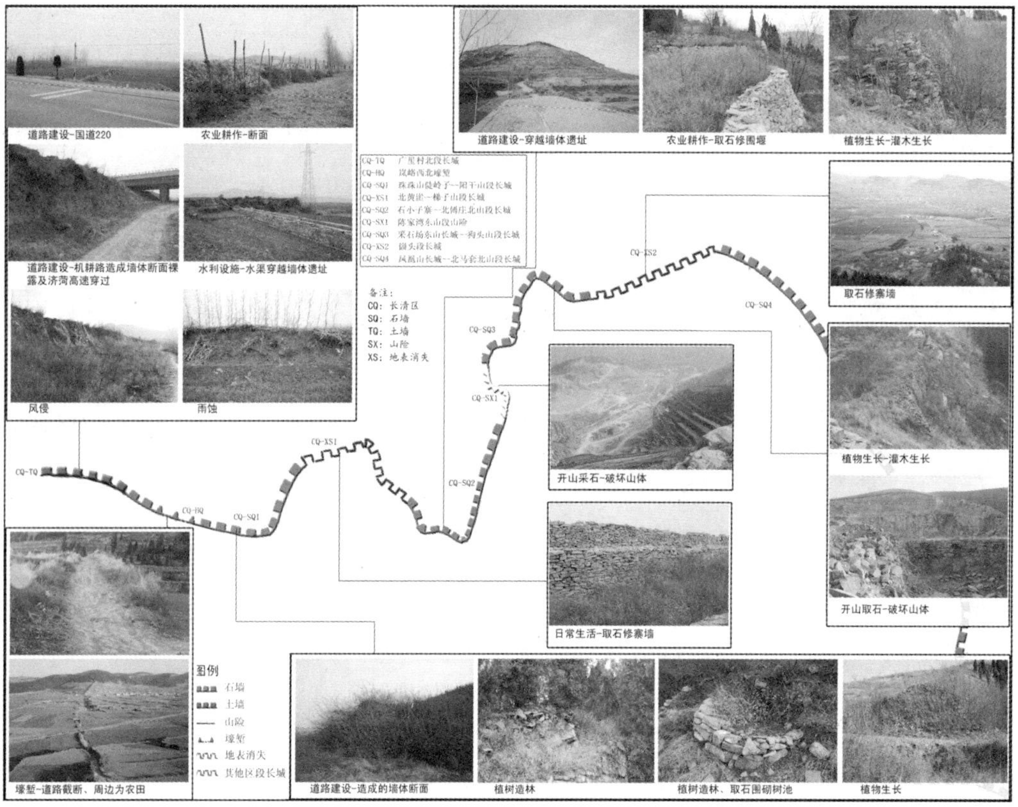

图 2－4 长清区遗产保存现状图

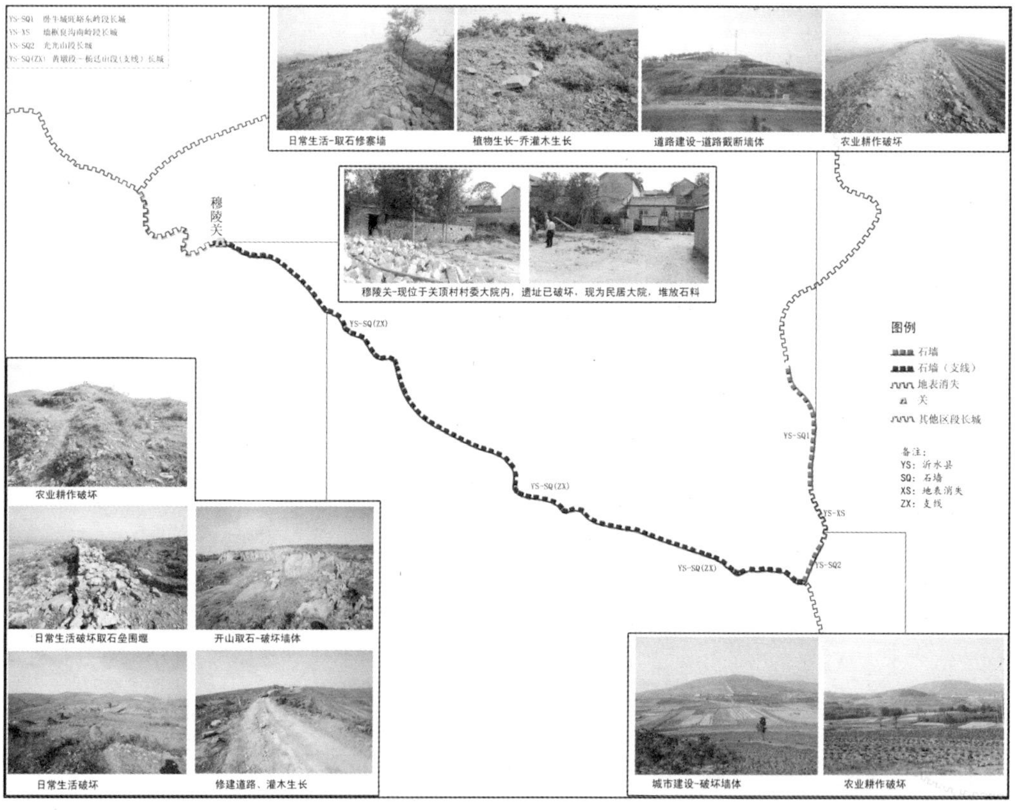

图 2－5 沂水县遗产保存现状图

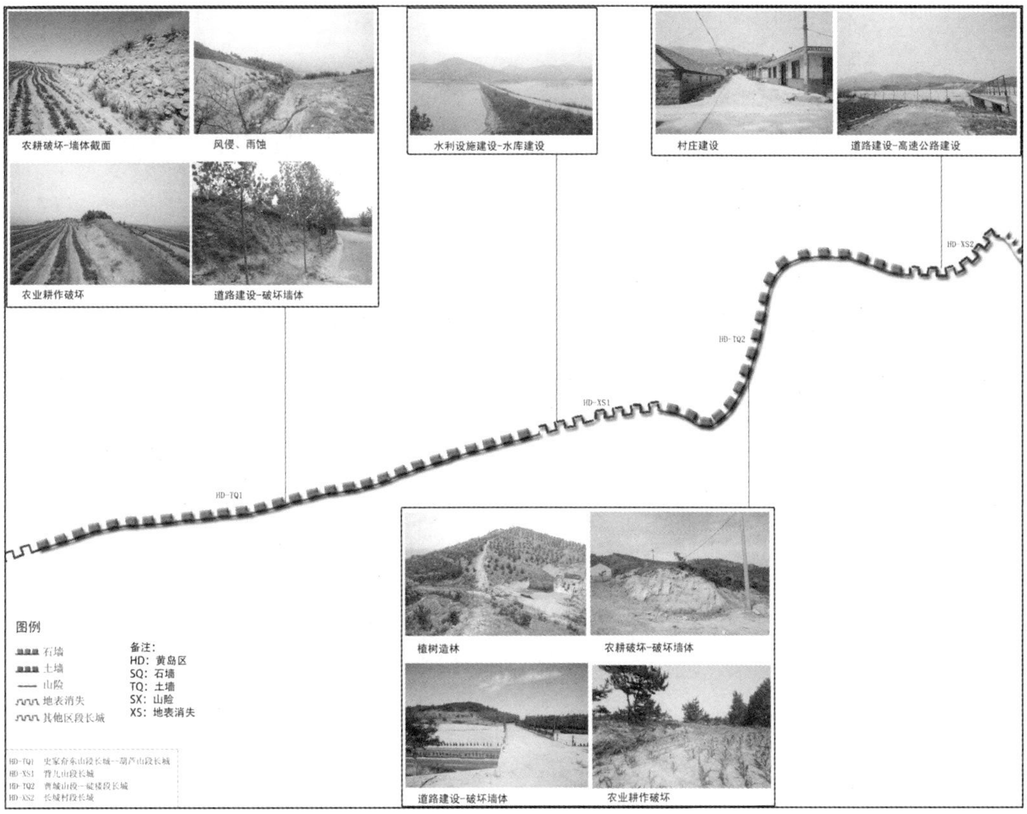

图 2-6　黄岛区遗产保存现状图

3. 保护工程类型

根据现状评估结论分别制定保护工程类型，具体包括日常保养、防护加固、现状修整、重点修复、地面标识等。即针对Ⅰ级残损部位进行日常保养，Ⅱ级残损部位进行现状修整，Ⅲ级残损部位进行重点修复，Ⅳ级残损部位进行地面标识，对于存在塌落、变形、失稳的墙体点段进行防护加固。

具体点段保护工程类型详见附表 2。

三、具体保护

（一） 本体病害分析

1. 病害类型及分类原则

自 2008 年山东省文物局开展齐长城资源调查工作以来，越来越多的人开始了解齐长城、关注齐长城。齐长城遗址的保存现状也逐渐成为人们关注的焦点，历经两千多年，它是如何保存至今的、它又存在哪些病害、这些病害是如何产生的等一系列问题促使人们不断探索和研究。

目前，有关遗址类文物病害的产生主要有自然和人为两方面的因素，这是文物保护领域已经形成的共识。因此齐长城遗址病害的成因亦包括自然破坏和人为破坏两大类。对于自然因素造成的破坏，主要采取科学的保护技术来解决；对于人为因素造成的破坏，通常采取有效的管理手段予以制止。

针对遗址类文物的保护技术，主要以消除遗址存在的安全隐患为首要任务，以改善其保存条件、防范新的损毁为根本出发点。由于遗址的破坏，往往是多种因素交替作用的结果，在研究病害的机理时，需抓住产生病害的主要因素。病害的机理不同，保护时所采用的材料和工艺方法便有差异，因此，按不同病害的形成机理对齐长城遗址的病害进行分类并提出有针对性的保护措施是十分重要的。

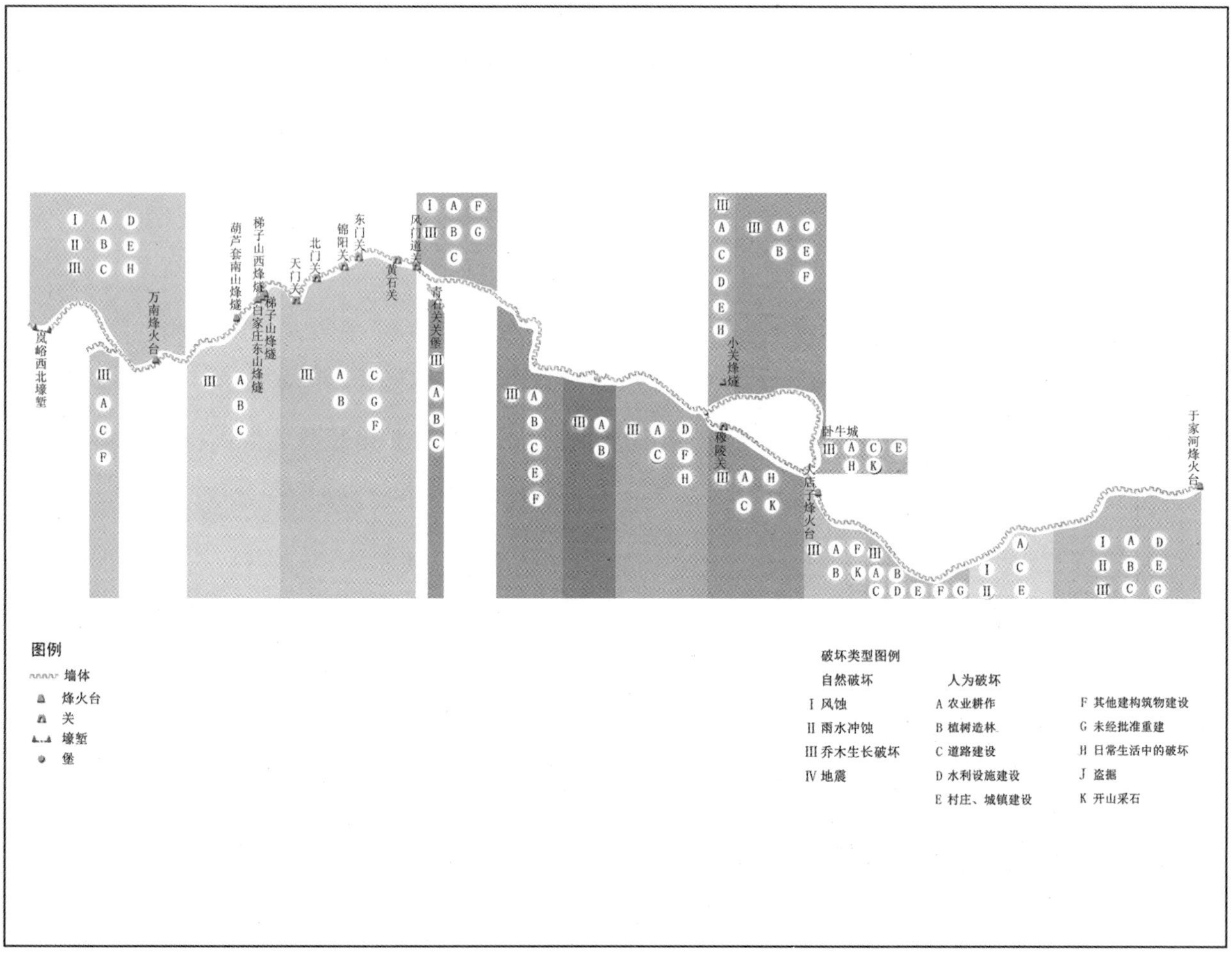

图2-7 齐长城遗址本体病害分布图

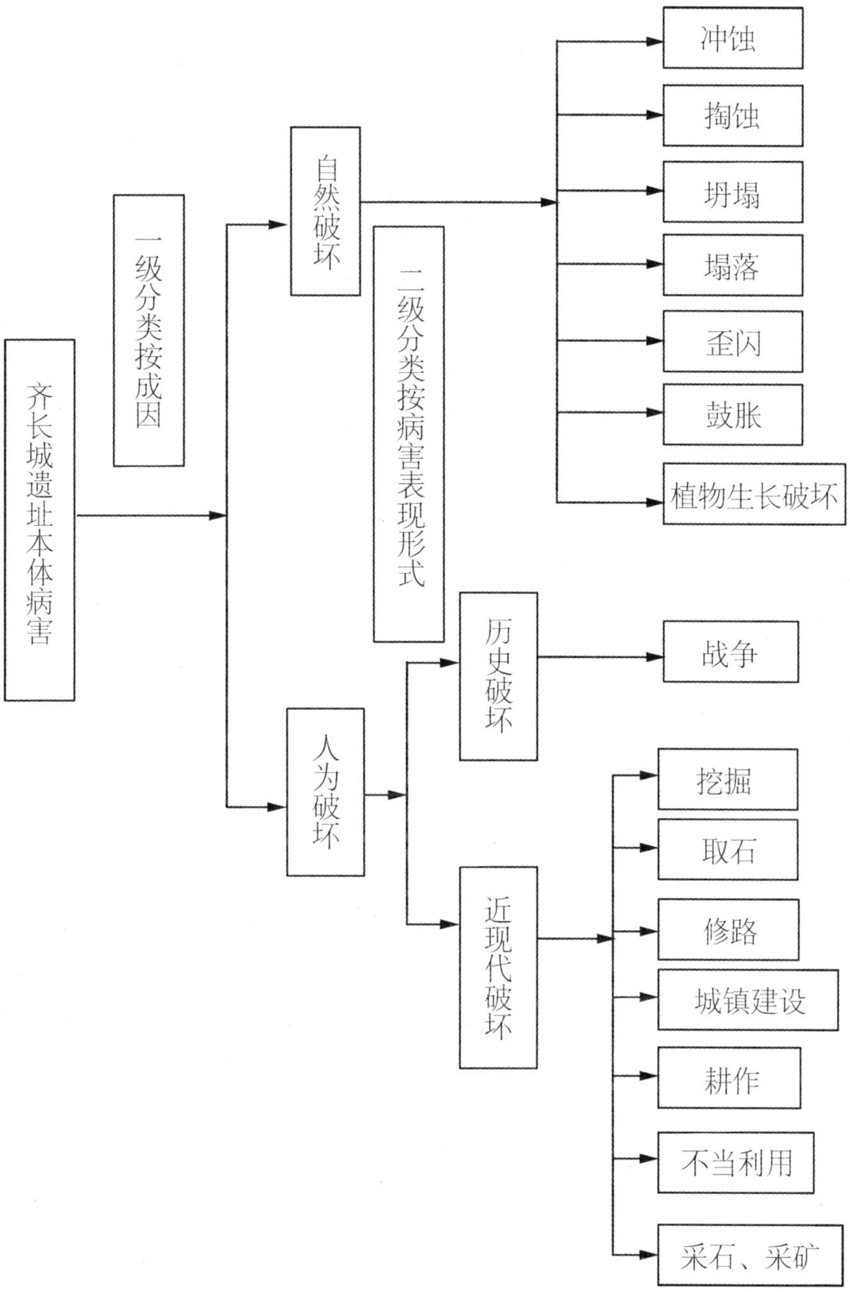

图 2－8　齐长城遗址本体病害分类图

2. 病害成因机理

（1）自然破坏

自然因素引起的破坏包括冲蚀、掏蚀、坍塌、塌落、歪闪、鼓胀及植物生长破坏等类型。

冲蚀主要指雨水的冲蚀，包括雨水的冲刷、渗透、浸蚀等，损坏现象为墙体松软、垮塌、严重的水土流失。

土砂混筑墙或土石混筑墙墙体裸露于自然环境中，不断受到风化、冻融等自然力的破坏，原本密实的墙体夯筑层的强度逐渐被削弱，导致墙体不断疏松剥离；加之雨水冲刷作用，形成局部水土流失现象。如果墙体表面无草皮覆盖，当发生降雨时，在雨蚀作用下，表面土壤被带走，年复一年对墙体的磨蚀破坏日益加剧，且一旦形成一定规模的汇水面，便会在墙体表面沿已存在的裂隙形成规模不一的冲沟。如齐长城诸城段和黄岛段，墙体以土石混筑为主，部分墙体长期作为机耕路使用，严重破坏了墙体的表面结构；雨季时，墙体在雨水的冲刷下发生严重的侵蚀作用，产生不同程度的冲沟。

掏蚀指土墙或土石混筑墙墙体在风、雨、水等单独或组合作用下不断掏蚀凹进的现象，是土墙或土石混筑墙体出现断面时的典型病害之一。

坍塌和塌落都是石墙出现的病害现象。墙体石块多属于泥质灰岩，层理明显，受自身岩性限制，加之长期裸露于自然环境中，不断受到风化、冲蚀、冻融等自然应力及深根系灌木生长过程中产生的应力的破坏，石块强度逐渐降低。坍塌指墙体在自身重力或应力作用下超过自身的强度极限，或因结构稳定性破坏，出现歪闪、倾斜进而造成局部或整体墙体损毁的现象。墙体发生坍塌时，两侧墙体断口处常出现歪闪、倾斜、鼓胀等结构失稳现象，并存在继续坍塌趋势。塌落是墙体受各种应力扰动，墙体石块从墙体上脱离，形成规模不一的缺口的现象。从破坏程度及规模上讲，塌落弱于坍塌；坍塌是塌落的加剧表现，整段墙体呈散落状态。经现场勘察可知，失稳是墙体坍塌的必经过程。

歪闪、鼓胀指墙体歪闪、倾斜等失稳现象。受自然因素影响，墙体外层块石本身强度降低、发生碎裂，减弱了对墙体内部碎石的约束。墙芯碎石发生位移，在边墙上形成推力作用；墙体上的深根系灌木在生长发育过程中，不断产生挤压墙体石块的应力，致使墙体出现歪闪等失稳现象。根据出现的位置不同，歪闪可分为顶部歪闪、底部歪闪等。

植物生长破坏包括对土墙的破坏和石墙的破坏两种。

对土墙的破坏主要表现为乔木根系直接作用于墙体、高大乔木遮挡影响树下草皮的生存，损坏现象为墙体夯筑层被破坏、树下草皮难以生存，导致土墙完全裸露，出现水土流失等。土墙上的速生林木，随着自身生长发育，其根系直接作用于墙体，墙体夯筑层逐渐被破坏。而且，高大乔木的树冠较稠密，树下草皮难以生存，导致土墙完全裸露，受雨水冲刷严重。

对石墙的破坏主要表现为树木根系生长在墙体上挤压墙体石块、乔木所受风荷载直接传递到墙体，损坏现象为墙体石块偏移、松动，墙体两侧鼓胀、歪闪、失稳、塌落。在石墙上或紧邻石墙生长的深根系灌木，伴随着其生长发育，其根系深入石缝内，不断挤压和撬动墙体石块、扩大石缝间隙，使墙体发生鼓胀、歪闪等失稳现象，从而影响整体结构的稳定性，造成墙体失稳、坍塌。经现场勘察可知，在深根系灌木生长过程中，其根系对墙体的破坏是诱发墙体失稳甚至坍塌的主要因素。

此外，在勘察过程中还发现，自然生长的大面积黄背草、羊胡子草等当地优势草种，对土砂墙或土石混筑墙有明显的水土保持作用。草皮覆盖率偏低甚至缺失的部位，冲蚀现象比较严重。

2. 人为破坏

人为因素引起的破坏，从时间上来划分，可分为古代和近现代两个时期。根据具体病害原因，可分为战争、拆改、挖掘、取石、修路、城镇建设、耕作和不当利用等类型。

战争破坏指历史上在齐长城沿线出现的战争对齐长城造成毁坏或因战争需要而改造齐长城的现象。如咸丰年间为防捻军曾重修锦阳关段墙体，在墙体外侧顶部增改垛口墙、瞭望孔（射击孔）等防御设施，在墙体内侧设巡防步道。

挖掘、取石指人们在墙体上挖掘取土、取石的现象，造成的破坏包括墙体出现挖掘断面，墙芯裸露且呈陡坡、结构失稳等。同时，墙体裸露断面在自然侵蚀作用下，出现坍塌等现象，加速了破坏进程，扩大了破坏程度。取石主要是针对干摆石墙而言的破坏现象，人们扒掉石墙上的石块用于垒砌农田围堰、建房、修路等，造成墙体石块缺失甚至墙体消失。

道路建设的破坏有过境道路、乡村道路、景区道路几种。如104国道、220国道、京沪高铁、济菏高速等过境道路横穿长城墙体，损坏现象为墙体被截断、占压，出现断面、墙体松动，存在滑坡、塌落隐患；乡间机耕路、生产路、村民登山砍伐及放牧的小道穿过墙体或直接使用墙体，损坏现象为墙体被截断、占压，墙体凹陷下沉、形成断面，墙体松动、存在滑坡、塌落隐患；部分景区内部道路迂回、多处穿过墙体，损坏现象为墙体被截断、占压。

城镇建设破坏指部分村庄、城镇因扩建需要侵占墙体，直接造成墙体消失。

耕作破坏指在土墙墙体顶面开垦农田、在墙体侧面取土培田、在石墙上取石修围堰。损坏现象为墙体失稳、损毁、消失。

不当利用指未经文物部门批准，人们以错误的认知，在墙体遗址上重建或新建城墙，导致墙体遗址被占压、毁坏，墙体特征被误导。

采石、采矿破坏指在个别长城点段所在山体及附近建立采石场，造成墙体所在山体被破坏。

图 2－9　土墙－雨水冲蚀（诸城段）【由东向西拍摄】

图 2－10　断面掏蚀（黄岛段）【由北向南拍摄】

图 2－11　纵向断面掏蚀（诸城段）【由北向南拍摄】

图 2－12　墙体坍塌（章丘段）【由南向北拍摄】

图 2－13　墙体塌落（章丘段）【由东向西拍摄】

图 2－14　墙体塌落（章丘段）【由西向东拍摄】

图 2－15　墙体塌落（章丘段）【由南向北拍摄】

图 2－16　石墙－墙体风化（章丘段）【由南向北拍摄】

图 2－17　土墙－植物根系破坏（黄岛段）【由东向西拍摄】

图 2－18　土墙－采矿破坏（诸城段）【由南向北拍摄】

图 2－19　土墙－利用墙基作为道路（诸城段）【由西向东拍摄】

图 2－20　开山采石破坏（长清段）【由西向东拍摄】

图 2－21　土石混筑－道路破坏（黄岛段）【由西向东拍摄】

图 2－22　道路建设破坏（黄岛段）【由东向西拍摄】

图 2－23　城镇建设（博山段）【由东向西拍摄】

图 2－24　村落建设（黄岛段）【由东向西拍摄】

图 2－25　水利设施建设（黄岛段）【由西向东拍摄】

图 2－26　未经批准重建（黄岛段）【由西向东拍摄】

（二）保护修缮对策

齐长城遗址主要的维修措施包括植物清理、归安、补夯加固、培土植草、设置文物标识等。

1. 植物清理

清理过程中要根据植物的生长位置和对墙体的影响程度采取不同的措施。对于已成景观且生长于墙体顶部、对墙体影响较小的乔木，以及墙体及其范围外生长的浅根系灌木，予以保留。

深根系植物的根系极为发达，在生长过程中，其根系深入墙体内部，易对墙体造成严重危害。因此，清除影响墙体稳定的深根系植物是保护工程的首要任务。

清理深根系植物主要是针对生长在边坡或石缝间隙的乔木、墙体上的深根系灌木、墙体范围外生长的距离墙体较近且影响墙体安全的深根系植物。清理的范围为墙体上及墙体内外两侧各 1 米的带状区域内。1 米范围的选择是基于现场勘查结果而定的，对于生长在墙体范围外且贴近边墙的深根系植物，在其根系生长过程中会深入墙体内部，对墙体造成不同程度的破坏；而远离墙体生长的植物，随着距离的逐渐增加，其影响逐渐减弱，因此清理范围暂定为墙体内外两侧各 1 米。

清理时禁止翻刨伸入墙体内部的根系，而应在不扰动墙体石块的前提下，尽可能多地去除根部。对于已造成墙体失稳的植物根系，可在后续工程施工中彻底清除。施工时尽量避免在边墙上走动，避免对墙体造成二次破坏。实施保护工程后，应加强日常维护和监测，及时清除滋生的乔灌木。

清理的工程做法主要包括对深根系灌木的清理、对刺槐等乔木的清理以及清理完成后所采取的措施三方面。

对深根系灌木的清理指通过手工或机械逐棵、逐片进行割除。清理工作宜在植物生长旺盛期、种子成熟前进行，且割除后应堆放处理。

对刺槐等乔木的清理主要采取砍伐注射的方法，具体做法为：①砍伐。齐地面砍伐。②药剂注射。对残留树桩采用注射腐烂处理。③渗透灌浆。对树桩腐烂后残留的树洞进行渗透灌浆。

材料准备要求：①注射药剂。可使用8%的铵盐溶液或者0.2%—4.6%的二氯苯氧醋酸。②泥浆制作。选择当地可溶盐含量低于0.5%的黏土，粉碎后经过1毫米的筛分，与石灰粉按照灰土比3∶7混合均匀，与糯米浆液按照水灰比0.4拌制加固浆液。③石灰选用要求。石灰最好选用磨细生石灰粉，或块灰浇以适量的水并经放置24小时成粉状的消石灰。

清理完成后，应采取培土植草等后续工程措施。

2. 归安

归安是针对石墙中出现塌落、坍塌、鼓闪等失稳变形部位所采取的保护措施，具体包括石边墙坍塌、周边存留散落石块的边墙部位及现存石边墙出现歪闪、鼓胀、松动等失稳变形部位。对出现失稳现象且周边存留散落石块的边墙部位，仅做清理归安，以清理出的石块量为准，不添配新石块；对于无石块存留的边墙部位，不做归安处理，仅做现状保存。

施工过程中要遵循如下要求：①禁止大面积拆除现存边墙，仅做局部归安。②严格按照原工艺归安石边墙，边墙归安程度以能明显区分为准，不追求墙体完整，且归安所用石块为周边散落石块，不添配新石块。③归安高度不超过现存墙体高度。④新、旧石墙间应选用长条石（长度不得小于40厘米）作为拉结石，做好墙体拉结。

归安的工程做法包括划定范围、清理、放线、归安四个阶段。划定范围指根据墙体出现的病害，划定操作范围。清理包括清除引起石边墙变形的不利因素，如内侧生长的深根系灌木、内侧墙芯的垮塌淤土等；清理边墙周边散落的石块，码放待用。放线指以考古勘探为依据，对需维修的墙体进行放线。归安包括对墙体顶部及其他区域变形部位的归安，对于墙体顶部变形部位，采取直接规整发生位移的墙体石块的措施；对于其他区域变形部位，在保证墙体安全的情况下进行拆卸归安。

3. 补夯加固

补夯加固是针对夯土墙和土石混筑墙出现的断面、挖掘沟、凹陷、挖掘坑等部位所采取的保护措施，防止失稳墙体进一步坍塌。墙体上已出现的断面、挖掘沟、凹陷、挖掘坑等仍处于发育状态的病害，如果不在保护中予以修缮，势必会继续演变，使墙体的损毁程度进一步加大、加深。对处于稳定状态的病害，原则上可保留现状，但如果影响到整体保护效果的有效性，则做适当维修。对墙体上的断面、挖掘沟、凹陷、挖掘坑等残损部位的补夯加固，以能排除隐患为准，不追求完整。

补夯加固的工程做法包括清理断面、补夯、放坡、顶部新旧断面接缝处理、植补草皮五个阶段。清理断面包括：①墙体风化表层，清理厚度不超过5厘米。②清理断面底部塌落堆积物，清理宽度视补夯情况而定。补夯指把土和碎石按照维修部位的墙体土石比例进行混合，进行分段、分层打夯压实。根据断面长度进行夯筑分段，每次夯筑长度控制在10—20米间，土石虚铺厚度为20厘米，压实率约为92%。放坡是按照设计要求进行放坡。顶部新旧断面接缝处理时，顶部应略高于断面顶部1—2厘米，再用木板修整找平，为后续的植补草皮做准备。③植补草皮指在墙芯表层植补草皮，具体做法参照培土植草措施。

施工过程中要保证满足材料及工程要求：①土与碎石均就近选择，且碎石粒径不大于10厘米。②土的含水量以12%—15%为宜（可捏成团，轻掰即散）。③墙体放坡以能满足后续保护工程需要为依据，不追求墙体完整。④新的夯层厚度不与原墙体一致，以示区分；不能以补夯形式变相加高墙体，亦不得重建墙体。

4. 培土植草

为更好、更有效地保护墙体，在对其实施以上保护措施的基础上，进行培土后植入当地优势草种，如结缕草、狗牙草等，使其在墙体表层形成浅根系保护网，有效地阻止墙体水土流失。

在对墙体实施清理深根系植物和补夯加固措施后，墙体表层处于裸露状态，缺少防护层。降水时，墙体必然会出现水土流失现象，从而影响到长久的保存。在裸露墙芯表层培土植草，能降低雨水的冲蚀强度，减少甚至避免墙体表层土颗粒的流失，加强土颗粒与土体间的结合作用，改善坡面流水条件，起到保护墙体坡面的作用。同时，培土植草即能保持生态平衡，又能美化环境，使保护工程更加人性化、自然化。因此，后续的培土植草措施是必不可少的保护环节。

目前，对于坡面植草防护的浅层加固已有很多理论支持和相关成功案例。如周锡九在《坡面植草防护的浅层加固作用》[①] 中提出，植草边坡防护具有使坡面水流冲蚀作用降低的效应，当植草的覆盖率超过一定临界值时，冲蚀强度趋近于零，冲蚀可有效制止。据现场试验证实，植草对于一般黏性土的临界覆盖率为75%；彭书生在《植被护坡对土质边坡浅层

① 周锡九、赵晓峰：《坡面植草防护的浅层加固作用》，载《北京交通大学学报》，1995年第2期。

稳定性影响研究》[1] 中提出，草本植被提高边坡的入渗率和减少土壤流失相互促进，共同作用的结果是保持水土，增加地下水补给。由于大多数植物的根系分布在浅层，根际区土壤储水能力强，植被对根际区下层土壤的渗透性影响不大，植被根系不影响根际区下层土的渗透性能，因此植被对降雨深层渗漏的影响不明显，不影响边坡深层稳定性。这些理论研究及成功案例从多方面证实，培土植草措施能有效防止墙芯表层水土流失。

培土植草是针对墙体冲蚀区域、实施清理深根系植物措施区域及补夯加固后的墙体表层区域所采取的保护措施。

培土植草的工程做法包括培土压实、放坡、植补草皮、成活检查四个阶段。培土压实指虚铺 30 厘米，压实率为 60%，共铺两层。放坡指按照工程设计的排水坡度进行放坡。植补草皮需在专业技术人员指导下进行。成活检查指随时检查草种成活情况，及时补足草皮。

材料及工程要求为：土就近选择，且粒径不大于 1 厘米；土的含水量以 12%—15% 为宜（可捏成团，轻掰即散）；墙芯顶部需做出向两侧的排水坡度，设计排水坡度为 2%—3%；植草种类应选择墙体区域内普遍生长的结缕草；墙体表面冲蚀区域应先做培土，然后再进行植草保护；补种后的草皮覆盖率应达 85% 以上。

5. 设置文物标识

在齐长城遗址特殊节点位置设置文物标识，可以起到警示作用，以提醒人们减免对齐长城遗址的破坏行为。针对齐长城遗址的文物标识包括保护标志碑、保护界桩和保护说明牌。

文物标识设置的具体位置需经考古调查后确定，不得随意设置，以避免对齐长城遗址本体造成扰动或破坏。保护标志碑依据齐长城所在线路设置，在墙体间断出现处等特征点进行布置。保护界桩主要针对现存墙体，原则上每 50 米设置一组，分为内、外两个界桩，分别设置于墙体内、外边缘。保护说明牌应设置在人为活动频繁区域，且靠近长城墙体位置。

保护标志碑由碑座和碑身两部分组成，碑座 1.9（长）×0.72（宽）×0.65（厚）米，碑身 1.5（长）×1（宽）×0.25（厚）米。碑身文字自左至右书写，正面标示齐长城遗址的级别、名称、公布机关、公布日期、树标机关以及树立日期等；背面标示该段齐长城遗址的认定编码、时代、长度、性质、保护范围及建设控制地带等。

保护界桩为长方体，尺寸为：1（高）×0.2（宽）×0.2（厚）米，埋深 0.5 米。界桩四侧面两两相对，其中一组标注“齐长城遗址”，另一组标注“注意保护”字样。界桩顶部标注该段齐长城遗址的认定编码，如同一段落长城需设置若干界桩，则在编码后面加设序号

---

① 彭书生：《植被护坡对土质边坡浅层稳定性影响研究》，中国科学院研究生院硕士论文，2007 年。

“-小写阿拉伯数字”予以标识。

保护说明牌为匾额立柱式，其中匾额尺寸为1（高）×0.5（宽）×0.05（厚）米；立柱尺寸为1.5（高）×0.15（宽）×0.15（厚）米，埋深0.5米。保护说明牌需对工程内容、实施范围、保护理念等进行简要阐释。

保护标志碑、保护界桩、保护说明牌材质均为花岗岩。混凝土标号C25，钢筋保护层厚度25毫米。施工时，基槽挖毕后必须进行钎探，如遇不良情况，应按照《建筑地基处理技术规范》（JGJ 79-2002）有关规定并结合实际情况进行处理，并经工程技术监理验收合格后才能施工。基槽垫层必须夯实，垫层压实系数不小于0.93。然后再按基础设计图施工。基础施工过程中，严禁槽内浸水。

四、保护区划划定

（一）保护区划现状

1.《长城“四有”工作指导意见》中有关长城保护区划的要求

2014年国家文物局出台了《长城“四有”工作指导意见》，意见要求经国家文物局认定、公布的我国各时代长城资源，均应依法划定其保护范围和建设控制地带，并对长城保护范围和建设控制地带划定程序及划定方法提出明确规定和要求。

程序要求包括三个方面：①保护范围和建设控制地带的划定应以认定、公布的长城墙体（含界壕、壕堑）段落、关堡、单体建筑和相关遗存点为基本单元。②尚未划定并公布长城保护范围和建设控制地带的地区，有关省（自治区、直辖市）文物行政部门应在指导意见印发之日起1年内依法报请所在地省级人民政府划定并公布长城保护范围和建设控制地带。③划定并公布的长城保护范围和建设控制地带应纳入长城所在地城乡发展规划，应注意与生态、农业、牧业等相关行业规划范围合理衔接，提前预留长城保护空间。

保护范围划定要求包括四个方面：①以长城资源调查和认定工作为基础，开展充分的科学研究、评估和测绘，依据各类长城资源的价值和分布情况以及保护管理工作的实际需要，科学划定长城保护范围。②长城保护范围应划定在长城本体之外并保持一定的安全距离，保证长城相关遗址、遗迹得到完整保护。原则上，长城墙体（含界壕、壕堑）及依附于墙体的敌台、马面、关堡和相关遗存的保护范围，应以墙基外缘为基线向两侧各扩不少于50米作为边界；独立于长城墙体之外的敌台、关堡、烽火台和相关遗存等保护范围应以单体建筑基础外缘为基线，四周各外扩不少于50米作为边界。③对于构成复杂和环境复杂的长城段落，其保护范围可以划分为一般保护区和重点保护区。④保护范围须在地图上明确标识边界范围，同时印制相应的图纸。

建设控制地带划定要求包括两个方面：①长城建设控制地带应根据长城的周边环境风貌和景观视廊保护的实际需要划定。②原则上，位于城市的长城建设控制地带应自长城保护范围边界外扩不少于100米作为边界；位于农村和郊野地区的长城建设控制地带应自长城保护范围边界外扩不少于500米作为边界；建设控制地带须在地图上明确标识边界范围，同时印制相应的图纸，并按第四章要求提供图形数据。

2. 山东省文物局对齐长城遗址保护区划的划定

鲁文发〔2013〕346号附件《第四批省级文物保护单位及其他省级以上文物保护单位保护范围和建设控制地带》中对齐长城遗址的保护范围及建设控制地带进行了划定，具体要求为：坡地和平地部分以长城本体两侧外缘线各向外200米为保护范围，山岭部分以山脊两侧的谷底线或坡脚线为保护范围，谷底线或坡脚线至长城墙体外缘的距离不足700米的按700米划定；保护范围外缘向外500米为建设控制地带。

（二） 复杂性和难点

山东省文物局鲁文发〔2013〕346号文件划定的保护区划与国家文物局出台的《长城“四有”工作指导意见》中有关长城保护范围和建设控制地带的划定要求不符，且齐长城遗址遗产类型包括墙体、关、堡、烽火台等多种类型，经过区域包括平坦地带、丘陵地区以及山地等多种复杂的地形地貌，难以用统一标准划定保护区划。

（三） 保护区划对策

1. 保护区划原则

保护区划的划定首先要遵照《长城“四有”工作指导意见》的要求，确保齐长城遗址有足够的安全距离和保护空间，使其免遭破坏；确保齐长城遗址及周边环境的真实性、完整性得到体现；依据齐长城遗址各类遗产的具体情况，结合其所在环境和分布状态进行划定，同时考虑到管理要求和社会发展需要；确保保护区划具有可操作性，边界便于确认和识别。

2. 保护区划探索

保护区划分为保护范围和建设控制地带两级。因山险划定保护范围时纵深较大，足以满足山险环境风貌的完整与和谐，且山险的分布范围远离城镇、村庄，所以山险段落宜只设保护范围，不设建设控制地带。同时，被城镇密集建成区占压而消失的墙体段落，因地下埋藏情况未知，故也不宜设建设控制地带。

（1）保护范围

保护范围是为确保文物保护单位的安全性、完整性而划定的。《长城“四有”工作指导意见》中有关保护范围的最低要求为以墙基外缘及敌台、关堡、烽火台基础外缘为基线外扩 50 米。齐长城遗址各类遗产的保护范围具体如何划定、需要外扩多少米，首先要考虑《长城“四有”工作指导意见》中有关 50 米的要求是否能满足齐长城遗址各类遗产的安全性和完整性要求。如果可以满足要求，则根据 50 米为外扩距离执行；如果不能满足要求，则根据具体遗产的安全性和完整性要求划定距离。

根据考古勘探结果，土墙最宽段落为长清区起点广里村北长城，最宽处 30 米；石墙最宽段落为黄岛区史家夼北山段，最宽处 18 米。根据齐长城资源调查结果，现存烽火台有圆形和长方形两种，其中圆形直径最大为 15 米左右，长方形长边宽 30 米左右；烽燧边长最大 5 米。因此，墙体和烽火台（烽燧）的保护范围划定为以现有墙基外缘或烽火台（烽燧）基础外缘为基线外扩 50 米。

关于堡，在齐长城遗址中仅存青石关关堡 1 处，关堡平面呈不规则的四边形，南北宽约 100 米，东西长约 150 米，由南关门、西关门、北关门组成。南关门仅存石基，西关门已毁，北关门现存门洞。如果以现存门洞外缘为基线外扩 50 米划定保护范围，则无法满足青石关关堡的安全性和完整性要求，因此青石关关堡的保护范围应划定为以现存北关门外缘为基线外扩 150 米。

关于关，在齐长城遗址中共有 7 处，其中天门关、北门关、锦阳关、黄石关、风门道关、穆陵关已地表无存，东门关仅存门洞，且各关的规模、大小不详，因此关的保护范围和建设控制地带划定宜结合必要的考古勘探工作进行。

（2）建设控制地带

建设控制地带是为保证文物保护单位相关环境的完整性、和谐性而划定的。《长城“四有”工作指导意见》中有关建设控制地带的划定要求分为城市、农村和郊野两种情况，其中对位于城市的长城建设控制地带的划定要求为自长城保护范围边界外扩不少于 100 米作为边界；对位于农村和郊野地区的长城建设控制地带的划定要求为自长城保护范围边界外扩不少于 500 米作为边界。

齐长城遗址中经过城市的墙体段落主要有黄岛徐山段长城、博山鹅眉山段长城，且皆为地表消失段落，不宜划定建设控制地带。其他墙体段落皆分布于农村和郊野地区，综合考虑

《长城“四有”工作指导意见》的要求及山东省文物局〔2013〕346号文的划定，建设控制地带可划为保护范围外缘向外500米。

3. 保护区划管理规定

（1）保护范围管理规定

不得进行与保护工程无关的其他建设工程项目或者爆破、钻探、挖掘、采石等作业；不得建设对齐长城遗址及其环境产生污染的设施和项目，已有的对齐长城遗址及其环境产生污染的设施，应当限期拆除或治理；不得进行可能影响齐长城遗址安全及其环境的各类活动，对已有危害齐长城遗址安全、破坏齐长城遗址环境的活动，应当及时调查处理；确因国家建设特殊需要必须在保护范围内进行的工程建设项目，必须按有关程序进行评估、论证和报批；因保护与展示需要在保护范围内进行与保护、展示相关的建设工程或作业时，必须按有关程序进行论证和报批，并遵守不损坏和扰动遗址的原则；因保护、展示需要建设的项目，在建设前应进行考古勘探及试掘。

（2）建设控制地带管理规定

不得进行爆破、钻探、挖掘、采石等作业；不得建设对齐长城遗址及其环境产生污染的设施和项目，已有的对齐长城遗址及其环境产生污染的设施，应当限期治理；不得进行可能影响齐长城遗址安全及其环境的各类活动，对已有危害齐长城遗址安全、破坏齐长城遗址环境的活动，应当及时调查处理；建设工程应由建设单位事先报请山东省文物局，山东省文物局组织从事考古发掘的单位在工程范围内对有可能埋藏文物的地方进行考古调查、勘探，考古调查、勘探中发现文物的，由山东省文物局根据文物保护的要求会同建设单位共同商定保护措施，遇有重要发现的，由山东省文物局及时报国家文物局处理；区域内生态环境的改善和建设应按照遗址环境保护目标及国家生态保护要求实施管理；不得建设污染环境或破坏景观的市政、电力、电讯以及广告牌等设施，已有设施应逐步清除；不得进行可能影响文物保护单位安全的活动；不得修建风格、体量、色调与齐长城遗址不协调的建筑物或构筑物。新建建筑色彩以灰色、土黄、砖红、白色系为主，建筑高度不超过7米；村民兴建或改建自用住宅，建筑色彩、外观均应与当地风格统一，建筑高度不得超过7米，对不符合要求的建筑应逐步改造或拆除；建设控制地带内进行建设工程选址和建筑方案设计，应当经齐长城遗址保护管理机构审核同意并报文物行政管理部门批准后，方可办理建设规划审批手续。

五、重要点段筛选

重要点段的筛选是长城保护工作的重要内容之一，保护过程中明确保护重点有利于更加有针对性地开展保护工作。国家也出台了关于长城重要点段的筛选要求，国家文物局《关于省级长城保护规划编制工作意见的函》办保函〔2017〕569号文件中明确提出应综合长城价值和保护管理需求，提出长城重要点段清单主要包含已公布为全国重点文物保护单位的长城点段及相应的长城认定点段及编码；尚未公布为全国重点文物保护单位，但经过充分论证认为具有重要历史、科学、景观等方面价值的长城点段，可提出将其纳入重要点段清单的建议。

在国家文物局已认定的有关齐长城遗址的260处遗产中，除小关烽燧以外的259处遗产保护级别都是全国重点文物保护单位，所以仅从保护级别的角度不足以筛选齐长城遗址的重要点段，因此可综合考虑保护、管理、展示等方面的需求，从保存状况、开展保护工作情况、是否有利于展示、是否具有代表性几方面进行筛选。

筛选过程中设置保存状况较好、已开展保护工作、有利于展示利用、具有代表性四项指标。保存状况较好指墙体保存高度1.5米以上，墙体砌筑较为整齐，无大面积坍塌现象，墙体占总长度50%以上的墙体段落；已开展保护工作指保护方案已经获国家文物局批复或已开始施工的墙体段落；有利于展示利用指位于景区、森林公园之中或距离景区、森林公园较近的墙体段落；具有代表性指对于诠释齐长城的价值具有代表性意义的墙体段落。

根据筛选内容设4个认定分级，分别为Ⅰ、Ⅱ、Ⅲ、Ⅳ级。在四项筛选指标中，满足三项及以上的墙体段落为Ⅰ级；满足两项的墙体段落为Ⅱ级；满足一项的墙体段落为Ⅲ级；地表消失段、山险段或四项都不满足的墙体段落为Ⅳ级。

筛选结果为Ⅰ、Ⅱ级的墙体段落被认定为重点段落，共26处，分别为广里村北长城、珠珠山陡岭子长城、锦阳关段长城、东门关段长城、梓根腿段长城、穆陵关段长城（穆陵关支线）、青石关段长城（复线）、岚峪北山长城、夹子山长城、北马套北山长城、定头崖西山长城、疙瘩岭段长城、上王庄北山段长城、风门道关段长城、城子段长城、梓根腿东岭段长城、邹家沟东山段长城、石河头北山段长城、孙家夼北山段长城、史家夼北山段长城、史家夼东山段长城、王家墩子段长城、苗家南山段长城、黄山段长城、报屋顶段长城、小珠山北山段长城。

表 2-2 重要点段筛选结果表

编号	市	县（区）	编码	名称
1	济南市	长清区	370113382101020001	广里村北长城
2	济南市	长清区	370113382102020002	珠珠山陡岭子长城
3	济南市	长清区	370113382102020003	岚峪北山长城
4	济南市	长清区	370113382102020026	夹子山长城
5	济南市	长清区	370113382102020033	北马套北山长城
6	济南市	长清区	370113382102020035	定头崖西山长城
7	济南市	章丘区	370181382102020010	疙瘩岭段长城
8	济南市	章丘区	370181382102020016	锦阳关段长城
9	济南市	章丘区	370181382102020017	东门关段长城
10	济南市	章丘区	370181382102020028	上王庄北山段长城
11	莱芜市	莱城区	371202382102020001	青石关段长城（复线）
12	潍坊市	诸城市	370782382101020008	邹家沟东山段长城
13	潍坊市	诸城市	370782382101020010	石河头北山段长城
14	潍坊市	诸城市	370782382101020014	孙家夼北山段长城
15	潍坊市	诸城市	370782382101020015	史家夼北山段长城
16	淄博市	博山区	370304382102020002	风门道关段长城
17	淄博市	淄川区	370302382102020005	城子段长城
18	潍坊市	临朐县	370724382102020017	椁根腿段长城
19	潍坊市	临朐县	370724382102020018	椁根腿东岭段长城
20	潍坊市	临朐县	370724382102020022	穆陵关段长城（穆陵关支线）
21	青岛市	黄岛区	370284382101020001	史家夼东山段长城
22	青岛市	黄岛区	370284382101020005	王家墩子段长城
23	青岛市	黄岛区	370284382101020012	苗家南山段长城
24	青岛市	黄岛区	370284382101020013	黄山段长城
25	青岛市	黄岛区	370284382101020014	报屋顶段长城
26	青岛市	黄岛区	370211382105020003	小珠山北山段长城

六、保护工程施工评估

我国目前已建立起较为完善的文物保护工程管理相关制度和标准规范体系，尤其近几年，国家文物局出台了一系列文物保护工程实施的规范性文件。这些相关制度和标准规范对文物保护工程的各环节都做出了具体、有针对性的规定。齐长城保护维修工程在实施过程中包括工程立项、勘察设计、工程实施和监理、竣工验收等环节，总体上较好地遵循了相关规章制度和标准规范的要求。

在勘察设计阶段，为保证工程能够客观反映齐长城的历史信息，专业机构进行了必要的前期专项调查、考古勘探，明确了相关点段的结构、形制、材料及病害情况。工程施工过程中，具有相应资质的第三方专业机构进行监理，全程监督工程实施。

已实施的齐长城遗址保护维修工程消除了某些段落的安全隐患，有效保护了齐长城遗址的真实性、完整性和自然历史风貌。保护工程最大限度地保留了不同时期的重要历史遗存和信息，有效改善了遗产保护状况和环境景观。

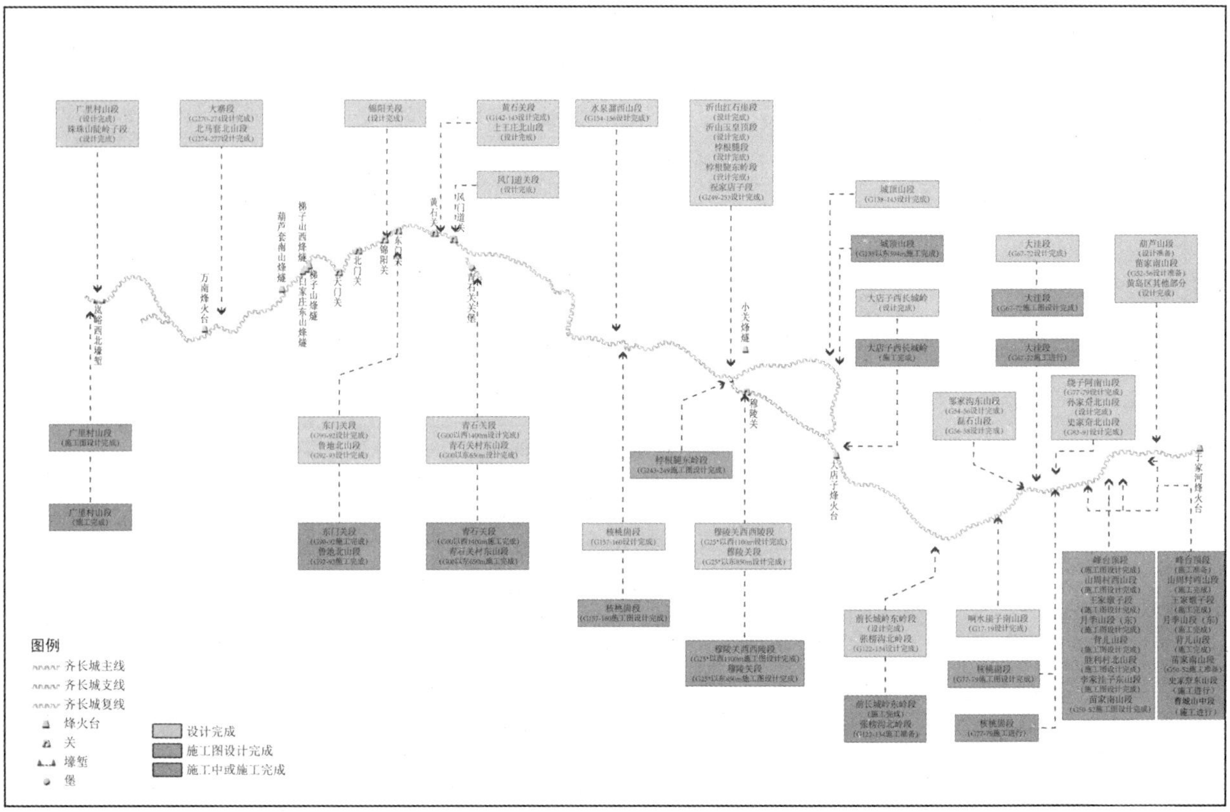

图 2－27　齐长城遗址文物保护工程评估图

第三章　管理体系探索

近年来，在各级政府和有关部门的共同努力下，齐长城遗址管理工作得到明显改善。但是，随着我省城镇化进程不断加快，齐长城遗址管理工作也面临诸多新问题和新挑战，如管理工作还有缺位、长效保护机制不够完善、违法工程建设时有发生等。

做好齐长城遗址管理工作，对于传承和弘扬中华优秀传统文化、促进我省经济社会协调发展具有十分重要的意义。各级政府和有关部门需严格贯彻“保护为主、抢救第一、合理利用、加强管理”的文物工作方针，妥善保护齐长城遗址的真实性、完整性和沧桑古朴的历史风貌；坚持科学保护和合理利用相结合的原则，正确处理齐长城遗址保护与经济社会发展的关系，统筹协调齐长城遗址保护与文物利用、城乡建设、旅游发展和民生改善的关系，积极回应齐长城沿线居民改善生活的需求，让保护成果更多地造福人民。

一、管理现状

（一）现状综述

截至2018年9月底，齐长城遗址现有管理机构17个，分别为长清区文物管理所、肥城市文物管理所、岱岳区文物管理所、泰山区文物管理所、历城区博物馆、章丘区文物管理所、莱芜市文物局、博山区文物管理局、淄川区文物管理局、沂源县文物管理所、临朐县博物馆、沂水县博物馆、安丘市博物馆、莒州博物馆、五莲县博物馆、诸城市博物馆、黄岛区文化局。

各管理机构专业构成有文物保护、文物管理、考古、历史、经济管理等，专业人员设置不均，专业人员未能充分涵盖齐长城遗址保护所需的专业要求。缺少系统完善的遗产监测体系，缺少日常巡查制度，日常巡查工作不能满足管理要求。缺少专门、统一的协调机制和管理条例。

齐长城遗址的管理方式为按照行政区划由当地文物行政部门分段管理，跨行政区域的齐长城遗址段落由毗邻的两个行政区域的文物管理机构共同管理。烽火台、关、堡根据行政区划结合墙体就近管理。穿越森林公园、景区、林场的墙体段落，实际由所在森林公园、景区、林场管理，文物部门未能有效实施管理和保护。按照国家文物局要求，截至2017年，全省聘请318名齐长城保护员，配发服装和装备，明确每人看护段落。法规建设取得明显成效，《山东省齐长城保护条例》被省人大、省政府列入2018年地方立法计划一类项目①。

（二）县（区）情况

1. 济南长清区

长清区文物管理所单独管理珠珠山陡岭子—阳干山长城、石小子寨—北傅庄北山长城、采石场东山长城—狗头山长城、定头崖西山长城、广里村北长城、陈家湾东山长城、北顶山长城、北黄崖—梯子山长城、崮头长城、万南烽火台、岚峪西北壕堑。

长清区文物管理所、泰山区文物管理所共同管理老挂尖长城—楼顶至大麻子峪顶段长城。

长清区文物管理所、肥城市文物管理所、岱岳区文物管理所共同管理凤凰山长城—北马套北山长城。

2. 济南历城区

历城区博物馆单独管理葫芦套南山烽燧。

历城区博物馆、泰山区文物管理所、岱岳区文物管理所共同管理大药乡东北段—西道沟西北段长城。

历城区博物馆、岱岳区文物管理所共同管理白家庄北段长城、黑松林长城—四界首长城、天马顶段长城、梯子山段长城、白家庄东山烽燧、梯子山西烽燧、梯子山烽燧。

历城区博物馆、泰山区文物管理所共同管理清阳台段—瓦子岭段长城。

3. 济南章丘区

章丘区文物管理所、岱岳区文物管理所、莱芜市文物局共同管理四界首段长城—北峪西

---

① 资料来源于《山东省文物局2017年工作总结》。

山段长城。

章丘区文物管理所、莱芜市文物局共同管理锦阳关段长城—鲁地北山段长城、北栾宫东山段—相峪西山段长城、黄石关段—上王庄北山段长城、官屋子山段长城、磨池岭山段长城、珍峪北山段—四赋峪顶段长城、霹雳尖段长城、天门关、北门关、锦阳关、黄石关、东门关。

4. 淄博博山区

博山区文物管理局单独管理老虎头岭段—干贝峪段长城、两平村段—冯八峪东山段长城、岳家北峪北山段长城、凤凰山段—鹅眉山段长城、黑山段—西沟峪北山段长城。

博山区文物管理局、莱芜市文物局共同管理风门道关段长城、卧铺北山段长城、禄柱崖段长城、风门道关，跨行政区域。

5. 淄博淄川区

淄川区文物管理局、博山区文物管理局共同管理淄川区、博山区全段墙体。

6. 淄博沂源县

沂源县文物管理所单独管理水泉溜西山段—核桃崮段长城。

沂源县文物管理所、博山区文物管理局共同管理敖子顶段—马头崮段长城。

7. 潍坊临朐县

临朐县博物馆单独管理黄粮崮将军台段—大蚕场南岭长城、高嘴子驴皮崮山险—大崮豁口鞍段长城、沂山红石崖段、小关烽燧。

临朐县博物馆、沂源县文物管理所共同管理里峪南山口长城、小辛庄段长城、大崮段长城、南坪山长城、沂山玉皇顶段—祝家店子段长城。

临朐县博物馆、沂水县博物馆共同管理围子山北段—穆陵关段长城。

8. 临沂沂水县

沂水县博物馆单独管理卧牛城旺峪东岭段长城、墙框良沟南岭段长城、穆陵关。

沂水县博物馆、莒州博物馆共同管理光光山段长城、黄墩段—杨廷山段长城。

9. 潍坊安丘市

安丘市博物馆单独管理王家庄段长城。

安丘市博物馆、沂水县博物馆共同管理太平山段长城。

10. 日照莒县

莒州博物馆单独管理莒县全段墙体、大店子烽火台。

11. 日照五莲县

五莲县文物管理所单独管理河西水库段长城、高泽东岭段长城、院上东岭段—张榜沟北岭段长城、分水岭北淮河北岭段—白马山长城岭长城、潘村西南岭段长城、邱村东北岭段长城。

五莲县文物管理所、诸城市博物馆共同管理墙夼云门段—潘村西北岭段长城、永镇关段—石八盘段长城、马耳山景区段—南路西岭长城。

12. 潍坊诸城市

诸城市博物馆单独管理诸城全段墙体。

13. 青岛黄岛区

黄岛区文化局单独管理黄岛区全段墙体、于家河烽火台。

14. 泰安肥城市

肥城市文物管理所、长清区文物管理所共同管理肥城全段墙体。

15. 莱芜市莱城区

莱芜市文物局单独管理莱芜全段墙体、青石关关堡。

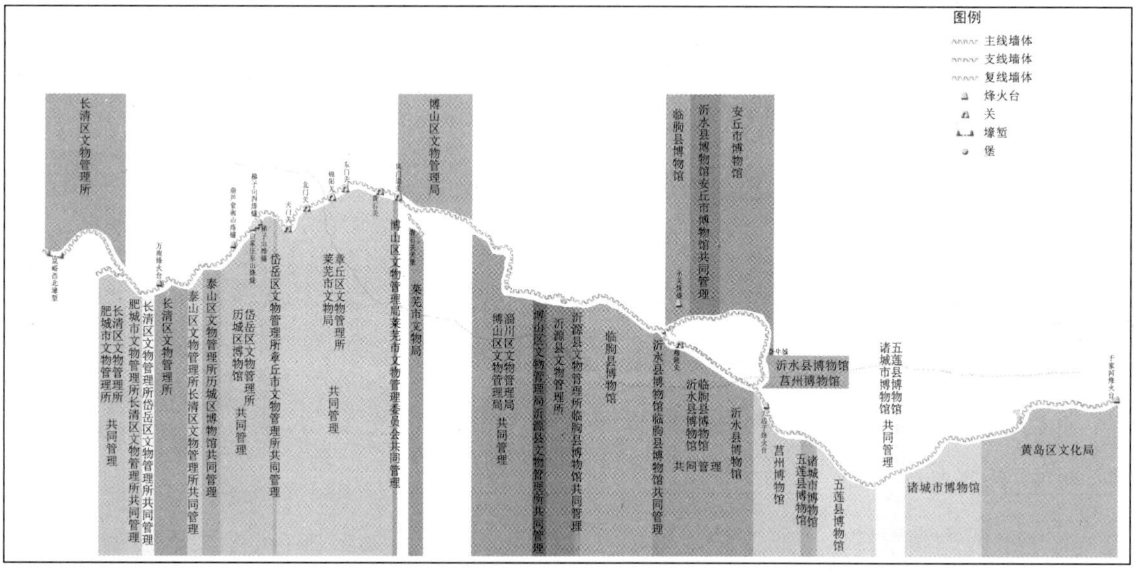

图 3－1　齐长城遗址管理现状图

二、管理体系建设

齐长城遗址的管理体系包括法律法规体系、管理机构及协调机制、人员及经费保障、综合管理几方面。

（一） 法律法规体系建设

由山东省人民政府制定、公布的《山东省齐长城保护条例》[①]，主要内容包括保护区划、管理体制与经费、保护管理内容及要求、奖惩与处罚等；经法定程序批准的齐长城遗址相关规划是齐长城遗址保护法律法规体系的组成部分，应及时公布并按要求实施；编制其他管理规章制度，包括日常管理规章、安防条例、应急预案及游客管理制度等。

（二） 管理机构及协调机制

建立由山东省人民政府负责、政府各相关职能部门参与的齐长城遗址保护协商机制，统筹协调涉及齐长城遗址保护的文物、建设、环境、交通、规划、国土等相关部门，确立基于齐长城遗址保护为主体的各部门相关管理权限调整与实施策略，并适当调整相关的部门规划。

山东省文物局负责主管齐长城遗址的整体保护工作，山东省人民政府其他相关部门按照职能分工，负责齐长城遗址保护的相关工作；齐长城遗址沿线各级人民政府负责本行政区域内齐长城遗址保护管理的相关工作；县级以上人民政府设立齐长城遗址保护管理专门机构，并指定专人负责具体工作。

跨行政区划的齐长城遗址段落，其毗邻的县级以上地方人民政府应建立保护管理协调例会制度，定期召开由毗邻政府各相关部门参加的协调会议，研究解决齐长城遗址保护管理过程中出现的重大问题，协调各方利益。

（三） 人员与经费保障

省级文物行政主管部门定期组织齐长城遗址沿线县（区）开展各种形式的经验交流座谈会或现场考察等活动，交流保护管理工作中的经验，及时发现各自工作中的主要问题和薄

① 已列入《山东省人大常委会2018年地方立法计划》。

弱环节。

各级地方人民政府可依据本地区齐长城遗址保护管理工作的实际情况确定管理机构和人员编制，包括入编人员和聘用人员。

各级齐长城遗址保护管理机构应扩充人员编制，加强队伍建设，建立具备综合专业人才结构的职工队伍，以满足齐长城遗址的保护管理需求。充分利用现有资源，加强各方面专业人才培养，建立健全专业配置完善、技术水平优良的科研队伍。同时，制定保护管理规范标准和保护管理人员培训计划，提高员工的专业水平和综合素质。

根据《中华人民共和国文物保护法》第十条和《山东省文物保护条例》第五条要求，齐长城沿线各县（区）段的保护与管理应当纳入沿线各县（区）人民政府国民经济和社会发展规划以及城乡规划，所需经费应纳入各县（区）级财政预算，财政拨款应随着财政收入的增长而增加。各县（区）有关齐长城遗址展示利用的门票收入和其他事业性收入，应专门用于齐长城遗址保护。鼓励通过捐赠等方式设立齐长城遗址保护社会基金，专门用于遗址保护。鼓励外来资金投入保护。结合齐长城遗址的开发利用情况，落实国务院确立的文化经济政策和财税优惠政策，建立多渠道的投入机制。

（四）综合管理

规范与完善包括监测、记录及巡查等内容的日常监测维护体系，建立定期巡查制度。监测内容包括：文物本体保存状况、保护范围和建设控制地带内的自然、人文变化，周边地区开发对文物本体的影响及游客承载量等。要求实施连续监测、监测记录存档及定期巡查。

进行信息保存，不断补充、完善“四有”档案工作，包括档案建设和现状信息采集与保存。档案建设结合齐长城遗址研究进行，现状信息的采集与保存以全面采集现存实物信息为前提，落实信息记录、管理和研究工作，使现存历史信息获得真实、全面的永久保存。信息保存工作应符合《全国重点文物保护单位保护范围、标志说明、记录档案和保管机构工作规划（试行）》的要求。

建立、健全关于游客管理的日常制度，制定高峰时期游客安全保障应急预案。设立专门游客管理岗位，提升游客管理水平和综合服务能力。建立游客信息和安全监测系统，积累相关信息，为后续科学管理提供数据支撑。

（五）宣传教育要求

通过各种媒体平台，采取举办展览、开展知识竞赛、开通网站平台、开辟报刊专版等多种形式，广泛、深入地宣传齐长城遗址的内涵和价值，提高广大民众对齐长城遗址及其保护工作的认识。提高保护管理的公众参与度，积极鼓励各种社会力量参与齐长城遗址的保护工作，增强民众的文物保护意识，发挥群众监督作用，形成全社会爱护齐长城、保护齐长城的良好氛围，使文物保护成为广大民众的自觉行动。鼓励齐长城遗址所在地县级以上教育主管部门会同文物主管部门，制定学校利用齐长城遗址开展教育活动的政策措施，并结合学校课程设置教学计划，统筹安排学生到齐长城遗址所在地开展学习实践活动。

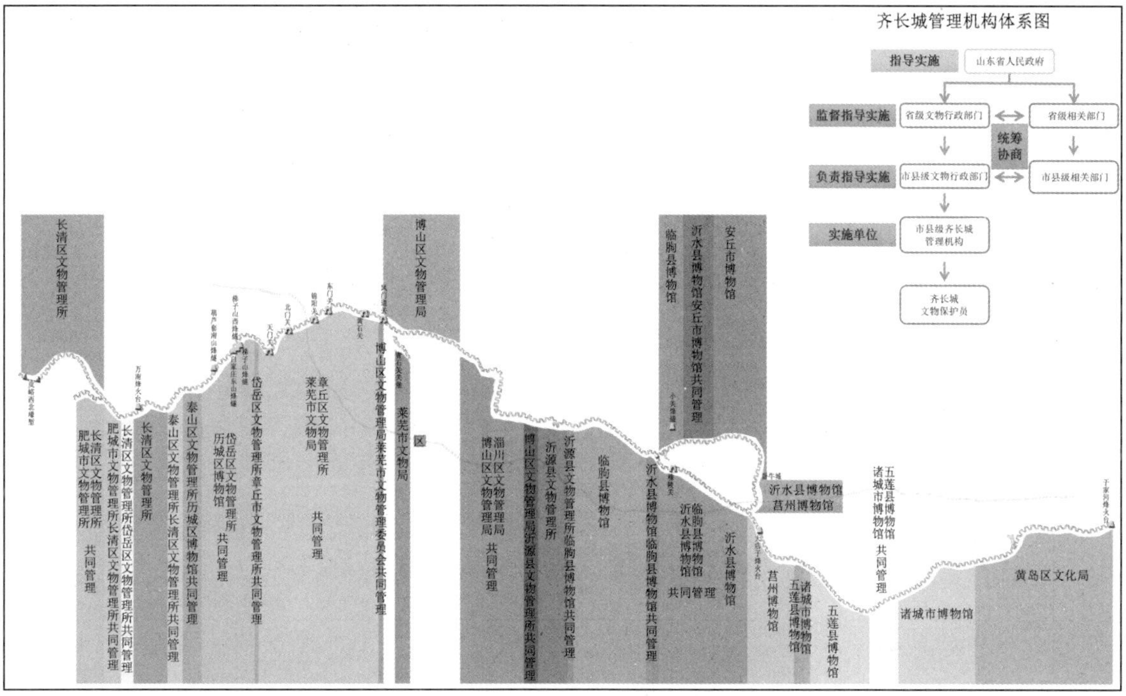

图 3－2　齐长城遗址管理体系建设图

第四章　齐长城展示利用探索

党的十八大以来，在习近平总书记系列讲话的引领下，在党中央、国务院的领导下，国家文物局出台了一系列重大政策，推出了一系列重大举措，推进了一系列重大工作，将“让文物活起来”从理念转化为行动。

让山东文化遗产全面“活”起来，让齐长城遗址“活”起来，对于传承和弘扬齐鲁优秀传统文化、满足人民群众精神文化需求、提升国民素质、增强民族凝聚力、展示文明山东形象、提高山东文化软实力，建设经济文化强省具有十分重要的意义。

对齐长城遗址进行展示利用探索的宗旨是在新形势下开拓齐长城沿线文化遗产的利用深度、挖掘齐长城沿线相关文化遗产的历史厚度、提高文化遗产保护工作的社会参与度，以彰显文化遗产在拉动地方第三产业发展等方面的重要作用，让齐长城遗址保护成果更多地造福人民。

一、展示利用现状

近年来，齐长城沿线的展示利用活动引起了众多专家学者的关注，针对齐长城遗址的利用活动也有了一定的发展，但有关齐长城遗址的展示尚处于初级阶段，仍存在不少问题。

齐长城遗址的展示利用以游览观光为主，缺少必要的指示、解说系统，沿线县（区）的宣传手段落后，形式老化、内容单调，齐长城遗址和沿线各类资源的深厚文化内涵无法得到全面的展示，遗产价值不能充分体现。资源优势无法转化为经济优势，导致齐长城遗址的知名度与价值严重不符。

目前，齐长城遗址的展示利用多属于地方行为，许多景区都是各县（区）在条件较好的点段独立进行与展示利用相关的建设活动，其建设前大多没有经过系统专业的规划和协调，事后也没有监督部门对其展示利用活动进行监督。这种没有经过科学规划的展示利用活动虽短期内取得了一定的经济效益，但是从长远来看，不利于齐长城遗址本体的保护和沿线各项资源的有效利用。

二、本体展示利用

（一） 展示利用目标、 原则

对齐长城遗址的展示利用旨在加深公众对齐长城遗址的全面认识，通过展示促进齐长城遗址的保护、研究工作发展，通过对齐长城遗址的科学、合理利用创造良好的社会效益和经济效益。

展示利用要遵循“保护为主、抢救第一、合理利用、加强管理”文物工作方针，在确保齐长城遗址本体安全的前提下，向公众充分展示和解释其文化价值，促进价值认同与维护；要坚持科学、适度、持续、合理的原则进行逐步展示，注重展示利用功能的可持续发展，重视对本体周边环境的保护，避免过度整治及展示利用设施建设对环境造成破坏。

（二） 展示主题及重点

展示主题包括齐长城遗址现存的代表性遗存，作为军事防御体系的重要节点和构成，齐长城遗址的演进过程和历史脉络，所依托的自然环境风貌，以及齐长城遗址对沿线区域文化、风俗等诸多方面的影响等。

结合考古研究成果对部分点段进行重点展示。包括齐长城起点、终点展示，主线与支线交叉点展示，穆陵关、锦阳关、青石关展示，大店子西岭段及大店子烽火台展示。齐长城起点展示起点环境、位置、形制以及地形地貌的历史变迁；齐长城终点展示终点环境、位置、形制及入海位置的自然风貌；齐长城主线与支线交叉点展示重要节点的构造、形制及齐长城的演进过程和延续关系；穆陵关、锦阳关、青石关展示重要节点的构造、形制及墙体沿线区域的地方人文风俗；大店子西岭段及大店子烽火台展示军事防御设施之间的构建关系。

（三） 展示要求

鼓励使用先进、合理的科学技术手段，开展多学科、多部门合作的展示技术研究，形成记录档案，为展示利用提供技术依据；展示手段要有利于参观人员接近齐长城遗址、有利于体现齐长城价值、有利于保持齐长城遗址的真实性和完整性、有利于维护齐长城遗址的可持续发展；展示利用设施应设在保护范围外，不得侵占墙体、破坏周边环境，要利于参观人员使用，同时不得危害参观人员安全，不得添加扰乱齐长城遗址的因素，不得改动齐长城遗址的位置和其他相关历史信息要素，以避免误导公众认知。

（四） 展示利用设施建设

在齐长城起点广里村北长城展示区，可建立齐长城专题博物馆，以展示齐长城总体沿革和现状为主题，可布置与齐长城遗址的军事价值、科学价值、在长城遗产中的定位以及对齐鲁文化的影响等内容相关的专题。结合博物馆专题，建设具备信息服务、学术交流、交通服务、餐饮、管理办公等功能的综合游客服务中心。

在锦阳关段长城展示区、穆陵关段长城展示区、青石关段长城展示区，可分别建立齐长城专题陈列馆，展示各地独特的建筑、历史、文化信息。结合专题陈列馆，分别建设具备信息服务、交通服务、餐饮、管理办公等功能的小型游客服务中心。

根据展示需要设置解说、引导设施。应包括说明牌、重要遗存展示牌、现场展示牌、自助导游机、多媒体交互设备、参观线路导引标识、环境保护警示标识等。解说、引导设施设置需统一、简洁、明确、易懂。

三、齐长城人文自然风景带建设构想

近年来，在中央和省委省政府的高度重视下，山东省的文物事业取得了显著成就。随着经济社会的发展、文物保护形势的变化和全社会文物保护意识的提高，全国各级文物部门文物保护责任更加重大，任务更加艰巨。山东省各级文物部门正不辱使命、守土尽责，努力走出一条符合山东实际的文物保护利用之路，为建设经济文化强省、实现中华民族伟大复兴的中国梦凝聚强大正能量。根据《中华人民共和国文物保护法》《国务院关于进一步加强文物工作的指导意见》《国家文物事业发展“十三五”规划》《山东省国民经济和社会发展第十三个五年规划纲要》及经济文化强省建设目标任务，山东省文物局编制了《山东省文物事业“十三五”发展规划纲要》，规划纲要主要阐明了“十三五”时期山东省文物事业的发展目标、战略布局和工作重点，是全省文物事业发展的行动指南和重要依据。

“十二五”期间，山东的文物工作围绕省委省政府“两区一圈一带”战略，打破现有行政区划，探索提出了“七区两带”文化遗产片区保护战略，推动了文物保护工作由文物单体保护向片区整体保护转变，创新了文化遗产片区保护模式，成为山东文化强省建设的重点工作，文物事业发展的总体战略、核心内容和主要抓手。“十三五”伊始，山东省文物局以习近平总书记系列重要讲话和关于加强文物保护的重要指示为指导，贯彻“创新、协调、绿色、开放、共享”发展理念，围绕“四个全面”战略布局和全省经济社会发展大局，依据不同区位条件继续深化文化遗产片区保护战略：优势区域率先突破，富集区域辐射带动；为实现区域文化遗产保护与利用的协调发展，实施“七区三带”片区保护战略。

2018 年 1 月，“七区三带”重大文物保护工程列入省第十三届人大一次会议公布的《政府工作报告》中 25 个名词的相关解释。“七区三带”重大文物保护工程指深入实施文物保护曲阜片区、临淄片区、省会片区、黄河三角洲片区、半岛片区、沂蒙片区、鲁西片区“七个重点片区”和大运河（山东段）文化带、齐长城文化带、山东海疆历史文化带“三大文化带”建设，全面提升我省文化遗产保护传承的能力水平，让文化遗产活起来。

“七区三带”是山东文化遗产保护的空间布局，特点是重点突出、层次分明、布局合理，目的是实现文化遗产保护与经济社会发展区域战略的融合统一。其中，曲阜片区资源丰富、影响力大、示范作用强，将示范并引领全省文化遗产保护研究与展示利用水平提升；临淄片区围绕齐文化的传承、研究开展相关工作，努力建成国家级文化遗产保护示范区；省会片区以博物馆集群建设、工业遗产、近现代建筑与宗教寺观等保护利用为抓手，强化文物保护利用科技水平，打造适应省会都市圈发展战略的综合性文化遗产保护示范区；半岛片区和黄河三角洲片区以海疆沿线文化遗产保护利用为主导，全力建设山东海疆历史文化廊道；沂蒙片区以山东古国文化、红色革命文化遗产的保护展示为主导；鲁西片区重点推进大运河历史文化长廊建设和堌堆文化遗产保护工作。

齐长城人文自然风景带（齐长城文化带）是山东省文物局针对齐长城提出的一种整体化保护思路，充分考虑和尊重了齐长城跨越多个行政区域、沿线各类资源丰富多样的现状特点，将资源保护与可持续利用作为整体化保护的两个重要抓手。齐长城人文自然风景带同时是一种发展战略，集合了齐长城沿线区域文化遗产保护、自然生态保护、资源合理利用、多样性文化内涵创造性展现等内容，能够促进沿线区域社会经济的可持续发展。另外，齐长城人文自然风景带是一个线性的遗产区域，这个区域主要包含了相关的文物古迹、非物质文化遗产、自然文化资源、生态景观环境等，文化内涵和资源构成极其丰富。

（一）建设目标

总体目标为建设紧密衔接省会城市群经济圈和山东半岛蓝色经济区的、富有齐鲁文化特色的、以齐长城遗址为核心的遗产、文化、景观、游憩廊道，保护世界文化遗产齐长城遗址及沿线丰富的各类资源，突出对历史文化与生态资源的保护，突出齐长城人文自然风景带的独特内涵，实现资源多样化、利用多元化，促进齐长城人文自然风景带的经济、社会、文化、环境的全面协调可持续发展，将齐长城人文自然风景带建设成为集历史、生态、经济为一体，体现区域文化、自然景观特色，兼具文化遗产保护、历史教育、文化产业发展、群众生活休闲等性质，提升公众精神层次、生活品质的廊道性人文自然景观带。

建设目标除了上述总体目标外，还重点考虑保护目标、文化目标、生态目标和社会经济目标四个方面的目标。保护目标方面，包括全面有效保护齐长城遗址的真实性、完整性，保护齐长城及沿线历史文化遗产，提高文化遗产保护工作的社会参与度，保障相关资源的历史文化内涵得以传承，有效保护齐长城人文自然风景带内自然生态环境及生物多样性，避免环境过度整治及相关设施建设对环境造成破坏。文化目标方面，包括挖掘相关历史文化资源的思想精华和道德精髓，弘扬优秀传统文化，发挥齐长城在爱国主义教育中的作用；通过为公众提供文化休闲娱乐等服务让文化遗产在保护和利用中“活”起来，从而拉近公众与优秀传统文化的距离，促进文化遗产的合理利用，推动文化传承。生态目标方面，包括强化水、大气、土壤等污染防治，减轻社会发展对环境的影响，协调文化建设、经济建设与生态保护的关系，增强全民节约意识、环保意识、生态意识，提升生态文明水平。社会经济目标方面，包括实现历史文化资源、非物质文化遗产、自然资源、其他资源跨地区、跨行业重组，带动相关文化产业的发展，为公众提供文化休闲娱乐服务，增加参观游憩机会，方便公众生活，提高人民群众幸福指数，推动齐长城沿线各地经济、社会、文化的协调发展。

（二）特色资源

《中国旅游资源分类系统与类型评价》和《旅游资源分类、调查与评价》是目前旅游资源分类的两种权威依据，前者是学术研究成果，是国家自然科学基金“九五”重点项目；后者是国家规范性质的操作指南，于2003年公布实施。《旅游资源分类、调查与评价》对旅游资源的类型划分、调查、评价的实用技术和方法进行了较深层次的探讨，是一部应用性质的技术标准，适用于旅游资源开发与保护、旅游规划与项目建设、旅游行业管理与旅游法规建设、旅游资源信息管理与开发利用等旅游行业的工作，对其他行业和部门的资源开发也有一定的参考意义。《旅游资源分类、调查与评价》依据旅游资源的性状，将实体旅游资源和客观的实物或现象分为8个主类、31个亚类、155个基本类型。这种分类方法对齐长城人文自然风景带的资源调查和评价工作具有借鉴意义。

通过对齐长城两侧25千米（部分段落延至50千米）以内的区域进行资源调查和梳理，将齐长城人文自然风景带的资源构成划分为齐长城遗址各类遗产和沿线区域的各类资源两大部分。齐长城遗址各类遗产即前文所述国家文物局已认定的260处遗产，沿线区域的各类资源部分，参照《旅游资源分类、调查与评价》《中华人民共和国文物保护法》《中国自然生态环境、生物多样性、历史文化遗产保护暨旅游资源开发列表》，分为历史文化资源、非物质文化遗产、自然风景资源和其他资源四大类。历史文化资源包括世界文化遗产、文物保护单位（古建筑、古墓葬、古遗址、近现代重要史迹和代表性建筑）、传统村落、“乡村记忆”工程文化遗产和历史文化名镇（村）；自然风景资源涉及自然保护区、风景名胜区、森林公园、矿山公园、水利风景区等；其他资源则可以涵盖乡村旅游示范点、红色旅游、博物馆、工农业旅游示范点、休闲旅游与乡村旅游示范县。

目前，被列入齐长城人文自然风景带的历史文化资源共80处，包括世界文化遗产1处、文物保护单位45处（古建筑10处、古墓葬5处、古遗址24处、石窟寺及石刻1处、近现代重要史迹和代表性建筑5处）、传统村落31处、历史文化名镇（村）2处、其他村落1处；非物质文化遗产47个，包括民间文学、表演艺术、手工技能、仪式节庆，其中民间文学类14个、表演艺术类14个、手工技能类18个、仪式节庆类1个；自然风景资源33处，包括自然保护区、风景名胜区、森林公园、矿山公园、地质公园、水利风景区、旅游景区及其他与齐长城地缘关系密切的无级别风景区，部分资源点兼具多个类型，其中自然保护区2处、风景名胜区8处、森林公园11处、矿山公园1处、地质公园2处、水利风景区2处、旅游景区10处、其他风景区4处；其他资源共25处，包括乡村旅游示范点、红色旅游、博物馆、工农业旅游示范点、休闲旅游与乡村旅游示范县，其中乡村旅游示范点1处、红色旅游3处、博物馆19处、工农业旅游示范点1处、休闲旅游与乡村旅游示范县1处（详见附表3－1、3－2、3－3、3－4）。

（三）资源现状

齐长城串起了沿线泰山、原山、鲁山、凤凰山、沂山、小朱山等圣岳名山和黄海，区位优势得天独厚，区域内存留着大量文物古迹、风景名胜，资源类型丰富、组合性好、利用价值大。

（四）建设构想

坚持可持续发展的原则，以人为本、整合片区，针对齐长城沿线各类资源的具体情况，制定展示利用、服务设施、项目建设及片区发展规划。打造齐长城国家步道系统，齐长城村落带及“长城·齐韵”非遗示范带，齐长城源头文化追忆区，齐长城文化、生态觅源区，齐长城生态雄关感受区，齐长城经典文化体验区，齐长城乡村休闲、自然风景特色观光区，齐长城入海口综合游览区。努力实现历史文化资源、非物质文化遗产、自然风景资源、其他资源跨区域重组。

1. 齐长城国家步道系统

以“行走长城步道，品鉴齐鲁古今”为建设定位，在齐长城沿线建设齐长城国家步道系统，充分展示、利用齐长城遗址本体以及齐长城沿线各类资源，发挥齐长城爱国主义教育的作用；号召公众保护、使用和欣赏齐长城遗址以及齐长城沿线历史文化资源、非物质文化遗产、自然风景资源、其他资源，为公众户外游憩提供更多选择。

步道设置宜靠近齐长城遗址，以方便参观、游览齐长城遗址为原则。以原始山路、古道、机耕路、护林路以及保护工程施工道路等为基础，拓宽道路，平整、夯实路面，使其成为步道系统的主要组成部分。

齐长城沿线原始道路不鲜明的地段，可根据齐长城墙体夯筑方式、取材特点，结合地域特色及区域地势、地貌的具体情况，以就地取材为原则，分区段划定相关步道类型。步道可划分为砂石步道、石质步道、木栈道、自然山险步道四类。其中，木栈道可单独存在，也可结合小范围内的地貌情况，作为石质步道的补充步道。

建设时应在保证区段主要步道类型的前提下，结合小范围内地貌情况及相关资源特点，酌情调整步道材质，实现不同步道类型的有机结合。沿步道配套建设景观设施、路标指示体系、营地或登山小屋、观景台、安全防护及紧急救难场所等，以保证步道建设的合理性及齐长城国家步道系统的完善性。建设时要尊重原始地形地貌，不破坏自然景观，尽量利用原始的山路、古道、机耕路等。

步道系统路线设计应避免穿越齐长城遗址的保护范围和自然保护区等重要保护区，如难以避让，应采取相应保护措施；应避开易发生山体滑坡、易发生泥石流、道路过陡等危险区域，如难以避让，应设置警示牌及安全有效的防护设施。需新建的道路应根据不同区域、地形、地貌、使用功能和资源条件进行设计，并与其他道路、景点相连接，形成环路，使齐长城国家步道系统内无断路、无死路。建设中应注意自然生态环境保护，以保证步道系统建设对整体生态环境的影响最小。设计应符合步道系统预期功能，应易于救援队救援并方便公众撤离。

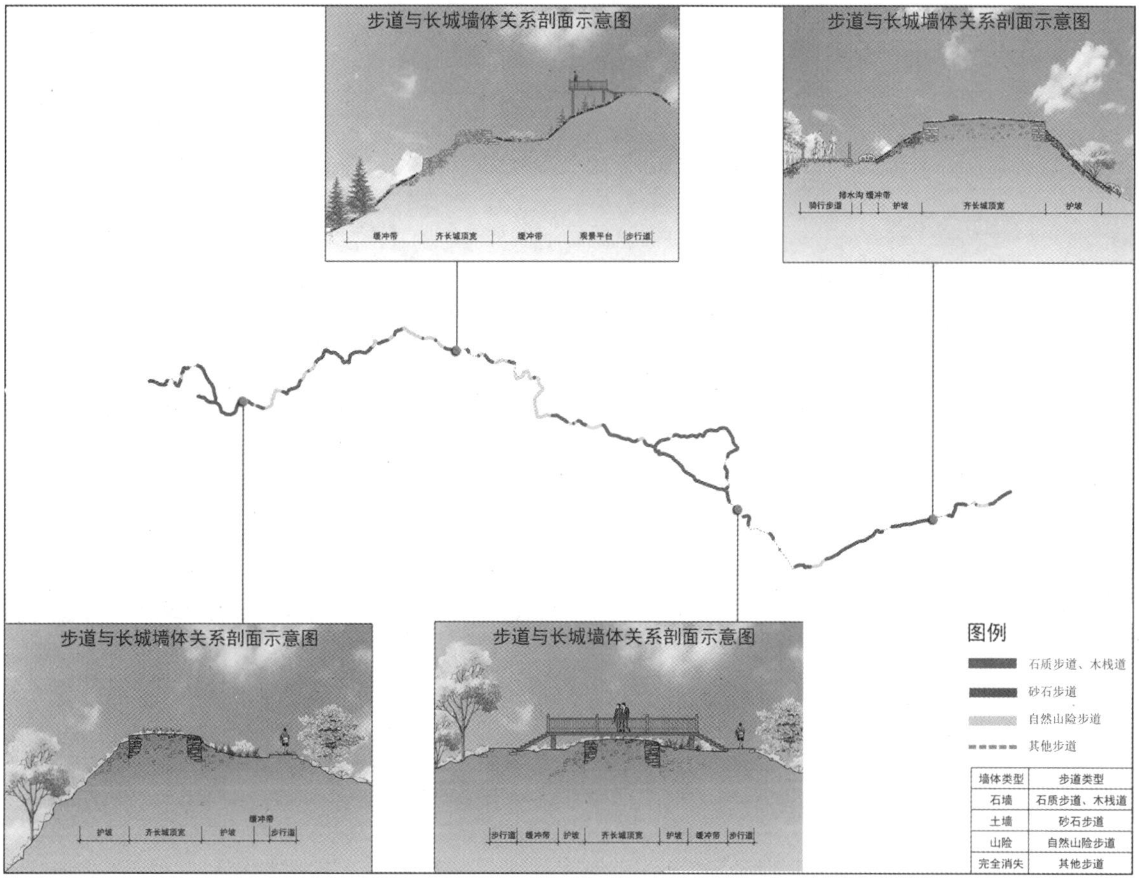

图 4－1　齐长城国家步道系统规划总图

图 4－2　砂石步道效果图

图 4 - 3　木栈道效果图

图 4 - 4　石质步道效果图

图 4－5　山险步道效果图 1

图 4－6　山险步道效果图 2

2. 齐长城村落带

筛选出齐长城沿线两侧 5 千米范围内的传统村落、“乡村记忆”工程文化遗产、“空心村”以及与齐长城关系密切的村落。通过政策引导，鼓励大学生和务工人员回乡创业，改变

“空心村”现状，对筛选出的村落进行改造，充分利用传统建筑，突出村落特色，打造“齐长城村落”文化品牌。结合齐长城国家步道系统，选取齐长城沿线1千米范围内的村落建设中途休息站、接待站。

针对村落不同特点因地制宜，充分利用当地现有建筑物，打造“乡村记忆”博物馆、民俗生态博物馆、社区博物馆、乡村博物馆，收集展览富有地域特色和集体记忆的文化遗产，包括农业生产工具、服饰、民间风俗礼仪用具、节庆习俗物品等，实现对文化遗产的整体保护。

对村落现有建筑进行改造，设立齐长城历史文化陈列馆，展示齐国历史、文化及齐长城建造特点。打造“食在长城脚下、宿在长城脚下、游在长城脚下、耕在长城脚下”四位一体的“长城人家”乡村生活体验基地。完善“长城村落”基础设施建设，根据交通可达性及游客流量设置医疗救助站，配备完善的道路、村落景点标识系统。

图4-7　齐长城村落效果图

建设过程中要保持村落传统格局、历史风貌和空间尺度，不改变与其相互依存的自然景观和环境；新建建筑物应当与原有传统建筑的高度、体量、外观形象及色彩等相协调；鼓励发展农业、传统手工制造业及服务产业，禁止建设易产生污染物的工厂、企业，鼓励保护传统建筑，不得损坏或者擅自迁移、拆除历史建筑；要避免侵占齐长城遗址的保护范围和自然保护区、野生动物保护区及重要栖息环境等重要保护区；相关建设规划应与当地城乡总体规划、土地利用规划、自然生态保护区规划、文物保护规划、风景名胜区规划等相协调。

3. “长城·齐韵”非遗示范带

整合齐长城人文自然风景带所涉及的非物质文化遗产，根据非物质文化遗产资源类型进行分门别类的开发利用，将非物质文化遗产融入饮食、娱乐、购物等旅游要素中。

突出地域特色，打造特色品牌。在资源分类的基础上，将非物质文化遗产资源类型结合片区历史文化资源、自然风景资源、其他资源，形成板块式的发展模式，打造纵向文化品牌体系。

在尊重非物质文化遗产原真形式和文化内涵的前提下，利用非物质文化遗产项目进行艺术创作、产品开发、旅游活动等。充分发挥其使用价值，展现其在历史、文化、审美、教育、经济等方面的功能，使非物质文化遗产成为现阶段生产、生活、娱乐的必需品，进而加强对非遗传承人的保护与培养，更好地保护和传承相关非物质文化遗产，促进非物质文化遗产的可持续发展。

民间文学、表演艺术类非物质文化遗产，可以进行文学改编，制作成文化产品，以目的地实景作为表演舞台，表演实景舞台剧；手工技能类非物质文化遗产，可以制作成文化产品，在非物质文化遗产博览园集中展示手工技艺成果，也可以融入“长城村落”，与食、住相结合，采用体验式展销模式，设立制作现场，让公众参与加工和制作；仪式、节庆类非物质文化遗产，将传统礼仪的文化内涵如服饰、饮食、节日饰品、节日活动等全方位挖掘，在保障其基本内涵的前提下，与相关民间传说、表演艺术、工艺美术的展示利用相结合，进行继承性发展、利用。

4. 齐长城源头文化追忆区

分布于济南长清区、历城区、章丘区，莱芜莱城区，泰安肥城市、岱岳区。片区内齐长城起点是整个齐长城的重要组成部分，具有标志性和唯一性。片区内乡村民俗资源丰富，有多处被列入“乡村记忆”工程试点名单的村落、传统村落、特色村落；齐长城重要关隘集中、特色鲜明，包括青石关、齐鲁古道、长勺古战场、锦阳关、天门关、北门关、东门关、黄石关等；自然风景资源特色突出，有大峰山风景区、卧龙峪生态景区、九如山瀑布群、龙山森林公园等；文化遗产丰富，有嬴城遗址、大汶口遗址、城子崖遗址、千佛崖、四门塔、灵岩寺等。

以“看得见长城源头，忆得起金戈铁马，寻得到红色记忆”为建设定位分别建设齐长城源头标志性区域、齐长城古战场休闲体验区、齐长城红色文化旅游区。

齐长城源头标志性区域的建设思路：充分利用齐长城源头“齐”字标志性雕塑，突出齐国“尚武重商”的文化内涵；在坚持最小干预的原则下，修复、保护齐长城源头遗址本体，充分展示齐长城的文化魅力；建设、完善齐长城源头遗址公园；建设齐长城源头专题博物馆，展现齐鲁巨防“千里齐长城”的起源、发展历史，宣传齐鲁大地悠久的历史文化。

齐长城古战场休闲体验区的建设思路：设置长勺古战场标志碑及位置标识，设置专门的展示说明设施，解释说明青石关历史和长勺之战的历史信息；编排大型情景舞蹈“长勺之战”，定期表演，重现长勺之战历史场景及其传说故事；青石关到长勺古战场间，沿齐鲁古道两侧设置浮雕墙，再现齐鲁古道昔日繁荣景象以及长勺之战浩大的战争场面，借古思今，感受祖国和平繁荣的来之不易。

齐长城红色文化旅游区的建设思路：与“长城村落”建设相结合，以齐长城沿线的逯家岭村、上法山村、上王庄村、卧云铺村、下法山村、中茶业村、中法山村、潘家崖村为核心，修缮、保护革命老区及传统村落；加强道路以及基础设施建设，将传统村落群与汪洋台有机结合，沿路设置展示设施，展示吉山战斗以及当地抗日革命斗争事迹，缅怀以汪洋为首的众多革命先烈；整合汪洋台、茶叶口镇革命老区传统村落、莱芜战役指挥所旧址与莱芜战役纪念馆，打造国内大型红色旅游精品旅游线路。

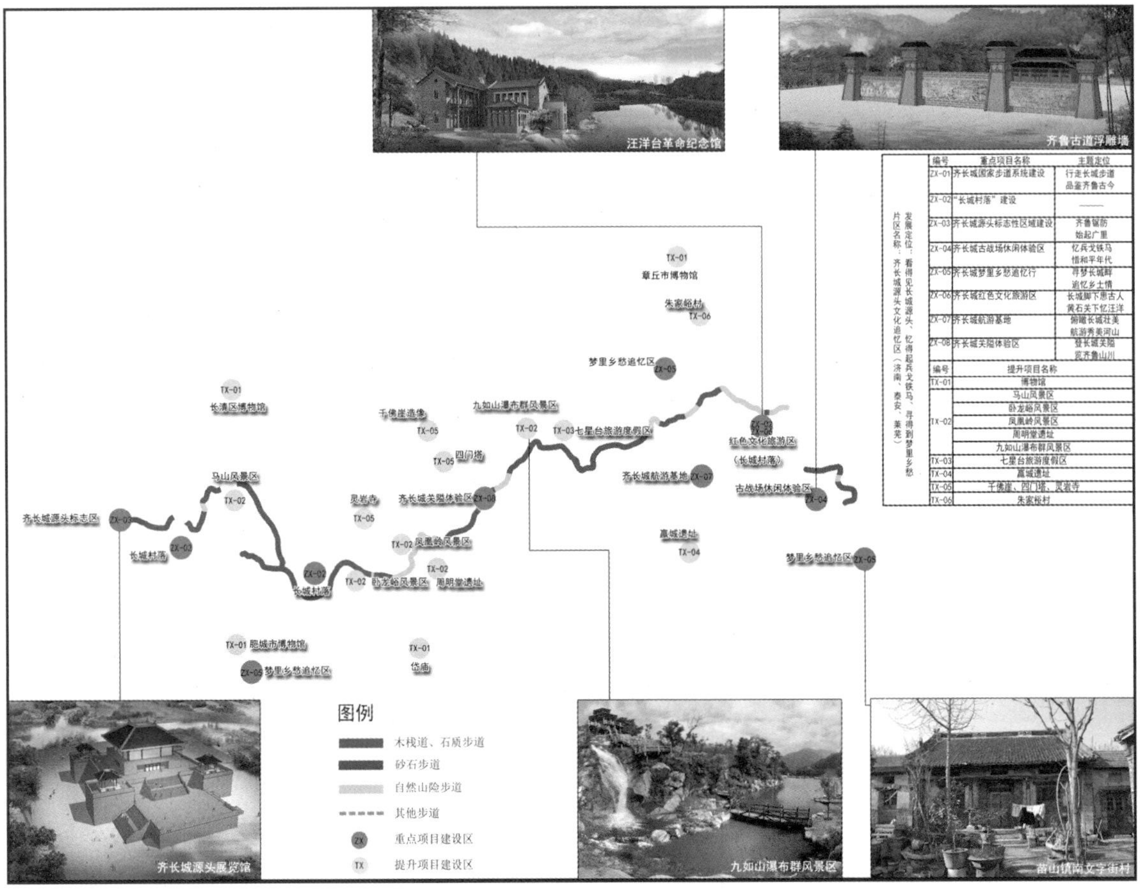

图 4－8　齐长城源头文化追忆区项目规划图

5. 齐长城文化、生态觅源区

分布于淄博博山区、淄川区、沂源县。该区域内风景名胜区众多，有博山风景名胜区、淄川风景名胜区等，自然资源丰富；传统文化有陶琉文化、孝文化、爱情文化、蒲松龄文化、鬼谷子文化、石头文化、古城文化等，文化类型多样，文化底蕴深厚。

以“风景名胜生态之最，长城传统文化之源”为建设定位，整合太河镇上端士村（上端士民居建筑群）、梦泉生态景区等资源，打造齐长城传统村落生态展示区；以沂河源风景名胜区为基础，打造牛郎织女景群，形成牛郎织女爱情文化觅源地。

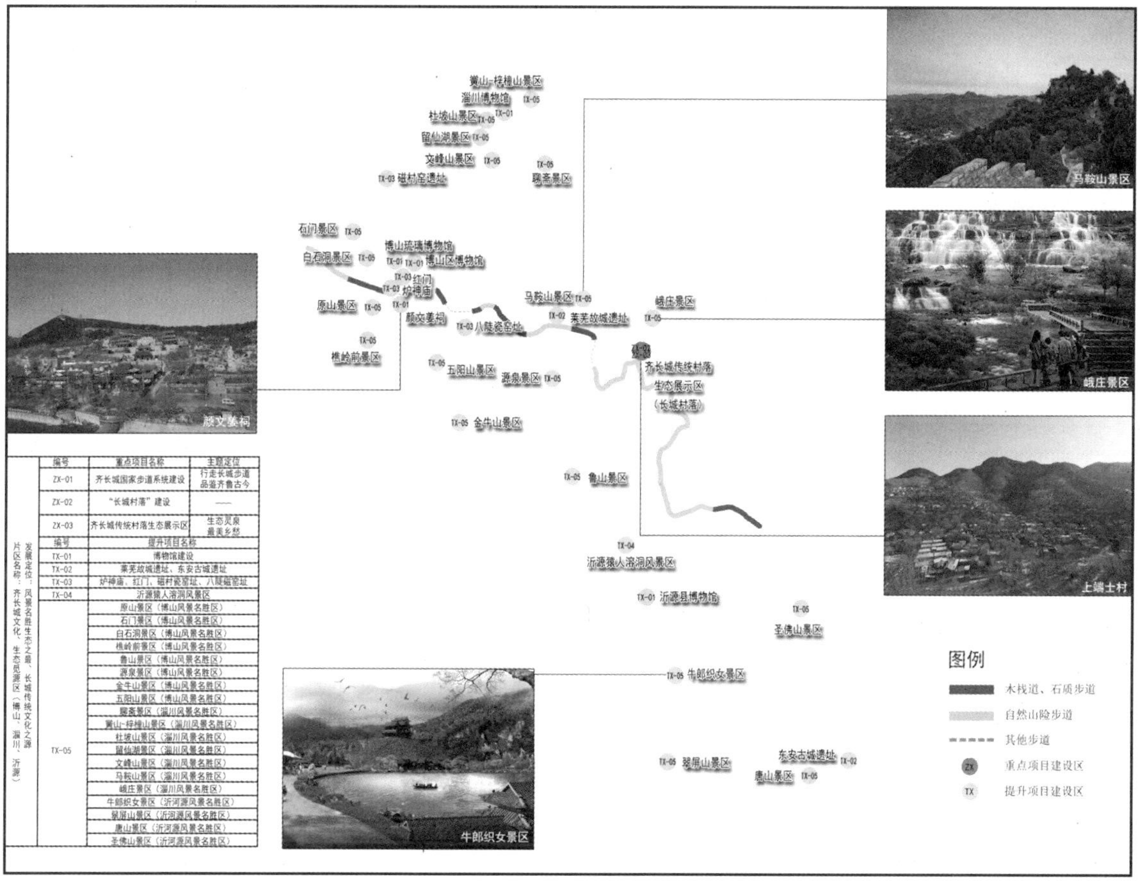

图 4－9　齐长城文化、生态觅源区项目规划图

齐长城传统村落生态展示区的建设思路：修缮齐长城沿线梦泉村、上端士村两处国家级传统村落。整治村庄环境，修缮古民居，维修改造梦泉村、上端士村以及涌泉村现代建筑，使其整体建筑风貌与当地传统村落形式相协调；与“长城村落”建设相结合，建设古村落民俗博物馆，介绍古村的民风民俗、历史变迁、名人故事等；整合梦泉生态景区与涌泉生态景区资源，整改涌泉生态景区对齐长城修缮不当的段落，科学保护齐长城；打造大型“生态灵泉风景度假区”，使齐长城与风景区互为观景点，在景区仰望齐长城雄伟壮阔，在齐长城俯瞰村落袅袅炊烟；打造农耕知识科普园区，建设农耕科普知识馆，介绍农耕知识，展示劳动人民的智慧；设置农耕采摘园，体会农业耕作的辛劳、丰收采摘的喜悦；整合太和镇现有自然人文景观资源，结合潭溪山、云明山、峨庄瀑布群等自然风景资源和马鞍山的“红色”文化资源，打造综合性游憩胜地，建设综合性游客服务区，提供停车、餐饮、住宿、导游问询以及医疗救助等服务功能；完善道路、水、电基础设施建设，设置指路牌、导游图、警示牌、服务牌等硬件及解说系统。

6. 齐长城生态雄关感受区

分布于沂水县、临朐县。该区域内穆陵关所处山体地势险狭，关口居高临下、雄视八方，自古为南北交通的必由之路，素有“东方雄关”“ 天下奇关”之称；沂山历史文化悠久，自然风景奇特；九山镇拥有神牛谷风景区、淌水崖水利风景区、黑松林森林公园、老龙湾风景区等众多自然风景资源；山旺古生物化石自然保护区内中新世生物化石资源丰富、门类齐全；纪王崮春秋墓葬属2013 年度全国十大考古新发现，具有丰富的文化内涵，对该地区春秋时期的政治、经济、文化、工艺技术、墓葬制度等方面的研究具有重要的价值。

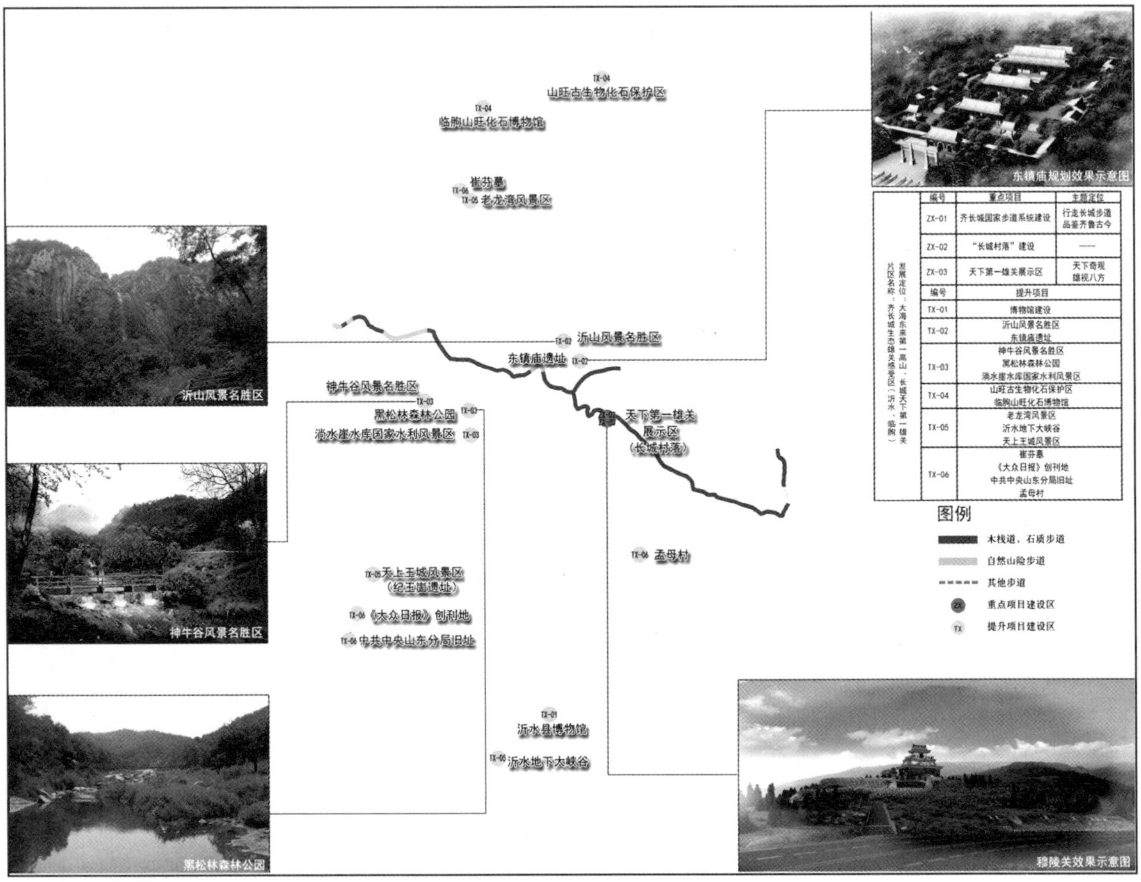

图 4 – 10　齐长城生态雄关感受区项目规划图

齐长城生态雄关感受区以“大海东来第一高山，长城天下第一雄关”为建设定位，以穆陵关为依托，打造天下第一雄关展示区。修缮穆陵关东侧山丘上的展示碑亭，并对碑刻及碑亭加强保养维护；平整穆陵关东侧山丘顶端，建设齐长城管理、展示用房，用以展示齐长城的建造历史、建造工艺以及与齐长城相关的历史事件与传说；建设观景平台，用以俯瞰四周，感受齐长城的雄伟壮阔；加固展示碑亭入口两侧公路护坡，在护坡的墙面上制作浮雕，用浮雕画面结合文字展示介绍穆陵关的重要历史节点场景。

7. 齐长城经典文化体验区

分布于莒县、诸城、安丘，该区域内莒文化源远流长，是古老的东夷文化的重要组成部分；恐龙化石资源丰富；名人贤人众多、文化底蕴深厚。

齐长城经典文化体验区以“文化灿烂，名人荟萃”为建设定位，打造齐长城寨堡游览区、东莞故郡展示区。

齐长城寨堡游览区的建设思路：在城顶山寨堡选择合适高地建设管理用房，用于监测齐长城以及相关资源点，确保齐长城以及相关资源的安全；建设展示服务用房，用于观赏齐长城壮美风景；结合城顶山风景区建设长城名人文化游览区，面向青少年人群大力开展“徒步登长城，学中国传统文化”活动。

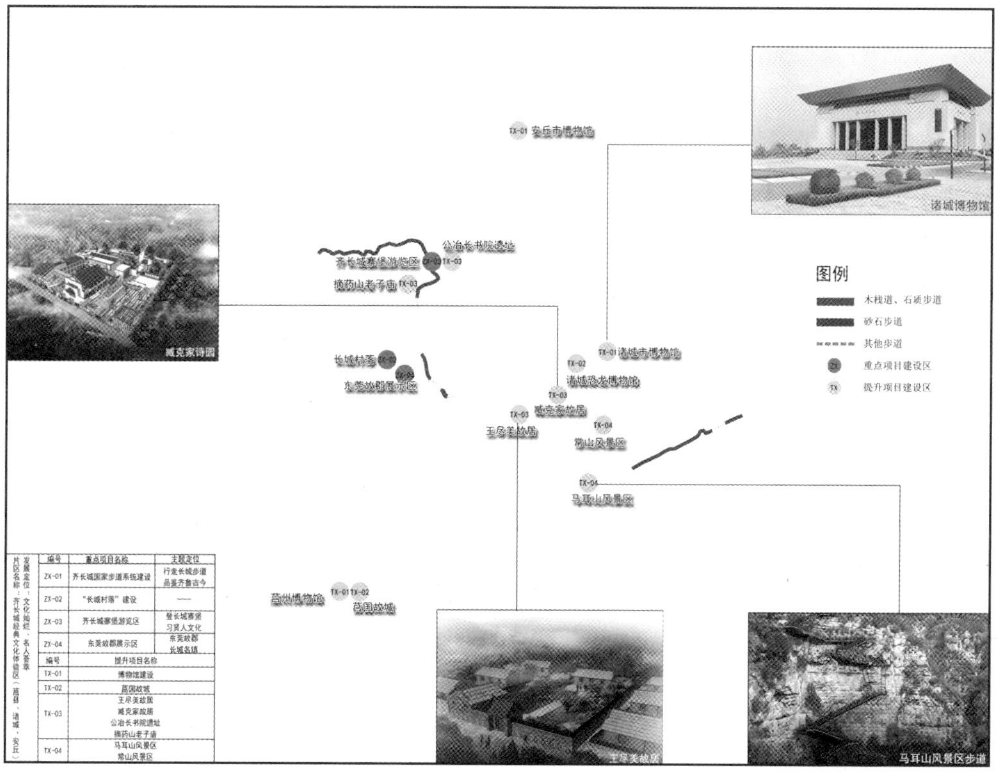

图 4－11　齐长城经典文化体验区项目规划图

东莞故郡展示区的建设思路：打造“东莞故郡，长城名镇”主题文化城，突出历史特色，展现齐长城文化内涵及东莞故郡的悠久历史；在东莞镇设立“齐长城影视文化基地”，通过影视剧拍摄等方式推广齐长城，同时对外开放；设立展示设施，并结合声光模拟技术，展示齐长城建筑历史、建筑特点、基本走向以及东莞故郡发展变迁历史、丰厚的文化底蕴；修建刘勰故里纪念馆，开展以“纪念刘勰”为主题的系列文化活动，并深入开发其内在价值，把刘勰故里打造成一张具有浓郁地域特色的文化名片。

8. 齐长城乡村休闲、自然风景特色观光区

分布于五莲县。该区域内乡村旅游资源数量众多、种类丰富、品质较高、辨识度强；乡村自然生态环境优美，结构多样；乡村文化资源类型多样，特色突出；五莲山风景区气候温和、物产丰富、山清水秀、河川纵横，素有“台湾花莲，山东五莲”之美誉；大青山以“秀、幽、奇、旷”四大特色著称。

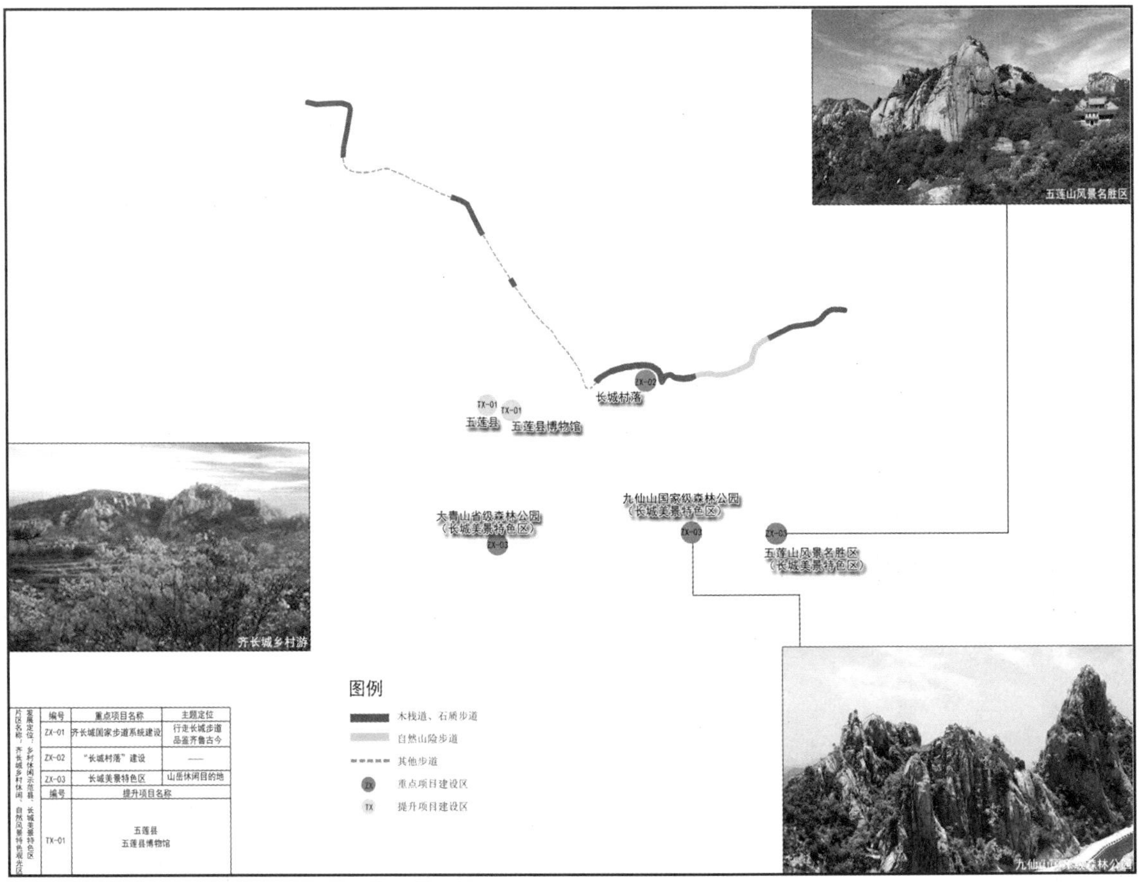

图4－12　齐长城乡村休闲、自然风景特色观光区项目规划图

齐长城乡村休闲、自然风景特色观光区以“乡村休闲示范县，长城美景特色区”为建设定位，建设长城美景特色区。建设思路为整合五莲山、大仙山、大青山3处自然风景资

源，打造齐长城休闲养生目的地；完善景点公共服务设施建设；分别打造齐长城养生度假区、齐长城生态观光区、齐长城休闲与商务会议区，使其成为能够满足不同类型人群的出行目的地；定期举办文化旅游节庆活动。

9. 齐长城入海口综合游览区

分布于黄岛区。该区域内的齐长城入海口具有标志性和唯一性。片区内农业观光、红色旅游、养生休闲、传统民俗等资源丰富，类型众多且具有综合性；资源年代跨越了春秋战国、秦朝、近代和当代，具有古今兼容性。

齐长城入海口综合游览区以“城海毗连，古今相接”为建设定位，建设齐长城入海口标志性区域，齐长城农业观光、民俗体验示范点，齐长城文化生态游览园。

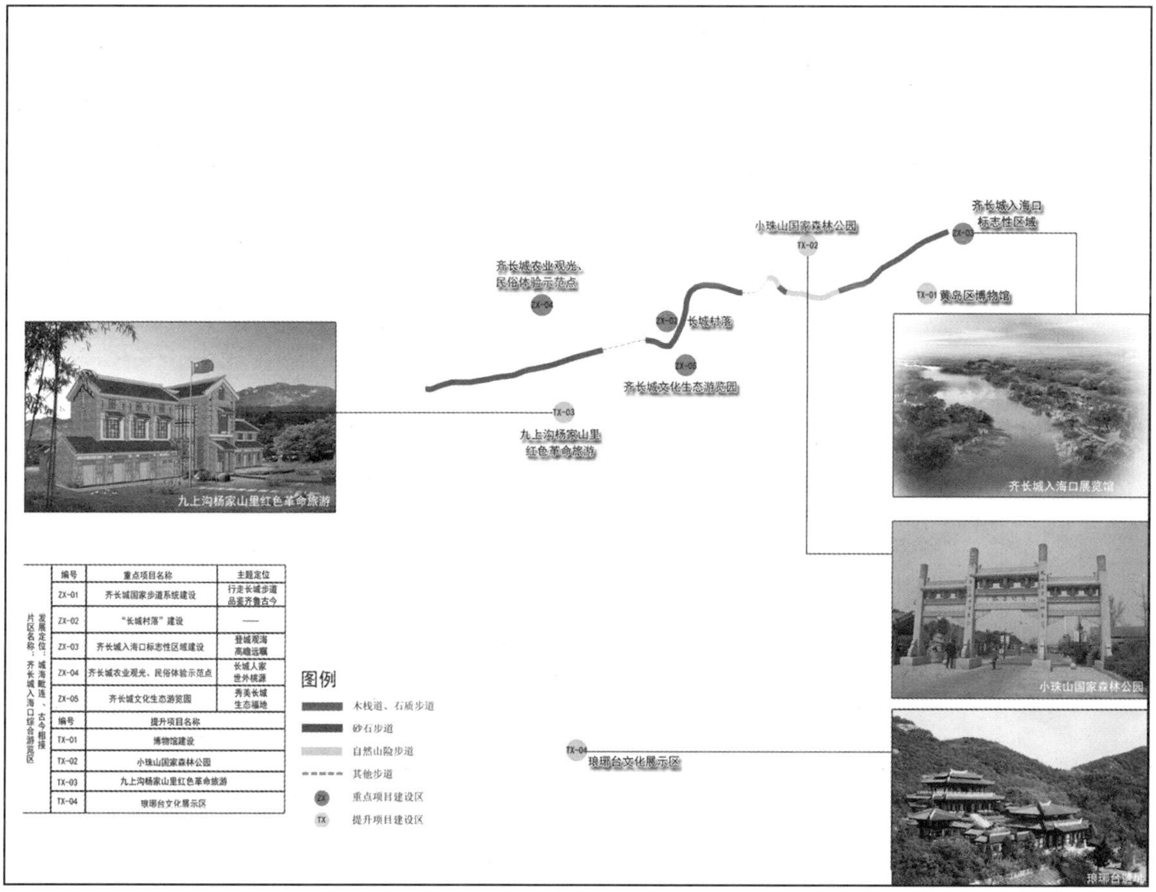

图 4－13　齐长城入海口综合游览区项目规划图

齐长城入海口标志性区域的建设思路：以烽火台作为观海平台，感受登城观海、高瞻远瞩的意境；从烽火台至海边开挖人工河道，引海水至烽火台，建立烽火台至海边的景观河道，恢复城海相接的景象，并在景观河道入海处建设展示馆和游客服务中心；在景观河道中设置水上游览活动，如划船、游艇、模拟徐福东渡表演等；在景观河道两岸建花圃、曲径、休息亭、垂钓台、滨水步道等，形成良好的休闲空间；设置专门的说明牌解释说明齐长城入海和徐福东渡的历史信息。

齐长城农业观光、民俗体验示范点的建设思路：对月季山的齐长城进行维修施工后，进行本体展示；开发月季花主题产业，包括加强野生月季花管理与培育，形成月季花王等特色月季景点；建设采摘基地，包括特色采摘、农业采摘两方面，特色采摘主要是利用自然优势发展野菜采摘、草药采摘等，农业采摘种类有草莓、樱桃、蓝莓、桃、杏、蜜桃、初冬雪桃等，以达到“四季有花果、月月可采摘”的目的；建立农业展览教育基地，建设具有民居风格的展示用房，收集、整理、制作相关农业生产用具、生活用品、民间民俗文物等，复原耕牛耕地、拉车等农作场景。

齐长城文化生态游览园的建设思路：对九九山、鹁鸽山的齐长城进行维修施工后，进行本体展示；通过资源整合、土地整合、服务设施配套建设，设置山地观光、文化体验、健康养生等项目，形成区域性的山地生态休闲区。

下编

保护方案选编

齐长城莱芜锦阳关段修缮保护方案

2017 年4 月，该方案获国家文物局批复同意（文物保函〔2017〕822 号）。2017 年5 月，根据国家文物局批复意见对该方案进行了修改和完善。

现状勘察报告

一、综述

（一）保护单位级别

2001 年，齐长城遗址被国务院公布为第五批全国重点文物保护单位。公布名称：长城——齐长城遗址；时代：春秋、战国；公布类别：古建筑；批号：5－442－3－248。

（二）勘察对象组成

依据国家局认定的齐长城资源调查结果，本次勘察对象为齐长城莱芜锦阳关段长城，长城认定编码370181382102020016，涉及墙体长度为1050 米。

（三）勘察对象概况

齐长城莱芜段分为主线和复线。主线西起章丘区、泰安市、莱芜区交界处的三界首碑，沿章丘—莱芜地界向东，途经三平山、鸡爪顶、疙瘩岭、胡家庄北山、望米台北山、曹曹峪顶、官屋子山、锦阳关、东门关、磨池岭、九顶山、四赋峪顶、黄石关、上王庄北山，过霹雳尖山，沿博山—莱芜地界向东南，经黑风口、双堆山，至牛角村北的禄柱崖向东进入博山区境内，总长61787米。复线以青石关为中心，向西经西小山、梯子山至樵岭前南山，向东经东丰山、武山、东车辐南山至原山，总长15948米。锦阳关段长城属于齐长城莱芜段主线的一个段落。

锦阳关段长城位于242省道西邻、大厂村北山的西坡上，墙体总体呈东北—西南走向，涉及墙体总长度为1050米，墙体类型为石墙，系莱芜段齐长城墙体现存较好的段落，局部墙体残高可达4—5米，残宽2—3.5米。锦阳关段长城地理位置重要，同时损害表现也较为严重，且残破程度呈逐年加重趋势，亟待保护。

（四）区域自然环境

1. 地理位置

莱芜市莱城区位于泰山东麓，地处东经117°19′—117°58′、北纬36°02′—36°33′，北邻济南市章丘区，东临淄博市博山区和沂源县，南临泰安市所辖的新泰市，西邻泰安市岱岳区；南北最大距离58公里，东西最大距离56.8公里，总面积2246.21平方公里。

齐长城莱芜锦阳关段地处莱芜市莱城区与济南市章丘区南北交界位置，位于大厂村北山西坡，东邻242省道，南临莱城区上游镇娘娘庙村，北临章丘区文祖镇三槐树村，地处交通要道。

2. 气候水文

莱芜市莱城区属暖温带大陆性季风气候，四季分明，雨热同季。春季干旱多风，夏季雨量集中，秋季温和凉爽，冬季雪少干冷。年均日照2647.6小时，日照率60%；年均气温12.8℃，高温年13.6℃，低温年11.7℃；年平均降水量600.8毫米，一般为500—700毫米。季风因受地势影响，反映不明显，除5月份以C（静风）及SSW（南南西）为主导风向，其他月份以C（静风）及ESE（东南东）为主导风向；相对湿度为65%，最高年均73%、最低年均59%。年均无霜期192天，最长218天、最短167天。济南市莱芜区属大汶河水系，主要干流是牟汶河，最大支流是嬴汶河（亦称汇河），此外尚有多条支流，支流河长，比降较小，多为常年河。其中，牟汶河长近77公里，流域面积约1600平方公里，为北西流向；嬴汶河长近59公里，流域面积797平方公里。

3. 勘察段长城的植被覆盖情况

锦阳关段长城植被以深根系灌木为主，少量乔木及草本植物，墙体周边多种植花椒树、核桃树等。深根系灌木多为酸枣枝、荆条等，乔木为杨树及柏树，草本植物多为羊胡子草、猪毛菜及结缕草等。

墙体植被覆盖情况：

K0+000 至 K0+060 段，深根系灌木呈带状生长在坍塌墙体的石缝间，覆盖宽度为 2—4 米，覆盖率为 50%—70%；草本植物零星生长于墙体石缝间，覆盖率为 10% 左右。墙体外侧垒砌围堰，种植花椒树。

K0+060 至 K0+240 段，深根系灌木呈带状生长在墙体内侧坍塌坡上及墙体外侧石缝间，覆盖宽度为 2—5 米，覆盖率为 40%—60%；草本植物零星生长于坍塌墙体石缝间，覆盖率为 8% 左右。墙体外侧垒砌围堰，种植花椒树。

K0+240 至 K0+900 段，深根系灌木呈带状生长在墙体坍塌坡上及墙体石缝间，覆盖宽度为 3—5 米，覆盖率为 40%—70%；草本植物零星生长于坍塌墙体石缝间，覆盖率为 10% 左右。墙体内外两侧垒砌围堰，种植花椒树。其中 K0+550 至 K0+650 段，墙体外侧种植杨树，树龄 3—5 年，共 15 株。

K0+900 至 K0+950 段，深根系灌木呈带状生长在墙体坍塌坡上及墙体石缝间，覆盖宽度为 3—5 米，覆盖率为 40%—70%；草本植物零星生长于墙体石缝间，覆盖率为 6% 左右。墙体外侧生长柏树，系人为栽种的苗圃。

K0+950 至 K1+050 段，深根系灌木集中生长于墙体内侧，覆盖率为 60%—70%；墙体外侧生长柏树，系人为栽种的苗圃。

二、历史沿革（略）

三、文物价值（略）

四、遗址分布及形制

借鉴线型工程中的里程表述方式，如 K0+000 代表起始处，K0+010 代表距离起始处 10 米的位置，借此对锦阳关段墙体的分布、形制及出现的损害类型、损害分布范围等情况进行详尽描述。

（一）现存遗址分布

齐长城莱芜锦阳关段起点（K0 +000）位于省道242 西邻35 米处，终点（K1 +050）位于大厂村北山处，全长1050 米，总体呈东北—西南走向。其中K0 +000 至K0 +450 点间墙体，位于大厂村北山西坡，呈东西走向；K0 +450 至K0 +950 点间墙体，位于大厂村北山西坡，呈东北—西南走向；K0 +950 至K1 +050 点间墙体，位于大厂村北山顶，呈东南—西北走向。

（二）现存遗址形制

清代咸丰年间，为防捻军而重修锦阳关段墙体，墙体外侧顶部增改垛口墙、瞭望孔（射击孔）等防御设施，墙体内侧改为巡防步道，做防御巡查之用。现存墙体K0 +000 至K0 +327 段，垛口墙均坍塌，仅存底部墙体，残宽1.8—2.5 米，外侧残高0.6—3.5 米，内侧步道亦坍塌呈坡状，残高0.4—2.8 米。其中，K0 +060 至K0 +063 点间墙体与后期修筑的仿齐长城墙体相接，该段仿齐长城墙体长约60 米，东端与后建关楼相接；K0 +327 至K0 +960 点间墙体顶部仍保存较好的垛口墙，垛墙残宽0.7—1.1 米，残高1.2—2.3 米，内侧步道亦比较清晰，残宽0.7—1.8 米。另，处于山顶位置K0 +900 至K0 +945 点间的内侧步道，宽度达3 米，用于长期驻扎防御，距离步道10 米左右，墙体内侧残存有石屋基础；K0 +960 至K1 +000 点间墙体顶部仍保存较好的垛口墙，垛墙残宽0.7—0.9 米，残高1.3—2.1 米，无内侧步道；K1 +000 至K1 +050 点间现存墙体为矮墙，残宽1—1.2 米，外侧残高1.1—1.4 米，内侧受地势影响，无明显高度。

依据《齐长城莱芜市锦阳关段考古调查勘探报告》及现场勘察情况，齐长城莱芜锦阳关段，墙体总长度为1050 米，墙体类型为石墙，构筑方式为内、外边墙用料石（较规整的块石）顺地势错缝干摆垒砌，不见直缝，石块之间不见诸如黄土泥之类的黏合剂，均是干插墙。石缝之间较为平整，缝隙均取小石块加以垫实；内部墙芯杂填碎石和土，其中碎石比例占80%—90%。墙体所用材料主要为石灰岩石，也有少量花岗岩石。石材为就地取材，非常方便。石块的形状多为条形片岩，少量为方形或长方形。石块大小不一，小者长约0.2、宽0.1、厚0.04 米，大者长约1.2、宽0.5、厚0.4 米。

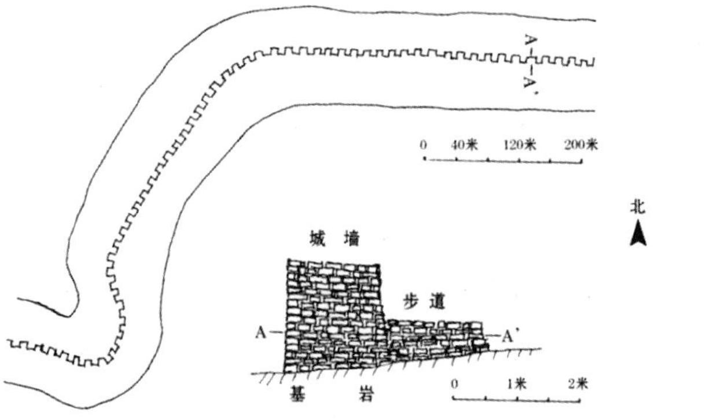

锦阳关段城墙走向及城墙、步道剖面示意图

城墙走向图 1：4000
城墙步道剖面图 1：50

墙体及内侧巡防步道的地基连在一起，应为先垒砌城墙，后在城墙内侧垒砌步道。城墙和步道基址为岩石，呈斜坡状，地基宽3.2米，其中墙基宽1.7米，步道地基宽约1.5米，距现地表深0.4米，步道现地表以上部分被破坏。墙体及内侧巡防步道均有收分现象，墙体收分0.1—0.15米，见锦阳关段城墙走向及城墙、步道剖面示意图（引自《齐长城莱芜市锦阳关段考古调查勘探报告》），但多数现存墙体受内应力作用，出现不同程度的鼓胀、歪闪现象，收分不明显。

具体遗址形制参见下表。

表1 齐长城莱芜锦阳关段现存墙体形制表

位置	墙体类型	墙体尺寸				垛墙尺寸		步道尺寸
		顶部残宽（米）	底部残宽（米）	内侧残高（米）	外侧残高（米）	残宽（米）	残高（米）	残宽（米）
K0+000至K0+060	石墙	0.9—2.4	3.5—4.5	0.4—1.7	1—2.2	—	—	—
K0+060至K0+327	石墙	1.8—2.5	3.2—4.5	1.6—2.8	1.6—3.5	—	—	—
K0+327至K0+900	石墙	2.2—3.2	2.2—3.3	1.2—2.5	3.2—5.7	0.7—1.1	1.2—2.3	1.5—1.8
K0+900至K0+945	石墙	2.2—3.2	2.2—3.3	1.2—2.5	3.2—5.7	0.7—0.9	1.2—2.3	2.8—3
K0+945至K0+960	石墙	1.4—1.7	1.4—1.8	1.6—1.8	2.5—3.9	0.7—0.9	1.2—2.3	0.7—0.8
K0+960至K1+000	石墙	0.7—0.9	0.7—1.1	1.2—2.3	1.3—2.7	0.7—0.9	1.2—2.3	—
K1+000至K1+050	石墙	1—1.2	1—1.2	0.1—0.2	1.1—1.4	—	—	—

五、损害类型及成因分析

（一）损害类型及成因分析

通过现场勘察发现，齐长城莱芜锦阳关段墙体损害主要包括坍塌、塌落、断面、歪闪、鼓胀、垒砌围堰、后建构筑物及乔灌木生长等类型。现对方案中涉及的墙体损害类型进行对应分析说明。

1. 坍塌

墙体石块多属于石灰岩，层理明显，受自身岩性限制，加之长期裸露于自然环境中，不断受到风化、冲蚀、冻融等自然应力及深根系灌木根系生长过程中产生的应力的破坏，石块强度逐渐降低。墙体在自身重力或应力作用下，超过自身的强度极限或因结构稳定性破坏，致使墙体出现歪闪、倾斜等失稳现象，从而造成局部或整体墙体损毁。墙体发生坍塌时，两侧墙体断口处常出现歪闪、倾斜、鼓胀等结构失稳现象，有继续坍塌趋势。经现场勘察，锦阳关段墙体坍塌均系基础失稳引起。

2. 塌落

墙体受各种应力扰动，致使墙体石块发生滑落后形成缺口的现象。从破坏程度及规模上讲，塌落弱于坍塌。墙体发生塌落时，两侧墙体断口基本处于结构稳定状态，局部石块多出现起翘、翻转等位移现象。经现场勘察，锦阳关段墙体塌落多发生在墙体上部，表现为塌落缺口或局部空洞。

3. 断面

人们在墙体上挖掘取石，对墙体结构的稳定性造成破坏，致使墙体出现横向裸露墙芯且出现陡坡现象。同时，墙体裸露断面在自然侵蚀作用下出现坍塌等现象，加速了破坏进程，扩大了破坏程度。

4. 歪闪、鼓胀

墙体由外层规整块石干垒及内部填充碎石而成，在外层的块石受自然因素风化，导致本身强度降低而发生碎裂后，减弱了对墙体内部碎石的约束，墙芯碎石发生位移，形成推力作用在边墙上，加之墙体上生长的深根系灌木在其根系生长发育过程中，不断产生挤压墙体石块等应力，致使墙体出现歪闪、倾斜、鼓胀等失稳现象。经现场勘察，失稳是墙体坍塌的必经过程。

5. 垒砌围堰

自20世纪70年代农业“学大寨”运动至今，长城墙体两侧被开垦为农田，人们利用墙体塌落石块或直接拆除墙体上的石块垒砌农田围堰。在经济利益驱使下，多数农田现已不种植农作物，而是栽种花椒树。人们在垒砌或整饬围堰过程中不断扰动墙体，使其受到不同程度的破坏。

6. 深根系灌木生长

墙体上或紧邻墙体生长的深根系灌木，其根系深入石缝内，且随着根系的生长发育，不断挤压和撬动墙体石块，扩大石缝间隙，使墙体发生鼓胀、歪闪等失稳现象，从而影响整体结构稳定性，造成墙体坍塌。经现场勘察，在深根系灌木生长过程中，其根系对墙体的破坏是诱发墙体失稳甚至坍塌的主要因素。

7. 后建构筑物

2000年左右，当地政府在锦阳关关口遗址外侧复建了锦阳关关楼，并仿照现存遗址形制砌筑了一段长约60米的墙体，使其在K0+060至K0+063之间与墙体遗址搭接。

（二）损害统计表

借鉴线型工程中的里程表述方式，如K0+010（距离起点10米处），对齐长城莱芜锦阳关段墙体出现的损害类型、损害分布范围、损害发育程度及损害发展趋势等情况，做详尽描述，见下表。

表2　齐长城莱芜锦阳关段墙体损害统计表

统计范围	墙体类型及构筑方式	损害类型	现状描述	损害成因
K0+000 至 K0+100	墙体类型为石墙； 构筑方式为：内外边墙用料石干摆堆砌，石缝间无勾缝，内部墙芯杂填碎石和土，其中碎石比例占80%—90%	坍塌	K0+000至K0+033，长33米，墙体向内、外两侧坍塌，形成塌落坡，墙芯呈碎石垄状。内侧塌落坡长33米，坡宽2—4米，坡上碎石堆高0.9—1.4米；外侧塌落坡长33米，坡宽2—5米，坡上碎石堆高1.2—1.6米。现墙体内坡为碎石道路，宽1.7—3米	深根系灌木的根系破坏及各种自然应力破坏
		垒砌围堰	K0+000至K0+033，墙体外坡散落的块石被归整堆砌成围堰。围堰长40米，宽0.4—0.5米，高0.4—0.9米。围堰内被平整、填土，种植花椒树，共20株	人为破坏
		深根系灌木生长	K0+000至K0+035，墙体上生长酸枣枝、荆条等深根系灌木，覆盖长度为35米，宽度为2—3米；外侧生长野柿子树1株，树径20—30厘米	深根系灌木的根系破坏
		断面	K0+040处，墙体出现横向断面，断面残高2.5—2.8米，底部残宽5.8米。断面底部堆积塌落碎石，堆高0.4—1.1米	人为挖掘破坏及各种自然应力破坏
		坍塌	K0+040至K0+060，墙体向内外两侧坍塌。墙体内侧形成塌落坡，坡长20米，坡宽1—2.5米，堆高1.1—1.8米；墙体外侧底部残存整齐边墙，残高0.5—0.7米；墙体外侧上部形成塌落坡，坡长20米，坡宽0.5—0.9米，堆高1.2—1.5米	深根系灌木的根系破坏及各种自然应力破坏
		后建构筑物	K0+060至K0+063，遗址外侧，后砌筑仿长城墙体与遗址搭接。仿长城墙体长约60米，东端与后建关楼相连，北端搭接遗址	利用不当

（续表）

统计范围	墙体类型及构筑方式	损害类型	现状描述	损害成因
K0＋000至K0＋100		深根系灌木生长	K0＋063 至 K0＋100，墙体上生长酸枣枝、荆条等深根系灌木，覆盖长度为 37 米，宽度为 2—4 米	深根系灌木的根系破坏
		坍塌	K0＋063 至 K0＋100，墙体内侧坍塌，形成塌落坡，坡长 37 米，坡宽 1.4—3.5 米，堆高 1.2—2.3 米	深根系灌木的根系破坏及各种自然应力破坏
		塌落	K0＋065 至 K0＋085，墙体外侧上部塌落，形成塌落缺口，塌落石块堆积在墙体外侧。现塌落缺口长 20 米，塌落石块堆高 0.5—1.2 米，坡宽 1.5—2.2 米	各种自然应力破坏及人为拆除破坏
		塌落	K0＋089 至 K0＋100，墙体外侧上部塌落，形成塌落缺口，塌落石块堆积在墙体外侧。现塌落缺口长 11 米，塌落石块堆高 1.2—1.6 米，坡宽 1.5—2.2 米	各种自然应力破坏及人为拆除破坏
K0＋100至K0＋200	墙体类型为石墙；构筑方式为：内外边墙用料石干摆堆砌，石缝间无勾缝，内部墙芯杂填碎石和土，其中碎石比例占 80%—90%	坍塌	K0＋100 至 K0＋167，墙体内侧坍塌，碎石布满内坡。塌落坡长 67 米，坡宽 2.5—3.5 米，堆高 1.2—2.4 米。墙体内侧为碎石路，道路宽 1.8—3 米	深根系灌木的根系破坏及各种自然应力破坏
		深根系灌木生长	K0＋100 至 K0＋200，墙体上生长酸枣枝、荆条等深根系灌木，覆盖长度为 100 米，宽度为 3—5 米	深根系灌木的根系破坏
		塌落	K0＋150 至 K0＋200，墙体外侧上部塌落，形成塌落缺口，塌落石块堆积在墙体外侧。现塌落缺口长 50 米，塌落石块堆高 0.8—1.5 米，坡宽 1.6—2 米	各种自然应力破坏及人为拆除破坏
		坍塌	K0＋167 至 K0＋200，墙体内侧坍塌呈断面，裸露墙芯碎石块，底部堆积碎石及土。塌落坡长 33 米，堆高 1.5—2.5 米，坡宽 1—1.5 米	深根系灌木的根系破坏及各种自然应力破坏

（续表）

统计范围	墙体类型及构筑方式	损害类型	现状描述	损害成因
K0+200 至 K0+300	墙体类型为石墙； 构筑方式为：内外边墙用料石干摆堆砌，石缝间无勾缝，内部墙芯杂填碎石和土，其中碎石比例占80%—90%	坍塌	K0+200至K0+300，墙体内侧坍塌呈断面，裸露墙芯碎石块，底部堆积碎石及土。塌落坡长100米，堆高1.8—2.5米，坡宽1—1.5米	深根系灌木的根系破坏及各种自然应力破坏
		垒砌围堰	K0+240至K0+300，墙体内侧坍塌的石块被清理后垒砌成围堰。围堰长65米，宽0.4—0.5米，高0.7—1.5米。围堰内被平整、填土，种植花椒树，共55株	人为破坏
		深根系灌木生长	K0+200至K0+300，墙体上生长酸枣枝、荆条等深根系灌木，覆盖长度为100米，宽度为3—5米	深根系灌木的根系破坏
		塌落	K0+208至K0+222，墙体外侧上部塌落，形成塌落缺口，塌落石块堆积在墙体外侧。现塌落缺口长14米，塌落石块堆高0.8—1.3米，坡宽1.6—2.3米	各种自然应力破坏及人为拆除破坏
		塌落	K0+250至K0+278，墙体顶部向内侧塌落，形成塌落缺口，塌落石块堆积在墙体内侧。现塌落缺口长28米，塌落石块堆高0.8—1.2米，坡宽1.6—2.3米。顶部残存墙体向内歪闪0.15—0.2厘米，歪闪墙体长25米，宽0.5—0.7米	各种自然应力破坏及人为拆除破坏
K0+300 至 K0+400	墙体类型为石墙； 构筑方式为：内外边墙用料石干摆堆砌，石缝间无勾缝，内部墙芯填充碎石和土，其中碎石比例占80%—90%。外墙顶部残存垛口，厚0.7—0.9米，用料石堆砌，石缝间无勾缝	深根系灌木生长	K0+300至K0+350，墙体上生长酸枣枝、荆条等深根系灌木，覆盖长度为50米，宽度为3—5米	深根系灌木的根系破坏
		垒砌围堰	K0+300至K0+400，墙体内侧人为拆除墙体石块垒砌成围堰。围堰长110米，宽0.4—0.6米，高0.8—1.8米。围堰内被平整、填土，种植花椒树，共210株	人为破坏
		顶部歪闪	K0+306至K0+313，墙体顶部向内歪闪0.2—0.3米，歪闪墙体长7米，残高1—1.3米，残宽1.6—1.8米	各种自然应力破坏及人为拆除破坏

（续表）

统计范围	墙体类型及构筑方式	损害类型	现状描述	损害成因
K0+300至K0+400		顶部歪闪	K0+345至K0+347，垛墙向内歪闪0.15—0.3米，顶部塌落，垛墙残长2米，残高1.7—1.9米，残厚0.6—0.7米	各种自然应力破坏及人为拆除破坏
		顶部歪闪	K0+358至K0+360，垛墙向内歪闪0.15—0.3米，顶部部分塌落，垛墙残长2米，残高1.8—1.9米，残厚0.6—0.7米	各种自然应力破坏及人为拆除破坏
		塌落	K0+363至K0+364，外侧女墙底部失稳，塌落形成空洞，洞长1米，高1米，深0.4米	各种自然应力破坏及人为拆除破坏
		底部歪闪	K0+398至K0+400，垛墙底部出现歪闪、倾斜等失稳现象，有坍塌隐患。失稳面长2米，高0.6米	各种自然应力破坏及人为拆除破坏
K0+400至K0+500	墙体类型为石墙；构筑方式为：内外边墙用料石干摆堆砌，石缝间无勾缝，内部墙芯填充碎石和土，其中碎石比例占80%—90%。外墙顶部残存垛口，厚0.7—0.9米，用料石堆砌，石缝间无勾缝	垒砌围堰	K0+400至K0+500，墙体内侧人为拆除墙体石块垒砌成围堰。围堰长120米，宽0.4—0.6米，高1.2—1.6米。围堰内被平整、填土，种植花椒树，共230株	人为破坏
		深根系灌木生长	K0+400至K0+475，墙体上生长酸枣枝、荆条等深根系灌木，覆盖长度为75米，宽度为3—5米	深根系灌木的根系破坏
		坍塌	K0+400至K0+417，墙体向外侧坍塌，残存内侧步道，残宽0.6—0.8米，坍塌石块在外侧堆积成坡。塌落坡长17米，堆高1.8—3.5米，坡宽4—5米	深根系灌木的根系破坏及各种自然应力破坏
		坍塌	K0+419至K0+437，墙体向外侧坍塌，残存内侧步道，残宽0.6—0.8米，坍塌石块在外侧堆积成坡。塌落坡长18米，堆高1.8—3.7米，坡宽4—5米	深根系灌木的根系破坏及各种自然应力破坏
		坍塌	K0+458至K0+472，墙体向外侧坍塌，坍塌石块在外侧堆积成坡。塌落坡长14米，堆高2—4.1米，坡宽4—6米	深根系灌木的根系破坏及各种自然应力破坏

（续表）

统计范围	墙体类型及构筑方式	损害类型	现状描述	损害成因
K0 +400 至 K0 +500		顶部歪闪	K0 +472 至 K0 +477，内侧步道石块被拆除，致使垛墙向内歪闪 0.2—0.3 米，歪闪墙体长 5 米，高 1.7—1.9 米，厚0.7—1.2 米	各种自然应力破坏及人为拆除破坏
K0 +500 至 K0 +600	墙体类型为石墙； 构筑方式为：内外边墙用料石干摆堆砌，石缝间无勾缝，内部墙芯填充碎石和土，其中碎石比例占 80%—90%。外墙顶部残存垛口，厚 0.7—0.9 米，用料石堆砌，石缝间无勾缝	垒砌围堰	K0 +500 至 K0 +600，墙体内侧人为拆除墙体石块垒砌成围堰。围堰长 100 米，宽0.5—0.8 米，高0.8—1.5 米。围堰内被平整、填土，种植花椒树，共200 株	人为破坏
		坍塌、失稳	K0 +534 至 K0 +543，内侧步道坍塌，裸露墙芯碎石，坍塌石块在内侧堆积成坡。塌落坡长 9 米，堆高 1.5—2.8 米，坡宽 3—5 米。外侧垛墙出现歪闪、倾斜等失稳现象，歪闪垛墙长 7 米，歪闪 0.18—0.3 米	各种自然应力破坏及人为拆除破坏
		顶部歪闪	K0 + 564 至 K0 + 567，垛墙向内歪闪 0.2—0.3 米，歪闪墙体长 3 米，高 1.5—1.9 米，厚 0.7—0.8 米	各种自然应力破坏及人为拆除破坏
		坍塌	K0 +577 至 K0 +586，墙体向外侧坍塌，残存内侧步道，残宽 1.3—1.6 米，坍塌石块在外侧堆积成坡。塌落坡长 9 米，堆高 1.4—2.5 米，坡宽 4—6 米	深根系灌木的根系破坏及各种自然应力破坏
K0 +600 至 K0 +700	墙体类型为石墙； 构筑方式为：内外边墙用料石干摆堆砌，石缝间无勾缝，内部墙芯填充碎石和土，其中碎石比例占 80%—90%。外墙顶部残存垛口，厚 0.7—0.9 米，用料石堆砌，石缝间无勾缝	垒砌围堰	K0 +600 至 K0 +700，墙体内侧人为拆除墙体石块垒砌成围堰。围堰长 100 米，宽0.5—0.8 米，高0.5—1.3 米。围堰内被平整、填土，种植花椒树，共 190 株	人为破坏

（续表）

统计范围	墙体类型及构筑方式	损害类型	现状描述	损害成因
K0+600至K0+700		坍塌	K0+607至K0+609，垛墙向内歪闪0.15—0.2米，顶部坍塌。歪闪墙体长2米，高0.6—1米，厚0.7—0.9米	各种自然应力破坏及人为拆除破坏
		坍塌	K0+617至K0+619，垛墙向内歪闪0.15—0.2米，顶部坍塌。歪闪墙体长2米，高0.8—1.3米，厚0.7—0.9米	各种自然应力破坏及人为拆除破坏
		深根系灌木生长	K0+650至K0+700，墙体上生长酸枣枝、荆条等深根系灌木，覆盖长度为50米，宽度为3—5米	深根系灌木的根系破坏
		坍塌	K0+652至K0+663，墙体向外侧坍塌，残存内侧步道，残宽1.3—1.6米，坍塌石块在外侧堆积成坡。塌落坡长11米，堆高1.4—2.5米，坡宽4—6米	深根系灌木的根系破坏及各种自然应力破坏
		坍塌	K0+687至K0+700，墙体向外侧坍塌，坍塌石块在外侧堆积成坡。塌落坡长13米，堆高1.4—2.5米，坡宽4—6米	深根系灌木的根系破坏及各种自然应力破坏
K0+700至K0+800	墙体类型为石墙；构筑方式为：内外边墙用料石干摆堆砌，石缝间无勾缝，内部墙芯填充碎石和土，其中碎石比例占80%—90%。外墙顶部残存垛口，厚0.7—0.9米，用料石堆砌，石缝间无勾缝	垒砌围堰	K0+700至K0+800，墙体内侧人为拆除墙体石块垒砌成围堰。围堰长90米，宽0.5—0.8米，高0.5—1.2米。围堰内被平整、填土，种植花椒树，共160株	人为破坏
		深根系灌木生长	K0+700至K0+800，墙体上生长酸枣枝、荆条、藤蔓等深根系灌木，覆盖长度为100米，宽度为3—5米	深根系灌木的根系破坏
		坍塌	K0+717至K0+721，墙体向外侧坍塌，残存内侧步道，残宽0.4—0.6米，坍塌石块在外侧堆积成坡。塌落坡长4米，堆高1.4—1.9米，坡宽2—3.5米。断口处墙体歪闪0.3—0.4米	深根系灌木的根系破坏及各种自然应力破坏

（续表）

统计范围	墙体类型及构筑方式	损害类型	现状描述	损害成因
K0+700至K0+800		塌落	K0+750至K0+800，内侧步道塌落，石块散落。塌落步道残长50米，步道残宽1—1.3米，残高0.4—0.6米	各种自然应力破坏及人为拆除破坏
		坍塌	K0+755至K0+766，墙体向外侧坍塌，坍塌石块在外侧堆积成坡。塌落坡长11米，堆高1.4—2.9米，坡宽3—5米。断口处墙体歪闪0.3—0.4米	深根系灌木的根系破坏及各种自然应力破坏
K0+800至K0+900	墙体类型为石墙； 构筑方式为：内外边墙用料石干摆堆砌，石缝间无勾缝，内部墙芯填充碎石和土，其中碎石比例占80%—90%。外墙顶部残存垛口，厚0.7—0.9米，用料石堆砌，石缝间无勾缝	垒砌围堰	K0+800至K0+900，墙体内侧人为拆除墙体石块垒砌成围堰。围堰长90米，宽0.5—0.8米，高0.5—0.9米。围堰内被平整、填土，种植花椒树，共150株	人为破坏
		深根系灌木生长	K0+800至K0+900，墙体上生长酸枣枝、荆条、藤蔓等深根系灌木，覆盖长度为100米，宽度为3—5米	深根系灌木的根系破坏
		坍塌	K0+809至K0+823，墙体向外侧坍塌，坍塌石块在外侧堆积成坡。塌落坡长14米，堆高1.3—2.1米，坡宽4—7米	深根系灌木的根系破坏及各种自然应力破坏
		坍塌	K0+891至K0+900，墙体向外侧坍塌，坍塌石块在外侧堆积成坡。塌落坡长9米，堆高1.3—2.8米，坡宽4—6米	深根系灌木的根系破坏及各种自然应力破坏
K0+900至K0+1050	墙体类型为石墙； 构筑方式为：内外边墙用料石干摆堆砌，石缝间无勾缝，内部墙芯填充碎石和土，其中碎石比例占80%—90%。外墙顶部残存垛口，厚0.7—0.9米，用料石堆砌，石缝间无勾缝	深根系灌木生长	K0+900至K0+950，墙体及内侧生长酸枣枝、荆条、藤蔓等深根系灌木，覆盖长度为50米，宽度为3—5米	深根系灌木的根系破坏

（续表）

统计范围	墙体类型及构筑方式	损害类型	现状描述	损害成因
K0+900 至 K0+1050		塌落	K0+920 至 K0+923，墙体上部向外侧塌落，形成塌落缺口，塌落石块堆积在墙体外侧。现塌落缺口长 3 米，塌落石块堆高 0.5—1.2 米，坡宽 1.5—2.2 米	深根系灌木的根系破坏及各种自然应力破坏
		坍塌	K0+932 至 K0+941，墙体向外侧坍塌，坍塌石块在外侧堆积成坡。塌落坡长 9 米，堆高 1.3—2.5 米，坡宽 4—7 米	深根系灌木的根系破坏、各种自然应力破坏及人为拆除破坏
		坍塌	K0+980 至 K0+983，垛墙向外侧坍塌，残留底部墙体，坍塌石块在外侧堆积成坡。塌落坡长 3 米，堆高 1.2—1.5 米，坡宽 1—2.5 米	各种自然应力破坏
		塌落	K0+992 至 K0+994，女墙上部向外侧塌落，残留底部墙体，形成塌落缺口，塌落石块堆积在墙体外侧。现塌落缺口长 2 米，塌落石块堆高 0.5—0.9 米，坡宽 1.5—2 米	各种自然应力破坏

六、勘察结论及建议

齐长城莱芜锦阳关段墙体类型为石墙，外层用规整块石干垒，内部填充碎石。通过对其现状的勘察分析，墙体的破坏因素主要是人为破坏，在此基础上，雨水冲刷、灌木根系发育、石块风化等自然因素加剧了破坏进程，扩大了破坏程度，导致墙体坍塌甚至消失，使长城墙体不能长久保存。因此，对该段墙体采取科学、合理、有效的保护措施已迫在眉睫，而这也是此次维修保护设计方案的主要方面。拟将展开锦阳关段墙体针对性保护设计，以及树立保护标志碑、保护界桩等标识，清理灌木根系等工作。

同时，建议采取综合科学的管理、有效的宣传、合理的展示等方式，使更多的人了解齐长城、认识齐长城，纠正人们错误的认知，增强人们对齐长城的保护意识，使齐长城遗址能长久保存下去。

维修设计说明

一、工程性质

根据《中华人民共和国文物保护法》《文物保护工程管理办法》等法规的规定及工程分类，结合齐长城莱芜锦阳关段的保存现状，本方案将此次保护工程定性为修缮工程，以消除墙体的安全隐患为首要任务，以改善保存条件、防范新的损毁为根本出发点。

二、工程范围

本工程勘察设计范围为：齐长城莱芜锦阳关段，认定编码370181382102020016，涉及墙体长度为1050米。主要包括墙体坍塌部位，墙体上灌木生长区域，墙体塌落部位，墙体出现歪闪、鼓胀、松动部位，墙体断面部位，墙体内侧垒砌围堰区域。

三、设计依据

（一）有关法律法规

《中华人民共和国文物保护法》

《中华人民共和国文物保护法实施条例》

（二）有关规范、规程及标准

《中国文物古迹保护准则》

《文物保护工程管理办法》

《山东省文物保护条例》

《文物保护工程设计文件编制深度要求（试行）》

《建筑施工扣件式钢管脚手架安全技术规范》JGJ 130－2011

《砌体结构设计规范》GB 50003－2011

《建筑地基处理技术规范》JGJ 79－2012

（三）有关资料、文件

《齐长城莱芜市锦阳关段考古调查勘探报告》

《齐长城莱芜锦阳关段现状勘察报告》

《长城——齐长城遗址保护总体规划》

其他相关资料及文献

四、设计原则和指导思想

（一）设计原则

1. 本维修设计依据《中华人民共和国文物保护法》“对不可移动文物进行修缮、保养、迁移，必须遵守不改变文物原状的原则”的规定，以现状保护为主，以消除影响墙体安全的各种损害、隐患为主，不追求长城墙体完整，并严格控制工程实施范围和工程量。

2. 遵循“最小干预”原则，严格控制工程范围和规模，避免补砌、加固过度。

（二）指导思想

1. 采取科学、适用、可行的保护措施，并严格控制施工规模，以消除墙体的安全隐患为首要任务，植被清理仅限于威胁墙体遗址稳定性的深根系植物。

2. 符合《长城——齐长城遗址保护总体规划》的相关规划要求。

五、维修措施

（一）支护措施

支护措施是在对墙体实施修缮保护前应首先实施的，针对维修范围内高度高于1.5米的墙体采取支撑防护措施，防止在维修过程中出现墙体倒塌等破坏现象，同时，也兼顾脚手架作用。支护拟采用脚手架与防护板相结合的方式。

1. 工程范围及要求

工程范围：

（1）墙体坍塌及两侧断口部位。

（2）墙体塌落及两侧断口部位。

（3）维修高度高于 1.5 米的墙体部位。

（4）垛墙出现歪闪、鼓胀部位。

材料及工程要求：

（1）防护板采用 5 厘米厚木板，且在适当位置安装铆钉，与脚手架横杆进行锚固。

（2）脚手架搭设应符合《建筑施工扣件式钢管脚手架安全技术规范》JGJ 130－2011。

（3）搭设脚手架时，禁止用墙体作为支撑点。

（4）防护板的安装面积，以能达到支撑防护墙体要求为准。

2. 工序安排

（1）基础处理。局部清理，做好立杆基础。

（2）支护。依据《建筑施工扣件式钢管脚手架安全技术规范》JGJ 130－2011，安装脚手架与防护板。防护板是脚手架与墙体之间的支护缓冲，安装时，要防止防护板上下滑动。

（二） 整改后建构筑物

针对 1949 年以后不恰当的复建和改建部分采取整改措施，以避免对遗产解读造成误导。后建构筑物包括两个内容：后砌筑的仿长城墙体与遗址本体搭接；紧邻遗址外侧区域的后建关楼。

1. 信息评估

后建的仿长城墙体与遗址本体搭接，从形制及位置走势上易对遗产解读造成误导。

后建关楼位于遗址外侧，距离遗址本体近 15 米，为毛石砂浆砌筑，体量较大，形制与遗址本体差别明显，不易对遗产解读造成误导。

2. 整改方法

（1）拆除。针对后建的仿长城墙体采取拆除措施，拆除长度为 20 米，拆除后的石块码放待用。

（2）现状保留。对后建关楼暂行保留，并树立说明牌予以说明，以避免造成误导。

（三） 清除深根系植被、 花椒树

针对生长在墙体上威胁墙体稳定性的深根系植被及遗址两侧 1 米范围内（局部根据实际情况可扩大为 3 米，但不超过 3 米）的花椒树采取清理措施，以消除墙体安全隐患为首要任务。

1. 工程必要性

锦阳关段墙体类型为石墙，构筑方式为：内外边墙用料石顺地势干摆垒砌，石缝间无勾缝，仅局部填塞石片找平，内部墙芯填充碎石构筑。这样的构筑方式，墙体内部填土比例是很少的，因此，能生长在墙体上的植被，基本都是深根系的，其根系深入墙体内部吸取养分。随着根系的生长发育，这些植被不断挤压和撬动石边墙，扩大石缝间隙，使墙体发生鼓胀、歪闪等现象，从而影响墙体整体结构的稳定性，造成墙体失稳坍塌。

另外，因在紧邻墙体两侧栽种花椒树，会发生踩踏墙体采摘花椒、拆除石墙石块垒砌花椒树池等人为破坏行为，且该破坏行为是时常发生的。因此，清理生长在墙体上的深根系植被及两侧花椒树，是消除墙体安全隐患的首要任务。

2. 工程原则

对于墙体上生长的深根系灌木，予以清除；对于墙体范围外生长的深根系灌木，距离墙体小于 1 米且影响到墙体安全的，予以清除；对于墙体及其范围外生长的浅根系灌木，予以保留。

3. 工程范围

墙体及内外两侧各 1 米范围内的带状区域，局部根据实际情况可扩大为 3 米，但不超过 3 米。范围说明：本范围的选择是基于现场勘查结果而定的，生长在墙体范围外且贴近边墙的深根系灌木，在其生长过程中，其根系还会深入墙体内部，对墙体造成不同程度的破坏，而远离墙体生长的灌木，随着距离的逐渐增加，其根系对墙体的影响逐渐减弱，因此墙体内外两侧深根系灌木清理范围暂定为 1 米。

4. 工程要求

（1）清理过程中，禁止翻刨伸入墙体内部的根系，在不扰动墙体石块的前提下，尽可能多地去除根部。对于已造成墙体失稳的灌木根系，可在后续工程施工中彻底清除。对于大型树木，仅清除地表以上枝干部分，暂时保留地下根系。

（2）施工时禁止在边墙上走动，避免对墙体造成二次破坏。

（3）清理过程中，最大限度地减少对墙体的破坏。

（4）实施保护工程后，应加强日常维护和监测，及时清除滋生的乔、灌木等植物。

5. 工程做法

使用植被专用修剪刀逐株、逐片进行割除，建议在植物生长盛期、种子成熟前进行，割除后的植物进行堆放处理。

（四）归安

针对墙体周边存在散落石块的缺口部位，以及墙体上石块出现松动、倾斜、翻转等现象的部位采取修缮措施。

1. 工程原则

遵循“最小干预”原则，严格限定扰动范围，仅涉及断口处的一两块石块。对周边存留散落石块的缺口部位，仅做清理归安，以清理出的石块量为准，不添加新石块；对无石块存留的塌落缺口，以现状展示为主，不做归安处理。

2. 工程范围

（1）周边有石块存留的塌落缺口部位。

（2）现存墙体上石块出现松动、倾斜、翻转等现象的部位。

3. 工程要求

（1）禁止大面积拆除现存墙体，仅做局部归安，以能排除险情为准。

（2）严格按照每段墙体的原工艺、原材料配比进行归安。

（3）墙体归安程度不追求完整，以周边散落石块量为准，禁止添加新石块。

4. 工程做法

（1）划定范围。根据墙体出现的损害情况，划定操作范围。

（2）支护。参照支护措施。

（3）清理。①清理断口周边散落的石块，码放待用。②清除引起墙体安全隐患的不利因素，如墙体上生长的深根系灌木等。

（4）归安。①使用清理出的料石（较规整），按照干摆的方式归安缺口部位。②用清理出的碎石填充内部墙芯。

（五）补砌加固

针对墙体坍塌部位采取修缮措施，以防止坍塌损害继续发育、加剧破坏程度。

1. 工程原则

遵循“最小干预”原则。对墙体坍塌且存在继续发育趋势的部位，实施补砌加固，以消除墙体安全隐患；对坍塌后墙体呈缓坡、处于稳定状态的部位，以现状保护为主，不做修缮。

2. 工程范围及要求

工程范围：墙体坍塌且有继续发育趋势的部位。

工程要求：

（1）塌落口补砌，不追求完整，以塌落坡上符合尺寸石块的石方量为准，但补砌后塌落口部位高度不能高于现存墙体。

（2）做好支护措施，禁止对墙体造成二次破坏。

3. 工程做法

（1）划定范围。根据墙体出现的损害，划定操作范围。

（2）支护。参照支护措施。

（3）清理。①清理坍塌坡上散落的石块，码放待用。②清除引起墙体安全隐患的不利因素，如墙体上生长的深根系灌木等。

（4）补砌。按照墙体现存形制，使用清理出的石块补砌塌落口，并与现存墙体做好拼接。

（5）填充。用碎石填充修缮部位的内部墙芯，但修缮后其高度不能高于边墙。

（六）拆砌加固

针对垛墙出现歪闪、鼓胀、松动等失稳现象采取修缮措施，以防止失稳墙体发生坍塌。

1. 拆砌评估

根据《砌体结构设计规范》GB 50003－2011 及《中国古代建筑的保护与维修》（文物出版社 1986 年版）可知，砖石墙体的稳定程度以砌体重心的垂直线偏出原重心的距离与砌体底面宽度的比例为依据。设墙体底面厚度为 d，偏心距为 L。

当：$L=0.055d-0.17d$，墙体处于稳定状态；$L\geqslant 0.203d$，墙体处于不稳定状态，随时有倒塌的可能。

齐长城莱芜锦阳关段墙体垛墙稳定性验算：该墙体厚度 $d = 0.7$—0.9 米，残高 $H=1.7$—2.1 米，歪闪偏心距 $L=0.25$ 米。依据验算公式得到 $L = 0.213d$，大于（墙体处于不稳定状态）。

另，锦阳关段墙体由料石、碎石干垒而成，墙体整体性差；受外界不利因素的影响，墙体不稳定性增大，更易于坍塌。因此，当偏心距 L 值接近或大于临界值 0.203d 时，垛墙均处于不稳定状态，有随时倒塌的可能。

2. 工程原则

遵循“最小干预”原则，禁止大范围拆除，以能消除墙体安全隐患为准。

3. 工程范围及要求

工程范围：垛墙出现歪闪、鼓胀等失稳现象，且偏心距 L ≥0. 25 米的部位。

工程要求：拆砌高度应根据实际情况而定，以能消除隐患为准，不能一拆到底。

4. 工程做法

（1）划定范围。根据墙体出现的损害，划定操作范围。

（2）支护。参照支护措施。

（3）清理和拆除。①拆除失稳边墙，并规整堆放石料，待用。②清除引起墙体安全隐患的不利因素，如墙体上生长的深根系灌木等。

（4）归安。按照墙体现存形制，使用清理出的料石（较规整）归安墙体，并与现存墙体做好拼接。

（七） 树立保护标志碑

设立锦阳关段保护标志碑。根据山东省文物局相关文件指示，对文物保护标志碑形制及尺寸进行了统一。

1. 工程必要性

在齐长城遗址特殊节点位置设置文物标识，可以起到醒目及警示作用，以减少人为对长城遗址的破坏。

2. 工程范围

锦阳关段，涉及墙体总长度为 1050 米。

3. 文物标识设置原则及要求

（1）文物标识设置的具体位置需经考古调查后确定，不得随意设置，以避免对齐长城本体造成扰动或破坏。

（2）保护标志碑依据应齐长城所在线路设置，以墙体间断出现处等特征点进行布置。

4. 文物标识设置内容

保护标志碑自左至右书写，正面标示齐长城遗址的级别、名称、公布机关、公布日期、树标机关以及树立日期等；背面标示该段齐长城遗址的认定编码、时代、长度、性质、保护范围及建设控制地带等。

5. 工程要求

（1）保护标志碑由碑座和碑身两部分组成，碑座为须弥座，碑身为横匾式。

（2）保护标志碑材质为海洋红花岗岩。

（3）基槽挖毕，必须进行钎探。如遇不良情况，应按照《建筑地基处理技术规范》有关规定并结合实际情况进行处理，且需经工程技术监理验收合格后才能施工。

（4）基槽必须垫层且必须夯实，垫层压实系数不小于0.93。然后再按基础设计图施工。

（5）基础施工过程中，严禁槽内浸水。

（6）混凝土标号C25，钢筋保护层厚度25毫米。

6. 工程量统计

齐长城莱芜锦阳关段需设置保护标志碑1套。

（八）沿用、整理自然道路

以沿用、整理已有自然道路为主，减少对长城本体的踩踏，在此基础上进行局部整理，用于修缮后的锦阳关段墙体的日常维护、巡查保护及展示利用等。

1. 工程必要性

现有墙体内侧小道是人们在生产生活过程中形成的，道路过于贴近墙体，部分道路占压墙体，且道路只通到K0+350米处，而后需要借助墙体内侧巡防步道才能继续前行。为了更好地保护墙体，从根本上消除人为对墙体实施的破坏行为。实施修缮后的墙体禁止人为攀登。

2. 工程范围及要求

工程范围：在墙体内侧，依据现有地形地貌，把现存道路及后续施工道路整改为巡查保护步道，长度为950米，宽度为1—1.5米。

工程要求：

（1）巡查步道距离现存墙体边缘不能小于1米。

（2）巡查步道应是坡道和台阶相结合，局部设平台的道路形式。

（3）严格控制整改范围，禁止扩大道路面积。

（4）整改时，应就地取材，避免使用条石、方正石等规整石料。

（5）根据地势，当地面坡度陡于1∶5时，需修成台阶形式。

（6）步道横向采用一面坡形式，坡度为1.5%，偏向排水沟。

（7）巡查步道内侧（远离长城墙体方向）应设置排水沟，防止坡面水流直接冲刷墙体。

3. 步道组成

巡查步道由坡道、台阶、休息平台及排水沟四部分组成。

（1）坡道：当地面坡度小于或等于1∶5时，采用土石道路（用碎石、杂土、卵石等铺成的路面）。

（2）台阶：当地面坡度陡于1∶5时，采用台阶形式过渡，每层台阶高度不宜大于0.3米，宽度为1—1.5米。台阶铺设石材应就地取材，以片状毛石为宜。

（3）休息平台：是台阶和台阶、台阶和坡道连接点之间的短暂休息停留处。相邻休息平台之间的距离不宜小于30米，且不宜大于50米。休息平台铺设石材应就地取材，以片状毛石为宜。

（4）排水沟：主要沿用现有山体排水系统，局部加强引导。设置在巡查步道一侧，且远离长城遗址，作为截流沟使用，避免坡面水流直接冲刷长城遗址。

4. 工程做法

（1）路基处理：①排除原地面积水，清除树根、杂草、淤泥等。②填方段内应事先找平，当地面坡度陡于1∶5时，需修成台阶形式。③碾压修整。按设计断面、高程控制填土厚度并及时碾压修整，用蛙式打夯机夯实3遍。

（2）铺筑结合层：适用于台阶及平台铺设，坡道无须铺筑结合层。台阶及平台铺设时，采用1∶3白灰干砂结合层，铺设厚度为0.25米。

（3）铺筑面层：①坡道的面层为0.2米厚砂性土压实，压实度不小于95%。②台阶、休息平台的面层用不规则的片状毛石相间铺筑，厚0.2米，用1∶3白灰干砂扫缝。

（4）整治内侧排水沟：沿用现有山体排水系统，局部整治。在距离巡查步道内侧边缘0.5米处设置倒梯形明沟，上口宽0.5米，下口宽0.3米，沟深0.5米，沟槽需压实，压实度不小于93%。

5. 工程量统计

（1）平缓地段：巡查步道铺设长度约500米，台阶铺设总宽度（每步台阶宽度总和）约20米。

（2）陡峭地段：台阶铺设总宽度约450米。

（3）休息平台：约13处。

（4）内侧排水沟：整治排水沟长度约950米。

六、维修措施对应表

表 3　齐长城莱芜锦阳关段长城墙体维修措施对应表

统计范围	墙体类型及构筑方式	损害类型	现状描述	维修措施	维修量统计
K0 +000 至 K0 +100	墙体类型为石墙； 构筑方式为：内外边墙用料石干摆堆砌，石缝间无勾缝，内部墙芯杂填碎石和土，其中碎石比例占 80%—90%	坍塌	K0 +000 至 K0 +033，长 33 米，墙体向内、外两侧坍塌，形成塌落坡，墙芯呈碎石垄状。内侧塌落坡长 33 米，坡宽 2—4 米，坡上碎石堆高 0.9—1.4 米；外侧塌落坡长 33 米，坡宽 2—5 米，坡上碎石堆高 1.2—1.6 米。现墙体内坡为碎石道路，宽1.7—3 米	清除花椒树；墙体局部归安，以现状保护为主	清除花椒树 20 株；清除深根系灌木约 226m^2；墙体归安约 154m^3；拆除后建长城墙体 20 米； 树立保护标志碑 1 套；树立说明牌 2 套
		垒砌围堰	K0 +000 至 K0 +033，墙体外坡散落的块石被归整堆砌成围堰。围堰长 40 米，宽 0.4—0.5 米，高 0.4—0.9 米。围堰内被平整、填土，种植花椒树，共 20 株	清除花椒树；清理围堰，规整石块	
		深根系灌木生长	K0 +000 至 K0 +035，墙体上生长酸枣枝、荆条等深根系灌木，覆盖长度为 35 米，宽度为 2—3 米；外侧生长野柿子树 1 株，树径 0.2—0.3 米	清除深根系灌木，保留外侧柿子树	
		断面	K0 +040 处，墙体出现横向断面，断面残高 2.5—2.8 米，底部残宽 5.8 米。断面底部堆积塌落碎石，堆高 0.4—1.1 米	断面顶部归安，以现状保护为主	

（续表）

统计范围	墙体类型及构筑方式	损害类型	现状描述	维修措施	维修量统计
K0+000 至 K0+100		坍塌	K0+040 至 K0+060，墙体向内、外两侧坍塌。墙体内侧形成塌落坡，坡长 20 米，坡宽 1—2.5 米，堆高 1.1—1.8 米；墙体外侧底部残存整齐边墙，残高 0.5—0.7 米；墙体外侧上部形成塌落坡，坡长 20 米，坡宽 0.5—0.9 米，堆高 1.2—1.5 米	墙体局部归安，以现状保护为主	
		后建构筑物	K0+060 至 K0+063，遗址外侧，后建仿长城墙体与遗址搭接。仿长城墙体长约 60 米，东端与复建关楼相连，西端搭接遗址	暂不拆除后建构筑物，保持现状	
		深根系灌木生长	K0+063 至 K0+100，墙体上生长酸枣枝、荆条等深根系灌木，覆盖长度为 37 米，宽度为 2—4 米	清除深根系灌木	
		坍塌	K0+063 至 K0+100，墙体内侧坍塌，形成塌落坡，坡长 37 米，坡宽 1.4—3.5 米，堆高 1.2—2.3 米	墙体局部归安，以现状保护为主	
		塌落	K0+065 至 K0+085，墙体外侧上部塌落，形成塌落缺口，塌落石块堆积在墙体外侧。现塌落缺口长 20 米，塌落石块堆高 0.5—1.2 米，坡宽 1.5—2.2 米	墙体局部归安，以现状保护为主	
		塌落	K0+089 至 K0+100，墙体外侧上部塌落，形成塌落缺口，塌落石块堆积在墙体外侧。现塌落缺口长 11 米，塌落石块堆高 1.2—1.6 米，坡宽 1.5—2.2 米	墙体局部归安，以现状保护为主	

（续表）

统计范围	墙体类型及构筑方式	损害类型	现状描述	维修措施	维修量统计
K0+100至K0+200	墙体类型为石墙；构筑方式为：内外边墙用料石干摆堆砌，石缝间无勾缝，内部墙芯杂填碎石和土，其中碎石比例占80%—90%	坍塌	K0+100至K0+167，墙体内侧坍塌，碎石布满内坡。塌落坡长67米，坡宽2.5—3.5米，堆高1.2—2.4米。墙体内侧为碎石路，路宽1.8—3米	墙体局部归安，以现状保护为主	清除深根系灌木约445m^2；墙体归安约484m^3
		深根系灌木生长	K0+100至K0+200，墙体上生长酸枣枝、荆条等深根系灌木，覆盖长度为100米，宽度为3—5米	清除深根系灌木	
		塌落	K0+150至K0+200，墙体外侧上部塌落，形成塌落缺口，塌落石块堆积在墙体外侧。现塌落缺口长50米，塌落石块堆高0.8—1.5米，坡宽1.6—2米	墙体局部归安，以现状保护为主	
		坍塌	K0+167至K0+200，墙体内侧坍塌呈断面，裸露墙芯碎石块，底部堆积碎石及土。塌落坡长33米，堆高1.5—2.5米，坡宽1—1.5米	墙体局部归安、补砌加固，以现状保护为主	
K0+200至K0+300	墙体类型为石墙；构筑方式为：内外边墙用料石干摆堆砌，石缝间无勾缝，内部墙芯杂填碎石和土，其中碎石比例占80%—90%	坍塌	K0+200至K0+300，墙体内侧坍塌呈断面，裸露墙芯碎石块，底部堆积碎石及土。塌落坡长100米，堆高1.8—2.5米，坡宽1—1.5米	墙体局部归安、补砌加固，以现状保护为主	除花椒树55株；清除深根系灌木约436m^2；墙体归安约360m^3
		垒砌围堰	K0+240至K0+300，墙体内侧坍塌的石块被清理后垒砌成围堰。围堰长65米，宽0.4—0.5米，高0.7—1.5米。围堰内被平整、填土，种植花椒树，共55株	清除花椒树；清理围堰，规整石块	
		深根系灌木生长	K0+200至K0+300，墙体上生长酸枣枝、荆条等深根系灌木，覆盖长度为100米，宽度为3—5米	清除深根系灌木	

（续表）

统计范围	墙体类型及构筑方式	损害类型	现状描述	维修措施	维修量统计
K0+200至K0+300		塌落	K0+208至K0+222，墙体外侧上部塌落，形成塌落缺口，塌落石块堆积在墙体外侧。现塌落缺口长14米，塌落石块堆高0.8—1.3米，坡宽1.6—2.3米	墙体局部归安，以现状保护为主	
		塌落	K0+250至K0+278，墙体顶部向内侧塌落，形成塌落缺口，塌落石块堆积在墙体内侧。现塌落缺口长28米，塌落石块堆高0.8—1.2米，坡宽1.6—2.3米。顶部残存墙体向内歪闪0.15—0.2米，歪闪墙体长25米，宽0.5—0.7米	墙体局部归安，以现状保护为主	
K0+300至K0+400	墙体类型为石墙；构筑方式为：内外边墙用料石干摆堆砌，石缝间无勾缝，内部墙芯填充碎石和土，其中碎石比例占80%—90%。外墙顶部残存垛口，厚0.7—0.9米，用料石堆砌，石缝间无勾缝	深根系灌木生长	K0+300至K0+350，墙体上生长酸枣枝、荆条等深根系灌木，覆盖长度为50米，宽度为3—5米	清除深根系灌木	清除花椒树210株；清除深根系灌木约223m^2；墙体归安约57m^3
		垒砌围堰	K0+300至K0+400，墙体内侧人为拆除墙体石块垒砌成围堰。围堰长110米，宽0.4—0.6米，高0.8—1.8米。围堰内被平整、填土，种植花椒树，共210株	清除花椒树；清理围堰，规整石块	
		顶部歪闪	K0+306至K0+313，墙体顶部向内歪闪0.2—0.3米，歪闪墙体长7米，残高1—1.3米，残宽1.6—1.8米	墙体局部归安，以现状保护为主	
		顶部歪闪	K0+345至K0+347，垛墙向内歪闪0.15—0.3米，顶部塌落，垛墙残长2米，残高1.7—1.9米，残厚0.6—0.7米。	拆砌加固、局部归安	
		顶部歪闪	K0+358至K0+360，垛墙向内歪闪0.15—0.3米，顶部部分塌落，垛墙残长2米，残高1.8—1.9米，残厚0.6—0.7米	拆砌加固、局部归安	

（续表）

统计范围	墙体类型及构筑方式	损害类型	现状描述	维修措施	维修量统计
K0+300至K0+400		塌落	K0+363至K0+364，外侧女墙底部失稳，塌落形成空洞，洞长1米，高1米，深0.4米	墙体局部归安，以现状保护为主	
		底部歪闪	K0+398至K0+400，垛墙底部块石出现歪闪、倾斜等失稳现象，有坍塌隐患。失稳面长2米，高0.6米	墙体局部归安，以现状保护为主	
K0+400至K0+500	墙体类型为石墙；构筑方式为：内外边墙用料石干摆堆砌，石缝间无勾缝，内部墙芯填充碎石和土，其中碎石比例占80%—90%。外墙顶部残存垛口，厚0.7—0.9米，用料石堆砌，石缝间无勾缝	垒砌围堰	K0+400至K0+500，墙体内侧人为拆除墙体石块垒砌成围堰。围堰长120米，宽0.4—0.6米，高1.2—1.6米。围堰内被平整、填土，种植花椒树，共230株	清除花椒树；清理围堰，规整石块	除花椒树230株；清除深根系灌木约289m²；墙体补砌加固约550m³；墙体归安约45m³
		深根系灌木生长	K0+400至K0+475，墙体上生长酸枣枝、荆条等深根系灌木，覆盖长度为75米，宽度为3—5米	清除深根系灌木	
		坍塌	K0+400至K0+417，墙体向外侧坍塌，坍塌石块在外侧堆积成坡。塌落坡长17米，堆高1.8—3.5米，坡宽4—5米	墙体局部归安、补砌加固，以现状保护为主	
		坍塌	K0+419至K0+437，墙体向外侧坍塌，坍塌石块在外侧堆积成坡。塌落坡长18米，堆高1.8—3.7米，坡宽4—5米	墙体局部归安、补砌加固，以现状保护为主	
		坍塌	K0+458至K0+472，墙体向外侧坍塌，坍塌石块在外侧堆积成坡。塌落坡长14米，堆高2—4.1米，坡宽4—6米	墙体局部归安、补砌加固，以现状保护为主	
		底部歪闪	K0+472至K0+477，内侧步道石块被拆除，致使垛墙向内歪闪0.2—0.3米，歪闪墙体长5米，高1.7—1.9米，厚0.7—1.2米	拆砌加固、局部归安	

（续表）

统计范围	墙体类型及构筑方式	损害类型	现状描述	维修措施	维修量统计
K0+500至K0+600	墙体类型为石墙；构筑方式为：内外边墙用料石干摆堆砌，石缝间无勾缝，内部墙芯填充碎石和土，其中碎石比例占80%—90%。外墙顶部残存垛口，厚0.7—0.9米，用料石堆砌，石缝间无勾缝	垒砌围堰	K0+500至K0+600，墙体内侧人为拆除墙体石块垒砌成围堰。围堰长100米，宽0.5—0.8米，高0.8—1.5米。围堰内被平整、填土，种植花椒树，共200株	清除花椒树；清理围堰，规整石块	清除花椒树200株；墙体补砌加固约95m³；墙体归安约40m³
		坍塌、失稳	K0+534至K0+543，内侧步道坍塌，裸露墙芯碎石，坍塌石块在内侧堆积成坡。塌落坡长9米，堆高1.5—2.8米，坡宽3—5米。外侧垛墙出现歪闪等失稳现象，歪闪垛墙长7米，歪闪0.18—0.3米	墙体局部归安、补砌加固，以现状保护为主	
		顶部歪闪	K0+564至K0+567，垛墙向内歪闪0.2—0.3米，歪闪墙体长3米，高1.5—1.9米，厚0.7—0.8米	拆砌加固、局部归安	
		坍塌	K0+577至K0+586，墙体向外侧坍塌，坍塌石块在外侧堆积成坡。塌落坡长9米，堆高1.4—2.5米，坡宽4—6米	墙体局部归安、补砌加固，以现状保护为主	
K0+600至K0+700	墙体类型为石墙；构筑方式为：内外边墙用料石干摆堆砌，石缝间无勾缝，内部墙芯填充碎石和土，其中碎石比例占80%—90%。外墙顶部残存垛口，厚0.7—0.9米，用料石堆砌，石缝间无勾缝	垒砌围堰	K0+600至K0+700，墙体内侧人为拆除墙体石块垒砌成围堰。围堰长100米，宽0.5—0.8米，高0.5—1.3米。围堰内被平整、填土，种植花椒树，共190株	清除花椒树；清理围堰，规整石块	除花椒树190株；清除深根系灌木约203m²；墙体补砌加固约128m³；墙体归安约6m³
		坍塌	K0+607至K0+609，垛墙向内歪闪0.15—0.2米，顶部坍塌。歪闪墙体长2米，高0.6—1米，厚0.7—0.9米	垛墙局部归安，以现状保护为主	
		坍塌	K0+617至K0+619，垛墙向内歪闪0.15—0.2米，顶部坍塌。歪闪墙体长2米，高0.8—1.3米，厚0.7—0.9米	垛墙局部归安，以现状保护为主	

（续表）

统计范围	墙体类型及构筑方式	损害类型	现状描述	维修措施	维修量统计
K0 +600 至 K0 +700		深根系灌木生长	K0 +650 至 K0 +700，墙体上生长酸枣枝、荆条等深根系灌木，覆盖长度为 50 米，宽 3—5 米	清除深根系灌木	
		坍塌	K0 +652 至 K0 +663，墙体向外侧坍塌，坍塌石块在外侧堆积成坡。塌落坡长 11 米，堆高 1.4—2.5 米，坡宽 4—6 米	墙体局部归安、补砌加固，以现状保护为主	
		坍塌	K0 +687 至 K0 +700，墙体向外侧坍塌，坍塌石块在外侧堆积成坡。塌落坡长 13 米，堆高 1.4—2.5 米，坡宽 4—6 米	墙体局部归安、补砌加固，以现状保护为主	
K0 +700 至 K0 +800	墙体类型为石墙； 构筑方式为：内外边墙用料石干摆堆砌，石缝间无勾缝，内部墙芯填充碎石和土，其中碎石比例占 80%—90%。外墙顶部残存垛口，厚 0.7—0.9 米，用料石堆砌，石缝间无勾缝	垒砌围堰	K0 +700 至 K0 +800，墙体内侧人为拆除墙体石块垒砌成围堰。围堰长 90 米，宽 0.5—0.8 米，高 0.5—1.2 米。围堰内被平整、填土，种植花椒树，共 160 株	清除花椒树；清理围堰，规整石块	除花椒树 160 株； 清除深根系灌木约 413m^2； 墙体补砌加固约 82m^3； 墙体归安约 12m^3
		深根系灌木生长	K0 +700 至 K0 +800，墙体上生长酸枣枝、荆条、藤蔓等深根系灌木，覆盖长度为 100 米，宽度为 3—5 米	清除深根系灌木	
		坍塌	K0 +717 至 K0 +721，墙体向外侧坍塌，坍塌石块在外侧堆积成坡。塌落坡长 4 米，堆高 1.4—1.9 米，坡宽 2—3.5 米。断口处墙体歪闪 0.3—0.4 米	墙体局部归安、补砌加固，以现状保护为主	
		塌落	K0 +750 至 K0 +800，内侧步道塌落，石块散落。塌落步道残长 50 米，残宽 1—1.3 米，残高 0.4—0.6 米	步道局部归安，以现状保护为主	
		坍塌	K0 +755 至 K0 +766，墙体向外侧坍塌，坍塌石块在外侧堆积成坡。塌落坡长 11 米，堆高 1.4—2.9 米，坡宽 3—5 米。断口处墙体歪闪 0.3—0.4 米	墙体局部归安、补砌加固，以现状保护为主	

（续表）

统计范围	墙体类型及构筑方式	损害类型	现状描述	维修措施	维修量统计
K0+800至K0+900	墙体类型为石墙；构筑方式为：内外边墙用料石干摆堆砌，石缝间无勾缝，内部墙芯填充碎石和土，其中碎石比例占80%—90%。外墙顶部残存垛口，厚0.7—0.9米，用料石堆砌，石缝间无勾缝	垒砌围堰	K0+800至K0+900，墙体内侧人为拆除墙体石块垒砌成围堰。围堰长90米，宽0.5—0.8米，高0.5—0.9米。围堰内被平整、填土，种植花椒树，共150株	清除花椒树；清理围堰，规整石块	清除花椒树150株；清除深根系灌木约424m²；墙体补砌加固约124m³；墙体归安约9m³
		深根系灌木生长	K0+800至K0+900，墙体上生长酸枣枝、荆条、藤蔓等深根系灌木，覆盖长度为100米，宽3—5米	清除深根系灌木	
		坍塌	K0+809至K0+823，墙体向外侧坍塌，坍塌石块在外侧堆积成坡。塌落坡长14米，堆高1.3—2.1米，坡宽4—7米	墙体局部归安、补砌加固，以现状保护为主	
		坍塌	K0+891至K0+900，墙体向外侧坍塌，坍塌石块在外侧堆积成坡。塌落坡长9米，堆高1.3—2.8米，坡宽4—6米	墙体局部归安、补砌加固，以现状保护为主	
K0+900至K0+1050	墙体类型为石墙；构筑方式为：内外边墙用料石干摆堆砌，石缝间无勾缝，内部墙芯填充碎石和土，其中碎石比例占80%—90%。外墙顶部残存垛口，厚0.7—0.9米，用料石堆砌，石缝间无勾缝	深根系灌木生长	K0+900至K0+950，墙体及内侧生长酸枣枝、荆条、藤蔓等深根系灌木，覆盖长度为50米，宽3—5米	清除深根系灌木	清除深根系灌木约233m²；墙体补砌加固约37m³；墙体归安约14m³
		塌落	K0+920至K0+923，墙体上部向外侧塌落，形成塌落缺口，塌落石块堆积在墙体外侧。现塌落缺口长3米，塌落石块堆高0.5—1.2米，坡宽1.5—2.2米	墙体局部归安，以现状保护为主	
		坍塌	K0+932至K0+941，墙体向外侧坍塌，坍塌石块在外侧堆积成坡。塌落坡长9米，堆高1.3—2.5米，坡宽4—7米	墙体局部归安，以现状保护为主	

（续表）

统计范围	墙体类型及构筑方式	损害类型	现状描述	维修措施	维修量统计
K0＋900 至 K0＋1050		坍塌	K0＋980至K0＋983，垛墙向外侧坍塌，残留底部墙体，坍塌石块在外侧堆积成坡。塌落坡长3米，堆高1.2—1.5米，坡宽1—2.5米	垛墙局部归安，以现状保护为主	
		塌落	K0＋992至K0＋994，女墙上部向外侧塌落，残留底部墙体，形成塌落缺口，塌落石块堆积在墙体外侧。现塌落缺口长2米，塌落石块堆高0.5—0.9米，坡宽1.5—2米	墙体局部归安，以现状保护为主	

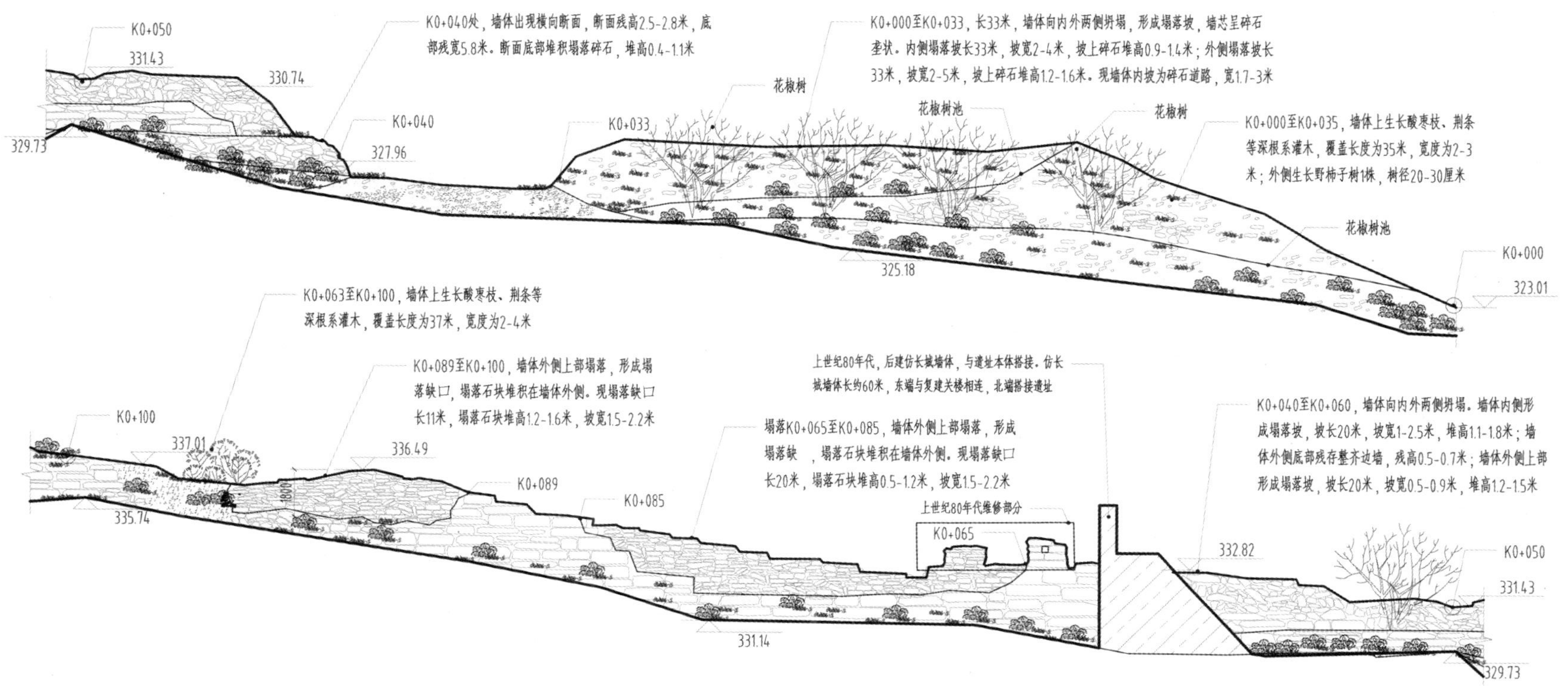

锦阳关段K0+000至K0+100外立面实测图1:150

说明：图中高程取自绝对海拔高程

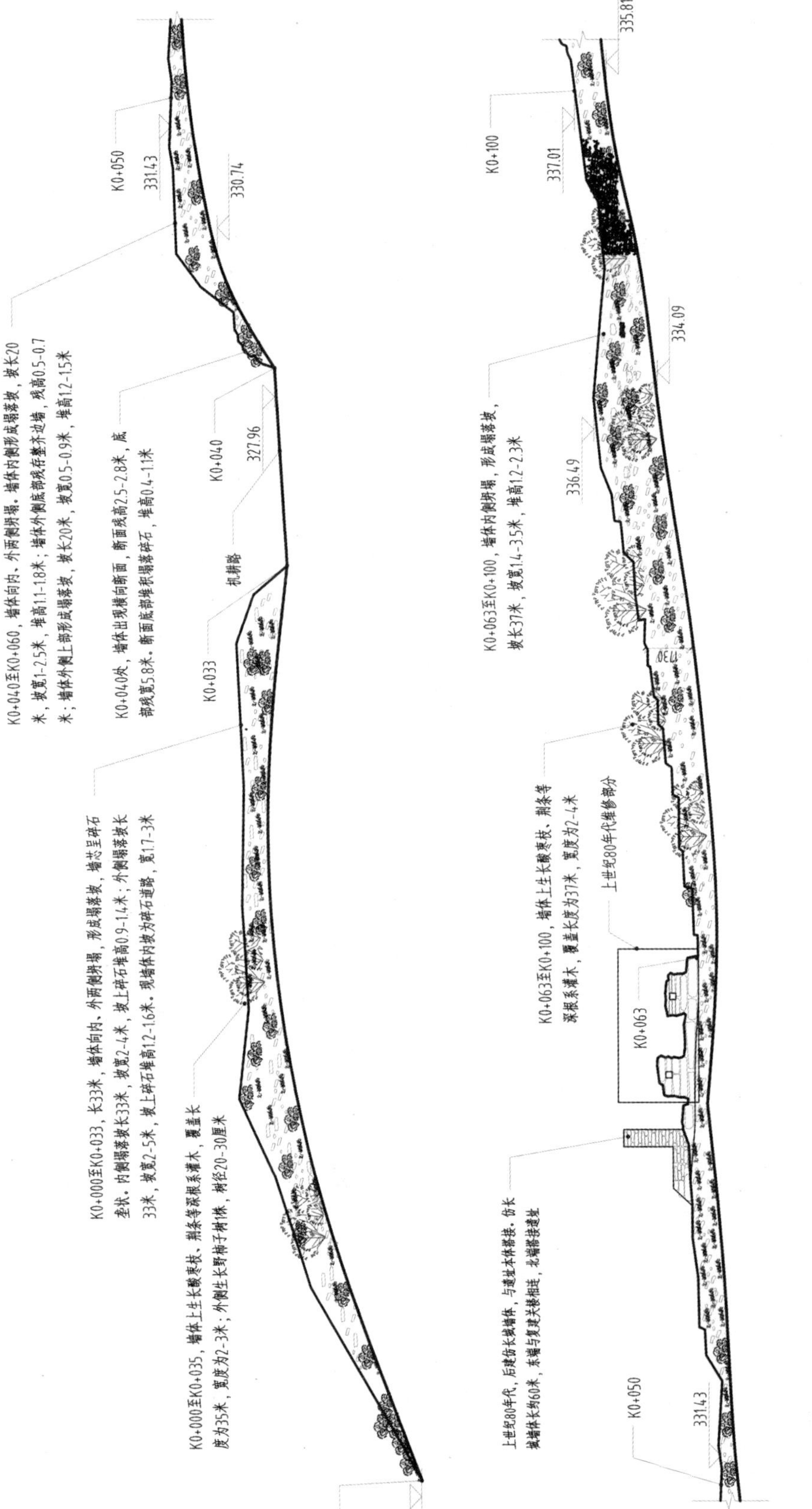

锦阳关段K0+000至K0+100内立面实测图1:150

说明：图中高程取自绝对海拔高程

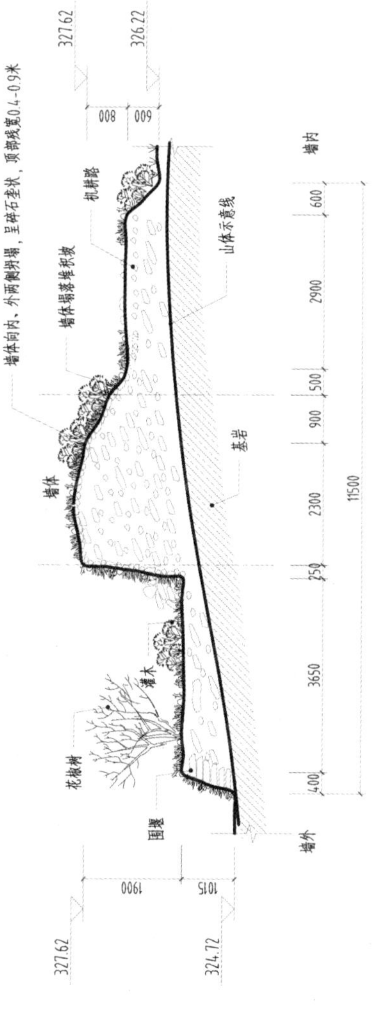

锦阳关段K0+020剖面实测图1:80

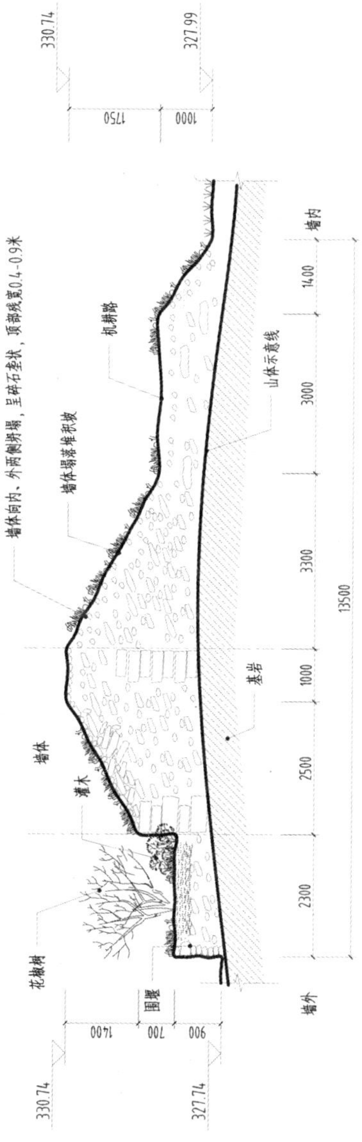

锦阳关段K0+044剖面实测图1:80

说明：图中高程取自绝对海拔高程

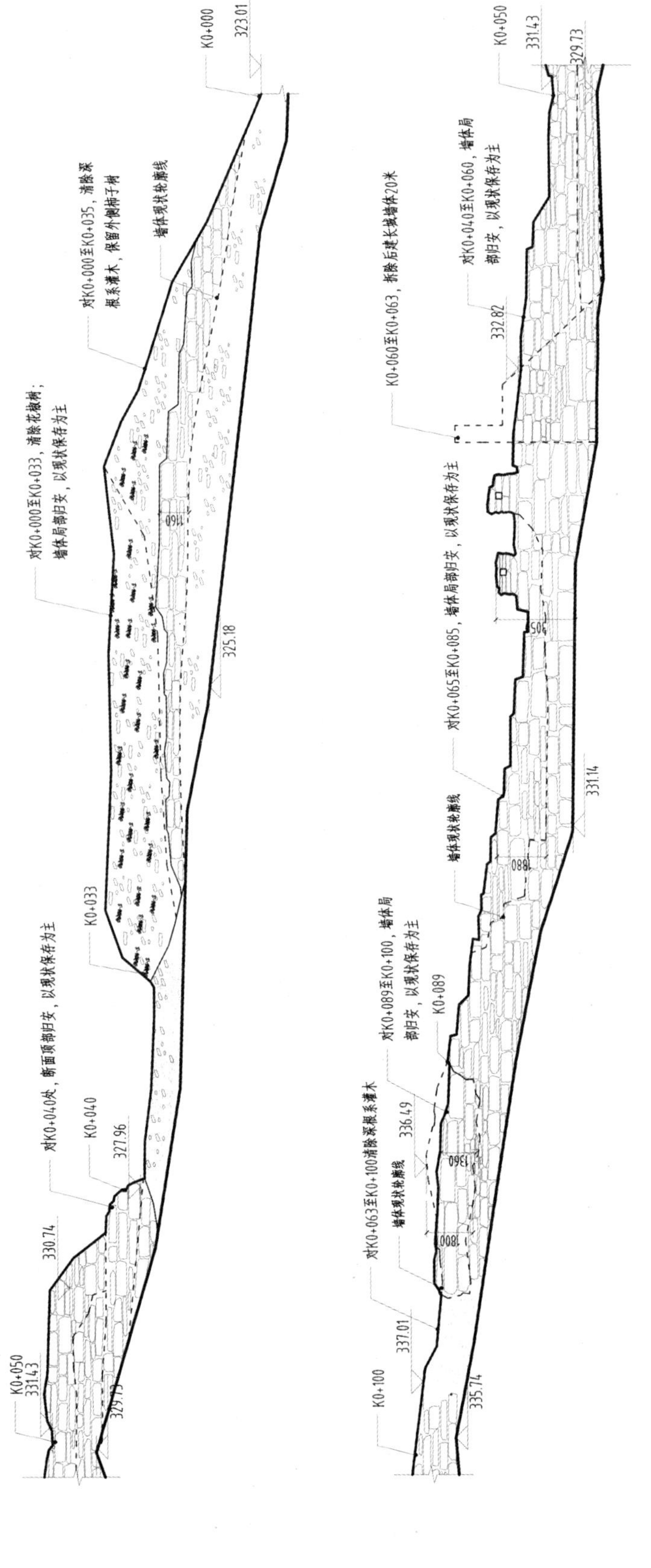

锦阳关段K0+000至K0+100外立面修缮图1:150

说明：图中高程取自绝对海拔高程

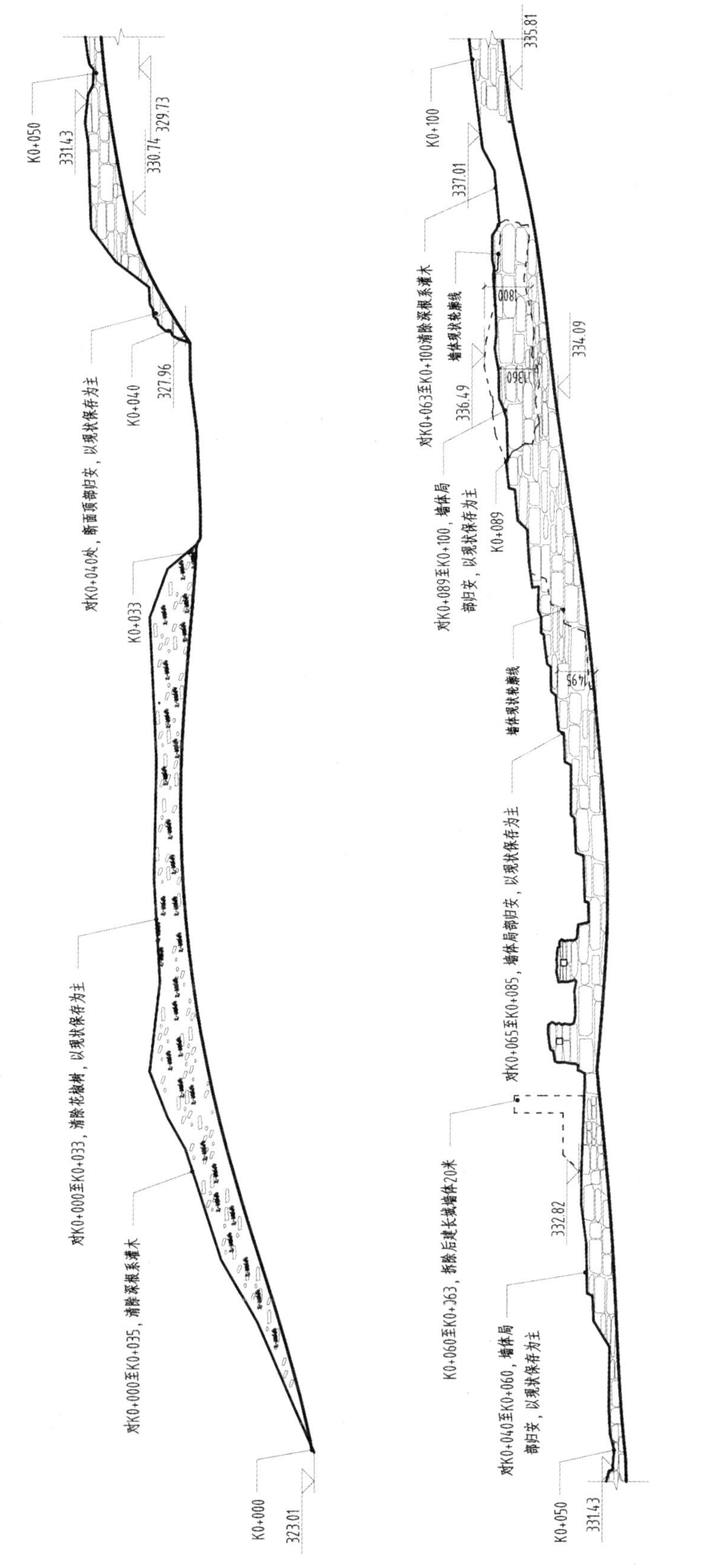

锦阳关段K0+000至K0+100内立面修缮图1:150

说明：图中高程取自绝对海拔高程

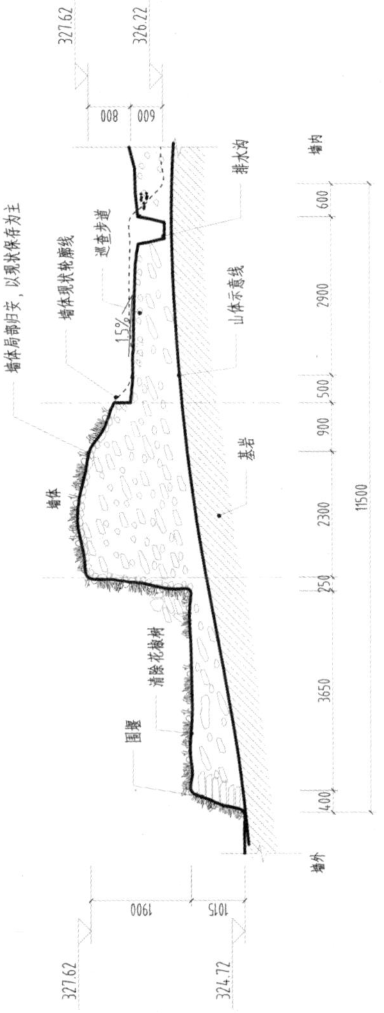

锦阳关段K0+020剖面修缮图1:80

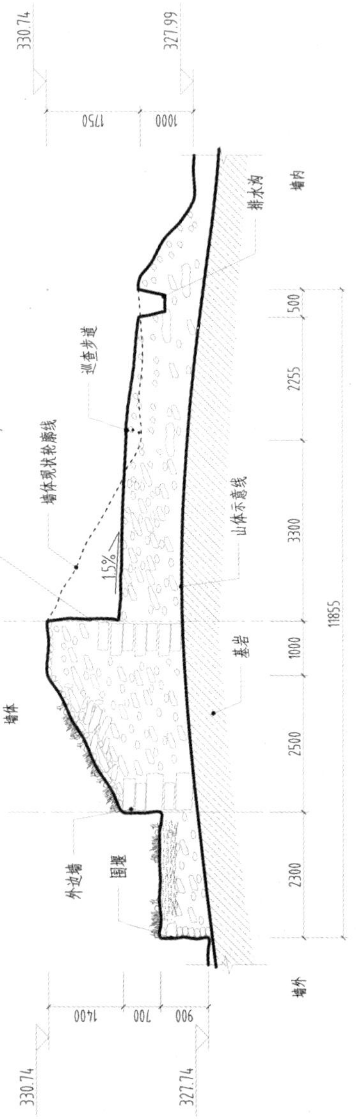

锦阳关段K0+044剖面修缮图1:80

说明：图中高程取自绝对海拔高程

齐长城莱芜青石关及东门关段抢救性保护方案

2013年7月，该方案获国家文物局批复同意（文物保函〔2013〕1201号）。2013年8月，根据国家文物局批复意见该对方案进行了修改和完善。

现状勘察报告

一、综述

（一）勘察对象概况

1. 齐长城莱芜段概况

齐长城莱芜段分为主线和复线。主线西起章丘区、泰安市、莱芜区交界处的三界首碑，沿章丘—莱芜地界向东，途经三平山、鸡爪顶、疙瘩岭、胡家庄北山、望米台北山、曹曹峪顶、官屋子山、锦阳关、东门关、磨池岭、九顶山、四赋峪顶、黄石关、上王庄北山，过霹雳尖山，沿博山—莱芜地界向东南，经黑风口、双堆山，至牛角村北的禄柱崖向东进入博山区境内，总长61787米；复线以青石关为中心，向西经西小山、梯子山至樵岭前南山，向东经东丰山、武山、东车辐南山至原山，总长15948米。

2. 青石关及东门关段概况

本方案所选青石关段属于齐长城莱芜段的复线，墙体总体呈西北—东南走向，长2050米；东门关段属于齐长城莱芜段的主线，墙体总体呈西南—东北走向，长850米。两段长城墙体均为石墙，其中青石关段墙体为单面石墙，东门关段墙体为双面石墙。这两段系莱芜段长城墙体现存较好的段落，局部墙体残高可达4米左右，地理位置重要，同时也是损害表现最为严重的段落，且残破程度呈逐年加剧的趋势，亟待保护。

3. 勘察对象组成

本次勘察对象之青石关段，长城认定编码371202382102020001；东门关段，长城认定编码370181382102020017。

青石关段长城由青石关堡遗址（长城认定编码371202353102020001）及东西两侧长城墙体组成。其中，青石关堡遗址由南关、西关、北关遗址及瓮口古道组成。

东门关段长城由东门关便门遗址及东西两侧长城墙体组成。

（二）区域自然环境

1. 地理位置

齐长城莱芜段位于莱芜市莱城区北境，处泰沂山脉，沿线有嬴汶河和淄河。

青石关段位于莱城区和庄乡青石关村，有莱博公路和莱博高速公路通过。

东门关段位于莱城区雪野镇鲁地村，附近有莱明路通过。东门关便门遗址位于鲁地村西北角30米处。

2. 气候

属暖温带大陆性季风气候，四季分明，雨热同季。春季干旱多风，夏季雨量集中，秋季温和凉爽，冬季雪少干冷。年平均日照2647.6小时，日照率60%；年平均气温12.8℃，高温年13.6℃，低温年11.7℃；年平均降水量600.8毫米，一般为500—700毫米。季风因受地势影响，反映不明显，除5月份以C（静风）及SSW（南南西）为主导风向；其他月份以C（静风）及ESE（东南东）为主导风向；相对湿度为65%，最高年均73%、最低年均59%。年均无霜期192天，最长218天、最短167天。

3. 水文

属大汶河水系，主要干流是牟汶河，最大支流是嬴汶河（亦称汇河），此外尚有多条支流，支流河长，比降较小，多为常年河。其中，牟汶河长近77公里，流域面积约1600平方公里，为北西流向；嬴汶河长近59公里，流域面积797平方公里。

4. 植被覆盖

（1）青石关段长城植被覆盖情况

青石关段植被以野生灌木、杂草和松柏为主。野生灌木多为荆条和酸枣枝等，杂草多为羊胡子草、猪毛菜及结缕草等，松柏分为树苗和树木两种。

野生灌木呈带状分布于墙体内侧2米范围内，覆盖率达95%以上；零星分布于墙体石缝间，覆盖率约为10%；呈带状分布于墙体底部1米范围内，覆盖率约为80%。杂草大面积分布于墙体内外两侧，覆盖率约为75%。青石关西侧长城墙体周边的松柏为人工种植树苗，树龄在4年左右，墙体内外侧均有分布，覆盖率约为40%；青石关东侧长城墙体周边的松柏为人工种植林，树龄在10—15年之间，集中分布于东丰山山坡，覆盖率约为60%，局部达75%。

（2）东门关段长城植被覆盖情况

东门关段植被以野生灌木、杂草及种植林为主。野生灌木多为荆条和酸枣枝等，杂草多为羊胡子草、猪毛菜及结缕草等，种植林多为杨树林和松树林。

野生灌木呈带状分布于墙体内外两侧1—2米范围内，覆盖率达90%以上；零星分布于墙体石缝间，覆盖率约为10%。杂草大面积分布于墙体内外两侧，覆盖率达95%以上。种植林集中分布于墙体外侧，距离墙体边缘2米以上。墙体内侧为农田，种植小麦等农作物。

二、历史沿革（略）

三、文物价值（略）

四、现状描述

本次勘察主要针对齐长城莱芜青石关及东门关段墙体保存程度的好差、折损、消失等不同方面，进行了详细测绘和分析。为便于描述，顺长城走向，统一由每段长城墙体的西端为里程起始点，标记为K0+000，详细记录墙体的现状、病害分布及周边环境等方面的资料。现从遗址分布、形制及保存现状三个方面进行描述。

（一）遗址分布

齐长城莱芜青石关段起点（K0+000）位于西小山与梯子山的山口，终点（K2+050）位于东丰山山顶，全长2050米，总体呈西北—东南走向。其中K0+000点至K1+080点间为青石关西侧长城墙体，盘踞于西小山和梯子山的山腰，呈西北—东南走向；K1+080点至

K1 +400 点间为青石关堡遗址，分布于青石关村内，其中 K1 +080 点为西关遗址，K1 +200 点为南关遗址，此点向北 100 米即为北关门洞遗址，门洞北接瓮口古道；K1 +400 点至 K2 +050 点间为青石关东侧长城墙体，分布于东丰山山坡及山顶，呈西北—东南走向。

齐长城莱芜青石关及东门关段墙体局部风貌

齐长城莱芜东门关段起点（K0 +000）位于鲁地村西北，终点（K0 +850）位于鲁地村东北，全长 868 米，总体呈西南—东北走向。其中 K0 +000 点至 K0 +351 点间为东门关便门西侧长城墙体，呈西南—东北走向，K0 +351 点至 K0 +353 点间为东门关便门遗址，K0 +353 点至 K0 +850 点间为东门关便门东侧长城墙体，呈西南—东北走向。

（二）现存遗址形制

齐长城莱芜段墙体均为石墙，构筑类型单一，砌筑方式简单且不做基础，系直接在山坡上找平砌筑而成，当遇到突出的山石时，骑石而过。砌筑方式均为干垒，即毛石压缝叠压，缝隙不用泥等结合物，而采用石楔垫、填、塞等办法，把石墙的每块毛石安放规整、牢固。墙体所用石材均就地取材，以石灰岩为主，少量鲕状灰岩。

1. 青石关段遗址形制

（1）青石关堡遗址形制

青石关堡遗址平面呈不规则的四边形，南北宽约 100 米，东西长约 150 米，由南关、西关、北关及瓮口古道组成。南关遗址平面呈长方形，现仅存基础，为青色条石铺成，门洞及地面清晰可见。门洞地面采用分心法铺设，分心石长 0.8—1.1 米，宽 0.55 米。门洞上方的“青石关”石匾额，现镶嵌在关门遗址东

青石关堡遗址

学校的西山墙上。西关遗址已不存，形制同南关。北关遗址为平面呈长方形的双心券门洞，采用石碹法砌筑，面阔10.8米，进深8.5米，南面高3.9米，北面高5.6米，门洞宽2.5米，拱券高1.3米。顶部平顶，原有关楼，现仅存柱础。洞内地面为山石凿出，呈南高北低的坡面，高度差约1.7米。瓮口古道处于山峦夹峙的深谷中，为一条南北长100米、东西宽10米的石坡道，南高北低，高差约20米。石坡道上人工开凿出6条纵向石阶路，石阶宽20—30厘米，中间被独轮车碾压出一道深10—15厘米，宽8—10厘米的石沟槽。

青石关堡遗址全部被青石关村占压，南关遗址与北关门洞遗址间的青石路是村中的主街道，穿过西关遗址的道路与主街道相接。随着村庄人口的增加，村庄面积也逐年增大，现青石关村占地面积远大于青石关堡遗址。

（2）青石关段长城墙体形制

青石关东侧长城墙体

青石关西侧长城墙体为单面石墙，内侧堆土或填充碎石，高度基本与外边石墙相当，石墙顶宽0.8—1.5米，外边墙残高1—2.7米。

青石关东侧长城墙体依东丰山坡势而筑，经清代重修后，墙上建有垛墙和女墙，垛墙高出女墙1—1.5米，垛墙宽1.5米左右；女墙高0.6米左右，宽1.4米左右，墙体外侧残高1.5—3米。垛墙和女墙随山势升降，形成阶梯状，以保持墙体的一定高度。在山顶处，墙体宽1.5米左右，残高2—2.5米，墙体外侧为陡崖，利用了地势优势以达到防御目的。

2. 东门关段遗址形制

东门关便门遗址

东门关段长城墙体均为双面石墙，经清代重修后，墙上建有垛墙和女墙，其中女墙内部填充碎石和砂土，碎石的比例大于80%，石边包砌。现垛墙塌落严重，与内侧女墙高差为0.1—1米，垛墙宽0.8—1.1米，女墙宽3—5米。墙体总宽4—6米，外侧残高2—4米，内侧残高0.5—1.8米。

东门关便门遗址为平面呈长方形的双心券门洞，采用石碹法砌筑，门洞宽约2米，进深3.3米，洞口高2.5米，整体残高约3米，两侧与长城墙体相接。

（三）保存现状

由现状勘察结果得知，长城墙体主要损害表现有歪闪、塌落、坍塌及植物根系破坏等，这也是这两段墙体的普遍病害。门洞遗址主要损坏表现有券脸石缺失、植物根系破坏、车辆碾压及塌落等。每段长城病害情况详见下列各表。

表1　青石关段长城现状统计表

损害起点	损害表现	描述	成因分析
K0 +000	坍塌	边墙坍塌，露出内部碎石和泥土，坍塌部分长度为21米，宽度为0.5—3米，石块塌落堆积厚度为0.3—0.4米，部分散落石块被用作路基或修筑梯田围堰。其中K0 +012点墙体底部保留一层石墙，长2.4米，宽0.5米，高0.4米	年久失修、植物根系破坏
K0 +021	植物根系破坏	紧贴石墙内边2米范围内，野生灌木密集生长，灌木高1.6—2米，根部深入石缝内，破坏现象明显，使墙体出现不同程度的松动、歪闪，局部甚至坍塌	植物根系破坏
K0 +032	塌落	边墙出现塌落，塌落口长5米，高1.5米，塌落坡宽5米左右，堆积厚度为0.4—0.7米	年久失修、植物根系破坏
K0 +046	塌落	边墙出现塌落，塌落口长37米，高0.9—1.4米；边墙沿残留宽0.4—0.5米，高1.2—1.5米，塌落坡宽2—3米，堆积厚度为0.4—0.6米	年久失修、植物根系破坏
K0 +092	塌落	边墙出现塌落，塌落口长6米，高1米，塌落坡宽2—3米，堆积厚度为0.3—0.5米	年久失修、植物根系破坏
K0 +098	塌落	边墙顶部石块松动现象严重，局部石块塌落，长2米，高0.3—0.6米，宽0.9—1米；塌落坡宽1—2米，堆积厚度为0.3—0.5米	年久失修、植物根系破坏
K0 +100	塌落	边墙出现塌落，塌落口长10米，高1.2—1.5米，塌落坡宽1.2—2.8米，堆积厚度为0.5—0.6米	年久失修、植物根系破坏
K0 +110	塌落	边墙出现塌落，塌落口长29米，残留宽度为0.4—0.6米，高0.5—1.2米，塌落坡宽1.5—2.5米，堆积厚度为0.3—0.6米	年久失修、植物根系破坏
K0 +139	塌落	边墙出现塌落，塌落口长6米，高0.7—1米，塌落坡宽1.4—1.6米，堆积厚度为0.3—0.7米	年久失修、植物根系破坏

（续表）

损害起点	损害表现	描述	成因分析
K0+145	歪闪	边墙出现歪闪，向外倾斜0.2—0.3米，歪闪长度为30米，高度为2—2.2米；其中，K0+167点至K0+171点间，边墙歪闪严重，在内侧形成深沟，沟宽0.3米，长4米；墙体外侧有大量塌落石块，塌落坡宽1—1.4米，堆积厚度为0.3—0.5米	年久失修、植物根系破坏
K0+196	塌落	边墙出现塌落，塌落口长11米，高0.5米，塌落坡宽2.6—3米，堆积厚度为0.3—0.5米	年久失修、植物根系破坏
K0+211	塌落	边墙出现塌落，塌落口长6米，高1.4米，塌落坡宽3—3.5米，堆积厚度为0.4—1.2米	年久失修、植物根系破坏
K0+247	塌落	边墙向内侧塌落，塌落口长12米，高0.3—0.6米，塌落坡宽1—2米，堆积厚度为0.3—0.5米	年久失修、植物根系破坏
K0+259	塌落	边墙出现塌落，塌落口长49米，残留宽度为0.3—0.5米，高0.5—1.5米，塌落坡宽1.5—3米，堆积厚度为0.3—0.7米	年久失修、植物根系破坏
K0+308	道路截断	墙体被新修登山道路截断	修路破坏
K0+311	坍塌	边墙出现坍塌，和塌落石块形成一个坡面；坍塌墙体长73米，边墙残留宽度为0.2—0.3米，高0.3—1米，塌落坡宽3—5米，局部达8米左右，堆积厚度为0.4—1米	年久失修、植物根系破坏
K0+384	塌落	边墙顶部石块出现松动，局部塌落呈缺口；长34米，厚0.2—0.5米；墙体外侧有大量塌落石块，塌落坡宽1—3米，堆积厚度为0.3—0.7米	年久失修、植物根系破坏
K0+418	塌落	边墙出现塌落，塌落口长22米，残留宽度为0.3—0.5米，高0.3—0.7米，塌落坡宽2—3米，堆积厚度为0.3—0.7米	年久失修、植物根系破坏
K0+440	坍塌	边墙出现坍塌，长105米，边墙块石已顺山坡滑落，现仅剩内部碎石散落，呈带状，散宽3米左右，堆积厚度为0.4米左右；块石散落宽度为4—10米，堆积厚度为0.3—0.5米	年久失修、植物根系破坏
K0+547	塌落	边墙出现塌落，塌落口长2米，高1.3米，塌落坡宽3—5米，堆积厚度为0.2—0.8米	年久失修、植物根系破坏
K0+551	塌落	边墙出现塌落，塌落口长1米，高1.4米，塌落坡宽3—5米，堆积厚度为0.2—0.5米	年久失修、植物根系破坏
K0+554	塌落	边墙出现塌落，塌落口长15米，残留宽度为0.3—0.5米，高0.3—0.7米，塌落坡宽2—5米，堆积厚度为0.3—0.7米	年久失修、植物根系破坏

（续表）

损害起点	损害表现	描述	成因分析
K0 +569	坍塌	边墙出现坍塌，长310米，边墙块石已顺山坡滑落，现仅剩内部碎石散落，呈带状，散宽4米左右，堆积厚度为0.4米左右；块石散落宽度为4—10米，堆积厚度为0.3—0.5米。其中K0 +757点至K0 +778点间墙体外侧1.5米处出现采石场，长40米，宽21米，现已废弃，遗留采石断崖，高25米左右，大量墙体石块滑落崖底	年久失修、植物根系破坏、采石破坏
K0 +879	机耕路截断	墙体被机耕路斜向截断，山体形成切面，高0.4—0.7米，截断长度为10米	修路破坏
K0 +889	坍塌	墙体完全坍塌，长30米，墙体宽度不明显，内部碎石顺坡势散落，呈带状，散宽4米左右，堆积厚度为0.2—0.5米	年久失修、植物根系破坏
K0 +919	消失	墙体在此点消失，长481米。墙体被青石关村落占压，或被拆除建房、修路，或被直接用作墙基	拆墙建房、修路破坏
K1 +080	消失	此处为西关遗址。西关门洞于1975年被拆除，石料用来建村委会办公室，现遗址被水泥路占压，仅存一角	拆墙建房、修路破坏
K1 +200	车辆碾压、断裂	此处为南关遗址。南关门洞于1974年被拆除，石料用来建学校，现仅存基础，其平面布局清晰可见。遗址所处道路为村中主干道，经常受到车辆碾压，青色条石表面被摩擦得光滑如镜，地面铺石碎裂成数块，凹凸不平，后修路时用水泥砂浆抹平，现道路仍在使用中。地面分心石中间被独轮车碾压出一道深3—8厘米、宽8—10厘米的石沟槽	修路破坏、车辆碾压
K1 +200点向北100米	植物根系破坏、塌落	此处为北关门洞遗址，整体保存基本完好。南立面顶部距东墙2.5米处生长2棵桐树，树径8—15厘米，根部扎在同一位置，造成墙体顶部隆起，压顶石歪闪6厘米；西立面距北边墙1米、顶部1.2米处有一根锚索，斜拉南面的电线杆；门洞顶部东南角，压顶石缝隙内生长一丛荆条，根系已深入墙内；门洞南口东墙角处，石块塌落成洞，洞高0.6米，宽0.7米，深0.3米；门洞地面中间被独轮车碾压出一道深6—12厘米、宽8—20厘米的石沟槽	植物根系破坏、人为破坏、年久失修
K1 +200点向北110米	风化、溶蚀、塌落	此处为瓮口古道，基本形制保存完好。石面开凿的阶梯风化严重，刻痕棱角被消磨殆尽；瓮口道下端口，石板路面出现溶洞，长8米，宽0.2—0.6米，深10米左右；石阶路面上散落几块大石，系两侧坡面石块滑落形成	自然风化、年久失修
K1 +400	坍塌	墙体完全坍塌，顺山坡呈中间突起的带状散落，长76米，墙体宽度不明显，散宽3—4米，碎石堆积厚度为0.2—0.7米	年久失修、植物根系破坏
K1 +476	塌落	外墙出现塌落，塌落口长6米，主要向内墙塌落，石块堆积在内墙上，散宽1.5—3.8米，堆积厚度为0.3—0.8米。外墙外侧少量石块塌落，散落宽度为2—3米	年久失修、植物根系破坏

（续表）

损害起点	损害表现	描述	成因分析
K1 +486	塌落	外墙出现塌落，塌落口长4米，高1.5米；外墙向内外两侧均有塌落，外侧塌落坡宽2—4米，堆积厚度为0.4—0.8米；内侧塌落坡宽3米左右，堆积厚度为0.5米	年久失修、植物根系破坏
K1 +497	塌落	外墙出现塌落，塌落口长4米，高1.2米，塌落坡宽3—4米，堆积厚度为0.5—1.2米	年久失修、植物根系破坏
K1 +509	塌落	外墙出现塌落，塌落口长10米，主要向外侧塌落，塌落坡宽2—4米，堆积厚度为0.2—1.3米，塌落坡和外墙顶部齐平	年久失修、植物根系破坏
K1 +546	塌落	外墙出现塌落，塌落口长4米，高1.2米。外墙向内外两侧均有塌落，外侧塌落坡宽2—5米，堆积厚度为0.4—1.3米；内侧塌落坡宽3米左右，堆积厚度为0.5米	年久失修、植物根系破坏
K1 +561	人为拆卸	墙体内侧后修石围堰搭接墙体，石料取自长城墙体，围堰宽0.8米，高0.7米，长4.6米	耕作破坏
K1 +569	人为拆卸	墙体内侧后修石围堰搭接墙体，石料取自长城墙体，围堰宽0.3米，高0.5米，长3.3米	耕作破坏
K1 +593	人为拆卸	墙体内侧后修石围堰搭接墙体，石料取自长城墙体，围堰宽0.5米，高0.8米，长4米	耕作破坏
K1 +600	植物根系破坏	墙体顶部有灌木生长，直径10厘米，根系深入墙体内部，使周边石块松动	植物根系破坏
K1 +604	塌落	墙体出现塌落，塌落口长5米，高1米，塌落坡宽3.5—4米，堆积厚度为0.7—1.7米	年久失修
K1 +622	塌落	墙体出现塌落，塌落口长10米，高1米，塌落坡宽2.5—3米，堆积厚度为0.5—0.8米	年久失修
K1 +657	塌落、人为拆卸	墙体外侧出现塌落，塌落口长3米，宽0.8米，高1.2米，仅剩内沿墙体，宽0.4米，内侧高0.7米；塌落坡宽2—3.8米，堆积厚度为0.2—0.9米。内侧距离墙体4.1米处有一长方形围堰，石料取自长城墙体。围堰用来圈养牛羊，周长30米，墙宽0.8米，高0.5—1米	年久失修、人为取石
K1 +667	空洞	墙体外侧根部有空洞，长0.7米，高0.8米，深0.4米	年久失修
K1 +676	空洞	墙体外侧根部有空洞，长0.8米，高0.7米，深0.7米	年久失修
K1 +682	空洞	墙体外侧根部有空洞，长0.8米，高0.7米，深0.7米	年久失修
K1 +686	空洞、人为拆卸	墙体外侧根部有空洞，长1.2米，高1.4米，深1米；内侧后修石围堰搭接墙体，石料取自长城墙体，围堰宽0.4—0.6米，高0.4—1米，长2.5米	年久失修、耕作破坏

（续表）

损害起点	损害表现	描述	成因分析
K1 +694	人为拆卸	墙体内侧后修石围堰搭接墙体，石料取自长城墙体，围堰宽 0.4—0.6 米，高 0.4—1 米，长 3.1 米	耕作破坏
K1 +707	人为拆卸	墙体内侧后修石围堰搭接墙体，石料取自长城墙体，围堰宽 0.4—0.6 米，高 0.4—1 米，长 2.8 米	耕作破坏
K1 +714	人为拆卸	墙体内侧后修石围堰搭接墙体，石料取自长城墙体，围堰宽 0.4—0.6 米，高 0.4—1 米，长 2 米	耕作破坏
K1 +729	塌落	墙体出现塌落，塌落口长 5 米，高 1.6 米，塌落坡宽 4—4.5 米，堆积厚度为 0.2—1.4 米	年久失修
K1 +740	人为拆卸	墙体内侧后修石围堰搭接墙体，石料取自长城墙体，围堰宽 1 米，高 1—1.1 米，长 7 米	耕作破坏
K1 +778	塌落	墙体外侧出现塌落，塌落口长 2 米，宽 0.8 米，高 1 米，仅剩内沿墙体，宽 0.4 米，内侧高 0.7 米；塌落坡宽 2 米左右，堆积厚度为 0.3—0.5 米	年久失修
K1 +790	塌落	墙体出现塌落，塌落口长 2 米，高 0.5 米，塌落坡宽 1.7 米，堆积厚度为 0.2—0.5 米	年久失修
K1 +800	人为拆卸	墙体内侧出现围堰，距离墙体 4.9 米，石料取自长城墙体，围堰周长 22 米，墙体宽 0.9 米，高 0.4—0.9 米	人为取石
K1 +825	人为拆卸	墙体内侧后修石围堰搭接墙体，石料取自长城墙体，围堰宽 0.7 米，高 0.6—1.1 米，长 6.5 米	耕作破坏
K1 +831	人为拆卸	墙体内侧后修石围堰搭接墙体，石料取自长城墙体，围堰宽 0.5 米，高 0.6 米，长 4.4 米	耕作破坏
K1 +836	人为拆卸	墙体内侧后修石围堰搭接墙体，石料取自长城墙体，围堰宽 0.5 米，高 1 米，长 4.7 米	耕作破坏
K1 +844	人为拆卸	墙体外侧出现后修石围堰，接墙体为边墙，围堰周长 20 米，宽 0.7 米，高 0.5—1.4 米	人为取石
K1 +846	人为拆卸	墙体内侧 6 米左右出现平行于墙体的围堰，长 28 米，高 0.9 米，宽 0.4 米	耕作破坏
K1 +851	塌落	墙体顶部出现塌落，塌落口长 29 米，高 0.4 米左右，外侧塌落坡宽 3—3.5 米，堆积厚度为 0.3—0.5 米	年久失修
K1 +870	人为拆卸	墙体内侧后修石围堰搭接墙体，石料取自长城墙体，围堰宽 0.4—0.7 米，高 0.2—1 米，长 4.5 米	耕作破坏
K1 +884	人为拆卸	墙体内侧后修石围堰搭接墙体，石料取自长城墙体，围堰宽 0.4—0.8 米，高 0.7—1.1 米，长 4.7 米	耕作破坏

（续表）

损害起点	损害表现	描述	成因分析
K1 +891	塌落	墙体出现塌落，塌落口长 2 米，高 1.7 米，塌落坡宽 2—3 米，堆积厚度为 0.7—1 米	年久失修
K1 +896	人为拆卸	墙体内侧后修石围堰搭接墙体，石料取自长城墙体，围堰宽 0.3—0.5 米，高 1.2—1.5 米，长 4.6 米	耕作破坏
K1 +901	人为拆卸	墙体内侧后修石围堰搭接墙体，石料取自长城墙体，围堰宽 0.4—0.6 米，高 0.5—1.1 米，长 3.6 米	耕作破坏
K1 +926	塌落	墙体出现塌落，塌落口长 3 米，高 0.5 米，塌落坡宽 1.5—2 米，堆积厚度 0.5—0.8 米	年久失修
K1 +935	塌落	墙体内沿出现塌落，塌落口长 8 米，塌落坡宽 0.8—1.5 米，堆积厚度为 0.5—0.9 米	年久失修
K1 +955	人为拆卸	墙体内侧出现围堰，距离墙体 3.8 米，平面呈长方形，石料取自长城墙体。围堰用来圈养牛羊，周长 33 米，围堰宽 0.6 米，高 1—1.5 米	人为取石
K1 +981	塌落	墙体内沿出现塌落，塌落口长 13 米，塌落坡宽 1—1.3 米，堆积厚度为 0.5—0.7 米	年久失修
K1 +995	塌落	墙体外侧出现塌落，塌落口长 1 米，宽 0.8 米，高 1.2 米，塌落坡宽 2 米，堆积厚度为 0.3—0.5 米	年久失修
K2 +008	人为拆卸	墙体内侧后修石围堰搭接墙体，石料取自长城墙体，围堰宽 0.4 米，高 0.6 米，长 4 米	耕作破坏
K2 +021	人为拆卸	墙体内侧后修石围堰搭接墙体，石料取自长城墙体，围堰宽 0.3 米，高 0.6 米，长 4 米	耕作破坏
K2 +025	塌落	墙体内沿出现塌落，塌落口长 10 米，塌落坡宽 2 米左右，堆积厚度为 0.3—0.5 米	年久失修
K2 +040	人为拆卸	墙体内侧后修石围堰搭接墙体，石料取自长城墙体，围堰平面呈弧形，弧长 20 米，宽 0.5 米，高 1.6—2 米	耕作破坏
K2 +042	塌落	墙体出现塌落，塌落口长 6 米，高 1.8 米，塌落坡宽 2—5 米，堆积厚度为 0.5—0.8 米	年久失修

表2　东门关段长城现状统计表

损害起点	损害表现	描述	成因分析
K0+015	塌落	外墙出现塌落，塌落口长13米，高1.2米，塌落坡宽2.5米，堆积厚度为0.3—1米	年久失修、植物根系破坏
K0+031	塌落	外墙出现塌落，塌落口长7米，高0.5米，大量塌落石块被用来砌筑围堰，仅小部分零星散落在墙体外侧	年久失修、植物根系破坏
K0+078	塌落	外墙出现塌落，塌落口长16米，高1.4—1.7米，塌落坡宽4—5米，堆积厚度为0.5—1.5米	年久失修、植物根系破坏
K0+121	塌落	外墙出现塌落，塌落口长15米，高1—1.4米，塌落坡宽1米左右，堆积厚度为0.5—1.2米	年久失修、耕作破坏
K0+146	塌落	外墙出现塌落，塌落口长10米，高1.2—1.6米，塌落坡宽4.5—7米，堆积厚度为0.5—1.4米	年久失修、植物根系破坏
K0+159	塌落	外墙出现塌落，塌落口长4米，高0.5—1.2米，塌落坡宽3—5米，堆积厚度为0.3—1.4米	年久失修、植物根系破坏
K0+168	塌落	外墙出现塌落，塌落口长5米，高1.2—1.5米，塌落坡宽3.5—4米，堆积厚度为0.6—1.5米	年久失修、植物根系破坏
K0+195	塌落	外墙出现塌落，塌落口长8米，高1.5米，塌落坡宽2.4米，堆积厚度为0.6米	年久失修、植物根系破坏
K0+209	塌落	外墙出现塌落，塌落口长14米，高1.3米，塌落坡宽1.5米，堆积厚度为0.6米	年久失修、植物根系破坏
K0+212	切面	内墙出现纵向切面，长20米，高0.5—1.7米，掏蚀凹进0.1—0.3米	耕作破坏、年久失修
K0+223	塌落	外墙出现塌落，塌落口长12米，高0.5—1.2米，塌落坡宽2.5米，堆积厚度为0.7—1米	年久失修、植物根系破坏
K0+250	塌落	外墙出现塌落，塌落口长11米，高0.9—1.1米，塌落坡宽4—4.5米，堆积厚度为0.7—1.6米。墙体顶部被利用为机耕路，长100米，宽3米	年久失修、修路破坏
K0+291	塌落	外墙出现塌落，塌落口长9米，高1—2.3米，塌落坡宽4—4.9米，堆积厚度为1—2米	年久失修、修路破坏
K0+300	切面	内墙出现纵向切面，长42米，高0.5—1.5米，掏蚀凹进0.1—0.3米	耕作破坏、修路破坏

（续表）

损害起点	损害表现	描述	成因分析
K0 + 305	塌落	外墙出现塌落，塌落口长 8 米，高 1.5 米，塌落坡宽 3.5—4.5 米，堆积厚度为 0.5—1.7 米	年久失修、修路破坏
K0 + 319	塌落	外墙出现塌落，塌落口长 8 米，高 1—1.4 米，塌落坡宽 3.2—4.4 米，堆积厚度为 0.5—1.6 米	年久失修、修路破坏
K0 + 330	塌落	外墙出现塌落，塌落口长 12 米，高 0.9—1.6 米，塌落坡宽 3—5 米，堆积厚度为 0.7—1.4 米	年久失修、修路破坏
K0 + 347	塌落	外墙出现塌落，塌落口长 4 米，高 0.6—1.4 米，塌落坡宽 2—3 米，堆积厚度为 0.5—1.2 米	年久失修、修路破坏
K0 + 351	缺失、植物根系破坏	东门关便门遗址。便门南立面上券脸石缺失 8 块，楔形条石残缺 2 块；北立面上券脸石缺失 9 块，楔形条石残缺 2 块；顶部碎石厚 0.3 米左右，中部偏西生长一棵树，树径 6 厘米左右，根系深入墙体内；顶部石缝间隙长满杂草和野生藤蔓	植物根系破坏、年久失修
K0 + 355	坍塌	墙体出现坍塌，呈垄状，仅剩墙芯碎石和砂土，长 9 米，与墙体内外两侧机耕路相接形成通道，通道宽 4 米，通行农耕机车。垄高 1 米左右，外边坡长 2—3 米，内边坡长 4 米左右	修路破坏
K0 + 364	塌落	外墙出现塌落，塌落口长 8 米，高 0.8—1.1 米，塌落石块被用来建房或修路，现外墙外侧底部无碎石堆积	年久失修、植物根系破坏
K0 + 376	塌落	外墙出现塌落，塌落口长 6 米，高 1.1 米，塌落坡宽 1 米左右，堆积厚度为 0.4 米	年久失修、植物根系破坏
K0 + 420	塌落	外墙出现塌落，塌落口长 7 米，高 1.6 米，塌落坡宽 2—3 米，堆积厚度为 0.5—1.6 米	年久失修、植物根系破坏
K0 + 458	塌落	外墙出现塌落，塌落口长 7 米，高 1.5 米左右，塌落坡宽 2.5—3.4 米，堆积厚度为 0.8 米	年久失修、植物根系破坏
K0 + 474	塌落	外墙出现塌落，塌落口长 5 米，高 0.8—1.4 米，塌落坡宽 2.8 米，堆积厚度为 0.8—1 米	年久失修、植物根系破坏
K0 + 481	塌落	外墙出现塌落，塌落口长 22 米，高 1—1.5 米，塌落坡宽 3.2—5.6 米，堆积厚度为 0.4—1.9 米	年久失修、植物根系破坏
K0 + 485	塌落	内墙出现塌落，塌落口长 5 米，高 0.8—1.4 米，塌落坡宽 3—4 米，堆积厚度为 1—1.7 米	年久失修、植物根系破坏
K0 + 510	塌落	外墙出现塌落，塌落口长 15 米，高 1.4—1.7 米，塌落坡宽 4.4—5.9 米，堆积厚度为 0.7—1.6 米。其中 K0 + 516 至 K0 + 518 段未塌落	年久失修、植物根系破坏

（续表）

损害起点	损害表现	描述	成因分析
K0+533	塌落	外墙出现塌落，塌落口长13米，高1.4—2米，塌落坡宽6—8米，堆积厚度为0.5—2.2米	年久失修、植物根系破坏
K0+553	塌落	外墙出现塌落，塌落口长8米，高1.7—2.5米，塌落坡宽6米，堆积厚度为0.7—1.9米	年久失修、植物根系破坏
K0+572	塌落	外墙出现塌落，塌落口长15米，高1.9—2.4米，塌落坡宽7米，堆积厚度为0.5—1.5米	年久失修、植物根系破坏
K0+625	塌落	外墙出现塌落，塌落口长6米，高1—1.5米，塌落坡宽4.5—5米，堆积厚度为0.2—1.4米	年久失修、植物根系破坏
K0+633	塌落	外墙出现塌落，塌落口长20米，高1.4—2米，塌落坡宽4—6米，堆积厚度为0.5—1.5米	年久失修、植物根系破坏
K0+656	塌落	外墙出现塌落，塌落口长12米，高1.5—2米，塌落坡宽6—7米，堆积厚度为0.7—1.8米	年久失修、植物根系破坏
K0+679	塌落	外墙出现塌落，塌落口长10米，高1.4—2.2米，塌落坡宽4—5.7米，堆积厚度为0.5—1.9米	年久失修、植物根系破坏
K0+705	塌落	外墙出现塌落，塌落口长6米，高1.2米，塌落坡宽2.5—3米，堆积厚度为0.8—1米	年久失修、植物根系破坏
K0+781	塌落	外墙出现塌落，塌落口长3米，高0.7米，塌落坡宽1.5米，堆积厚度为0.3—0.5米	年久失修、植物根系破坏
K0+817	塌落	外墙出现塌落，塌落口长33米，高1.3—1.7米，塌落坡宽2.5米，堆积厚度为1—1.2米	年久失修、植物根系破坏
K0+850	人为拆卸	外墙被拆除，石料用来修建农田围堰	耕作破坏

五、主要病害成因分析和稳定性评估

（一）病害成因分析

1. 自然破坏

（1）年久失修

墙体底部石块或用来找平填塞的石楔，在自身风化的同时又长期处于受压状态，易发生碎裂现象，降低了自身的承重作用，从而影响整体结构的稳定性，造成墙体失稳坍塌。

顺坡势砌筑的墙体，在前段墙体坍塌后，断面周边的墙体会存在临空卸荷力，不断地扩大石缝间隙，从而影响整体结构的稳定性，造成墙体失稳坍塌。

（2）植物根系破坏

墙体内边或墙体上生长的灌木、乔木，在其生长过程中，其根系深入石缝内，不断挤压和撬动墙体石块，扩大石缝间隙，使墙体发生鼓胀、歪闪等现象，从而影响整体结构的稳定性，造成墙体失稳坍塌，如青石关段长城墙体的K0+171点。

2. 人为破坏

（1）拆墙建房

在村民的日常生产生活中，青石关段长城自K0+919点至K1+400点间墙体，或被占压利用或被拆除建房，致使墙体消失，而墙体在村中的大体走向已无实物参照。

（2）耕作破坏

自20世纪70年代农业“学大寨”运动至今，长城墙体两侧或墙体顶面被开垦为农田，同时墙体石块被拆下后用于修筑梯田围堰。人们为了扩大耕种面积，不断地蚕食墙体，使墙体形成大量切面，如东门关段长城墙体内侧。

（3）修路破坏

长城墙体长期处于农田包围环境中，人们为了便利，利用墙体的顶部为机耕路，通行农用机车，从而不断地挤压墙体内外边石墙，使墙体形成歪闪甚至坍塌现象，如东门关段长城的K0+250至K0+350段。有的地段，人们直接拆除墙体，打通墙体内外两侧作为机耕路，如东门关便门遗址东侧。

从现场勘察结果来看，造成各点段长城墙体坍塌的原因很少为单一因素，大部分是多种因素综合作用的结果。

（二）稳定性评估

1. 长城墙体

齐长城莱芜段墙体砌筑方式简单，受地形地势影响较大，且位于人为活动频繁区，在饱受自然损坏的同时，也受到拆墙建房、垦田拓路等人为因素的破坏，加之年久失修，墙体出现歪闪、塌落、根部空洞及坍塌等病害，严重影响长城墙体整体结构的稳定性，亟须采取保护措施。

2. 青石关堡遗址

南关遗址仅基础表面裸露，整体保存状况一般，但遗址整体尚处于稳定状态；北关门洞遗址，整体保存状况较好，稳定性良好；瓮口古道受自然风化作用的影响比较明显，但遗址整体尚处于稳定状态。

3. 东门关便门遗址

东门关便门遗址在饱受自然损坏的同时，也受到不同程度上的人为破坏，加之年久失修，拱券上的楔形条石出现断裂、缺失或缺损等病害，严重影响拱券整体结构的稳定性，亟须采取保护措施。

六、勘察结论

（一）长城墙体

齐长城莱芜段墙体均为石墙，构筑类型单一，砌筑方式简单，通过对其现状的勘察分析，墙体的破坏因素主要是人为破坏，在此基础上，雨水冲刷、灌木根系发育、石块风化等自然因素加剧了破坏进程，扩大了破坏程度，导致墙体坍塌甚至消失，使长城墙体不能长久保存。因此，亟须对失稳墙体采取补砌加固、拆砌加固、回砌边墙、清理灌木等维修措施，这也是本方案的维修重点。

（二）青石关堡遗址

南关遗址位于村中主干道上，基石表面经常受到车辆和行人的碾压、磨损，部分基石已断裂为数块。为更好地保存遗址，在没有合理的展示条件下，建议对遗址进行回填保护。北关门洞遗址整体保存状况较好，仅需对遗址采取清除植物、规整门洞两侧石碑挡墙、补砌门洞根部空洞等保护措施；瓮口古道整体保存状况较好，建议加强日常维护。

（三）东门关便门遗址

东门关便门遗址受人为和自然因素破坏的现象比较明显，加之年久失修，拱券上的条石出现断裂、缺失及缺损等病害，拱券顶部的石块亦不断塌落，在外力作用下，易产生错位甚至垮塌形象，严重影响到便门整体结构的稳定性，因此亟须对便门采取添配、回砌等维修措施。

七、现状照片（略）

维修设计说明

一、工程性质

根据《中华人民共和国文物保护法》《文物保护工程管理办法》等法规的规定及工程分类，结合齐长城莱芜段的保存现状，本方案将此次保护工程定性为现状保护，以抢险加固为主。

二、设计内容及规模

本工程勘察设计内容为：齐长城莱芜段墙体的抢险加固。主要包括长城墙体歪闪部位，长城墙体塌落、坍塌部位，长城墙体根部空洞部位，影响长城墙体稳定的灌木带，青石关堡南关遗址，东门关便门遗址。

三、设计依据

（一）有关法律法规

《中华人民共和国文物保护法》

《中华人民共和国文物保护法实施条例》

（二）有关规范、规程及标准

《中国文物古迹保护准则》

《文物保护工程管理办法》

《山东省文物保护条例》

《文物保护工程设计文件编制深度要求（试行）》

《建筑施工扣件式钢管脚手架安全技术规范》JGJ 130－2011

《砌体结构设计规范》GB 50003－2011

《建筑地基处理技术规范》JGJ 79－2012

（三） 有关资料、 文件

《齐长城莱芜段现场勘察报告》

《长城——齐长城遗址保护总体规划》

四、设计原则和指导思想

本维修设计依据《中华人民共和国文物保护法》“对不可移动文物进行修缮、保养、迁移，必须遵守不改变文物原状的原则”的规定，坚持“保护为主、抢救第一、合理利用、加强管理”的方针，以消除影响齐长城遗址本体安全的各种病害、隐患为准，不追求长城墙体完整。

五、维修措施

（一） 清理灌木

1. 工程范围

工程范围：墙体及内外两侧各 1 米范围内的带状区域。

范围说明：本范围的选择是基于现场勘查结果而定的，生长在石缝间及紧贴边墙内侧的灌木对石墙造成的危害最大，因此墙体内侧的灌木清理范围暂定为 1 米；而对于墙体外侧，贴近墙基生长的灌木对墙体的影响最大，随着距离的逐渐增加，其影响逐渐减弱，同时密集的灌木也会影响到长城的观瞻及后续的工程施工，因此墙体外侧的灌木清理范围暂定为 1 米。

2. 工程要求

（1）对生长在工程范围内的乔木予以清除；禁止翻刨伸入墙体内部的根系，在不扰动墙体石块的前提下，尽可能多地去除根部；对已造成墙体失稳的灌木根系，可在后续工程施工中彻底清除。

（2）对失稳墙体段落的清理，需要在墙体外侧做好支护措施，避免施工过程中引起墙体倒塌。

（3）施工时尽量避免在边墙上走动，以避免对墙体造成二次破坏。

（二） 补砌加固

1. 工程范围及要求

工程范围：

（1）墙体边墙塌落，形成塌落口，且残留边墙高度不低于0.2米的部位。

（2）墙体根部空洞部位。

（3）墙体内侧切面部位。

工程要求：

（1）塌落口补砌不追求完整，以外侧塌落坡上符合尺寸石块的石方量为准，但补砌后的墙体高度不能高于现存边墙。

（2）墙体高度高于1.5米的地段需要搭设双排脚手架并做好防护措施，禁止对墙体造成二次破坏。

材料要求：补砌的石块应就近选择，且石块尺寸需短边大于20厘米、厚度大于15厘米。

2. 工程做法

（1）清理。①清理塌落口附近的碎石及失稳的石块。②就近挑拣符合尺寸的石块，清理后码放待用。

（2）补砌。按照墙体现存形制，重新补砌塌落口，并与现存墙体做好拼接。

（3）单边石墙内侧填充。用碎石填充在修补好的边墙内侧，高度不能高于边墙。

（三）拆砌加固

1. 工程范围及要求

工程范围：墙体失稳，出现歪闪、鼓胀、松动的部位。

工程要求：

（1）墙体失稳长度超过5米的，需要分段拆砌。

（2）墙体拆砌高度应根据实际情况来定，不能一拆到底。

（3）墙体拆砌长度要略大于失稳墙体长度，范围控制在1米以内。

（4）应先清理墙体内侧，再拆砌边墙。

（5）墙体高度高于1.5米的地段需要搭设双排脚手架并做好防护措施，禁止对墙体造成二次破坏。

2. 工程做法

（1）划定范围。根据墙体出现的病害，划定操作范围。

（2）支护。采用脚手架和厚木板支护失稳墙体外侧，防止在清理过程中引起墙体倒塌，造成二次破坏。

（3）清理和拆除。①清理失稳墙体内侧填充物，清理深度视拆砌情况而定。②就近挑拣符合尺寸的石块，清理后码放待用。③拆除失稳边墙，并规整堆放石料。

（4）砌补。按照墙体现存形制，重新砌补边墙，并与现存墙体做好拼接。

（5）回填。回填内侧填充物，填度后内侧高度不能高于边墙。

（四）回砌边墙

1. 工程范围及要求

工程范围：墙体坍塌，坍塌后的石材留在原地且残留边墙高度低于0.2米的部位。

工程要求：边墙回砌高度以能明显区分为准，不追求完整，原则上回砌高度不低于0.5米。

材料要求：补砌边墙的石块应就近选择，且石块尺寸需短边大于20厘米、厚度大于15厘米。

2. 工程做法

（1）清理。①清理边墙坍塌的碎石，平整墙体底部。②就近挑拣符合尺寸的石块，清理后码放待用。

（2）回砌。按照墙体现存形制重新垒砌边墙，并与现存墙体做好拼接；对于边墙迹象不明显的墙体，在修复时，可参照左右两侧的边墙位置，先进行定位，再实施修复。

（3）内侧填充。用碎石填充在修补好的边墙内侧，填充后内侧高度不能高于边墙。

（五）双面石墙顶部防渗处理

1. 工程范围及要求

工程范围：东门关段做完边墙加固的双面石墙。

工程要求：

（1）墙体顶面做出向墙体内侧倾斜的排水坡，坡度不小于3%。

（2）分段施工，每段长度不超过5米。

（3）施工前做好边墙支护，防止对边墙造成二次破坏。

材料要求：

（1）土与碎石均就近选择，且碎石粒径小于3厘米。

（2）素土不得含有有机杂质，使用前宜过筛，其粒径不大于15毫米，含水量以12%—15%为宜（可捏成团，轻掰即散）。

（3）石灰质量应符合相关规定。

2. 工程做法

（1）支护。用厚3厘米的木板和支架对边墙进行支护，确保后续施工安全。

（2）清理。清理风化表层，清理厚度依据风化情况而定，最厚不超过5厘米。

（3）培土压实。用土和碎石虚铺，压实、找平。

（4）灰土夯实。按照设计要求放坡，虚铺灰土，进行夯实，压实度不小于95%，厚度为10厘米。

六、南关遗址回填保护设计

（一）工程范围及要求

1. 工程范围：南关遗址。

2. 工程要求：做好回填后的路面与现存路面的接茬，不应存在小于100°的坡角。

3. 材料要求：素土不得含有有机杂质，使用前宜过筛，其粒径不大于15毫米，含水量以12%—15%为宜（可捏成团，轻掰即散）。

（二）工程做法

1. 清理。①清扫遗址表面。②清理与遗址北端接茬处的石板，清理宽度不小于1米。③清理与遗址东端接茬处的水泥路面，清理宽度不小于1米。

2. 素土垫层。用素土铺设，压实厚度为15厘米。

3. 夯土垫层。在素土垫层上虚铺素土并夯实，压实厚度为15厘米。

4. 素混凝土垫层。采用C15素混凝土铺设并找坡，压实厚度为10厘米。

5. 铺设石板。采用600×300×40毫米的青石板铺设路面，并做好与现有路面的接茬。

七、东门关便门遗址维修

（一）工程范围及要求

1. 工程范围：东门关便门及两侧长城墙体。

2. 工程要求：

(1) 在维修过程中，禁止踩踏券顶。

(2) 拱券顶部植被的清理与毛石的安放，应严格按照施工工序进行。

3. 材料要求：券顶安放的石块尺寸要求短边大于20厘米、厚度大于15厘米。

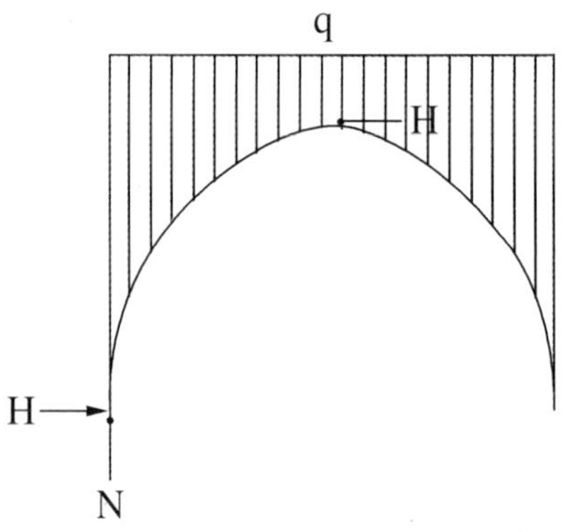

(二) 结构演算

拟对修复后的东门关便门的稳定性进行验算，以保证修复后的拱券仍处于稳定状态。修复前拱券残高2.99米，修复后的高度拟定为3.3米。

保守计算：取拱圈上部墙体材料与拱圈相同均为毛石，设计覆盖厚度自最高点至拱脚为2米，拱桥厚度3.3米。

根据《建筑结构荷载规范》GB 50009－2001查得，干砌毛石自重为$20KN/m^3$。施工或检修集中荷载（人和小工具的自重）取1.0KN。

1. 拱圈内力计算

经拱圈恒载与活载内力组合后，由力平衡并得：

H＝17.43KN，N＝57.59KN

2. 拱圈截面积算

拱圈正截面验算公式：$r_0V_d \leq Afv + ufN/1.4$

式中：r_0——结构重要性系数，小桥、涵洞为0.9；

V_d——剪力设计值；

A——单位受剪截面面积；

f_v——砌体抗剪强度设计值；

uf——摩擦系数；

N——与受剪截面垂直的压力标准值；

假设采用强度等级为MU20的毛石与M2.5的砂浆进行强度演算：

根据《砌体结构设计规范》GB 50003－2001查得，MU20的毛石抗压强度设计值$f = 0.44N/mm^2$，M2.5砂浆的抗剪强度$fv = 0.11N/mm^2$；影响系数r＝0.67，摩擦系数uf＝0.7。

则拱脚处拱圈验算厚度：t1＝N/rf＝195mm

拱顶处拱圈验算厚度为：t2＝ H/rf＝59mm

拱脚处抗剪验算：$Afv + ufN/1.4 = 50.28KN > r_0V_d = 0.9 \times 17.43 = 15.69KN$，满足要求。

从保守计算结果得出：修复后拱券高度3.3米，整体仍处于稳定状态。

（三） 工程做法

1. 支护。采用脚手架、塑料泡沫及厚木板支护券底，防止在施工过程中引起券顶倒塌，造成二次破坏。

2. 清理。清理便门顶部野生构树、杂草及藤蔓。因拱券的受力特点，应先清理券顶，再清理拱券两侧坍塌墙体。

3. 添配构件。包括添配缺失的券脸石，补配缺损的楔形条石。在没有找到原构件的前提下，用石材相同的毛石重新打造，然后归安。

4. 安放毛石。参照维修措施，应先维修拱券两侧坍塌墙体，最后对券顶安放毛石，修复后的便门总高度为3.3米。

（四） 回填保护设计

为了更好地协调文物保护与居民生产生活之间的关系，更有效地保护长城墙体，对便门东侧墙体的坍塌缺口，不做完整补砌处理，设计保留一段缺口（长4米），对其仅做遗址回填保护，具体做法参照南关遗址回填保护设计。

八、维修措施及部位对应表

（一） 青石关段

表3　青石关段维修措施表

序号	维修起点	残损现状	维修措施
1	K0+000至K0+919、K1+400至K2+050点间墙体及内外两侧各1米范围内	灌木密集生长，植物根系破坏现象严重	清理灌木
2	K0+000、K0+032、K0+046、K0+092、K0+098、K0+100、K0+110、K0+139、K0+196、K0+211、K0+259、K0+418、K0+547、K0+551、K0+554、K1+476、K1+486、K1+497、K1+509、K1+546、K1+604、K1+622、K1+657、K1+667、K1+676、K1+682、K1+729、K1+778、K1+790、K1+851、K1+891、K1+926、K1+935、K1+981、K1+995、K2+025、K2+042	墙体塌落，形成塌落口，且残留边墙高度不低于0.2米；墙体根部形成空洞	补砌加固

（续表）

序号	维修起点	残损现状	维修措施
3	K0+311、K0+440、K0+569、K0+889、K1+400	墙体坍塌，残留边墙高度低于0.2米	回砌边墙
4	K0+145、K0+247、K0+384	墙体失稳，出现歪闪、鼓胀或松动现象	拆砌加固
5	K1+200南关遗址	基石被碾压，表面光滑，局部基石碎裂成数块，地面凸凹不平	南关遗址回填保护设计
6	北关门洞遗址	局部植物根系破坏明显；洞口两侧石碑挡墙塌落	清理灌木、规整挡墙

（二）东门关段

表4　东门关段维修措施表

序号	维修起点	残损现状	维修措施
1	K0+000至K0+850点间墙体及内外两侧各1米范围内	灌木密集生长，植物根系破坏现象严重	清理灌木
2	K0+015、K0+031、K0+078、K0+121、K0+146、K0+159、K0+168、K0+195、K0+209、K0+212、K0+223、K0+250、K0+261、K0+291、K0+300、K0+305、K0+319、K0+330、K0+364、K0+376、K0+420、K0+458、K0+474、K0+481、K0+485、K0+510、K0+533、K0+553、K0+572、K0+625、K0+633、K0+656、K0+679、K0+705、K0+781、K0+817	墙体塌落，形成塌落口，且残留边墙高度不低于0.2米；墙体内侧形成切面	补砌加固、双面石墙顶部防渗处理
3	K0+355至K0+359	墙体坍塌，成为机耕路，宽4米	回填保护
4	K0+359至K0+364	墙体坍塌，残留边墙高度低于0.2米	回砌边墙、双面石墙顶部防渗处理
5	K0+351东门关便门遗址	券脸石缺失；楔形条石断裂、残缺；顶部石块塌落；灌木根系破坏	东门关便门遗址维修

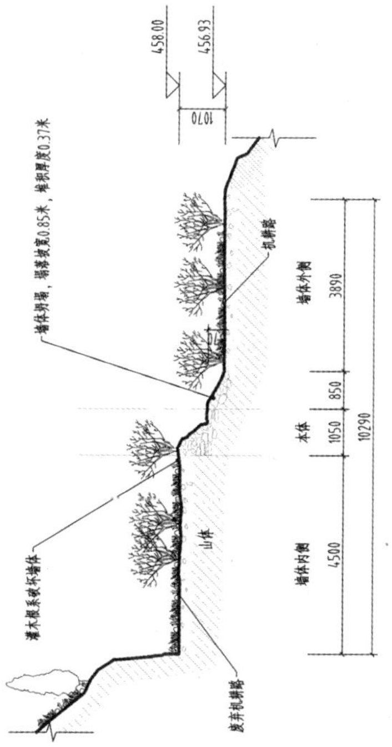

青石关段 K0+012点剖面现状图1:100

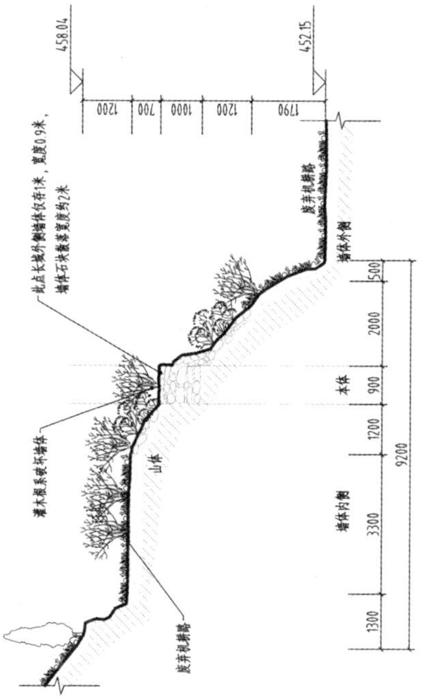

青石关段 K0+021点剖面现状图1:100

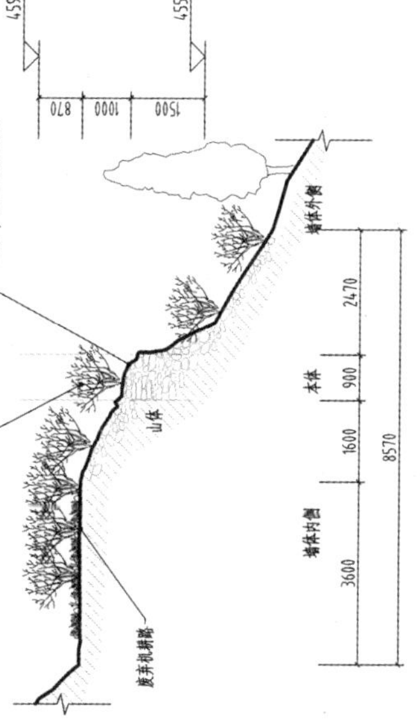

青石关段 K0+033点剖面现状图1:100

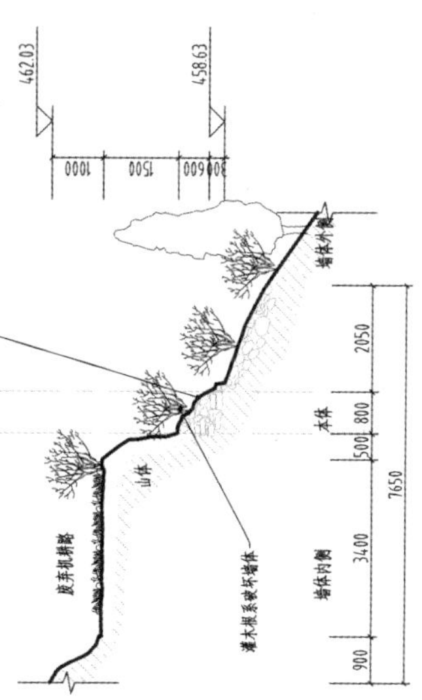

青石关段 K0+061点剖面现状图1:100

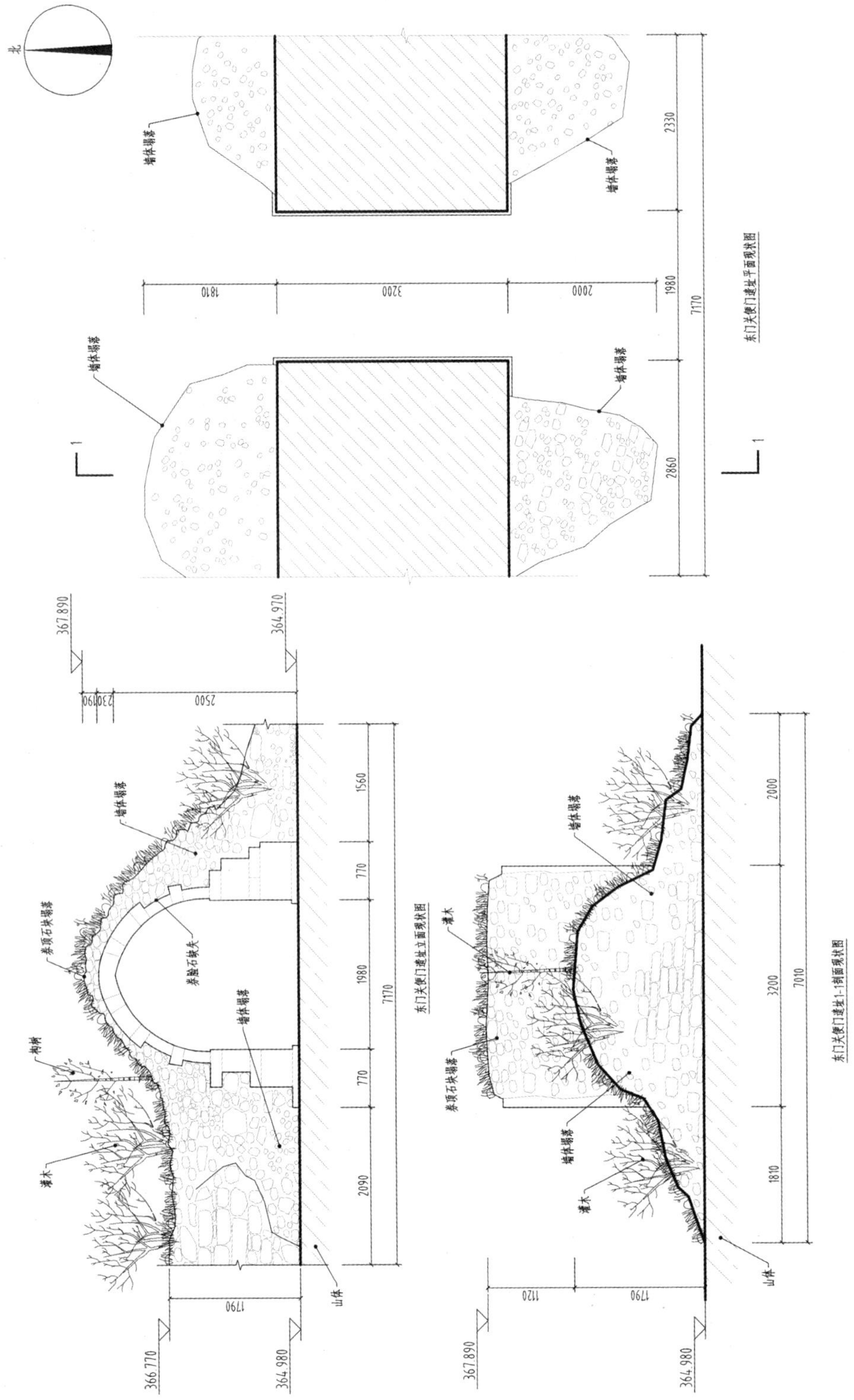

东门关便门遗址现状详图1:50

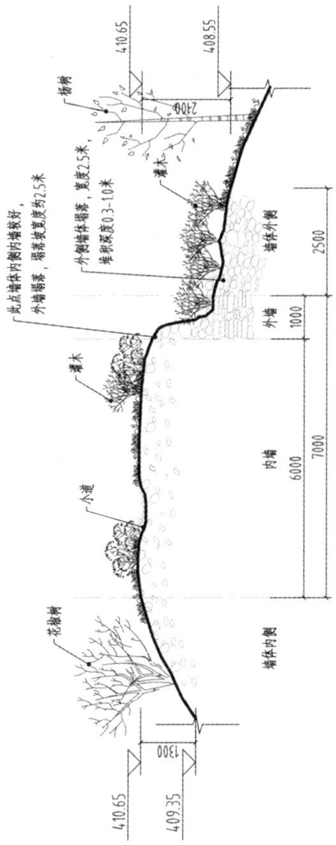

东门关段K0+020点剖面现状图1:100

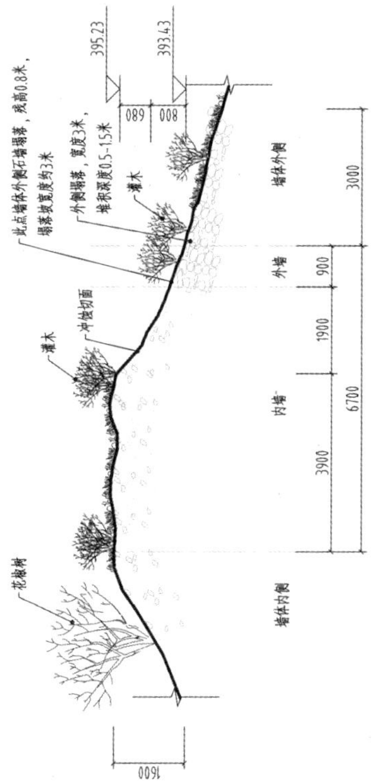

东门关段K0+092点剖面现状图1:100

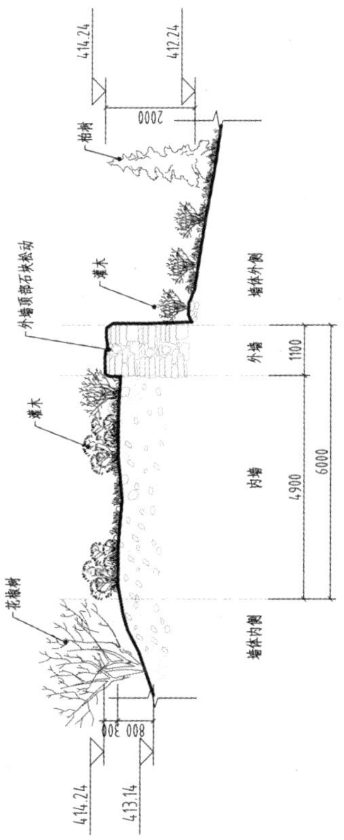

东门关段K0+000点剖面现状图1:100

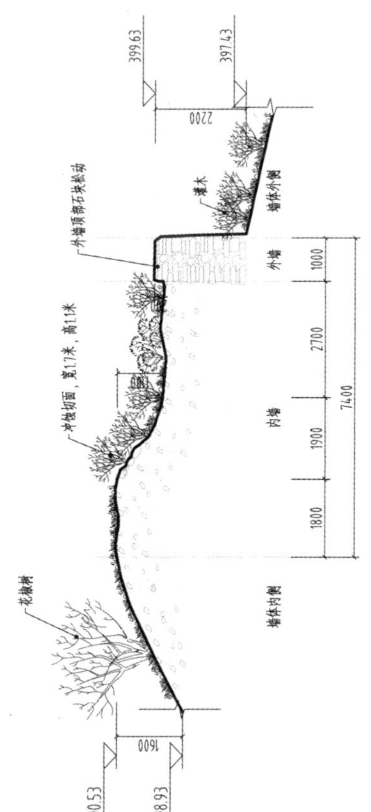

东门关段K0+063点剖面现状图1:100

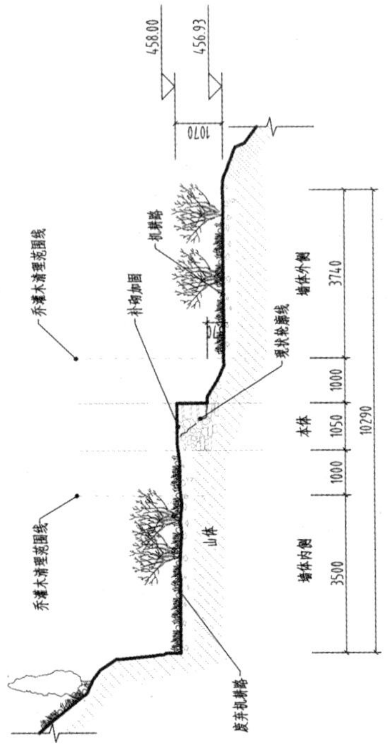

青石关段K0+012点剖面设计图1:100

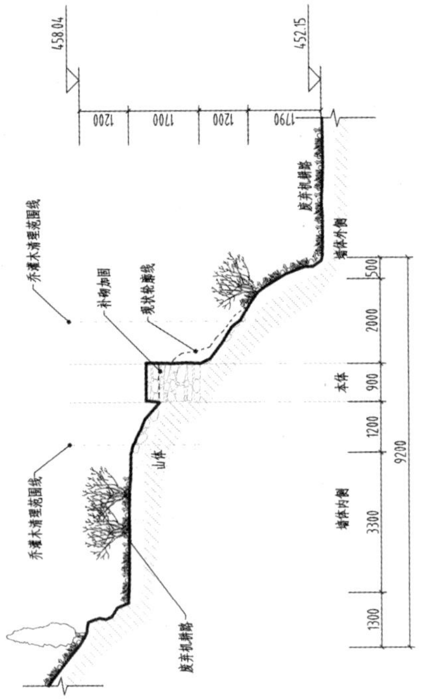

青石关段K0+021点剖面设计图1:100

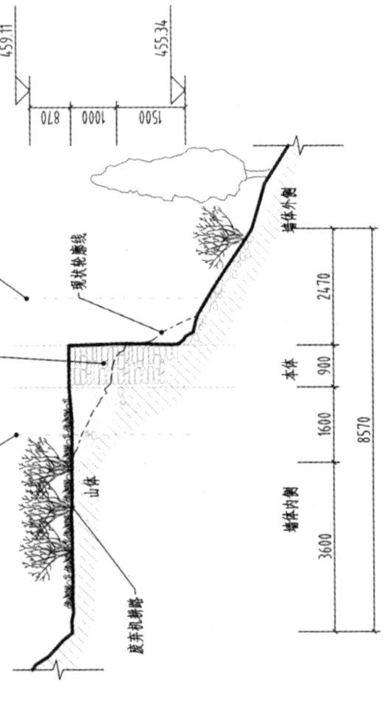

青石关段K0+033点剖面设计图1:100

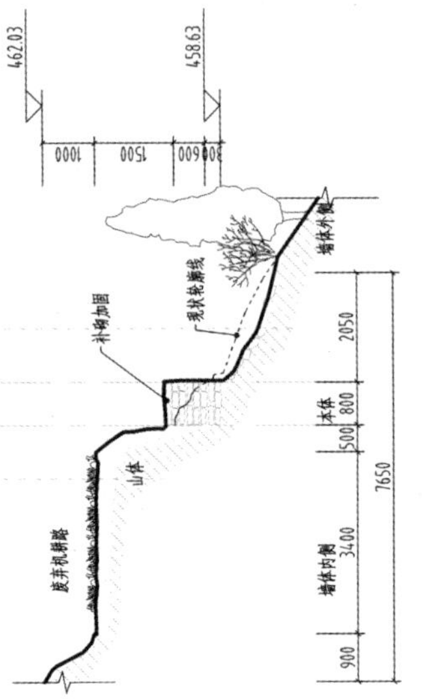

青石关段K0+061点剖面设计图1:100

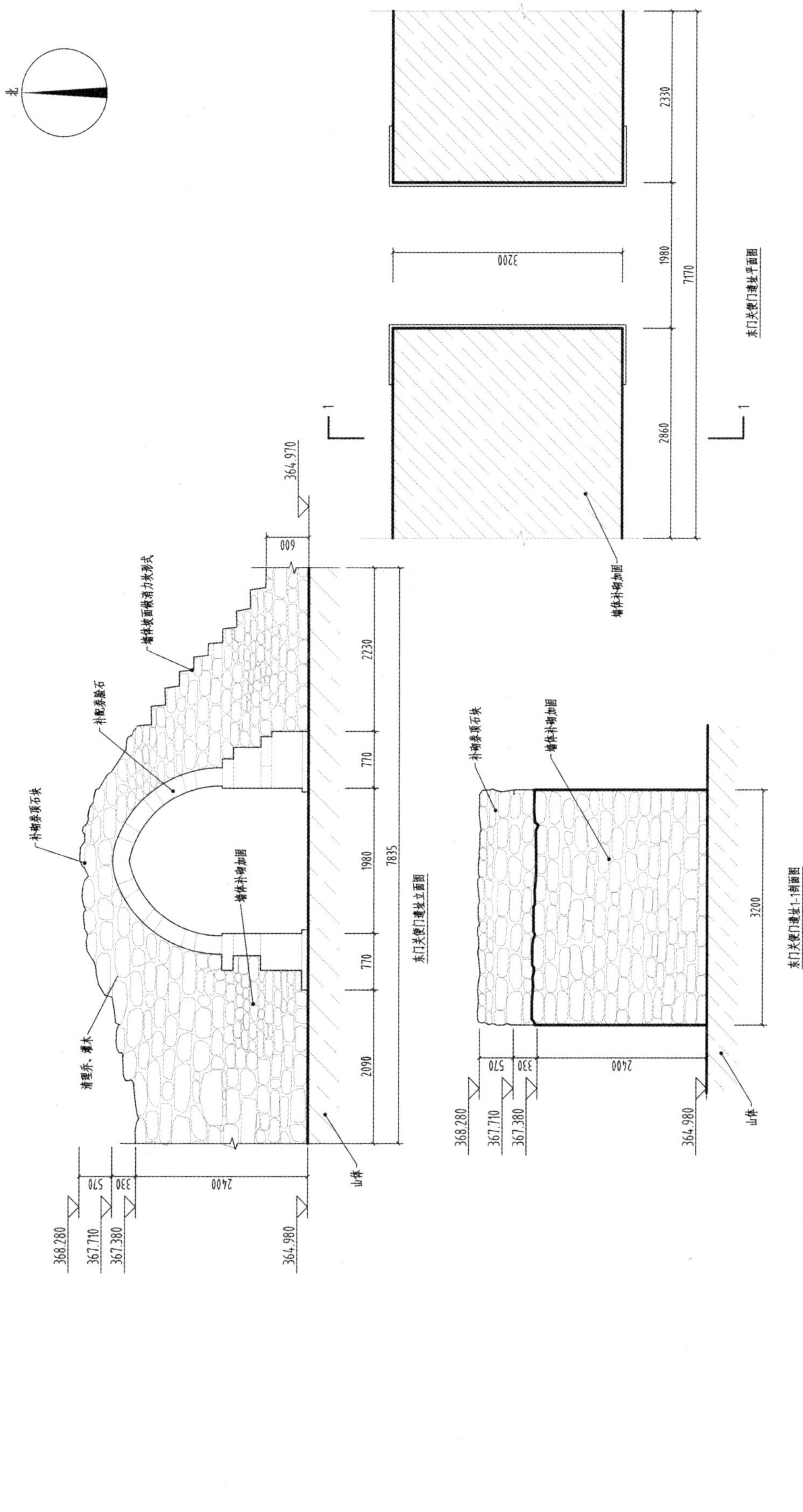

东门关便门遗址详图1:50

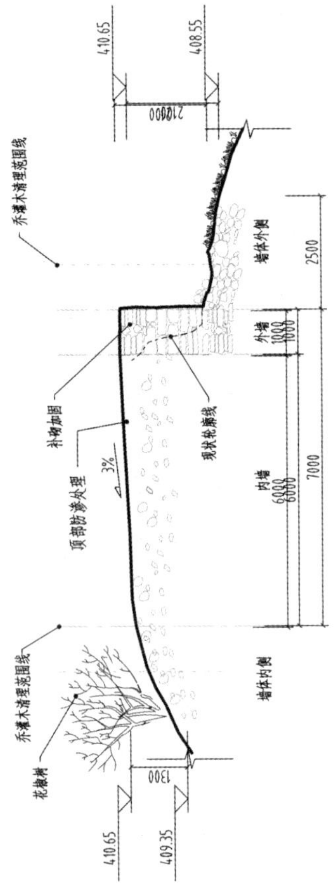

东门关段K0+020点剖面设计图1:100

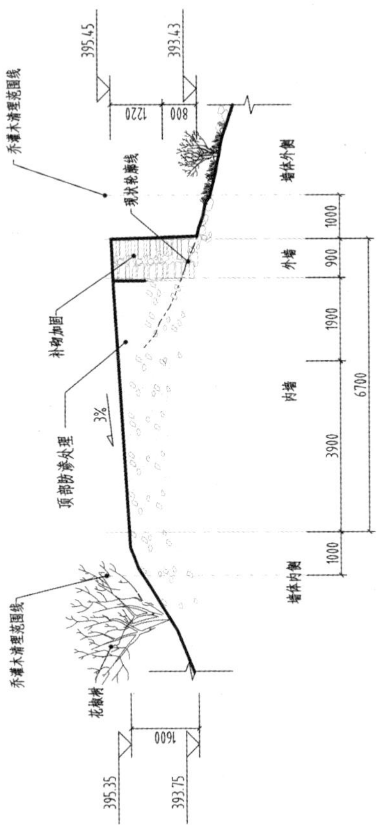

东门关段K0+092点剖面设计图1:100

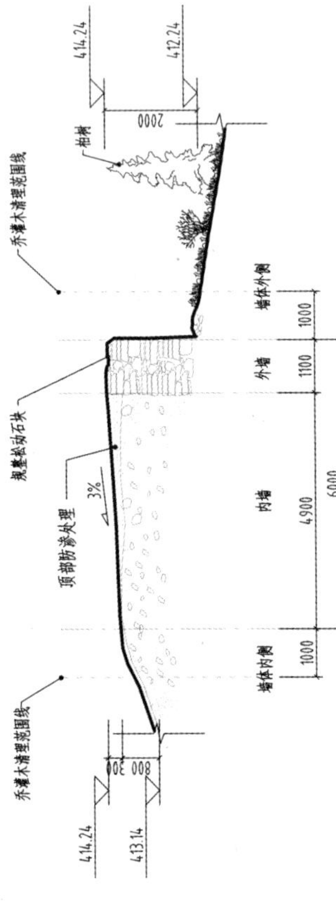

东门关段K0+000点剖面设计图1:100

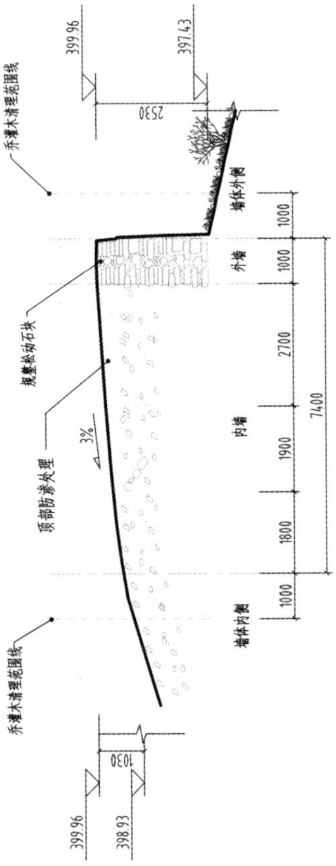

东门关段K0+063点剖面设计图1:100

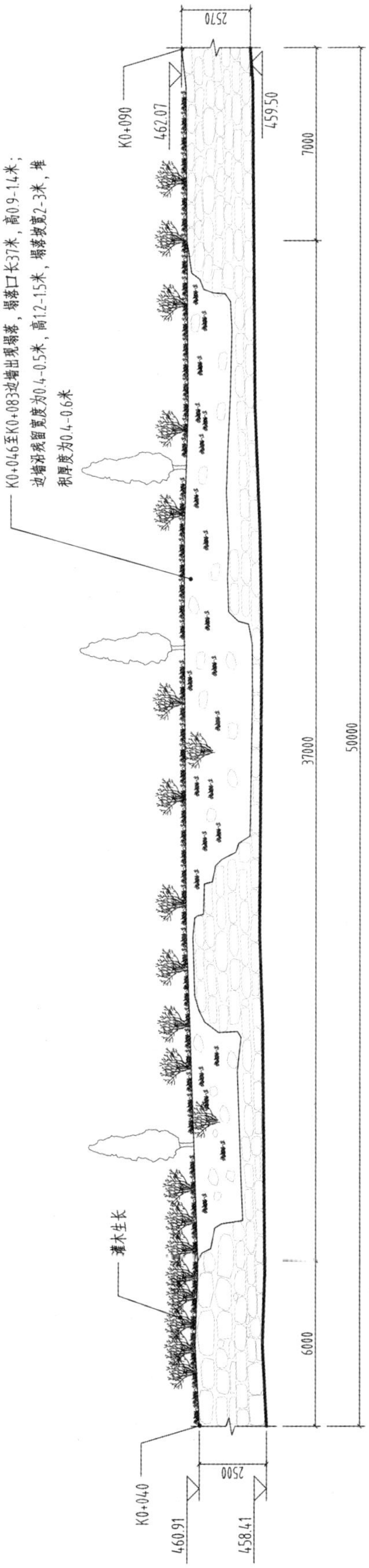

青石关段K0+040至K0+090立面现状图1:150

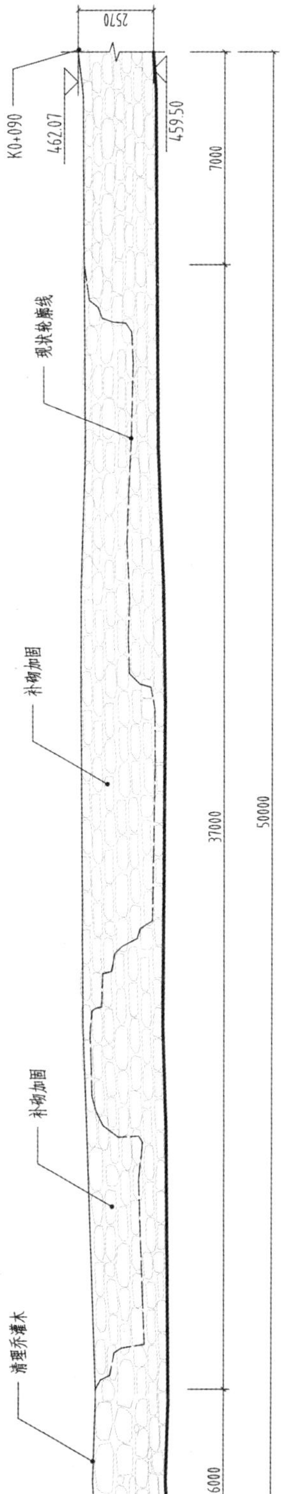

青石关段K0+040至K0+090立面现状图1:150

齐长城五莲前长城岭至张榜沟段抢救性保护方案

2016 年 7 月，该方案获国家文物局批复同意（文物保函〔2016〕1150 号）。2016 年 8 月，根据国家文物局批复意见对该方案进行了修改和完善。

现状勘察报告

一、综述

（一）齐长城五莲段概况

齐长城五莲段总长 54101 米，西接莒县，东至诸城市，墙体类型以土石混筑和石墙两种类型为主。西起后泥牛子村西，自西向东经过前泥牛子村北，穿过河西水库，至燕河村西、燕河西岭折南，经云门岭、分水岭至西淮河村南折东，经北淮河村、白马山（又名长城岭）、埠南、小仲崮北，过墙夼水库至墙夼村南墙夼南岭，沿云门西岭至东云门村北转向东南，跨墙夼水库至潘村西北岭，经潘村、汪崖、西黄柏沟、幸福村至高泽东岭，穿 220 省道经邱村、院上村北，沿院上东岭、山王西岭、梁家坪北岭至分流山转向东北，沿分流山东岭、大瓮山、大瓮山东岭，至前长城岭村西北，沿前长城岭北山、前长城岭东岭、张榜沟北岭至大饽饽顶子，继续向东经马耳山、大风口至马耳东山；此后长城沿五莲—诸城县界继续向东，途经阎王鼻子山、马鞍、马鞍东山，由马鞍东山折北，经南路西岭、石人山折东北，经玉带北岭、七泉山、寨山、石八盘，由三块石向东进入诸城境内。

五莲段墙体现存部分总长16770米，占五莲段总长度的31%；消失（地表无遗迹）部分占五莲段总长度的比例为56.35%，借助马耳山等山险部分占五莲段总长度的比例为12.65%。

（二）勘察对象组成

依据《关于齐长城前长城岭至张榜沟段抢险加固工程立项的批复》（文物保函〔2015〕708号）中“原则同意齐长城前长城岭至张榜沟段（长城认定编码：前长城岭东岭段长城：371121382102020012；张榜沟北岭段长城：371121382102020013）抢险加固工程立项”，本次勘察保护对象为齐长城五莲前长城岭至张榜沟段，自西向东依次为：前长城岭东岭段长城，长城认定编码371121382102020012，长3428米；张榜沟北岭段长城，长城认定编码371121382102020013，长474米。合计3902米。

齐长城五莲前长城岭至张榜沟段位于五莲县松柏镇区域内，墙体现保存长度2466米，分为土石混筑墙体和石墙两种，其中现存土石混筑墙体2068米，石墙398米，其余为山险和灭失（地表无遗迹）。这一段落系五莲县境内长城墙体现存较好的段落，墙体残高可达4—5米，同时也是损害表现最为严重的段落。

（三）区域自然环境

1. 地理位置

五莲县位于山东半岛西南部、日照市北部，东接胶南，北接诸城，西连莒县。五莲县始建于1947年，因山得名，1992年归属日照市。境内有206国道和222、334两条省道纵横交叉贯穿，南靠日东高速公路，南北并列兖石、胶新铁路，其中胶新铁路贯穿全境。

齐长城五莲前长城岭至张榜沟西岭段位于松柏镇前长城岭村至张榜沟村间，总长3902米。

2. 气候水文

五莲县地处黄海之滨的鲁东南低山丘陵区，海拔高度在18—706米之间，地貌以山地丘陵为主，森林覆盖率达42.6%。境内山岭起伏、河川纵横，北部、西部有小块平原，山地、丘陵、平原分别占总面积的50%、36%、14%。境内河流发源于县境中部诸山，呈放射状向南北分流。

五莲县属暖温带半湿润季风气候，年平均气温12.6 °C，历年平均降雨量767.1毫米，6—9月为雨季。截至目前，降雨量最多的年份为1990年，降雨量1257.3毫米；最少的年份为

1983 年，降雨量 466. 3 毫米。年平均日照时数 2449. 3 小时，年平均蒸发总量 1740. 2 毫米。

3. 勘察段的长城植被

齐长城五莲段墙体表面自然植被以杂草为主，多狗尾草、茅草、黄背草、结缕草等，多数地段覆盖率达 85% 以上，少数地段覆盖率低于 40%，甚至不足 10%。

二、历史沿革（略）

三、维修对象概述

本次勘察主要针对齐长城五莲前长城岭至张榜沟段，对墙体保存程度的好差、折拐、消失等不同方面进行详细测绘和分析。为便于描述，顺长城走向由西向东，统一设定墙体的起点为里程起始点，标记为 K0 +000，并沿里程详细记录墙体的现状、病害分布及周边环境等方面的资料。现从遗址分布、构造及保存现状等方面进行描述。

（一）现存遗址分布

齐长城五莲前长城岭至张榜沟段起点（K0 +000）位于前长城岭村北山，终点（K3 +902）位于张榜沟西岭，全长 3902 米。总体走势为由西向东转东北，其中 K0 +000 至 K0 +114 点间呈西南—东北走向；K0 +114 至 K0 +190 点间呈南北走向，K0 +190 至 K0 +740 点间呈西北—东南走向，K0 +740 至 K0 +881 点间呈西南—东北走向，K0 +881 至 K0 +937 点间呈东西走向，K0 +937 至 K1 +209 点间呈西北—东南走向，K1 +209 至 K1 +531 点间呈西南—东北走向，K1 +531 至 K1 +940 点间呈西北—东南走向，K1 +940 至 K2 +827 点间呈南北走向，K2 +827 至 K3 +207 点间呈西北—东南走向，K3 +207 至 K3 +902 点间呈西南—东北走向，略偏北。

（二）现存遗址形制

齐长城五莲前长城岭至张榜沟段共计长度 3902 米，包含土石混筑墙体、石墙、地表无遗迹和山险四种类型。

1. 土石混筑墙体

该段墙体主要的墙体砌筑类型，现存总长 2068 米，共计六段，分别为 K0 +000 至 K0 +224、K0 +286 至 K0 +548、K0 +740 至 K1 +325、K2 +827 至 K3 +129、K3 +207 至 K3 +

902。现存墙体整体呈土垄状，截面呈上窄下宽的梯形，墙体顶面残宽 0.6—4.1 米，底边残宽 1.9—14.1 米，内侧残高 0.4—3.9 米，外侧残高 0.4—4.4 米，内外边坡安全坡度为 30°—60°。

土石混筑即用黄土（或砂土）和粒径为5—20 厘米的石块混合夯筑，经调查，墙体夯筑的土（砂）为长城两侧附近的平地就近挖沟取土而来，墙体内大小不一的石块取自附近的基岩，多为沉积岩，充分反映了因地制宜、就地取材这一特点。

2. 石墙

现存总长 398 米，共两段，分别为 K1 +325 至 K1 +628、K1 +940 至 K2 +035。

主要分布在山顶，依据山体走势就近取材，挑选临近块石略加处理后干摆垒砌而成。墙体顶部残宽 1.6—3.2 米，底部塌落残宽 3.7—8.5 米，内侧残高 0.2—1.5 米，内侧残高 0.4—1.6 米。

3. 灭失（地表无遗迹）

总长 1348 米，共计六段，分别为 K0 +224 至 K0 +286、K0 +548 至 K0 +740、K1 +628 至 K1 +940、K2 +035 至 K2 +142、K2 +230 至 K2 +827、K3 +129 至 K3 +207。

4. 山险

总长 88 米，共一段，为 K2 +142 至 K2 +230。

具体遗址形制参见下表：

表 1　现存遗址形制表

位　置	类　型	尺　寸			
		顶部残宽（米）	底部残宽（米）	内侧残高（米）	外侧残高（米）
K0 +000 至 K0 +224	土石混筑	0.3—3.8	2.5—9.3	1.3—4.5	1—3.4
K0 +224 至 K0 +286	灭失（地表无遗迹）	—	—	—	—
K0 +286 至 K0 +548	土石混筑	0.6—2.5	4.3—6.7	0.4—2.6	0.9—2.6
K0 +548 至 K0 +740	灭失（地表无遗迹）	—	—	—	—
K0 +740 至 K1 +119	土石混筑	1.4—3.9	5.5—14.1	1—3.3	0.8—4.3
K1 +119 至 K1 +325	土石混筑	2.1—4.1	6.5—12.5	0.8—4.3	1.2—4.5
K1 +325 至 K1 +628	石墙	1.9—3.2	4.7—8.5	0.2—1.5	0.4—1.6
K1 +628 至 K1 +940	灭失（地表无遗迹）	—	—	—	—

（续表）

位 置	类 型	尺 寸			
		顶部残宽（米）	底部残宽（米）	内侧残高（米）	外侧残高（米）
K1 +940 至 K2 +035	石墙	1.6—2.1	3.7—4.3	0.4—0.9	0.7—1
K2 +035 至 K2 +142	灭失（地表无遗迹）	—	—	—	—
K2 +142 至 K2 +230	山险	—	—	—	—
K2 +230 至 K2 +827	灭失（地表无遗迹）	—	—	—	—
K2 +827 至 K3 +129	土石混筑	0.7—2	3.1—10	0.6—2.1	0.6—3
K3 +129 至 K3 +207	灭失（地表无遗迹）	—	—	—	—
K3 +207 至 K3 +567	土石混筑	0.5—1.5	1.9—6.7	0.2—0.9	0.4—4.4
K3 +567 至 K3 +902	土石混筑	0.9—3.5	4.3—14.1	0.6—3.9	1.1—4.2

四、病害现状及成因分析

（一）病害现状

由现状勘察结果得知，在本次勘察的齐长城段落中，不同类型的墙体的主要病害不同。

1. 土石混筑墙体

主要损害有切面、水冲沟、冲蚀、树坑、凹陷，以及灌木生长、林木苗圃损害等。切面主要指墙体遭到破坏形成的失稳裸露断面，包括纵向和横向切面，按照形成原因分为挖掘切面和冲刷切面，并伴有大量的掏蚀凹进现象。水冲沟主要指墙体受到雨水、人为挖掘等原因造成墙体组分破坏并被冲刷成沟的病害，本次勘察中按照形成原因不同分为拉裂冲沟和挖掘冲沟两种。冲蚀主要为自然及人为原因形成的表面植被破坏、土体松散等。树坑即为挖掘移栽林木后形成的坑洞。凹陷多为雨水、人为取土及长期碾压造成的墙体凹陷。灌木生长及林木苗圃损害主要指乔灌木及经济林生长对墙体产生的破坏。

2. 石墙

主要损害包含边墙塌落、松动失稳、林灌木生长形成的撑裂鼓胀等。

该段墙体病害分布详见“表2　五莲前长城岭至张榜沟段病害统计表”。

（二）病害成因分析

齐长城五莲前长城岭至张榜沟段墙体损害的主要病害成因可分为自然因素和人为因素两类，且多为共同作用。

1. 自然破坏

（1）雨水冲蚀

土石混筑墙体的夯筑程度不均一，抗水性较差，容易在降水过程中不断被冲蚀消减甚至消失。随着降雨的进行，水分逐步渗透墙体夯筑层，而伴随着水分的冻融、蒸发作用，土层中盐分等不断出现结晶、重结晶的循环，逐步削弱墙体成分，破坏原有夯筑强度，导致墙体疏松、易发生水土流失现象。因此，经过两千余年风雨侵蚀之后，齐长城墙体出现了不同程度的损毁，甚至消失。

（2）植被生长

该段长城遗址中墙体表面大量覆盖草皮，植被对齐长城遗址具有破坏和保护双重作用，遗址表层覆盖的植被多为黄背草、白羊草，属多年生须根系草本植物，其根系网络在土壤表层形成网状结构，成为“加筋整体”，有效提高了土体的抗剪强度和抗冲蚀能力，减缓了墙体水土流失和塌落的速度。例如，在墙体切面凹进处，其顶部墙体未持续塌落、滑坡的主要原因为植被的保护作用。

部分深根系乔木生长在石墙本体上，且生长密度较大。随着乔木自身生长发育，其根系直接作用于墙体石块，生长在墙体边沿的乔木根系便逐步挤压边墙石块，使石块逐渐偏移、松动，造成墙体两侧鼓胀、歪闪，导致墙体失稳塌落。

2. 人为破坏

（1）耕作破坏

自20世纪70年代农业“学大寨”运动至今，长城墙体两侧或墙体顶面被开垦为农田，人们为了扩大耕种面积，不断地蚕食墙体，造成大量墙体切面，农民耕种时常将墙体塌落坡开垦整平，甚至将墙芯夯土大量采挖至墙卜薄地，导致墙体被破坏。部分耕地直接侵占墙顶且深翻顶部夯层，将土层摊平至长城两侧，使墙体遭受严重破坏，局部段落趋于消失。

（2）修路破坏

长城墙体长期处于农田包围环境中，人们为了便利，在墙体外侧开辟机耕路，纵向剖开墙体，利用墙体土石来铺设路基，造成墙体纵向切面；有的直接利用墙体顶部为机耕路；有的横向挖断墙体，打通墙体内外两侧作为机耕路，造成墙体横向切面；有的斜向开挖墙体，利用土石铺设路基作为农用机动车的通道，造成墙体斜向切面。

以上两种人为破坏造成的墙体切面，在雨水冲刷等力的作用下，易发生切面掏蚀或者切面坍塌现象，这种现象已表现在墙体多处切面上。

（3）植树造林

因为保护意识的缺乏，人们将遗址开垦为苗圃，破坏了墙体顶部夯层，在种植和砍伐树木的过程中使墙体出现大量凹陷和树坑。

3. 自然破坏和人为破坏的共同作用

经过对 K0 +740 至 K0 +840 段冲沟进行补充勘察及全面分析，发现其形成原因较复杂。K0 +740 至 K0 +840 地势逐步升高，前 48 米（K0 +740 至 K0 +788）为东西走向，后 52 米（K0 +788 至 K0 +840）为东北—西南走向。

前 48 米（K0 +740 至 K0 +788）有顺墙体走向、沿墙体顶部中心线分布的纵向冲沟。该部分冲沟的形成主要是墙体早期由于地形地势的拉裂而形成开裂，而后出现单侧（外侧）土体发生滑坡，造成开裂加大，现拉裂状况基本稳定。开裂上端（K0 +788）斜向开裂至上部冲沟底部，造成水流引入 K0 +740 至 K0 +788 段拉裂沟，逐步发展成冲沟。

后 52 米（K0 +788 至 K0 +840）有顺墙体的纵向冲沟，位于墙体中心线南侧。由于墙体外侧开垦为农田，为了排水方便，墙体外坡被挖掘成排水沟，经长时间冲蚀形成冲沟。在后期雨水的冲刷下，冲沟面积越来越大。

（三）病害表

表 2　五莲前长城岭至张榜沟段病害统计表

统计范围	材质结构	损害起点	损害表现	描　述	成因分析	损害发展趋势
K0 +000 至 K0 +100	土石混筑	K0 +000	冲蚀	K0 +000 至 K0 +013，外侧出现冲蚀，冲蚀长度 12.7 米，宽 1.5—2 米，冲蚀破坏深度 0.2—0.3 米	雨水冲蚀	冲蚀造成墙体土石不断流失，直至墙体地表遗迹消失
		K0 +007	切面	K0 +007 至 K0 +012，内侧出现挖掘切面，切面高 0.5—1 米，长 5 米	耕作破坏	墙体切面失稳，进一步发展为墙体塌落
		K0 +012	切面	K0 +012 至 K0 +051，内侧出现纵向挖掘切面，高 0.1—0.4 米，长 39 米	耕作破坏	

（续表）

统计范围	材质结构	损害起点	损害表现	描　述	成因分析	损害发展趋势
K0 +000 至 K0 +100	土石混筑	K0 +052	切面	K0 +052 至 K0 +064，内侧出现纵向挖掘切面，高 0.3—0.5 米，长 12 米	耕作破坏	
		K0 +014	切面	K0 +014 至 K0 +020，外侧出现纵向挖掘切面，切面高 0.4—0.8 米，长 5.2 米	耕作破坏	墙体切面失稳，进一步发展为墙体塌落
		K0 +028	切面、冲蚀	K0 +028 至 K0 +039，外侧出现挖掘切面，高 0.8—1 米，长 11 米；有冲蚀现象	耕作破坏	
		K0 +039	切面	K0 +039 至 K0 +060，外侧出现纵向挖掘切面，高 0.3—0.5 米，长 21 米	耕作破坏	
		K0 +072	切面	K0 +072 至 K0 +080，内侧出现纵向挖掘切面，长 8 米，高 0.8—1 米	耕作破坏	墙体切面失稳，进一步发展为墙体塌落
		K0 +088	切面	K0 +088 至 K0 +095，内侧出现纵向挖掘切面，高 1.1—1.5 米，长 7 米	耕作破坏	
		K0 +095	切面	K0 +095 至 K0 +104，内侧出现纵向挖掘切面，高 0.5—0.7 米，长 9 米	耕作破坏	
K0 +100 至 K0 +200	上石混筑	K0 +114	切面	K0 +114 至 K0 +126，内侧出现纵向挖掘切面，高 0.5—1.6 米，长 12 米	耕作破坏	墙体切面失稳，进一步发展为墙体塌落
		K0 +120	冲蚀	K0 +120 至 K0 +131，外侧出现冲蚀，宽 1—1.5 米，长 11 米	耕作破坏	冲蚀造成墙体土石不断流失，直至墙体地表遗迹消失
		K0 +156	农耕、冲蚀	K0 +156 至 K0 +186，内侧出现冲蚀，冲蚀宽 3—4.2 米，冲蚀破坏深度 0.2—0.3 米，长 30 米	耕作破坏、雨水冲蚀	

（续表）

统计范围	材质结构	损害起点	损害表现	描　述	成因分析	损害发展趋势
K0+100至K0+200	土石混筑	K0+197	农耕、冲蚀	K0+197至K0+222，内侧出现冲蚀，宽度1—2.5米，冲蚀破坏深度0.2—0.3米，长25米	耕作破坏、雨水冲蚀	
		K0+156	冲蚀、切面	K0+156至K0+171，外侧出现冲蚀，宽1—2.3米，长15米；并形成纵向切面，高0.3—0.4米	耕作破坏	墙体切面失稳，进一步发展为墙体塌落；冲蚀造成墙体土石不断流失，加速墙体的塌落
		K0+172	冲蚀	K0+172至K0+184，外侧出现冲蚀，宽2米，长12米	耕作破坏	冲蚀造成墙体土石不断流失，直至墙体地表遗迹消失
K0+200至K0+300	土石混筑	K0+207	切面	K0+207至K0+224，外侧出现纵向切面，高0.5—0.8米，长17米	耕作破坏	墙体切面失稳，进一步发展成为墙体塌落
	灭失（地表无遗迹）	K0+224	—	K0+224至K0+286，墙体消失，现为道路，视野通畅		—
	土石混筑	K0+289	冲蚀	K0+289至K0+299，内侧出现冲蚀，冲蚀长度10米，宽0.6—1.3米	耕作破坏	冲蚀造成墙体土石不断流失，直至墙体地表遗迹消失
			切面	K0+289至K0+329，外侧出现切面，切面长度40米，宽1.1米，高0.2—0.8米	耕作破坏	墙体切面失稳，进一步发展为墙体塌落
K0+300至K0+400	土石混筑	K0+301	切面	K0+301至K0+308，内侧出现切面，切面长度7米，高0.3—1.2米	耕作破坏	墙体切面失稳，进一步发展为墙体塌落
		K0+332	切面	K0+332至K0+349，内侧出现挖掘切面，长度17米，高0.1—0.5米，宽0.1—0.6米	耕作破坏	

（续表）

统计范围	材质结构	损害起点	损害表现	描　述	成因分析	损害发展趋势
K0+300至K0+400	土石混筑	K0+350	切面	K0+350至K0+356，内侧出现挖掘断面，长度6米，高0.1—1.2米	耕作破坏	
		K0+327	切面	K0+327至K0+341，外侧出现挖掘切面，长度14米，高0.4—1.2米	耕作破坏	墙体切面失稳，进一步发展为墙体塌落
		K0+340	切面	K0+340至K0+347，外侧出现挖掘切面，长度7米，高0.5—1.2米	耕作破坏	
		K0+347	冲蚀	K0+347至K0+352，内侧出现冲蚀，长5米，宽1.5米，深约0.2米	耕作破坏	冲蚀造成墙体土石不断流失，直至墙体地表遗迹消失
		K0+379	凹陷	K0+379至K0+383，顶部出现凹陷，长度4米，宽2.4米，深0.4米	雨水冲蚀	伴随雨水的不断冲蚀，凹陷越来越深，逐渐发展为冲沟
		K0+383	切面	K0+383至K0+430，内侧出现挖掘切面，长度47米，切面高度1.1—2米	耕作破坏	墙体切面失稳，进一步发展为墙体塌落
			切面	K0+383至K0+430，外侧出现挖掘切面，长度47米，高0.7—2米	耕作破坏	
K0+400至K0+500	土石混筑	K0+430	切面	K0+430至K0+477，内侧出现挖掘切面，长度47米，高0.3—0.7米	耕作破坏	墙体切面失稳，进一步发展为墙体塌落
			切面	K0+430至K0+456，外侧出现挖掘切面，长度26米，高0.6—1.2米	耕作破坏	
		K0+456	冲蚀	K0+456至K0+475，外侧出现冲蚀，长度19米，宽1.5—2米，高1—1.4米	雨水冲蚀	冲蚀造成墙体土石不断流失，直至墙体地表遗迹消失

（续表）

统计范围	材质结构	损害起点	损害表现	描　述	成因分析	损害发展趋势
K0+400至K0+500	土石混筑	K0+475	冲蚀	K0+475至K0+485，外侧出现冲蚀，长度10米，宽1.2—1.5米，高0.5—1米	雨水冲蚀	
		K0+488	切面	K0+488至K0+528，内侧出现挖掘切面，长度40米，高0.2—0.7米	耕作破坏	墙体切面失稳，进一步发展为墙体塌落
			切面	K0+488至K0+516，外侧出现挖掘切面，长度28米，高0.2—0.7米	耕作破坏	
K0+500至K0+740	土石混筑	K0+516	切面	K0+516至K0+548，外侧出现挖掘切面，长度32米，高0.5米	耕作破坏	墙体切面失稳，进一步发展为墙体塌落
	灭失（地表无遗迹）	K0+548	—	K0+548至K0+740，墙体消失，现为农田，视野不通畅	—	—
K0+740至K0+800	土石混筑	K0+740	拉裂冲沟	K0+740至K0+788，墙体中部严重冲蚀，现已形成“V”字形冲沟，冲沟顶宽0.4—1.2米，底宽2.7—3.5米，冲沟深1.2—2米，总长48米，高程差14.6米，冲沟内坡生长大量酸枣	冲蚀破坏	伴随雨水的冲蚀，冲沟深度不断加强，导致墙体不断向冲沟内坍塌
		K0+788	冲沟	K0+788至K0+840，外坡出现严重冲蚀，形成冲沟，冲蚀宽度1—1.4米，长52米，形成冲蚀切面顶部掏蚀，掏蚀深度0.1—0.2米，切面高1.4—2.5米	冲蚀破坏	
		K0+800	树坑、切面	K0+800至K0+840，此点开始墙体内侧出现大量树池、树坑，该段长度40米，共有松树21株、树坑22个，树坑为圆形，直径1.3—2.4米，深0.3—0.6米	林木起挖	树坑四周墙体向树坑内塌落，坑内积水无法排出，不断对墙体造成侵蚀
			林木苗圃	K0+800至K0+890，内侧出现苗圃性松树林，长约90米，树木密度每10平方米7株	植树造林	随着林木生长，其根系愈深，对墙体的破坏愈大，导致墙体塌落愈严重

（续表）

统计范围	材质结构	损害起点	损害表现	描　述	成因分析	损害发展趋势
K0 +800 至 K0 +900	土石混筑	K0 +841	树坑	K0 +841 至 K0 +845，内侧出现树坑，树坑长 4 米，宽约 2.3 米，深 1.1 米，其内松树 2 株，板栗 1 株，树径均小于 10 厘米	林木起挖	树坑四周墙体向树坑内塌落，同时坑内积水无法排出，不断对墙体造成侵蚀
		K0 +849	树坑	K0 +849 至 K0 +853，内侧出现树坑，树坑长 4 米，宽约 2.2 米，深 0.95 米，其内松树 4 株，树径均小于 10 厘米	林木起挖	
		K0 +853	树坑	K0 +853 至 K0 +861，内侧出现树坑，树坑长 7.5 米，宽 2.3—3 米，深 0.4—0.6 米，其内松树 20 株，树径 5—15 厘米	林木起挖	
		K0 +863	树坑	K0 +863 至 K0 +872，内侧出现树坑，树坑长 9 米，宽 2—2.5 米，深 0.3—1.2 米，其内松树 15 株，树径 10—20 厘米，板栗树 1 株	林木起挖	
		K0 +840	冲蚀	K0 +840 至 K0 +872，外侧出现冲蚀，宽 0.8—2 米，深 0.3—0.5 米，长 32 米	雨水冲蚀	冲蚀造成墙体土石不断流失，直至墙体地表遗迹消失
		K0 +888	冲蚀	K0 +888 至 K0 +890，内侧出现冲蚀小路，路宽 1.5 米	雨水冲蚀	
		K0 +890	切面	K0 +890 至 K0 +931，内侧出现农田挖掘切面，高 0.3—0.5 米，长 41 米	耕作破坏	墙体切面失稳，进一步发展为墙体塌落
K0 +900 至 K1 +000	土石混筑	K0 +905	切面	K0 +905 至 K0 +931，外侧出现农耕形成的切面，高 0.2—0.5 米，长 26 米	耕作破坏	墙体切面失稳，进一步发展为墙体塌落
		K0 +948	林木苗圃	K0 +948 至 K0 +999，外侧出现苗圃性松树林，长约 51 米，树径 10—15 厘米，密度每 10 平方米 5—6 株	植树造林	随着林木生长，其根系愈深，对墙体的破坏愈大，导致墙体塌落愈严重

（续表）

统计范围	材质结构	损害起点	损害表现	描　述	成因分析	损害发展趋势
K0 +900 至 K1 +000	土石混筑	K0 +967	冲蚀	K0 +967 至 K0 +979，内侧出现冲蚀，宽 1.1—1.7 米，长 12 米	雨水冲蚀	冲蚀造成墙体土石不断流失，直至墙体地表遗迹消失
			冲蚀	K0 +967 至 K0 +981，外侧出现冲蚀，宽度 1.1—1.7 米，长 14 米	雨水冲蚀	
		K0 +986	切面	K0 +986 至 K1 +002，外侧出现农耕形成的切面，切面高 0.5—1.1 米，长 16 米	耕作破坏	墙体切面失稳，进一步发展为墙体塌落
K1 +000 至 K1 +100	土石混筑	K1 +023	切面	K1 +023 至 K1 +038，内侧出现挖掘切面，长 15 米，高 0.5 米，宽 0.4 米	耕作破坏	墙体切面失稳，进一步发展为墙体塌落
		K1 +040	冲蚀、切面	K1 +040 至 K1 +059，内侧出现挖掘切面，长 19 米，高 1.5 米；墙体顶部农耕叠压，宽 1.2 米，长 10 米	耕作破坏、农业灌溉	
			切面	K1 +040 至 K1 +059，外侧出现挖掘切面，长度 19 米，高 1.8 米，宽 3.1 米	耕作破坏	
		K1 +060	切面	K1 +060 至 K1 +096，内侧出现挖掘切面，长 36 米，高 1—2 米，底部形成排水沟	耕作破坏、农业灌溉、排水	
		K1 +064	冲蚀	K1 +064 至 K1 +069，外侧冲蚀形成凹陷，长 5 米，宽 4 米	雨水冲蚀	冲蚀造成墙体土石不断流失，直至墙体地表遗迹消失
		K1 +069	冲蚀	K1 +069 至 K1 +090，外侧冲蚀，长度 21 米，宽 1—2 米	雨水冲蚀	
		K1 +090	凹陷	K1 +090 至 K1 +106，外侧形成冲蚀，长 16 米，宽 2—3.5 米，高 3—3.5 米	耕作破坏、雨水冲蚀	伴随雨水的不断冲蚀，凹陷越来越深，逐渐发展成为冲沟

（续表）

统计范围	材质结构	损害起点	损害表现	描　述	成因分析	损害发展趋势
K1 +100 至 K1 +200	土石混筑	K1 +106	切面	K1 +106 点形成断面，长度 10.6 米，断面高 1.5—2 米，掏蚀深度 0.2—0.4 米	耕作破坏	墙体切面失稳，进一步发展为墙体塌落
		K1 +119	切面	K1 +119 点因道路通过形成挖掘断面，长度 11.2 米，高 3.5 米	耕作破坏	墙体切面失稳，进一步发展为墙体塌落
			切面、冲蚀	K1 +119 至 K1 +130，内侧出现挖掘切面，长 11 米，高 1.8—2.5 米，宽 2.2—2.6 米	耕作破坏	
		K1 +134	林木苗圃	K1 +134 至 K1 +190，顶部外侧出现经济林幼苗，高不超过 0.6 米	苗圃破坏	随着林木生长，其根系愈深，对墙体的破坏愈大，导致墙体塌落愈严重
		K1 +139	切面	K1 +139 至 K1 +142，外侧出现挖掘切面，长 3 米，深 0.4 米，宽 0.5 米	耕作破坏	墙体切面失稳，进一步发展为墙体塌落
		K1 +147	切面	K1 +147 至 K1 +152，外侧出现挖掘切面，长 5 米，深 0.5 米，宽 1.1 米	耕作破坏	
		K1 +158	切面	K1 +158 至 K1 +198，外侧出现挖掘切面，长 40 米，深 0.5 米，宽 0.5 米	耕作破坏	
K1 +200 至 K1 +300	土石混筑	K1 +209	冲蚀	K1 +209 至 K1 +220，外侧出现塌落凹陷，长 11 米，宽 0.5—2 米	雨水冲蚀	伴随雨水的不断冲蚀，凹陷越来越深，逐渐发展为冲沟
		K1 +219	林木苗圃	K1 +219 至 K1 +265，顶部外侧长满板栗幼苗，高 0.6 米以内	植树造林	随着林木生长，其根系愈深，对墙体的破坏愈大，导致墙体塌落愈严重
		K1 +265	林木苗圃	K1 +265 至 K1 +290，外侧低矮灌木，覆盖率 70% 以上，其中松树 9 棵，树径 15—20 厘米	植树造林	
			林木苗圃	K1 +219 至 K1 +290，内侧低矮灌木，覆盖率 70% 以上，松树 2 棵，树径 15 厘米左右	植树造林	
		K1 +290	林木苗圃	K1 +290 至 K1 +325，此段墙体土石混筑，两侧松树 29 棵，树径 15—20 厘米。板栗树 11 棵，树径 20 厘米左右	植树造林	

（续表）

统计范围	材质结构	损害起点	损害表现	描　述	成因分析	损害发展趋势
K1 +300 至 K1 +400	石墙	K1 +325	林木苗圃	K1 +325 至 K1 +355，此段墙体主要以石墙为主，两侧松树 33 棵，树径 15—20 厘米，板栗树 12 棵，树径 20 厘米左右	植树造林	随着林木生长，其根系愈深，对墙体的破坏愈大，导致墙体塌落愈严重
	石墙	K1 +355	林木苗圃	K1 +355 至 K1 +436，此段墙体主要以石墙为主，两侧边缘线已不明显，顶部两侧主要以低矮灌木为主，顶部每隔 1—2 米有松树一棵，共 42 棵，树径 8—20 厘米	植树造林	
K1 +400 至 K1 +500	石墙	K1 +436	林木、塌落	K1 +436 至 K1 +474，此段石墙塌落，两侧边缘线已不明显，植被覆盖率 80% 以上，内侧边坡以松树为主，12 棵，树径 6—15 厘米；外侧主要以板栗为主，91 棵，树径8—20 厘米	植树造林	随着林木生长，其根系愈深，对墙体的破坏愈大，造成墙体两侧鼓胀、歪闪愈严重，导致墙体进一步失稳塌落
	石墙	K1 +474	林木、塌落	K1 +474 至 K1 +531，此段石墙塌落，两侧边缘线基本可寻，墙体顶部被草皮覆盖，覆盖率 85% 以上，间有松树、板栗，内侧边坡松树约 90 棵，树径 10—25 厘米，板栗 11 棵，树径 8—20 厘米	植树造林	
K1 +500 至 K1 +600	石墙	K1 +531	林木、塌落	K1 +531 至 K1 +573，此段石墙塌落，两侧边缘线已不明显，顶部草皮覆盖率 70% 以上，墙体及两侧以松树为主，约 40 棵，树径 8—25 厘米	植树造林	
	石墙	K1 +573	林木、塌落	K1 +573 至 K1 +628，此段石墙塌落，两侧边缘线已不明显，顶部草皮覆盖率 70% 以上，墙体内侧以松树为主，约 60 棵，树径 8—25 厘米，外侧为板栗，约 20 棵，树径 6—20 厘米	植树造林	

（续表）

统计范围	材质结构	损害起点	损害表现	描　述	成因分析	损害发展趋势
K1 +600 至 K1 +940	灭失（地表无遗迹）	K1 +628	—	K1 +628 至 K1 +940，墙体消失，现为林地，视野不通畅	消失	
K1 +940 至 K2 +035	石墙	K1 +940	林木、塌落	K1 +940 至 K2 +035，该段石墙整体保存较差，仅残存两侧墙基高 0.3—0.5 米，宽度 2—3 米，墙体及两侧塌落坡上有大量树木，墙体内坡多为松树和板栗树，外侧多为板栗树，树径 10—20 厘米不等，树木密度每 10 平方米 8 株；墙体边墙 1.5 米范围内树木约松树 70 株，板栗树 40 株	植树造林	随着林木生长，其根系愈深，对墙体的破坏愈大，造成墙体两侧鼓胀、歪闪愈严重，导致墙体进一步失稳塌落
K2 +035 至 K2 +827	灭失（地表无遗迹）	K2 +035	—	K2 +035 至 K2 +142，墙体消失，现为林地，视野不通畅	消失	—
	山险	K2 +142	—	K2 +142 至 K2 +230，山险，视觉通畅	山险	—
	灭失（地表无遗迹）	K2 +230	—	K2 +230 至 K2 +416，墙体消失，现为林地，视野不通畅	消失	—
	灭失（地表无遗迹）	K2 +416	—	K2 +416 至 K2 +496，墙体消失，现为林地，视野不通畅	消失	—
	灭失（地表无遗迹）	K2 +496	—	K2 +496 至 K2 +576，墙体消失，现为林地，视野不通畅	消失	—
	灭失（地表无遗迹）	K2 +576	—	K2 +576 至 K2 +745，墙体消失，现为林地，视野不通畅	消失	—
	灭失（地表无遗迹）	K2 +745	—	K2 +745 至 K2 +827，墙体消失，现为林地，视野不通畅	消失	—
K2 +827 至 K2 +900	土石混筑	K2 +827	林木苗圃	K2 +827 至 K2 +847，外侧开始出现苗圃性松树林，树径 10—15 厘米；其中墙体护坡上树木约 30 株	植树造林	随着林木生长，其根系愈深，对墙体的破坏愈大，导致墙体塌落愈严重
		K2 +831	树坑	K2 +831 至 K2 +841，外侧出现 7 处树坑，树坑直径 1.1—1.5 米，深 0.2—0.5 米	树木起挖	树坑四周墙体向树坑内塌落，同时坑内积水无法排出，不断对墙体造成侵蚀

（续表）

统计范围	材质结构	损害起点	损害表现	描　述	成因分析	损害发展趋势
K2 +827 至 K2 +900	土石混筑	K2 +847	树坑	K2 +847 至 K2 +852，外侧出现 8 处树坑，树坑直径 1.2—1.6 米，深 0.1—0.5 米	树木起挖	
		K2 +860	树坑	K2 +860 至 K2 +865，内侧出现 4 处树坑，树坑直径 1.2—1.5 米，深 0.2—0.4 米	树木起挖	
		K2 +867	切面	K2 +867，墙体被机耕路截断，形成切面，切面高 0.9 米，顶宽 1.7 米，底宽 11 米	耕作破坏	墙体切面失稳，进一步发展为墙体塌落
		K2 +878	切面	K2 +878 至 K2 +911，外侧出现农耕挖掘切面，高 0.5—0.7 米，长 33 米	耕作破坏	
		K2 +880	冲蚀	K2 +880 至 K2 +898，顶部及内侧出现冲蚀，长 18 米，宽 2—3.4 米	雨水冲蚀	冲蚀造成墙体土石不断流失，直至墙体地表遗迹消失
K2 +900 至 K3 +000	土石混筑	K2 +905	切面	K2 +905 至 K2 +908，内侧出现切面，切面高 0.6 米，长 3 米	耕作破坏	墙体切面失稳，进一步发展为墙体塌落
		K2 +910	冲蚀	K2 +910 至 K2 +917，顶部出现冲蚀，长 7 米，宽 2.3—3 米	雨水冲蚀	冲蚀造成墙体土石不断流失，直至墙体地表遗迹消失
		K2 +921	树坑	K2 +921 至 K2 +923，内侧出现 1 处树坑，树坑直径 1.5 米，深 0.3—0.9 米	树木起挖	树坑四周墙体向树坑内塌落，同时坑内积水无法排出，不断对墙体造成侵蚀
		K2 +927	树坑	K2 +927 至 K2 +929，外侧出现 1 处树坑，树坑直径 2 米，深 0.5—0.8 米	树木起挖	
		K2 +929	树坑	K2 +929 至 K2 +932，内侧出现一处树坑，树坑直径 2.2 米，深 0.3—0.7 米	树木起挖	
		K2 +937	树坑	K2 +937 至 K2 +941，内侧出现 2 处树坑相连，长 4 米，宽 1.5 米，深 0.5—0.8 米	树木起挖	
		K2 +942	树坑	K2 +942 至 K2 +944，外侧出现 1 处树坑，长 2 米，宽 1 米，深 1.6 米	树木起挖	
		K2 +948	树坑	K2 +948 至 K2 +951，外侧出现 1 处树坑，长 2.5 米，宽 2.5 米，深 0.3—1.6 米	树木起挖	

（续表）

统计范围	材质结构	损害起点	损害表现	描　述	成因分析	损害发展趋势
K2 +900至K3 +000	土石混筑	K2 +968	树坑	K2 +968 至 K2 +996，内侧出现连续树坑，约 11 个，宽 1.5—2 米，长 28 米，深 0.3—0.5 米	树木起挖	
		K2 +996	切面	K2 +996 至 K3 +019，外侧出现切面，切面高 0.3—0.5 米，长 23 米	耕作破坏	墙体切面失稳，进一步发展为墙体塌落
		K2 +997	切面	K2 +997 至 K3 +004，内侧出现挖掘切面，切面高 0.3—0.5 米，长 7 米	耕作破坏	
		K2 +999	冲蚀	K2 +999 至 K3 +019，顶部出现冲蚀，冲蚀宽 1—1.5 米，长 20 米	雨水冲蚀	冲蚀造成墙体土石不断流失，直至墙体地表遗迹消失
K3 +000至K3 +100	土石混筑	K3 +009	树坑	K3 +009 至 K3 +012，内侧出现树坑，树坑长 1.8 米，宽 2 米，深 0.3—0.5 米	树木起挖	树坑四周墙体向树坑内塌落，同时坑内积水无法排出，不断对墙体造成侵蚀
		K3 +017	切面	K3 +017 至 K3 +078，外侧出现农耕切面，切面高 0.5—1.4 米，长 61 米	耕作破坏	墙体切面失稳，进一步发展为墙体塌落
			切面	K3 +017 至 K3 +057，内侧出现挖掘切面，切面高 0.5—0.8 米，长 40 米	耕作破坏	
		K3 +080	切面	K3 +080 至 K3 +094，内侧出现挖掘切面，切面高 0.3—0.5 米，长 14 米	耕作破坏	墙体切面失稳，进一步发展为墙体塌落
		K3 +089	切面	K3 +089 至 K3 +094，外侧出现机耕路造成的切面，切面高 0.5—1.6 米，长 5 米	耕作破坏	
		K3 +094	凹陷	K3 +094 至 K3 +098，被机耕路截断，造成墙体凹陷下沉，下沉约 0.3—0.5 米，下沉长度 4 米	修路破坏	伴随雨水的不断冲蚀，凹陷越来越深，逐渐发展为冲沟

（续表）

统计范围	材质结构	损害起点	损害表现	描　述	成因分析	损害发展趋势
K3 +000 至 K3 +100	土石混筑	K3 +097	切面	K3 +097 至 K3 +104，内侧出现挖掘切面，切面高度 0.3—0.5 米，长 7 米	耕作破坏	墙体切面失稳，进一步发展为墙体塌落
		K3 +098	切面	K3 +098 至 K3 +129，外侧出现挖掘切面，切面高度 0.5—1.8 米，长 31 米	耕作破坏	
K3 +100 至 K3 +200	土石混筑	K3 +104	切面	K3 +104 至 K3 +111，内侧出现挖掘切面，切面高度 0.5—0.7 米，长 7 米	耕作破坏	墙体切面失稳，进一步发展为墙体塌落
	土石混筑	K3 +111	切面	K3 +111 至 K3 +129，内侧出现挖掘切面，切面高度 0.5—0.8 米，长 18 米	耕作破坏	
	灭失（地表无遗迹）	K3 +129	—	K3 +129 至 K3 +207，墙体消失，被农田道路占压，两端墙体出现点视野通畅		
K3 +200 至 K3 +300	土石混筑	K3 +207	冲蚀	K3 +207 至 K3 +217，外侧出现冲蚀，长度 10 米，宽 1—1.5 米	耕作破坏	冲蚀造成墙体土石不断流失，直至墙体地表遗迹消失
		K3 +211	冲蚀	K3 +211 至 K3 +229，内侧出现冲蚀、切面，长度 18 米，宽 1 米，高 0.5 米	耕作破坏	
		K3 +229	切面	K3 +229 至 K3 +238，内侧出现切面，长 9 米，宽 0.6 米，高 0.5 米	耕作破坏	墙体切面失稳，进一步发展为墙体塌落
		K3 +234	切面	K3 +234 至 K3 +241，外侧出现切面，长 7 米，宽 0.4 米，高 0.5 米	耕作破坏	
		K3 +238	切面	K3 +238 至 K3 +288，内侧出现切面，长 50 米，宽 1—2.1 米，高 1.3 米	耕作破坏	
		K3 +241	冲蚀、切面	K3 +241 至 K3 +287，外侧出现冲蚀、切面，长 46 米，高 1 米，宽 0.6 米	耕作破坏	墙体切面失稳，进一步发展为墙体塌落；冲蚀造成墙体土石不断流失，直至墙体地表遗迹消失

（续表）

统计范围	材质结构	损害起点	损害表现	描 述	成因分析	损害发展趋势
K3 +200 至 K3 +300	土石混筑	K3 +292	切面	K3 +292 至 K3 +298，内侧出现切面，长 6 米，宽 1—1.8 米，高 0.2—2.1 米	耕作破坏	墙体切面失稳，进一步发展为墙体塌落
		K3 +298	冲蚀、切面	K3 +298 至 K3 +320，内侧出现冲蚀、切面，长 22 米，宽 2.1 米，高 0.8 米	耕作破坏	墙体切面失稳，进一步发展为墙体塌落；冲蚀造成墙体土石不断流失，直至墙体地表遗迹消失
			冲蚀、切面	K3 +298 至 K3 +325，外侧出现冲蚀切面，长 27 米，宽 0.5—2.1 米，高 0.8 米	耕作破坏	
K3 +300 至 K3 +400	土石混筑	K3 +343	道路	K3 +343 至 K3 +347，长城在此点被道路截断，路宽 3.5 米	修路破坏	墙体断面失稳，进一步发展为墙体塌落
		K3 +347	冲蚀	K3 +347 至 K3 +352，外侧出现冲蚀，长度 5 米，宽 1.5 米，高 0.6 米	耕作破坏	冲蚀造成墙体土石不断流失，直至墙体地表遗迹消失
			冲蚀	K3 +347 至 K3 +381，内侧出现冲蚀，长 34 米，宽 1.2 米，深 0.1—0.3 米	耕作破坏	
			切面	K3 +347 至 K3 +381，外侧出现农田切面，长 34 米，高 0.2—1 米	耕作破坏	墙体切面失稳，进一步发展为墙体塌落
		K3 +386	切面	K3 +386 至 K3 +402，外侧出现农田切面，长 16 米，宽 1.2 米，高约 0.8 米	耕作破坏	墙体切面失稳，进一步发展为墙体塌落
			切面	K3 +386 至 K3 +398，内侧出现农田侵蚀切面，长 12 米，宽 1.2 米，高 0.5 米	耕作破坏	
		K3 +398	切面	K3 +398 至 K3 +404，内侧出现农田侵蚀切面，长 6 米，宽 1.2 米，高 0.5 米	耕作破坏	墙体切面失稳，进一步发展为墙体塌落

（续表）

统计范围	材质结构	损害起点	损害表现	描　述	成因分析	损害发展趋势
K3+400至K3+500	土石混筑	K3+404	切面	K3+404至K3+414，外侧出现切面，长10米，高0.2—1.4米	耕作破坏	墙体切面失稳，进一步发展为墙体塌落
			切面	K3+404至K3+410，内侧出现切面，长6米，高0.2—0.5米	耕作破坏	
		K3+410	切面	K3+410至K3+419，内侧出现切面，长9米，高0.2—0.5米	耕作破坏	墙体切面失稳，进一步发展为墙体塌落
		K3+414	切面	K3+414至K3+427，外侧出现切面，长13米，高0.1—1.7米	耕作破坏	
		K3+419	切面	K3+419至K3+426，内侧出现切面，长7米，高0.3米	耕作破坏	
		K3+427	切面	K3+427至K3+436，外侧出现切面，长9米，高0.3—1.2米	耕作破坏	墙体切面失稳，进一步发展为墙体塌落
			切面	K3+427至K3+436，内侧出现切面，长9米，高0.3米	耕作破坏	
		K3+439	切面	K3+439至K3+458，内侧出现切面，长19米，高0.3—1.5米	耕作破坏	
		K3+458	切面	K3+458至K3+470，内侧出现切面，长12米，高0.2—0.5米	耕作破坏	
		K3+464	切面	K3+464至K3+470，外侧切面，长6米，高0.2—0.5米	耕作破坏	
		K3+473	切面	K3+473至K3+482，内侧出现切面，长9米，高0.2—0.5米	耕作破坏	墙体切面失稳，进一步发展为墙体塌落
		K3+485	切面	K3+485至K3+491，内侧出现切面，长6米，高0.2—0.5米	耕作破坏	
		K3+491	切面	K3+491至K3+494，内侧出现切面，长3米，高0.2—0.5米	耕作破坏	
		K3+495	冲蚀	K3+495至K3+509，内侧出现冲蚀，长14米，宽0.8米	耕作破坏	冲蚀造成墙体土石不断流失，直至墙体地表遗迹消失

（续表）

统计范围	材质结构	损害起点	损害表现	描　述	成因分析	损害发展趋势
K3 +500 至 K3 +600	土石混筑	K3 +509	林木苗圃	K3 +509 至 K3 +550，内侧生长松树，约 40 棵，树径 10—20 厘米	植树造林	随着林木生长，其根系愈深，对墙体的破坏愈大，导致墙体塌落愈严重
		K3 +514	树坑	K3 +514 至 K3 +520，外侧树坑，长 6 米，深 0.8 米，宽 2 米	树木起挖	树坑四周墙体向树坑内塌落，同时坑内积水无法排出，不断对墙体造成侵蚀
		K3 +521	树坑	K3 +521 至 K3 +527，外侧树坑，长 5.5 米，深 0.8 米，宽 1.8 米	树木起挖	
		K3 +524	切面	K3 +524 至 K3 +562，外侧出现切面，长 38 米，高 0.2—0.8 米，宽 0.2—1.2 米	耕作破坏	墙体切面失稳，进一步发展为墙体塌落
		K3 +562	林木苗圃	K3 +562 至 K3 +616，墙体整体保存较好，外侧边缘 2.6 米内植被生长良好，覆盖率 85% 以上，松树 28 株，树径 6—20 厘米，板栗 4 株，树径 8 厘米	植树造林	随着林木生长，其根系愈深，对墙体的破坏愈大，导致墙体塌落愈严重
			林木苗圃	K3 +562 至 K3 +616，墙体整体保存较好，内侧边缘 2.2 米内植被覆盖率 80% 以上，松树 48 株，树径 8—20 厘米，板栗树一株，树径 8 厘米	植树造林	
K3 +600 全 K3 +700	土石混筑	K3 +616	林木苗圃	K3 +616 至 K3 +655，墙体保存较好，草皮覆盖率 90% 以上，墙体顶部外侧 1.5 米范围内松树 39 株，树径 15 厘米内，板栗 3 株，树径 15—20 厘米	植树造林	随着林木生长，其根系愈深，对墙体的破坏愈大，导致墙体塌落愈严重
			林木苗圃	K3 +616 至 K3 +655，墙体内侧草皮覆盖率 90% 以上，内侧边坡生长松树 60 多株，树径 10—15 厘米	植树造林	
		K3 +655	林木苗圃	K3 +655 至 K3 +725，墙体保存较好，草皮覆盖率 90% 以上，外侧边坡生长松树 31 株，树径 10—20 厘米	植树造林	随着林木生长，其根系愈深，对墙体的破坏愈大，导致墙体塌落愈严重
			林木苗圃	K3 +655 至 K3 +725，墙体内侧边坡生长松树 32 棵，树径 10—20 厘米	植树造林	

（续表）

统计范围	材质结构	损害起点	损害表现	描　述	成因分析	损害发展趋势
K3 +700 至 K3 +800	土石混筑	K3 +725	林木苗圃	K3 +725 至 K3 +781，墙体整体保存尚可，草皮覆盖率 90% 以上，外侧边坡生长松树 20 株，树径 10—20 厘米	植树造林	随着林木生长，其根系愈深，对墙体的破坏愈大，导致墙体塌落愈严重
			林木苗圃	K3 +725 至 K3 +810，墙体内侧生长松树 48 株，树径 10—20 厘米	植树造林	
		K3 +781	切面	K3 +781 至 K3 +785，外侧出现挖掘切面，长度 4 米，高 0.2—0.6 米	耕作破坏	墙体切面失稳，进一步发展为墙体塌落
		K3 +785	林木苗圃	K3 +785 至 K3 +833，墙体整体保存尚可，草皮覆盖率 90% 以上，外侧边坡生长松树 20 株，树径 10—20 厘米	植树造林	随着林木生长，其根系愈深，对墙体的破坏愈大，导致墙体塌落愈严重
K3 +800 至 K3 +902	土石混筑	K3 +810	林木苗圃	K3 +810 至 K3 +863，墙体整体保存较好，草皮覆盖率 90% 以上，墙体内坡松树 70 株，顶部 30 株，外坡 20 株，树径 6—15 厘米	植树造林	随着林木生长，其根系愈深，对墙体的破坏愈大，导致墙体塌落愈严重
		K3 +833	冲蚀	K3 +833 至 K3 +845，外侧出现冲蚀，长 12 米，宽 1.5 米，高 0.4—1.2 米	雨水冲蚀	冲蚀造成墙体土石不断流失，直至墙体地表遗迹消失
		K3 +846	冲蚀	K3 +846 至 K3 +852，外侧出现冲蚀，长 6 米，宽 1.9—2 米，高 1 米	雨水冲蚀	
		K3 +854	冲蚀	K3 +854 至 K3 +863，外侧出现冲蚀，长 9 米，宽 2 米，高 0.2—1.7 米	雨水冲蚀	
		K3 +863	切面	K3 +863 至 K3 +902，外侧边缘出现农田侵蚀切面，长 39 米，高 0.2—0.6 米，宽 1 米	耕作破坏	墙体切面失稳，进一步发展为墙体塌落
			林木苗圃	K3 +863 至 K3 +902，墙体整体保存较好，草皮覆盖率 90% 以上，墙体顶部及两侧边坡生长松树 92 棵，树径 6—20 厘米	植树造林	随着林木生长，其根系愈深，对墙体的破坏愈大，导致墙体塌落愈严重

五、勘察结论

齐长城五莲前长城岭至张榜沟段墙体整体保存状况相对稳定，但存在大量亟须解决的病害。

该段墙体以土石混筑墙体为主，通过对其现状的勘察分析，墙体的破坏因素主要是人为因素，使之出现大量切面及冲蚀现象。在此基础上，加上雨水冲刷等自然外力的作用，墙体出现掏蚀凹进、拉裂冲沟、坍塌等现象，使之处于失稳状态，亟须进行保护。

石墙段落整体保存基本稳定，受人为干扰程度较低，存在的主要破坏因素为植物生长，尤其乔灌木生长造成的边墙鼓胀失稳，因此亟须清除林木苗圃，对失稳墙体进行拆砌、归安，维持墙体稳定状态。

齐长城五莲前长城岭至张榜沟段墙体位于人为活动频繁区，紧邻村庄，饱受人为因素影响，加之周边居民对墙体宽度及范围缺乏相应认识，因此亟须增设保护碑、警示牌等标识。

部分地段现状

K0 +000 墙体外侧冲蚀【由南向北拍摄】

K0 +007 墙体内侧切面【由西向东拍摄】

K0 +289 墙体内侧冲蚀【由东向西拍摄】

K0 +288 墙体内侧切面【由东向西拍摄】

K0 +431 墙体外侧切面【由南向北拍摄】

K0 +456、K0 +475 墙体外侧冲蚀【由西向东拍摄】

K0 +489 墙体外侧冲蚀【由南向北拍摄】

K0 +516 墙体外侧冲蚀【由西向东拍摄】

K0 +740 墙体顶部冲沟【由西向东拍摄】

K0 +740 墙体顶部冲沟【由西向东拍摄】

K0 +800 墙体树坑切面【由西向东拍摄】

K0 +800 墙体内侧苗圃【由北向南拍摄】

K0 +890 墙体外侧切面【由西向东拍摄】

K0 +948 墙体内侧苗圃【由北向南拍摄】

K1 +040 墙体外侧切面【由西向东拍摄】

K1 +060 墙体内侧切面【由西向东拍摄】

K1 +075 墙体外侧冲蚀、掏蚀【由南向北拍摄】

K1 +090 墙体外侧凹陷【由南向北拍摄】

K1 +628 至 K1 +940 墙体消失【由西向东拍摄】

K1 +940 至 K2 +030 墙体植被情况【由西向东拍摄】

K2 +230 至 K2 +416 墙体消失【由北向南拍摄】

K2 +230 至 K2 +416 墙体消失【由北向南拍摄】

K3 +298 墙体外侧切面【由南向北拍摄】

K3 +298 墙体内侧切面【由西向东拍摄】

维修设计说明

一、工程性质

根据《中华人民共和国文物保护法》《文物保护工程管理办法》等法规的规定及工程分类，结合前长城岭至张榜沟段墙体的保存现状，依据《关于齐长城前长城岭至张榜沟段抢险加固工程立项的批复》（文物保函〔2015〕708 号），将本次工程定性为抢险加固；依据《关于齐长城五莲前长城岭至张榜沟段抢救性保护方案的批复》（文物保函〔2016〕1150 号），本次工程包含对部分损坏严重的城墙给予必要的修缮、设置保护标识等内容。

二、设计内容及规模

依据《关于齐长城五莲前长城岭至张榜沟段抢救性保护方案的批复》“长城保护维修必

须遵守不改变文物原状和最小干预的原则，严格控制各类干预措施的实施范围和工程量，妥善保护长城遗存的真实性、完整性和沧桑古朴的历史风貌”，本工程保护维修范围为齐长城五莲前长城岭至张榜沟段（长城认定编码：前长城岭东岭段长城：371121382102020012；张榜沟北岭段长城：371121382102020013），保护维修长度为3902米，其中2068米土石混筑墙体，398米为石墙，其余1436米为灭失。

设计内容主要包括针对土石混筑墙体切面、拉裂冲沟、冲蚀、凹陷、坑洞、林木苗圃损害等病害的保护措施，针对石墙的失稳、林木苗圃损害等病害的保护措施，以及保护标志碑、警示牌、保护界桩、保护围栏等保护标识设置。

三、设计依据

（一）有关法律法规

《中华人民共和国文物保护法》

《中华人民共和国文物保护法实施条例》

（二）有关规范、规程及标准

《中国文物古迹保护准则》

《文物保护工程管理办法》

《山东省文物保护条例》

《文物保护工程设计文件编制深度要求（试行）》

《建筑施工扣件式钢管脚手架安全技术规范》JGJ 130－2011

《砌体结构设计规范》GB 50003－2011

《建筑地基处理技术规范》JGJ 79－2012

（三）有关资料、文件

《长城——齐长城遗址保护总体规划》

《齐长城五莲前长城岭至张榜沟段现场勘察报告》

《齐长城五莲前长城岭至张榜沟段维修保护方案立项报告》

《关于齐长城前长城岭至张榜沟段抢险加固工程立项的批复》

《关于齐长城五莲前长城岭至张榜沟段抢救性保护方案的批复》（文物保函〔2016〕1150号）

四、设计原则和指导思想

（一）设计原则

本维修设计依据《中华人民共和国文物保护法》“对不可移动文物进行修缮、保养、迁移，必须遵守不改变文物原状的原则”的规定，坚持“保护为主、抢救第一、合理利用、加强管理”的方针，以消除影响齐长城遗址本体安全的各种病害、隐患为准，不追求长城墙体完整，使维修部位具有可识别性。

（二）指导思想

切实做好前期勘察和研究，明确遗址病害情况和成因，充分考虑遗址现状，采取科学、适用、可行的保护措施。严格控制施工规模，以消除墙体失稳病害为准，植被清理仅限于威胁城墙遗址稳定性的深根系植物。

对长城墙体进行重点勘查，特别是对墙体结构性进行必要的稳定性分析，根据残损情况，科学评估存在的问题。

遵循“不改变文物原状”和“最小干预”等原则，严格控制工程干预程度和工程规模。

五、土石混筑墙体维修措施

（一）植物处理

针对威胁墙体稳定性的深根系植物采取清理措施，主要指清理深根系灌木、松树、刺槐等植被。

1. 工程范围及要求

工程范围：墙体遗存及地表边沿外扩5米的带状区域。

工程要求：

（1）禁止翻刨伸入墙体内部的根系，在不扰动墙体的前提下，尽可能多地去除根部；对于已造成墙体失稳的根系，可在后续工程施工中彻底清除。

（2）在清理过程中，最大限度减少对墙体的破坏。

（3）对于失稳墙体段的清理，需要在墙体外侧做好支护措施，避免施工中引起墙体倒塌；施工时尽量少在墙体遗存地表边沿上走动，减少对墙体造成二次破坏。

（4）需要进行药剂注射的部位应严格控制药剂的配比和用量，不得对墙体及其周边环境造成污染。

2. 工程做法

（1）深根系灌木的清理

使用植被专用修剪刀，逐棵、逐片进行清除。

（2）松树、刺槐等乔木的清理

采取砍伐注射的方法进行清理。

具体做法：

①砍伐。齐地面砍伐。

②药剂注射。对残留树桩采取注射腐烂处理。

③渗透灌浆。对树桩腐烂后残留的树洞进行渗透灌浆。

材料准备：

①注射药剂。可使用8%的铵盐溶液或者0.2%—4.6%的二氯苯氧醋酸。

②泥浆制作。选当地可溶盐含量低于0.5%的黏土，粉碎后经过1毫米的筛分，与石灰粉按照灰土比3∶7混合均匀，与糯米浆液按照水灰比0.4拌制加固浆液。

③石灰选用要求：石灰最好选用磨细生石灰粉，或块灰浇以适量的水，经放置24小时成粉状的消石灰。

（3）清理完成后进行培土、植草保护。

（4）失稳墙体的支护措施

为保证清理工作不破坏文物本体，需要对墙体做好安全支护，确保施工过程中的人身安全及遗址本体安全。建议采用5厘米厚的木板内敷贴毛毯，大面积接触遗址本体，两侧采用φ48、壁厚3.5mm的钢管施力于木板。防护板的安装面积，以能达到支撑防护墙体要求为准。

（二）补夯加固

针对土石混筑墙芯出现的切面、凹陷、坑洞部位采取加固保护措施，以防止失稳墙体进一步垮塌。

1. 工程范围及要求

工程范围：

（1）垂直高度大于0.5米的纵向或横向切面。

（2）凹陷、坑洞深度大于0.5米的部位。

材料及工程要求：

（1）土与碎石。均就近选择，且碎石粒径不大于10厘米。

（2）土的含水量以12%—15%为宜（可捏成团，轻掰即散）。

（3）墙体放坡以安全稳定为依据，不追求完整。

（4）新的夯层厚度不与原墙体一致，以示区分。

2. 工程做法

（1）清理切面。①墙体风化表层，清理厚度不超过5厘米。②清理切面顶部松动草皮，清理宽度不超过10厘米。③清理切面底部塌落堆放物，清理宽度视补夯情况而定。

（2）补夯。把土和碎石按照维修部位墙体的土石比例进行混合，碎石的比例控制在10%—20%，进行分段分层打夯压实。根据切面长度进行夯筑分段，每次夯筑长度控制在10—20米，土石虚铺厚度为20厘米，压缩率约为92%，接缝处打毛后夯实，不留拼接缝。

（3）放坡。按照设计要求进行放坡，用木锨自上而下修理坡面。

（4）顶部新旧切面接缝处理。顶部应略高于切面顶部1—2厘米，再用木板修整找平，为后续的植补草皮做准备。

（5）植补草皮。顶部夯土墙体植补草皮，参照植草保护措施。

（三）培土

针对土石混筑墙芯切面高度较低、表面冲蚀部位采取相应的保护措施，以保护墙体夯层为目的。

1. 工程范围及要求

工程范围：

（1）垂直高度不大于0.5米的纵向或横向切面。

（2）冲沟、凹陷、坑洞深度不大于0.5米的部位。

（3）冲蚀部位。

（4）实施植物处理措施区域。

工程要求：

（1）土与碎石均就近选择，且碎石粒径不大于 5 厘米。

（2）土的含水量以 12%—15% 为宜（可捏成团，轻掰即散）。

（3）墙芯顶部需做出向两侧的排水坡度，坡度不小于 3% 。

2. 工程做法

（1）清理。①清理墙体风化表层，清理厚度依据风化情况而定，最大不超过 5 厘米。②清理切面顶部松动草皮，清理宽度不超过 10 厘米。③清理切面底部塌落堆放物，清理宽度视补夯情况而定。

（2）培土压实。虚铺厚度 25 厘米，淋湿浇透后铺土压实。

（3）放坡。按照工程要求进行放坡，用木锨自上而下修理坡面。

（4）植补草皮。参照植草保护措施。

（四） 疏导排水

齐长城墙体排水主要依照自然地势，排水措施的制定主要依据现排水形式进行。疏导排水是针对排水不畅和无法排水段落所制定的保护措施，其中重点对 K0 + 740 至 K0 + 840 段墙体顶部冲沟、外坡切面冲沟进行疏导整治。

1. 工程范围及要求

工程范围：排水不畅、无法排水段落及 K0 + 740 至 K0 + 840 拉裂冲沟段落。

工程要求：确保墙体顶部及遗址周边排水畅通、不积水。

2. 工程做法

（1）一般做法

①清理作业面。

②培土保护后修整顶部排水坡度，以墙体中心线向两侧放坡。

③设计最小排水坡度为 3% 。不足 3% 处，采取培土、植草保护措施以达到设计要求。

④植草保护。参照植草保护措施。

（2）拉裂冲沟段做法

针对 K0 + 740 至 K0 + 840 段墙体出现的冲沟，可依据现排水方式进行疏导引流，通过增加排水沟渠的方式进行组织排水，将水流引至墙体之外，并对冲沟两侧的失稳墙体进行培土夯实，植草固土。

①清理作业面：清理两侧切面灌木杂草；清理两侧切面风化表层，清理厚度不超过 5 厘

米；清理切面底部塌落堆积物。

②冲沟两侧培土、植草保护，详细操作参见植草保护措施。

③冲沟底部置10厘米厚碎石层，以防雨水冲刷。

④在长城遗址外侧距底脚2米处置排水沟渠，石砌，设计宽度0.5米，深0.3米。

（五） 植草保护

为更好地保护墙体，在对其实施以上保护措施的基础上，进行培土后植入当地优势草种如结缕草、狗牙根等，形成浅根系保护网，防止水土流失。

1. 工程范围及要求

工程范围：

（1）补夯加固区域。

（2）培土区域。

（3）实施植物处理措施区域。

（4）退耕区域。

工程要求：

（1）植草种类应选择墙体区域内普遍生长的结缕草。

（2）墙体表面冲蚀区域，应先做培土然后再进行植草保护。

（3）补种后的草皮覆盖率达100%。

2. 工程做法

（1）整理作业面。内容包括：冲蚀区域表层风化面，墙体补夯加固区域、培土区域，实施植物处理措施区域。

（2）植补草皮。在专业技术人员指导下进行植补。

（3）日常检查。随时检查草种成活情况，及时补足草皮。

六、石墙维修措施

（一） 植物处理

此做法同“五、土石混筑墙体维修措施”中的“（一）植物处理”措施。

（二） 失稳加固

主要包括针对由于灌木、林木生长等原因造成的墙体失稳所采取的保护措施，以及植物清理后对于墙体稳定性进行加固的保护措施。

1. 工程范围及要求

工程范围：植物处理后的石墙区域、失稳区域。

工程要求：

（1）墙体失稳长度超过 5 米的，需要分段拆砌。

（2）墙体拆砌高度应根据实际情况来定，不能一拆到底。

（3）应先清理墙体内侧，再拆砌边墙。

2. 工程做法

（1）划定范围。根据墙体出现的病害范围划定操作范围，墙体拆砌长度要略大于失稳墙体长度，范围控制在 1 米以内。

（2）清理和拆除。①清理失稳墙体内侧填充物，清理深度视拆砌情况而定。②就近挑拣符合尺寸的石块，清理后码放待用。③拆除失稳边墙，并规整堆放石料。

（3）拆砌回砌。对于边墙迹象不明显的墙体，在修复时，可参照左右两侧的边墙位置，先进行定位，再实施修复。按照墙体现存形制，重新垒砌边墙，并与现存墙体做好拼接。

（4）内侧填充。用碎石填充在修补好的边墙内侧，但内侧高度不能高于边墙。

（5）培土压实。用土和碎石虚铺，然后压实、找平，墙体中心线向两侧放坡坡度不小于 3%。

（6）植草保护。在墙体顶部及两侧 5 米范围内进行植草保护。

七、标识设置

依据齐长城墙体整体保存情况，在必要部位设置保护标志碑、警示说明牌等标识，减少人为干扰的影响。

（一） 标识埋置

1. 工程范围及要求

工程范围：

（1）K0+740、K3+238两处增设保护标志碑。

（2）K0+224、K0+286、K3+129、K3+207四处设置保护围栏并加以警示说明；

（3）依照墙体保存现状，分别于墙体遗存地表边沿外侧3米处设置说明牌，原则上每间隔500米置说明牌一组，在视野通畅性较差的段落可适当增设。

（4）依照墙体保存现状，设置保护界桩，原则上每间隔30米置一组，分别于墙体遗存地表边沿外侧3米处埋置。

工程要求：

（1）保护标志碑应标示该文物保护单位的级别、名称、公布机关、公布日期、树标机关以及树立日期等。全国重点文物保护单位的说明可书写在标志牌的背面，简要介绍文物保护单位名称、时代、性质、内容、价值和保护范围等。

（2）界桩四面均应标注“齐长城遗址”字样，采用白底红字，字体使用仿宋或魏碑体，应标识相应齐长城段落或遗产点的长城认定编号。编号一律设置在界桩顶部。如同一段落长城需设置若干界桩，应在编号后面加设序号“—小写阿拉伯数字”予以标识。

2. 工程做法

（1）保护标志碑：可采用山东产浅红色A级花岗石，标志碑由碑底、碑座、碑身三部分组成，自左至右书写。可根据文物保护单位的具体情况选择比例适宜的尺度。除文物保护单位的名称可用仿宋字体或楷书、隶书等外，其余一律用仿宋字体。

（2）保护界桩：选用山东优质灰白色花岗石，尺寸1×0.2×0.2米。

（3）保护围栏：于墙体遗存地表边沿外扩5米，设置高1.8米的铁质围栏。

（4）警示牌：保护围栏外侧设置警示说明牌，距围栏至少1米。警示说明牌宜用黄色，可起警示、警告作用。

（二）标识制安说明

本设计方案对保护标志碑、说明牌、警示牌等相关标识设施的制作、安装、埋设、说明内容等方面提出了要求，由于山东省正在编制齐长城整体保护标识部分相关技术要求文件，本方案中这一部分内容可依据相关条例、规范及该技术文件进行相应调整。

八、农田及农业活动治理对策

首先，为了防止农田或林地对齐长城的侵蚀，合理控制齐长城周边的农田及农业活动，不得对墙体遗存及地表边沿外扩 5 米的带状区域造成侵蚀，对已经造成侵蚀的农田及林地进行退耕处理，退耕完成后通过植草保护设置隔离带（参照“五、土石混筑墙体维修措施”中的植草保护措施）；其次，加强对齐长城的管理，设置保护标识，定期安排专人巡查保护，防止农田及林地侵蚀情况的发生；最后，加强对齐长城的保护宣传，让人们从根本上认识到齐长城的历史价值、科学价值和社会价值，自发保护齐长城，从根本上解决农田及农业活动对齐长城的侵蚀和破坏。

九、维修措施对应表

表 3　五莲前长城岭至张榜沟段长城墙体维修措施表

范　围	损害表现	维修部位	保护措施
K0 +000 至 K0 +224	>0.5m 切面	K0 +007 至 K0 +012 墙体内侧、K0 +014 至 K0 +020 墙体外侧、K0 +028 至 K0 +039 墙体外侧、K0 +072 至 K0 +080 墙体内侧、K0 +088 至 K0 +095 墙体内侧、K0 +095 至 K0 +104 墙体内侧、K0 +114 至 K0 +126 墙体内侧、K0 +207 至 K0 +224 墙体外侧	补夯加固、植草保护、疏导排水
	≤0.5m 切面	K0 +012 至 K0 +051 墙体内侧、K0 +052 至 K0 +064 墙体内侧、K0 +039 至 K0 +060 墙体外侧、K0 +156 至 K0 +171 墙体外侧	培土、植草保护、疏导排水
	冲蚀	K0 +000 至 K0 +013 墙体外侧、K0 +120 至 K0 +131 墙体外侧、K0 +156 至 K0 +186 墙体内侧、K0 +172 至 K0 +184 墙体外侧、K0 +197 至 K0 +222 墙体内侧	培土、植草保护、疏导排水
K0 +224 至 K0 +286	地表无遗迹	—	保护围栏、警示牌

（续表）

范围	损害表现	维修部位	保护措施
K0+286至K0+548	>0.5m切面	K0+289至K0+329墙体外侧、K0+301至K0+308墙体内侧、K0+350至K0+356墙体内侧、K0+327至K0+341墙体外侧、K0+340至K0+347墙体外侧、K0+383至K0+430墙体内外两侧、K0+430至K0+456墙体外侧、K0+488至K0+528墙体内侧、K0+488至K0+516墙体外侧、K0+516至K0+548墙体外侧	补夯加固、植草保护、疏导排水
	≤0.5m切面	K0+332至K0+349墙体内侧、K0+430至K0+477墙体内侧	培土、植草保护、疏导排水
	凹陷	K0+379至K0+383墙体顶部	培土、植草保护、疏导排水
	冲蚀	K0+289至K0+299墙体内侧、K0+347至K0+352墙体内侧、K0+456至K0+475墙体外侧、K0+475至K0+485墙体外侧	培土、植草保护、疏导排水
K0+548至K0+740	地表无遗迹	—	警示牌、保护标志碑
K0+740至K1+355	冲沟	K0+740至K0+788墙体中部、K0+788至K0+840墙体外坡	培土、植草保护、疏导排水
	>0.5m切面	K0+986至K1+002墙体外侧、K1+023至K1+038墙体内侧、K1+040至K1+059墙体内外两侧、K1+060至K1+096墙体内侧、K1+106至K1+119墙体、K1+147至K1+152墙体外侧、K1+158至K1+198墙体外侧	补夯加固、植草保护、疏导排水
	≤0.5m切面	K0+890至K0+931墙体内侧、K0+905至K0+931墙体外侧、K1+139至K1+142墙体外侧	培土、植草保护、疏导排水
	>0.5m树坑	K0+800至K0+840墙体内侧、K0+841至K0+845墙体内侧、K0+849至K0+853墙体内侧、K0+853至K0+861墙体内侧、K0+863至K0+872墙体内侧	培土、植草保护、疏导排水
	凹陷	K1+090至K1+106墙体外侧、K1+209至K1+220墙体外侧	培土、植草保护、疏导排水
	冲蚀	K0+888至K0+890墙体内侧、K0+967至K0+981墙体内外两侧、K1+040至K1+059墙体内侧、K1+064至K1+069墙体外侧、K1+069至K1+090墙体外侧	培土、植草保护、疏导排水
	苗圃性林木	K0+800至K0+890墙体内侧、K0+948至K0+999墙体外侧、K1+134至K1+190墙体顶部及外侧、K1+219至K1+325墙体顶部及两侧、K1+325至K1+355墙体顶部及两侧	植物处理、培土、植草保护、疏导排水

（续表）

范　围	损害表现	维修部位	保护措施
K1 +355 至 K1 +628	苗圃性林木	K1 +355 至 K1 +436 墙体顶部及两侧、K1 +436 至 K1 +474 墙体顶部及两侧、K1 +474 至 K1 +531 墙体顶部及两侧、K1 +531 至 K1 +573 墙体顶部及两侧、K1 +573 至 K1 +628 墙体顶部及两侧	植物处理、失稳加固、培土、植草保护
K1 +628 至 K1 +940	地表无遗迹	—	现状保护
K1 +940 至 K2 +035	苗圃性林木	K1 +940 至 K2 +035 墙体顶部及两侧	植物处理、失稳加固、培土、植草保护
K2 +035 至 K2 +827	山险、地表无遗迹	—	现状保护
K2 +827 至 K3 +129	>0.5m 切面	K2 +867 至 K2 +873 墙体、K2 +878 至 K2 +911 墙体外侧、K2 +905 至 K2 +908 墙体内侧、K3 +017 至 K3 +078 墙体外侧、K3 +017 至 K3 +057 墙体内侧、K3 +089 至 K3 +094 墙体外侧、K3 +098 至 K3 +129 墙体外侧、K3 +104 至 K3 +111 墙体内侧、K3 +111 至 K3 +129 墙体内侧	补夯加固、植草保护、疏导排水
	≤0.5m 切面	K2 +996 至 K3 +019 墙体外侧、K2 +997 至 K3 +004 墙体内侧、K3 +080 至 K3 +094 墙体内侧、K3 +097 至 K3 +104 墙体内侧	培土、植草保护、疏导排水
	>0.5m 树坑	K2 +921 至 K2 +923 墙体内侧、K2 +927 至 K2 +929 墙体外侧、K2 +929 至 K2 +932 墙体内侧、K2 +937 至 K2 +941 墙体内侧、K2 +942 至 K2 +944 墙体外侧、K2 +948 至 K2 +951 墙体外侧	补夯加固、植草保护、疏导排水
	≤0.5m 树坑	K2 +831 至 K2 +841 墙体外侧、K2 +847 至 K2 +852 墙体外侧、K2 +860 至 K2 +865 墙体内侧、K2 +968 至 K2 +996 墙体内侧、K3 +009 至 K3 +012 墙体内侧	培土、植草保护、疏导排水
	冲蚀	K2 +880 至 K2 +898 墙体顶部、K2 +910 至 K2 +917 墙体顶部、K2 +999 至 K3 +019 墙体顶部	培土、植草保护、疏导排水
	苗圃性林木	K2 +827 至 K2 +847 墙体外侧	植物处理、培土、植草保护
	凹陷	K3 +094 至 K3 +098 墙体	培土、植草保护、疏导排水

（续表）

范　围	损害表现	维修部位	保护措施
K3＋129 至 K3＋207	地表无遗迹	—	保护围栏、保护标志碑、警示牌
K3＋207 至 K3＋902	>0.5m 切面	K3＋229至K3＋238墙体内侧、K3＋234至K3＋241墙体外侧、K3＋238至K3＋288墙体内侧、K3＋241至K3＋287墙体外侧、K3＋292至K3＋298墙体内侧、K3＋298至K3＋320墙体内侧、K3＋298至K3＋325墙体外侧、K3＋347至K3＋381墙体外侧、K3＋386至K3＋402墙体外侧、K3＋386至K3＋398墙体内侧、K3＋398至K3＋404墙体内侧、K3＋404至K3＋414墙体外侧、K3＋414至K3＋427墙体外侧、K3＋427至K3＋436墙体外侧、K3＋439至K3＋458墙体内侧、K3＋524至K3＋562墙体外侧、K3＋863至K3＋902墙体外侧	补夯加固、植草保护、疏导排水
	≤0.5m切面	K3＋404至K3＋410墙体内侧、K3＋410至K3＋419墙体内侧、K3＋419至K3＋426墙体内侧、K3＋427至K3＋436墙体内侧、K3＋458至K3＋470墙体内侧、K3＋464至K3＋470墙体外侧、K3＋473至K3＋482墙体内侧、K3＋485至K3＋491墙体内侧、K3＋491至K3＋494墙体内侧、K3＋781至K3＋785墙体外侧	培土、植草保护、疏导排水
	>0.5m 树坑	K3＋514至K3＋520墙体外侧、K3＋521至K3＋527墙体外侧	补夯加固、植草保护、疏导排水
	冲蚀	K3＋207至K3＋217墙体外侧、K3＋211至K3＋229墙体内侧、K3＋298至K3＋320墙体内侧、K3＋298至K3＋325墙体外侧、K3＋347至K3＋352墙体外侧、K3＋347至K3＋381墙体内侧、K3＋495至K3＋509墙体内侧、K3＋833至K3＋845墙体外侧、K3＋846至K3＋852墙体外侧、K3＋854至K3＋863墙体外侧	培土、植草保护、疏导排水
	道路	K3＋343至K3＋347墙体	培土、植草保护、疏导排水
	苗圃性林木	K3＋509至K3＋550墙体内侧、K3＋562至K3＋616墙体顶部及两侧、K3＋616至K3＋655墙体顶部及两侧、K3＋655至K3＋725墙体顶部及两侧、K3＋725至K3＋810墙体顶部及两侧、K3＋810至K3＋863墙体顶部及两侧、K3＋863至K3＋902墙体顶部及两侧	植物处理、培土、植草保护

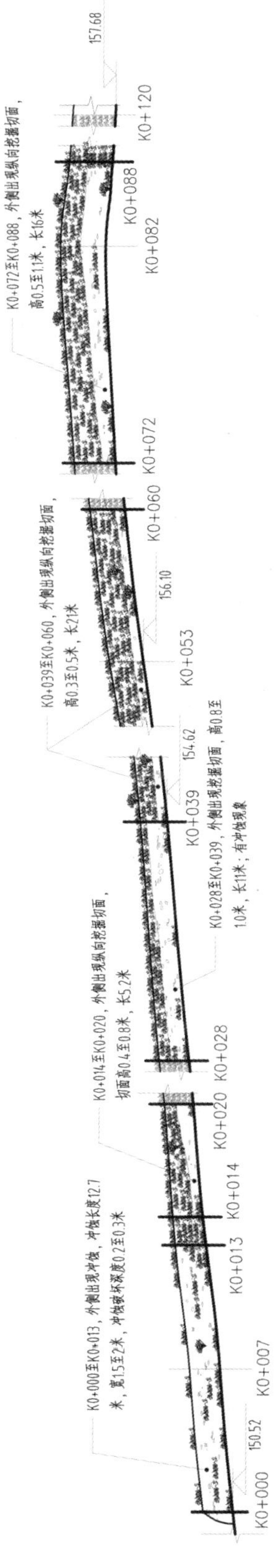

K0+000至K0+120墙体立面现状图1:200

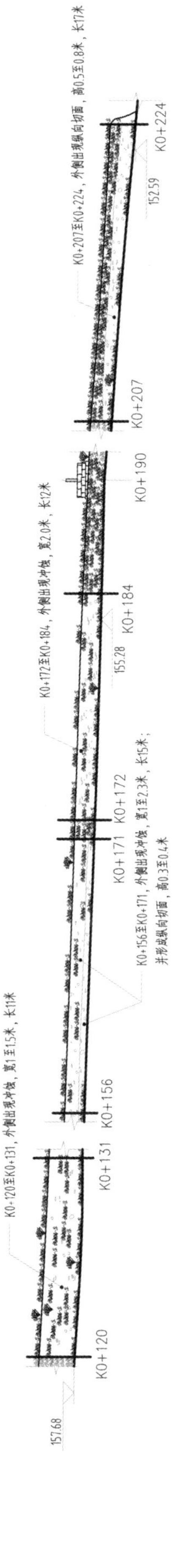

K0+120至K0+224墙体立面现状图1:200

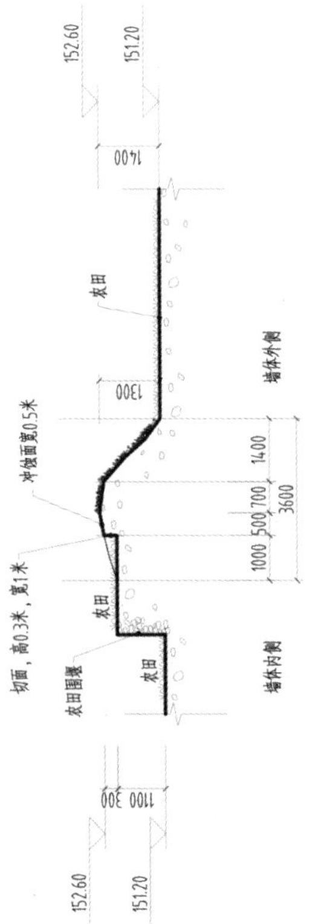

K0+007剖面现状图1:120

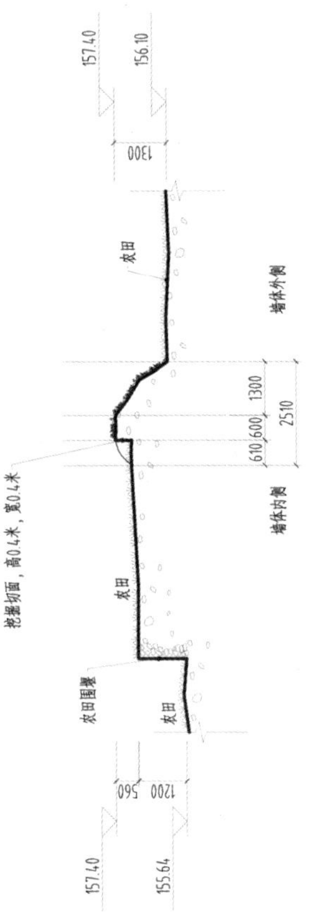

K0+053剖面现状图1:120

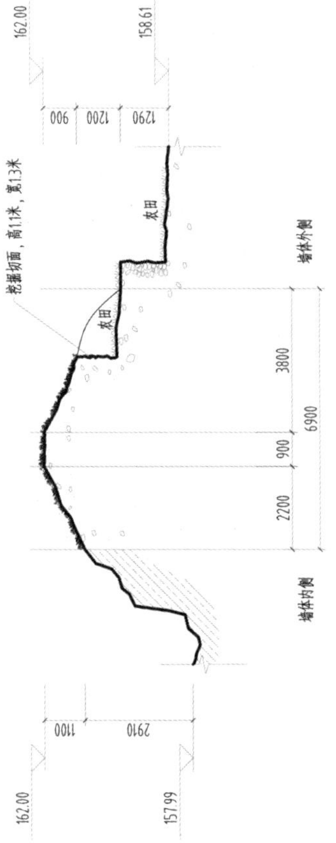

K0+082剖面现状图1:120

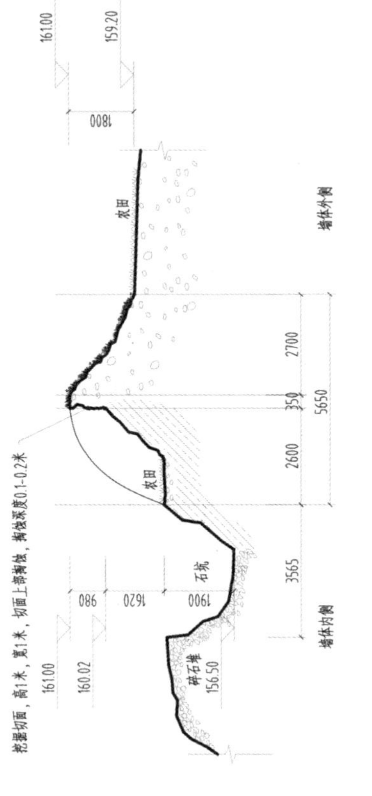

K0+099剖面现状图1:120

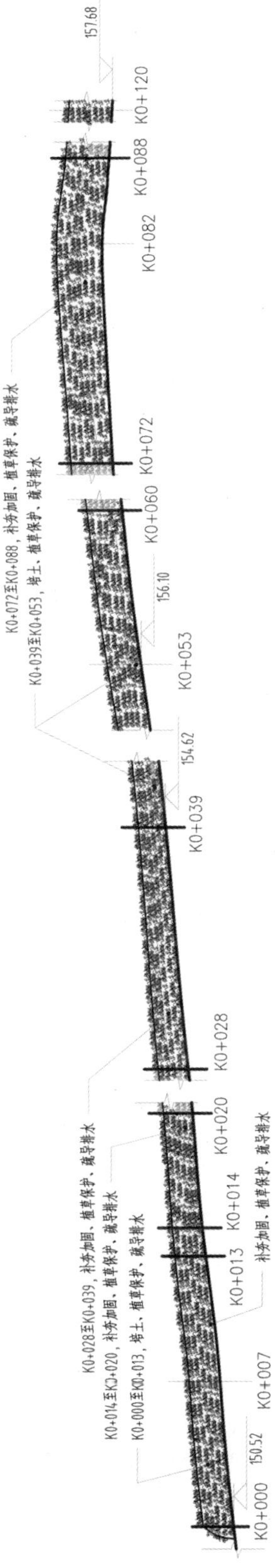

K0+000至K0+120墙体立面设计图1:200

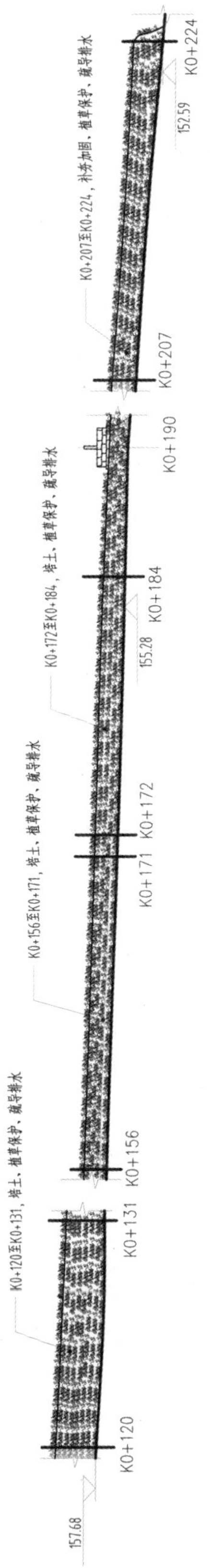

K0+120至K0+224墙体立面设计图1:200

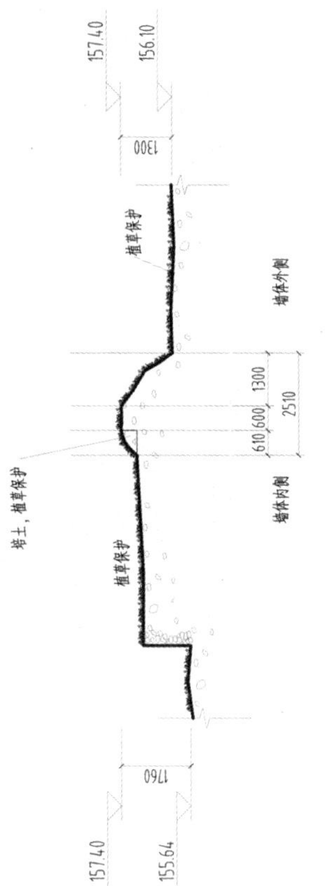

K0+053剖面设计图1:120

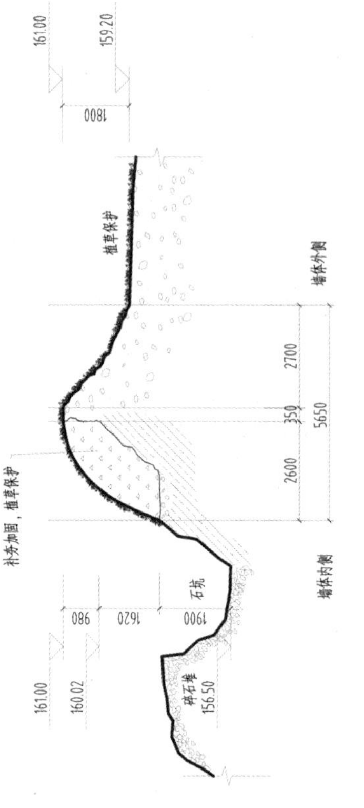

K0+099剖面设计图1:120

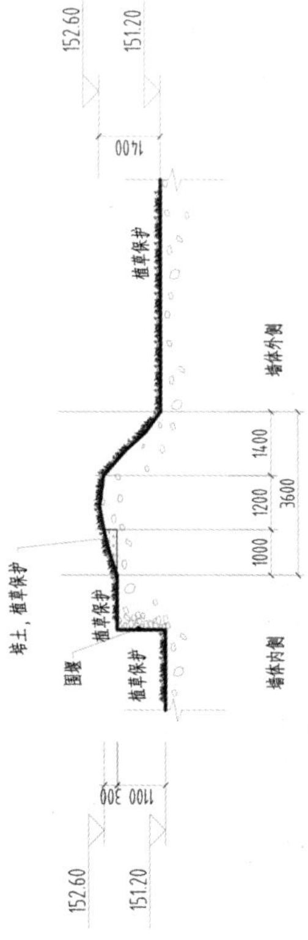

K0+007剖面设计图1:120

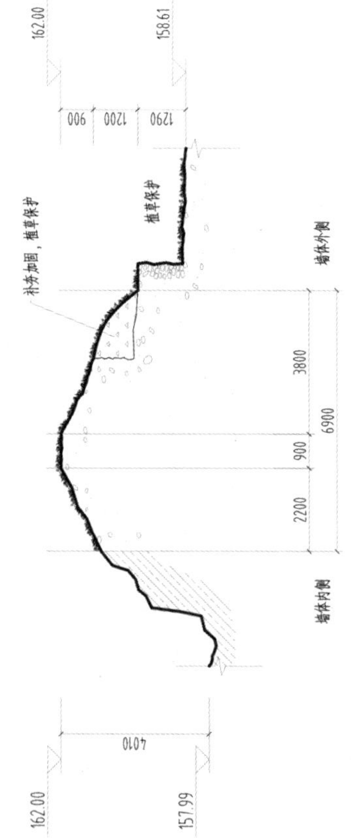

K0+082剖面设计图1:120

齐长城沂山椁根腿东岭段维修保护方案

2012 年 8 月，该方案获国家文物局批复同意（文物保函〔2012〕1785 号)。2013 年 3 月，根据国家文物局批复意见对该方案进行了修改和完善。

现状勘察报告

一、文物概况

齐长城临朐段总长 64.89 公里，占齐长城总长约 1/10；保存墙体长度 37.73 公里，约占齐长城现存墙体总长的 1/9。此段长城位于整个齐长城的中部，临近齐都临淄，战略地位重要，是齐国的防御重点；借助沂山山脉自然地势布置齐长城主线及穆陵关支线两条线路，要冲地带重点加固，烽火台、寨堡等相关遗存丰富。

本方案所选取的“齐长城沂山椁根腿东岭段”属齐长城主线，全长 5137 米，高程最大落差 270 余米。自南端椁根腿村南山三叉点起，经过燕子堐顶，顺山脊向东北方向，穿过大关水库（长城湖)，至草参亭东山山顶止。其起点椁根腿村南山三叉点是齐长城主线、支线的交汇点，也是整个齐长城的重要节点。

二、自然地理环境

（一） 地理位置

临朐县位于东经 118°14′—118°49′、北纬 36°04′—36°37′，地处鲁中、沂山北麓、弥河上游、潍坊市西南隅。其东与昌乐县、安丘市毗连，西界淄川区，南与沂水、沂源县接壤，北邻青州市，总面积1833平方公里。

齐长城沂山梓根腿东岭段位于临朐县东南隅、沂山东麓，西侧自南向北分别为梓根腿村、灰泉子村、前唐家河村、后唐家河村，东侧自南向北分别为祝家西沟村、南草山亭村、北祝家店子村，周边有东镇庙、法云寺等众多历史人文景观。

（二） 气候水文

临朐县气候属温带大陆性季风气候，年平均温度12.4°C，平均降水量为709.9毫米（其中沂山范围内年降水量845.9毫米，集中在夏季，6、7、8、9月降水量达525.1毫米，占年降水量的62%），历年最大冻土层深度为490毫米。年平均风速为2.7米/秒，主导风向为南风，出现频率15%，其次为北风，出现频率为10%。年总日照时数在2261.1—2779.3小时之间，年平均日照率为58%。此种气候条件对齐长城保存的主要影响因素为大气降水。

临朐县境内共有大小河流230条，多属雨源性河流，其中较大者57条，分属弥河、汶河两水系。汶水源自沂山东、北麓，县境内长30公里，齐长城沂山梓根腿东岭段墙体所经大关水库即为汶水汇聚而成。该水库汛中水位239米，最高水位242米。

（三） 植被覆盖

沂山整体植被覆盖率较高，达98.6%。现有植被均为次生植被和人工植被，且分布较有规律。落叶阔叶林主要有麻栎林、刺槐林、杂木林等，针叶林主要有赤松林、油松林、黑松林等，针阔混交林则主要以赤松、麻栎混交而成；灌草丛种类较多，主要有胡枝子—苔草属灌草丛，荆条、酸枣—结缕草、黄背草灌草丛，荆条、酸枣—白羊草、百里香灌草丛等。

齐长城沂山梓根腿东岭段位于沂山东麓，海拔250米至520米之间，属低山坡麓带。其两侧植被自下而上依次表现为结缕草丛，荆条、酸枣—结缕草、黄背草灌草丛，刺槐林，刺槐、麻栎杂木林，赤松、麻栎混交林，油松林。其中，结缕草、荆条、刺槐及油松覆盖率较高，为优势品种。

油松林、麻栎林多为自然生长，其中油松景观效果较好。刺槐林多为人工种植。

三、历史沿革（略）

四、价值评估（略）

五、形制特征

在2008年齐长城资源调查中，针对该段墙体保存程度的好差、折拐、消失等不同因素，共采集GPS点20个（由椁根腿村南山三叉点至草参亭东山山顶以01至20逐次编号），形成段落19段；2011年详细勘查测绘时沿用了这一段落划分方式。

齐长城沂山椁根腿东岭段墙体总体看来具有遗迹明显、走势清晰、墙体砌筑类型明确等特点；综合01、14、15、19各段墙体的保存情况可以判定，此段墙体构筑方式单一并具有延续性。墙体类型为土石混筑双面石墙，即构筑时外观以石砌为主，内以泥土和石头混合砌筑夯实。

对该段墙体起止点及中部多个剖断面进行分析：01段至11段，在墙体顶部两侧多处发现石块砌筑边墙遗迹，砌筑方式为内外毛石干垒包边，宽度1—1.2米，无勾缝，墙体顶部及墙芯部分多为砂土或石块填充。第14—15段的墙体断面，夯层较清晰，外侧有明显石块垒砌边墙痕迹，宽度约1.2米；墙芯多为砂土夯筑，夯层较清晰，夯层厚度10—25厘米，以褐色沙土为主，夹杂石块砂砾。其中14点附近夯层较厚，约15—25厘米，石块砂砾含量60%左右；15点附近夯层厚10—15厘米，石块砂砾含量较低，约为10%。该段墙体整体内部墙芯采用夯筑形式，但夯筑厚度及组成不均一，应与就地取材等因素有一定关系。

02点墙体边墙遗迹

15点墙体断面夯层形式

结合以上因素及《齐长城南草山亭村北段勘探报告》可知，本段墙体原砌筑方式是两侧用毛石干垒包边（宽度在1米左右，双层毛石干垒，无勾缝），内部以土石夯筑填充；墙体两侧垒砌时，会对石块略加修整，使其大小搭配，垫塞平稳；内部以土石填充，逐层夯筑，夯筑层每层厚10—25厘米，层次分明。墙体材料为就地取材，即选择两侧山体石块和砂土，略加修整后应用于墙体。

六、保存现状

（一）现状勘察综述

第01—11段墙体病害原因主要以自然残损为主，保存状况相对较好。地表可见含塌落底宽8—10米，顶宽5—8米，墙体两侧边墙砌筑痕迹较明显，宽1—1.2米，整体高度在1.5—3.5米范围内，其中08—09段墙体保存最好，较多保留了原构筑特征。此段墙体顶部及两侧植被覆盖率较高，03—07段墙体尤甚，两侧植被过于茂密，仅余墙体顶部人行小道。

第12—14段墙体病害原因除自然残损外，还包括局部道路截断、占压，保存情况一般。地表可见含塌落底宽8—10米，顶宽5—8米，边墙痕迹模糊。此段墙体基本保留了原构筑特征，植被以大面积结缕草皮及少量荆条灌丛为主，景观视线较好，但周边梯田及车行道路影响了遗址周边环境。

第15—17段墙体保存情况相对较差，为明确齐长城遗址的走向、划定文物遗址的保护范围，相关管理部门对该段墙体进行了初步考古勘探，并得出该段墙体走向及现存形制的勘探结果。第15段墙体因人为因素已无明确遗迹。16点位置为一冲沟。第16—17段墙体由于人为因素导致严重破坏，现仅残存底部基础，基底残宽5—7米，残高0.1—1.1米；顶部覆盖酸枣等灌丛植被，边墙已全部缺失，墙体外陡内缓，外侧陡面可见墙体夯筑层痕迹，无植被覆盖，局部塌落，墙体稳定性及水土保持情况堪忧。17点位置有抗战时期日伪碉堡，该碉堡是在一处齐长城原有建筑遗址上修建的。该遗址内曾发掘出刀币、青铜剑等文物，应为一处与齐长城密切相关的军事类建筑。现存碉堡也保存了抗战时期的部分历史信息。

第18—19段墙体因水库占压已消失。

（二） 现状勘察详表

图表中将各点段墙体的保存程度划分为较好、一般、较差、差、消失五个等级，等级划分均以齐长城资源调查结果依据；稳定程度划分为稳定、基本稳定、破坏趋势、持续破坏四个等级，主要依据墙体保存现状中存在的各种问题是否可能继续发展进而影响墙体来划分。

（三） 各点勘察报告

<table>
<tr><td colspan="4">01 点墙体勘查报告</td></tr>
<tr><td rowspan="2">位置</td><td>地理位置</td><td colspan="2">桲根腿村南山三叉点</td></tr>
<tr><td>GPS 坐标</td><td colspan="2">东经：118°40′13.60″，北纬：36°10′11.90″，高程：512 米</td></tr>
<tr><td colspan="2">特征点性质</td><td colspan="2">起点、折点，位于齐长城主线与齐长城—穆陵关线西侧交汇点处，该点南侧为穆陵关线，西侧为主线桲根腿段，北侧为桲根腿东岭段</td></tr>
<tr><td colspan="2">本体保存情况</td><td colspan="2">墙体外侧高度 2.5 米左右，内侧高度 1.5 米，墙体顶宽约 8 米，底宽（含塌落）共计约 10.1 米，墙体两侧均无边墙痕迹</td></tr>
<tr><td colspan="2">现状照片</td><td colspan="2">
由南向北拍摄</td></tr>
<tr><td colspan="3">现状病害</td><td>原因分析</td></tr>
<tr><td colspan="3">1. 塌落：两侧已无边墙痕迹，内侧塌落坡宽 3 米左右，外侧 2 米左右
2. 种植树木：本体上生长油松 4 株，树径约 10 厘米，根系生长影响墙体；塌落坡上生长油松 3 株，均为幼株，树径不足 5 厘米
3. 低矮灌木及乔木：多为荆条、胡枝子等，高度约 1 米，共计约 4 平方米
4. 草皮：草皮覆盖率约为 70%，草皮主要由结缕草、黄背草、野古草等组成</td><td>自然塌落、自然生长、人工造林、过度放牧</td></tr>
<tr><td colspan="2">现状评估</td><td colspan="2">树木根系对墙体产生影响，草皮覆盖率偏低造成水土流失</td></tr>
<tr><td>保存程度</td><td>一般</td><td>稳定程度</td><td>基本稳定</td></tr>
</table>

<table>
<tr><th colspan="4">02 点墙体勘查报告</th></tr>
<tr><td rowspan="2">位置</td><td>地理位置</td><td colspan="2">椁根腿东岭，燕子堐顶</td></tr>
<tr><td>GPS 坐标</td><td colspan="2">东经：118°40′17.40″，北纬：36°10′22.40″，高程：520 米</td></tr>
<tr><td colspan="2">特征点性质</td><td colspan="2">拐点、折点；此点位于 01 点北 350 米、03 点西南 97 米处，为整个椁根腿东岭段海拔最高点</td></tr>
<tr><td colspan="2">本体保存情况</td><td colspan="2">墙体外侧高 2 米，内侧高 1.3 米左右，顶宽 5.5 米，底宽（含塌落）共计 8.2 米，墙体内侧边墙遗迹明显</td></tr>
<tr><td colspan="2">现状照片</td><td colspan="2">
由西向东拍摄</td></tr>
<tr><td colspan="3">现状病害</td><td>原因分析</td></tr>
<tr><td colspan="3">1. 塌落：两侧有边墙痕迹，内侧塌落坡宽 3 米左右，外侧 2.5 米左右
2. 种植树木：无树木生长
3. 低矮灌木及乔木：此点多为荆条、胡枝子等，共计约 1 平方米
4. 草皮：草皮覆盖率约为 40%，草皮主要由结缕草、黄背草、野古草等组成</td><td>自然塌落、自然生长、人工造林、过度放牧</td></tr>
<tr><td colspan="2">现状评估</td><td colspan="2">草皮覆盖率偏低造成水土流失</td></tr>
<tr><td colspan="2">保存程度</td><td>一般</td><td>稳定程度　　基本稳定</td></tr>
</table>

<table>
<tr><th colspan="3">03 点墙体勘查报告</th></tr>
<tr><td rowspan="2">位置</td><td>地理位置</td><td>椁根腿东岭，山腰</td></tr>
<tr><td>GPS 坐标</td><td>东经：118°40′21.30″，北纬：36°10′23.70″，高程：504 米</td></tr>
<tr><td colspan="2">特征点性质</td><td>折点；此点位于 02 点东北 97 米、04 点西南 190 米处</td></tr>
<tr><td colspan="2">本体保存情况</td><td>该点墙体保存一般，外侧高 1.5 米，内侧高 1.3 米左右，墙体顶宽 5.3 米，底宽 8 米，墙体内侧边墙遗迹明显</td></tr>
</table>

（续表）

现状照片	 由西向东拍摄		
现状病害		原因分析	
1. 塌落：两侧有边墙痕迹，内侧塌落坡宽 3 米左右，外侧 4 米左右 2. 种植树木：本体上无树木生长，外侧塌落坡上有 3 株刺槐生长，树径均小于 5 厘米 3. 低矮灌木及乔木：本体顶部两侧有荆条、胡枝子等生长，共计约 2 平方米 4. 草皮：草皮覆盖率约为 70%，草皮主要由结缕草、黄背草、野古草等组成		自然塌落、自然生长、人工造林、过度放牧	
现状评估	草皮覆盖率偏低造成水土流失		
保存程度	一般	稳定程度	基本稳定

04 点墙体勘查报告		
位置	地理位置	梓根腿东岭，山谷
	GPS 坐标	东经：118°40′25.70″，北纬：36°10′28.40″，高程：483 米
特征点性质		折点；此点位于 03 点东北 190 米、05 点西南 329 米处
本体保存情况		道路截断占压
现状照片		 由南向北拍摄

（续表）

现状病害			原因分析
1. 道路截断：墙体被道路截断，被截断墙体宽约 4 米 2. 灌木生长：南、北侧断面上均有灌木生长，多为荆条、胡枝子等，高约 1.4 米，其根系危害本体			修建道路
现状评估	灌木生长、墙体断面裸露		
保存程度	差	稳定程度	破坏趋势

05 点墙体勘查报告				
位置	地理位置	桲根腿东岭，山顶		
	GPS 坐标	东经：118°40′31.20″，北纬：36°10′35.80″，高程：498 米		
特征点性质		拐点、折点；此点位于 04 点东北 329 米、06 点东南 149 米处		
本体保存情况		墙体外侧高 1.3 米，内侧高 1.5 米，顶宽 5.2 米，底宽（含塌落）8.1 米，墙体内侧边墙遗迹明显		
现状照片		 由南向北拍摄		
现状病害				原因分析
1. 塌落：墙体两侧塌落，外侧已无边墙痕迹，内侧塌落宽 2 米左右，外侧 3 米左右 2. 种植树木：本体上有油松一株，树径小于 10 厘米，其根系危害墙体 3. 低矮灌木及乔木：本体顶部两侧有荆条、胡枝子、麻栎等生长，高 1.4 米左右，共计约 4 平方米 4. 草皮：草皮覆盖率约为 70%，草皮主要由结缕草、黄背草、野古草等组成				自然塌落、自然生长、人工造林、过度放牧
现状评估		草皮覆盖率偏低造成水土流失，树木根系对墙体产生影响		
保存程度		一般	稳定程度	基本稳定

<table>
<tr><td colspan="4">06 点墙体勘查报告</td></tr>
<tr><td rowspan="2">位置</td><td>地理位置</td><td colspan="2">桲根腿东岭，山顶</td></tr>
<tr><td>GPS 坐标</td><td colspan="2">东经：118°40′30.30″，北纬：36°10′40.30″，高程：484 米</td></tr>
<tr><td colspan="2">特征点性质</td><td colspan="2">拐点、折点；此点位于 05 点西北 149 米、07 点西南 282 米处</td></tr>
<tr><td colspan="2">本体保存情况</td><td colspan="2">墙体外侧高 2 米，内侧高 1.3 米，顶宽 5.5 米，底宽（含塌落）共计约 8 米</td></tr>
<tr><td colspan="2">现状照片</td><td colspan="2">
由南向北拍摄</td></tr>
<tr><td colspan="3">现状病害</td><td>原因分析</td></tr>
<tr><td colspan="3">1. 塌落：墙体两侧塌落，内侧塌落宽 2 米左右，外侧 3 米左右
2. 种植树木：本体上有油松 3 株，树径约 10 厘米，其根系危害墙体，两侧均无其他树木
3. 低矮灌木：本体顶部外侧有荆条、胡枝子、麻栎等生长，均高 1 米左右
4. 草皮：草皮覆盖率约为 90%，草皮主要由结缕草、黄背草、野古草等组成
5. 道路：内部紧靠墙体处有登坡小路</td><td>自然塌落、自然生长、人工造林、过度放牧</td></tr>
<tr><td colspan="2">现状评估</td><td colspan="2">树木根系对墙体产生影响</td></tr>
<tr><td>保存程度</td><td>一般</td><td>稳定程度</td><td>基本稳定</td></tr>
</table>

<table>
<tr><td colspan="3">07 点墙体勘查报告</td></tr>
<tr><td rowspan="2">位置</td><td>地理位置</td><td>桲根腿东岭，山顶</td></tr>
<tr><td>GPS 坐标</td><td>东经：118°40′35.30″，北纬：36°10′48.20″，高程：475 米</td></tr>
<tr><td colspan="2">特征点性质</td><td>拐点、折点；此点位于 06 点东北 282 米、08 点西南 150 米处</td></tr>
<tr><td colspan="2">本体保存情况</td><td>该点处墙体保存一般，外侧高 2 米，内侧高 1.6 米，顶宽 5.5 米，底宽 7 米，墙体两侧边墙遗迹明显</td></tr>
</table>

（续表）

现状照片	 由南向北拍摄		
现状病害			原因分析
1. 塌落：墙体两侧塌落，内侧塌落宽 4 米左右，外侧 2 米左右 2. 种植树木：本体上无树木，内侧塌落坡上有油松 1 株，树径小于 10 厘米 3. 低矮灌木：本体顶部及塌落两侧均为荆条、胡枝子、麻栎等，均高 1.4 米左右，布满本体及塌落坡 4. 草皮：草皮覆盖率约为 90%，草皮主要由结缕草、黄背草、野古草等组成 5. 道路：内部紧靠塌落坡处有登坡小路			自然塌落、自然生长、人工造林、过度放牧
现状评估	灌木根系对墙体产生影响		
保存程度	一般	稳定程度	稳定

08 点墙体勘查报告		
位置	地理位置	椁根腿东岭，山顶
	GPS 坐标	东经：118°40′39.00″，北纬：36°10′51.40″，高程：465 米
特征点性质		拐点、折点；此点位于 07 点东北 150 米、09 点南 353 米处
本体保存情况		道路截断占压

（续表）

现状照片	 由南向北拍摄		
现状病害			原因分析
1. 道路：该点处墙体遭到道路截断，截断宽约 6 米，截面高 1.4 米，墙体顶宽 5.5 米，底宽 8.6 米，内侧边墙遗迹明显，内部墙体砂石遗迹明显 2. 灌木生长：南北两侧断面上有灌木生长，多为荆条，高约 1.5 米，其根系危害墙体			修建道路
现状评估	灌木生长、墙体断面裸露		
保存程度	差	稳定程度	破坏趋势

09 点墙体勘查报告			
位置	地理位置	梈根腿东岭，山顶	
	GPS 坐标	东经：118°40′40.20″，北纬：36°11′02.60″，高程：450 米	
特征点性质		拐点、折点、墙体特征变化点；此点位于 08 点北 353 米、10 点西南 380 米处	
本体保存情况		由此点开始墙体保存情况发生变化，墙体比前面段落明显变高；墙体顶宽 8.2 米，底宽（含塌落）共计 10.3 米，高度 2.5—3.5 米，两侧石砌边墙整齐，墙体最高 1.5 米左右	
现状照片		 由西向东拍摄	
现状病害			原因分析

（续表）

1. 塌落：墙体两侧塌落，内侧塌落宽 2 米左右，外侧 3 米左右 2. 种植树木：本体上有油松 3 株，树径约 10 厘米，其根系危害墙体，两侧无其他树木 3. 低矮灌木：墙体塌落坡上为荆条、胡枝子等，均高 1 米左右 4. 草皮：草皮覆盖率约为 70%，草皮主要由结缕草、黄背草、野古草等组成 5. 道路：内部紧靠塌落坡外侧有登坡小路			自然塌落、自然生长、人工造林、过度放牧
现状评估	树木根系对墙体产生影响		
保存程度	较好	稳定程度	稳定

10 点墙体勘查报告				
位置	地理位置	桲根腿东岭，山顶		
	GPS 坐标	东经：118°40′50.30，北纬：36°11′11.30″，高程：405 米		
特征点性质		折点、墙体特征变化点；此点位于 09 点东北 380 米、11 点西南 231 米处		
本体保存情况		由此点开始墙体保存情况发生变化，墙体比前面段落明显变低；整体保存较好，顶宽 6.2 米，底宽（含塌落）共计 8.3 米，外侧高 1.5—2.5 米，两侧边墙痕迹明显		
现状照片		 **由南向北拍摄**		
现状病害				原因分析
1. 塌落：墙体两侧塌落，内侧塌落宽 4 米左右，外侧 3 米左右 2. 种植树木：本体上无树木生长，外侧有刺槐 4 株，树径均小于 5 厘米 3. 低矮灌木：顶部外侧及塌落坡上为多为荆条、胡枝子等，均高 1 米左右 4. 草皮：草皮覆盖率约为 70%，草皮主要由结缕草、黄背草、野古草等组成				自然塌落、自然生长、人工造林、过度放牧
现状评估		草皮覆盖率偏低造成水土流失，树木根系对墙体产生影响		
保存程度		一般	稳定程度	基本稳定

<table>
<tr><td colspan="4">11 点墙体勘查报告</td></tr>
<tr><td rowspan="2">位置</td><td>地理位置</td><td colspan="2">椁根腿东岭，山顶</td></tr>
<tr><td>GPS 坐标</td><td colspan="2">东经：118°40′58.10″，北纬：36°11′14.70″，高程：393 米</td></tr>
<tr><td colspan="2">特征点性质</td><td colspan="2">折点、墙体特征变化点；此点位于 10 点东北 231 米、12 点西南 182 米处</td></tr>
<tr><td colspan="2">本体保存情况</td><td colspan="2">墙体顶宽约 6 米，底宽（含塌落）10 米左右，内外两侧高度均在 1.5 米左右</td></tr>
<tr><td colspan="2">现状照片</td><td colspan="2">
由北向南拍摄</td></tr>
<tr><td colspan="3">现状病害</td><td>原因分析</td></tr>
<tr><td colspan="3">1. 塌落：墙体两侧塌落，内侧塌落宽 3 米左右，外侧 3 米左右
2. 种植树木：本体顶部外侧有刺槐 4 株，树径均小于 5 厘米，内侧有油松 2 株，树径均小于 10 厘米，树木根系生长对墙体产生影响
3. 低矮灌木：墙体顶部两侧及塌落坡上有荆条生长，均高 1 米左右
4. 草皮：草皮覆盖率约为 60%，草皮主要由结缕草、黄背草、野古草等组成</td><td>自然塌落、自然生长、人工造林、过度放牧</td></tr>
<tr><td>现状评估</td><td colspan="3">草皮覆盖率偏低造成水土流失，树木根系对墙体产生影响</td></tr>
<tr><td>保存程度</td><td>一般</td><td>稳定程度</td><td>基本稳定</td></tr>
</table>

<table>
<tr><td colspan="3">12 点墙体勘查报告</td></tr>
<tr><td rowspan="2">位置</td><td>地理位置</td><td>椁根腿东岭，山脊</td></tr>
<tr><td>GPS 坐标</td><td>东经：118°41′04.50″，北纬：36°11′17.60″，高程：375 米</td></tr>
<tr><td colspan="2">特征点性质</td><td>折点、墙体特征变化点；此点位于 11 点东北 182 米、13 点西南 173 米处</td></tr>
<tr><td colspan="2">本体保存情况</td><td>该点处依靠巨大山石为防，两侧连接墙体。现山石高 2.5 米，宽 5 米左右，长约 6 米，顶部及两侧均未发现砌筑墙体</td></tr>
</table>

（续表）

现状照片	 **由西向东拍摄**		
现状病害			原因分析
巨大山石，自然风化			自然塌落
现状评估	以山石为墙体		
保存程度	较好	稳定程度	稳定

13 点墙体勘查报告			
位置	地理位置	桲根腿东岭，山脊	
	GPS 坐标	东经：118°41′09.30″，北纬：36°11′21.40″，高程：363 米	
特征点性质		拐点、折点、墙体特征变化点；此点位于 12 点东北 173 米、14 点西南 260 米处	
本体保存情况		墙体整体保存一般，顶宽 8 米，底宽（含塌落）共计 10.1 米，外侧高 2 米左右，内侧高 2.5 米左右	
现状照片		 **由南向北拍摄**	
现状病害			原因分析

（续表）

1. 塌落：墙体两侧塌落，内侧塌落宽3米左右，外侧2米左右 2. 低矮灌木：墙体顶部两侧及塌落坡上有荆条生长，均高1米左右 3. 草皮：草皮覆盖率约为60%，草皮主要由结缕草、黄背草、野古草等组成			自然塌落、自然生长、过度放牧
现状评估	草皮覆盖率偏低造成水土流失		
保存程度	一般	稳定程度	基本稳定

14点墙体勘查报告				
位置	地理位置	椁根腿东岭，山脊		
	GPS坐标	东经：118°41′16.80″，北纬：36°11′26.70″，高程：318米		
特征点性质		拐点、折点、墙体特征变化点；此点位于13点东北260米、15点西南187米处		
本体保存情况		此点处裸露墙体剖面，顶宽8米，底宽10.1米，外侧高2米左右，内侧高1.5米左右		
现状照片		 **由东向西拍摄**		
现状病害				原因分析
1. 塌落：墙体两侧塌落，内侧塌落宽3米左右，外侧2米左右 2. 低矮灌木：墙体顶部两侧及塌落坡上有荆条生长，均高1米左右 3. 草皮：草皮覆盖率约为70%，草皮主要由结缕草、黄背草、野古草等组成 4. 道路：道路截断墙体，墙体断面裸露				自然塌落、自然生长、修建道路
现状评估		草皮覆盖率偏低造成水土流失，山体断面裸露		
保存程度		差	稳定程度	持续破坏

15点墙体勘查报告		
位置	地理位置	椁根腿东岭，山脊
	GPS坐标	东经：118°41′23.10″，北纬：36°11′29.60″，高程：296米
特征点性质		拐点、折点、墙体特征变化点；此点位于14点东北187米、16点西南241米处

（续表）

<table>
<tr><td>本体保存情况</td><td colspan="3">该点处墙体遭到道路截断，形成断面，且该点向北均遭到道路破坏占压。断面裸露，断面残高 3 米左右，宽 7 米左右，两侧均未发现边墙截面</td></tr>
<tr><td>现状照片</td><td colspan="3">
由东北向西南拍摄</td></tr>
<tr><td colspan="3">现状病害</td><td>原因分析</td></tr>
<tr><td colspan="3">1. 塌落：墙体两侧塌落，内侧塌落宽 3 米左右，外侧 2 米左右
2. 草皮：草皮覆盖率约为 80%，草皮主要由结缕草、黄背草、野古草等组成
3. 道路：道路截断墙体，墙体断面裸露</td><td>自然塌落、自然生长、修建道路</td></tr>
<tr><td>现状评估</td><td colspan="3">草皮覆盖率偏低造成水土流失，山体断面裸露</td></tr>
<tr><td>保存程度</td><td>差</td><td>稳定程度</td><td>持续破坏</td></tr>
</table>

<table>
<tr><th colspan="3">16 点墙体勘查报告</th></tr>
<tr><td rowspan="2">位置</td><td>地理位置</td><td>椁根腿东岭，山脊</td></tr>
<tr><td>GPS 坐标</td><td>东经：118°41′27.40″，北纬：36°11′36.30″，高程：269 米</td></tr>
<tr><td colspan="2">特征点性质</td><td>拐点、折点、墙体特征变化点；此点位于 15 点东北 241 米、17 点西南 316 米处</td></tr>
<tr><td colspan="2">本体保存情况</td><td>墙体遗址整体保存情况差，道路截断墙体形成剖面，剖面高 1 米，宽 3 米左右。墙体顶部有灌木生长</td></tr>
<tr><td colspan="2">现状照片</td><td>
由东北向西南拍摄</td></tr>
</table>

（续表）

现状病害			原因分析
1. 塌落：墙体两侧塌落，内侧塌落宽 3 米左右，外侧 2 米左右 2. 草皮：草皮覆盖率约为 80%，草皮主要由结缕草、黄背草、野古草等组成 3. 道路：道路截断墙体，墙体断面裸露			自然塌落、自然生长、修建道路
现状评估	草皮覆盖率偏低造成水土流失，山体断面裸露		
保存程度	差	稳定程度	持续破坏

17 点墙体勘查报告				
位置	地理位置	椁根腿东岭，山脊		
	GPS 坐标	东经：118°41′34.00″，北纬：36°11′44.30″，高程：271 米		
特征点性质		拐点、折点、墙体特征变化点；此点位于 16 点东北 316 米、18 点西南 67 米处		
本体保存情况		此处墙体遗迹明显，其上有抗战时期碉堡一处，碉堡占压墙体。该处墙体残存顶宽 1.2 米，两侧高 1.4 米左右，底宽 2 米左右		
现状照片		 由西向东拍摄		
现状病害				原因分析
碉堡占压				军事原因
现状评估		占压		
保存程度		差	稳定程度	持续破坏

18 点墙体勘查报告		
位置	地理位置	大关水库西岸
	GPS 坐标	东经：118°41′35.70″，北纬：36°11′45.70″，高程 258 米
特征点性质		拐点、折点、墙体特征变化点；此点位于 17 点东北 67 米、19 点西南 840 米处
本体保存情况		该点墙体位于道路南侧，已无明显墙体剖面，但遗迹明显，墙体宽 1.2 米左右，高 0.5 米左右。墙体由此点向东北，墙体消失

（续表）

现状照片	 由南向北拍摄		
现状病害			原因分析
道路占压，已无明显地表遗迹			修建道路
现状评估	占压		
保存程度	差	稳定程度	持续破坏

19 点墙体勘查报告				
位置	地理位置	大关水库东岸		
	GPS 坐标	东经：118°42′02.60″，北纬：36°11′52.30″，高程：248 米		
特征点性质		拐点、折点、墙体特征变化点；此点位于 18 点东北 840 米、20 点西北 360 米处		
本体保存情况		地表基本无遗迹		
现状照片		 由东北向西南拍摄		
现状病害				原因分析
已无明显地表遗迹				修建道路
现状评估		占压		
保存程度		差	稳定程度	持续破坏

<table>
<tr><th colspan="5">20 点墙体勘查报告</th></tr>
<tr><td rowspan="2">位置</td><td>地理位置</td><td colspan="3">草参亭东山山顶</td></tr>
<tr><td>GPS 坐标</td><td colspan="3">东经：118°42′16.10″，北纬：36°11′49.00″，高程：315 米</td></tr>
<tr><td colspan="2">特征点性质</td><td colspan="3">拐点、折点、墙体特征变化点；此点位于 19 点西南 360 米</td></tr>
<tr><td colspan="2">本体保存情况</td><td colspan="3">该点处开始有遗迹出现，此点有一蓄水池，圆形，直径 8 米左右，高 2.5 米左右，紧邻蓄水池东侧出现墙体</td></tr>
<tr><td colspan="2">现状照片</td><td colspan="3">
由西向东拍摄</td></tr>
<tr><td colspan="4">现状病害</td><td>原因分析</td></tr>
<tr><td colspan="4">蓄水池占压</td><td>水利建设</td></tr>
<tr><td colspan="2">现状评估</td><td colspan="3">占压</td></tr>
<tr><td colspan="2">保存程度</td><td>差</td><td>稳定程度</td><td>持续破坏</td></tr>
</table>

（四） 各段勘察报告

<table>
<tr><th colspan="6">01 段墙体残破现状</th></tr>
<tr><td>位置</td><td colspan="5">01—02 点间</td></tr>
<tr><td rowspan="3">段落情况</td><td>走向</td><td>墙体南北走势</td><td rowspan="2">变化趋势</td><td rowspan="2" colspan="2">由 01 点海拔 512 米开始，从南向北沿山脊逐步升高，至 02 点海拔 520 米，最大高差 8 米</td></tr>
<tr><td>长度</td><td>总长 350 米</td></tr>
<tr><td>墙体情况</td><td colspan="4">该段落墙体外侧高度 1.5 米，内侧高 1 米左右，墙体顶宽约 5 米，底宽（含塌落）约 8.1 米；墙体两侧边墙砌筑遗址明显，两侧边墙宽 1—1.2 米</td></tr>
<tr><td colspan="6">现状照片</td></tr>
</table>

（续表）

<table>
<tr><td colspan="2">
由东向西拍摄</td><td colspan="2">
由北向南拍摄</td></tr>
<tr><td colspan="3">详细描述</td><td>破损原因</td></tr>
<tr><td colspan="3">1. 塌落：墙体塌落严重，内侧塌落宽 2 米左右，外侧 3.5 米左右
2. 种植树木：整段墙体本体上有少量树木生长，主要集中在 01 点，其余地段基本无树木生长；两侧塌落坡上有油松、刺槐生长，多为幼苗，树径均在 5 厘米左右。本体及塌落坡上，直径 10 厘米左右的树木约有 10 株，直径小于 5 厘米的树木约有 50 株
3. 低矮灌木和乔木：本体两侧多有荆条、胡枝子生长，塌落外坡上覆盖率约为 70%，内侧覆盖率为 20%。其高度不等，多高 1 米左右
4. 草皮：基本以结缕草、黄背草等为主，因踩踏造成草皮覆盖度低，顶部约 3 米宽的区域草皮覆盖度较低，覆盖率不足 50%，其余位置覆盖率在 80% 左右</td><td>自然塌落、水土流失、植被生长、过度放牧</td></tr>
<tr><td>现状评估</td><td colspan="3">两侧树木植被影响</td></tr>
<tr><td>保存程度</td><td>一般</td><td>稳定程度</td><td>基本稳定</td></tr>
</table>

<table>
<tr><td colspan="6">02 段墙体残破现状</td></tr>
<tr><td>位置</td><td colspan="5">02—03 点间</td></tr>
<tr><td rowspan="3">段落情况</td><td>走向</td><td>西南—东北</td><td rowspan="2">变化趋势</td><td rowspan="2" colspan="2">由 02 点海拔 520 米开始，从南向北沿山脊逐步降低，至 03 点海拔 504 米，最大高差 16 米</td></tr>
<tr><td>长度</td><td>97 米</td></tr>
<tr><td>墙体情况</td><td colspan="4">该段落墙体外侧高度 1.5 米，内侧高度 1 米左右，墙体顶宽约 5 米，底宽（含塌落）约 8.5 米；间断出现两侧边墙砌筑遗址，两侧边墙宽度 1—1.2 米</td></tr>
<tr><td colspan="6">现状照片</td></tr>
<tr><td colspan="3">
由东北向西南拍摄</td><td colspan="3">
由南向北拍摄</td></tr>
<tr><td colspan="5">详细描述</td><td>破损原因</td></tr>
</table>

（续表）

<table>
<tr><td colspan="3">1. 塌落：墙体塌落严重，内侧塌落宽约3米左右，外侧3.5米左右
2. 种植树木：全段本体外侧基本以刺槐林为主，中间夹杂麻栎，共约200株；本体上基本无树木，内侧基本无树木
3. 低矮灌木和乔木：本体两侧多有荆条、胡枝子生长，高度不等，多高1米左右，塌落外坡上覆盖率约为40%，内侧覆盖率为10%
4. 草皮：基本以结缕草、黄背草等为主，因踩踏造成草皮覆盖度低，覆盖率约为70%</td><td>自然塌落、水土流失、植被生长、过度放牧</td></tr>
<tr><td>现状评估</td><td colspan="3">两侧树木植被影响</td></tr>
<tr><td>保存程度</td><td>一般</td><td>稳定程度</td><td>基本稳定</td></tr>
</table>

<table>
<tr><td colspan="6">03段墙体残破现状</td></tr>
<tr><td>位置</td><td colspan="5">03—04点间</td></tr>
<tr><td rowspan="3">段落情况</td><td>走向</td><td>西南—东北</td><td rowspan="2">变化趋势</td><td rowspan="2" colspan="2">由03点海拔504米开始，从南向北沿山脊逐步降低，至04点海拔483米，最大高差21米</td></tr>
<tr><td>长度</td><td>190米</td></tr>
<tr><td>墙体情况</td><td colspan="4">该段落墙体外侧高1—1.5米，内侧高1—1.4米，墙体顶宽约5.3米，底宽（含塌落）约8.1米；间断出现两侧边墙砌筑遗址，两侧边墙宽1—1.2米</td></tr>
<tr><td colspan="6">现状照片</td></tr>
<tr><td colspan="3">
由东北向西南拍摄</td><td colspan="3">
由北向南拍摄</td></tr>
<tr><td colspan="5">详细描述</td><td>破损原因</td></tr>
<tr><td colspan="5">1. 塌落：墙体塌落严重，内侧塌落宽2米左右，外侧4.5米左右
2. 种植树木：全段本体外侧基本以刺槐林为主，中间夹杂麻栎；本体上有少量树木，多为油松，树径大约10厘米，其余树木均为幼株，树径均小于10厘米
3. 低矮灌木和乔木：本体两侧多有荆条、胡枝子生长，高1.5米左右，塌落外坡上覆盖率约为40%，内侧覆盖率为10%
4. 草皮：基本以结缕草、黄背草等为主，因踩踏造成草皮覆盖度低，覆盖率60%</td><td>自然塌落、水土流失、植被生长、过度放牧</td></tr>
<tr><td>现状评估</td><td colspan="5">两侧树木植被影响</td></tr>
<tr><td>保存程度</td><td colspan="2">一般</td><td>稳定程度</td><td colspan="2">基本稳定</td></tr>
</table>

<table>
<tr><td colspan="5">04 段墙体残破现状</td></tr>
<tr><td>位置</td><td colspan="4">04—05 点间</td></tr>
<tr><td rowspan="3">段落情况</td><td>走向</td><td>西南—东北</td><td rowspan="2">变化趋势</td><td rowspan="2">由 04 点海拔 483 米开始，从南向北沿山脊逐步升高，至 05 点海拔 498 米，最大高差 15 米</td></tr>
<tr><td>长度</td><td>329 米</td></tr>
<tr><td>墙体情况</td><td colspan="3">该段落墙体外侧高 1.5—1.8 米，内侧高 1—1.4 米，墙体顶宽约 5.3 米，底宽（含塌落）约 8.1 米；间断出现两侧边墙砌筑遗址，两侧边墙宽 1—1.2 米</td></tr>
<tr><td colspan="5">现状照片</td></tr>
<tr><td colspan="2">
由东北向西南拍摄</td><td colspan="3">
墙体塌落细部</td></tr>
<tr><td colspan="4">详细描述</td><td>破损原因</td></tr>
<tr><td colspan="4">1. 塌落：墙体塌落严重，内侧塌落宽 3 米左右，外侧 3.5 米左右
2. 种植树木：全段基本以刺槐林为主，中间夹杂麻栎，主要集中在墙体外侧，其中树径 10 厘米左右的约有 10 株，其余树木均为幼株，树径均小于 10 厘米，约 200 株
3. 低矮灌木和乔木：本体两侧多有荆条、胡枝子生长，高 1.5 米左右，本体覆盖率为 60%，塌落外坡上覆盖率为 70%，内侧覆盖率为 50%
4. 草皮：基本以结缕草、黄背草等为主，因踩踏造成草皮覆盖度低，覆盖率为 60%</td><td>自然塌落、水土流失、植被生长、过度放牧</td></tr>
<tr><td>现状评估</td><td colspan="4">两侧树木植被影响</td></tr>
<tr><td>保存程度</td><td colspan="2">一般</td><td>稳定程度</td><td>基本稳定</td></tr>
</table>

<table>
<tr><td colspan="5">05 段墙体残破现状</td></tr>
<tr><td>位置</td><td colspan="4">05—06 点间</td></tr>
<tr><td rowspan="3">段落情况</td><td>走向</td><td>东南—西北</td><td rowspan="2">变化趋势</td><td rowspan="2">由 05 点海拔 498 米开始，从南向北沿山脊逐步降低，至 06 点海拔 484 米，最大高差 14 米</td></tr>
<tr><td>长度</td><td>149 米</td></tr>
<tr><td>墙体情况</td><td colspan="3">该段落墙体外侧高 1.5—2.1 米，内侧高 1.5—1.9 米，墙体顶宽约 5.3 米，底宽（含塌落）约 9.5 米；间断出现两侧边墙砌筑遗址，两侧边墙宽 1—1.2 米</td></tr>
<tr><td colspan="5">现状照片</td></tr>
</table>

（续表）

<table>
<tr><td colspan="2">
由北向南拍摄</td><td colspan="2">
由南向北拍摄</td></tr>
<tr><td colspan="3">详细描述</td><td>破损原因</td></tr>
<tr><td colspan="3">1. 塌落：墙体塌落严重，内侧塌落宽 3.5 米左右，外侧 3.8 米左右
2. 种植树木：全段基本以刺槐林为主，中间夹杂麻栎，主要集中在墙体外侧，本体上有少量油松，其中直径 10 厘米左右的约有 10 株，其余树木均为幼株，树径均小于 10 厘米，约 100 株
3. 低矮灌木和乔木：本体两侧多有荆条、胡枝子生长，高 1.5 米左右，本体覆盖率为 50%，塌落外坡上覆盖率为 70%，内侧覆盖率为 80%
4. 草皮：基本以结缕草、黄背草等为主，墙体中部因放牧登山形成小道，因踩踏造成草皮覆盖度低，覆盖率为 60%</td><td>自然塌落、水土流失、植被生长、过度放牧</td></tr>
<tr><td>现状评估</td><td colspan="3">两侧树木植被影响</td></tr>
<tr><td>保存程度</td><td>一般</td><td>稳定程度</td><td>基本稳定</td></tr>
</table>

<table>
<tr><td colspan="6">06 段墙体残破现状</td></tr>
<tr><td>位置</td><td colspan="5">06—07 点间</td></tr>
<tr><td rowspan="3">段落情况</td><td>走向</td><td>西南—东北</td><td rowspan="2">变化趋势</td><td rowspan="2" colspan="2">由 06 点海拔 484 米开始，从南向北沿山脊逐步降低，至 07 点海拔 475 米，最大高差 9 米</td></tr>
<tr><td>长度</td><td>282 米</td></tr>
<tr><td>墙体情况</td><td colspan="4">该段落墙体外侧高 1—1.8 米，内侧高 1—1.5 米，墙体顶宽约 5.4 米，底宽（含塌落）约 9 米；间断出现两侧边墙砌筑遗址，两侧边墙宽 1—1.2 米</td></tr>
<tr><td colspan="6">现状照片</td></tr>
<tr><td colspan="3">
由北向南拍摄</td><td colspan="3">
由南向北拍摄</td></tr>
<tr><td colspan="5">详细描述</td><td>破损原因</td></tr>
</table>

（续表）

<table>
<tr><td colspan="3">1. 塌落：墙体塌落严重，内侧塌落宽 2.5 米左右，外侧 3.5 米左右
2. 种植树木：全段基本以刺槐林为主，中间夹杂麻栎，主要集中在墙体外侧，本体上有少量油松，其中树径 10 厘米左右的有 6 株，其余树木树径均小于 10 厘米，约有 180 株
3. 低矮灌木和乔木：本体两侧多有荆条、胡枝子生长，高 1.5 米左右，本体覆盖率为 50%，塌落外坡上覆盖率为 70%，内侧覆盖率为 80%
4. 草皮：基本以结缕草、黄背草等为主，覆盖率为 80%</td><td>自然塌落、水土流失、植被生长</td></tr>
<tr><td>现状评估</td><td colspan="3">两侧树木植被影响</td></tr>
<tr><td>保存程度</td><td>一般</td><td>稳定程度</td><td>基本稳定</td></tr>
</table>

<table>
<tr><td colspan="6">07 段墙体残破现状</td></tr>
<tr><td>位置</td><td colspan="5">07—08 点间</td></tr>
<tr><td rowspan="3">段落情况</td><td>走向</td><td>西南—东北</td><td rowspan="2">变化趋势</td><td colspan="2" rowspan="2">由 07 点海拔 475 米开始，从南向北沿山脊逐步降低，至 08 点海拔 465 米，最大高差 10 米</td></tr>
<tr><td>长度</td><td>150 米</td></tr>
<tr><td>墙体情况</td><td colspan="4">该段落墙体外侧高 1.4—1.8 米，内侧高 1.7—1.9 米，墙体顶宽约 5.3 米，底宽（含塌落）约 9 米；间断出现两侧边墙砌筑遗址，两侧边墙宽 1—1.2 米</td></tr>
<tr><td colspan="6">现状照片</td></tr>
<tr><td colspan="3">
墙体细部石块</td><td colspan="3">
由北向南拍摄</td></tr>
<tr><td colspan="5">详细描述</td><td>破损原因</td></tr>
<tr><td colspan="5">1. 塌落：墙体塌落严重，内侧塌落宽约 3.5 米，外侧约 2.5 米
2. 种植树木：全段基本以刺槐林为主，中间夹杂麻栎，主要集中在墙体外侧，其中树木均为幼株，树径均小于 10 厘米，约 90 株
3. 低矮灌木和乔木：本体两侧多有荆条、胡枝子生长，高度 1.2 米左右，本体覆盖率约为 10%，塌落外坡上覆盖率约为 70%，内侧覆盖率为 80%
4. 草皮：基本以结缕草、黄背草等为主，本体顶部为登山道路，草皮覆盖率约为 60%</td><td>自然塌落、水土流失、植被生长、过度放牧</td></tr>
<tr><td>现状评估</td><td colspan="5">两侧树木植被影响</td></tr>
<tr><td>保存程度</td><td colspan="2">一般</td><td>稳定程度</td><td colspan="2">基本稳定</td></tr>
</table>

<table>
<tr><td colspan="5">08 段墙体残破现状</td></tr>
<tr><td>位置</td><td colspan="4">08—09 点间</td></tr>
<tr><td rowspan="3">段落情况</td><td>走向</td><td>西南—东北</td><td rowspan="2">变化趋势</td><td rowspan="2">由 08 点海拔 465 米开始，从南向北沿山脊逐步降低，至 09 点海拔 450 米，最大高差 15 米</td></tr>
<tr><td>长度</td><td>353 米</td></tr>
<tr><td>墙体情况</td><td colspan="3">该段落墙体外侧高 2—2.5 米，内侧高 1.5—1.8 米，墙体顶宽约 5.6 米，底宽（含塌落）约 8.4 米；间断出现两侧边墙砌筑遗址</td></tr>
<tr><td colspan="5">现状照片</td></tr>
<tr><td colspan="3">
由北向南拍摄</td><td colspan="2">
由南向北拍摄</td></tr>
<tr><td colspan="4">详细描述</td><td>破损原因</td></tr>
<tr><td colspan="4">1. 塌落：墙体塌落严重，内侧塌落宽约 2.5 米，外侧约 3 米
2. 种植树木：全段本体上基本无树木，外侧塌落坡上以刺槐林为主，中间夹杂麻栎，其中树木均为幼株，树径均小于 10 厘米，约 290 株
3. 低矮灌木和乔木：本体两侧多有荆条、胡枝子生长，高 1 米左右，本体覆盖率约为 40%，塌落外坡上覆盖率约为 70%，内侧覆盖率为 40%
4. 草皮：基本以结缕草、黄背草等为主，本体顶部为登山道路，草皮覆盖率约为 60%</td><td>自然塌落、水土流失、植被生长、过度放牧</td></tr>
<tr><td>现状评估</td><td colspan="4">两侧树木植被影响</td></tr>
<tr><td>保存程度</td><td colspan="2">一般</td><td>稳定程度</td><td>基本稳定</td></tr>
</table>

<table>
<tr><td colspan="5">09 段墙体残破现状</td></tr>
<tr><td>位置</td><td colspan="4">09—10 点间</td></tr>
<tr><td rowspan="3">段落情况</td><td>走向</td><td>西南—东北</td><td rowspan="2">变化趋势</td><td rowspan="2">由 09 点海拔 450 米开始，从南向北沿山脊逐步降低，至 10 点海拔 405 米，最大高差 45 米</td></tr>
<tr><td>长度</td><td>380 米</td></tr>
<tr><td>墙体情况</td><td colspan="3">该段落墙体外侧高 2.5—3.5 米，内侧高 2—2.5 米，墙体顶宽约 7.4 米，底宽（含塌落）约 10 米；有大量整齐的边缘墙体，高 1.5—2.4 米</td></tr>
<tr><td colspan="5">现状照片</td></tr>
</table>

（续表）

<table>
<tr><td colspan="2">
墙体细部</td><td colspan="2">
由北向南远景拍摄</td></tr>
<tr><td colspan="2">详细描述</td><td colspan="2">破损原因</td></tr>
<tr><td colspan="3">1. 塌落：墙体塌落严重，内侧塌落宽约 2 米，外侧约 3.5 米
2. 种植树木：本体上及两侧树木较少，其中本体上多生长油松，树径均小于 10 厘米，约有 15 株
3. 低矮灌木和乔木：本体两侧多有荆条、胡枝子生长，高度 0.8 米左右，本体覆盖率约为 10%，塌落外坡上覆盖率约为 70%，内侧覆盖率为 40%
4. 草皮：基本以结缕草、黄背草等为主，本体顶部为登山道路，草皮覆盖率约 60%</td><td>自然塌落、水土流失、植被生长、过度放牧</td></tr>
<tr><td>现状评估</td><td colspan="3">两侧树木植被影响</td></tr>
<tr><td>保存程度</td><td>较好</td><td>稳定程度</td><td>稳定</td></tr>
</table>

<table>
<tr><td colspan="6">10 段墙体残破现状</td></tr>
<tr><td>位置</td><td colspan="5">10—11 点间</td></tr>
<tr><td rowspan="3">段落情况</td><td>走向</td><td>西南—东北</td><td rowspan="2">变化趋势</td><td colspan="2" rowspan="2">由 10 点海拔 405 米开始，从南向北沿山脊逐步降低，至 12 点海拔 393 米，最大高差 12 米</td></tr>
<tr><td>长度</td><td>231 米</td></tr>
<tr><td>墙体情况</td><td colspan="4">该段落墙体外侧高 2—2.5 米，内侧高 1.5—2 米，墙体顶宽约 6.4 米，底宽（含塌落）约 10 米</td></tr>
<tr><td colspan="6">现状照片</td></tr>
<tr><td colspan="3">
开挖形成的坑</td><td colspan="3">
由北向南远景拍摄</td></tr>
<tr><td colspan="5">详细描述</td><td>破损原因</td></tr>
</table>

（续表）

<table>
<tr><td colspan="3">1. 塌落：墙体塌落严重，内侧塌落宽约 2 米，外侧约 3.5 米
2. 种植树木：树木集中分布在墙体外侧，内侧及顶部基本无树木，外侧树木多为刺槐，约有 100 株
3. 低矮灌木和乔木：本体两侧多有荆条、胡枝子生长，高度 1.5 米左右，本体覆盖率约 60%，塌落外坡上覆盖率约为 70%，内侧覆盖率为 70%
4. 草皮：基本以结缕草、黄背草等为主，本体顶部为登山道路，草皮覆盖率约为 70%
5. 人为破坏：挖掘经济树木形成的空洞，约有 6 处。其中最大坑洞直径约 1 米，深度 0.6 米</td><td>自然塌落、水土流失、植被生长、过度放牧</td></tr>
<tr><td>现状评估</td><td colspan="3">两侧树木植被影响</td></tr>
<tr><td>保存程度</td><td>一般</td><td>稳定程度</td><td>破坏趋势</td></tr>
</table>

<table>
<tr><th colspan="6">11 段墙体残破现状</th></tr>
<tr><td>位置</td><td colspan="5">11—12 点间</td></tr>
<tr><td rowspan="3">段落情况</td><td>走向</td><td>西南—东北</td><td rowspan="2">变化趋势</td><td colspan="2" rowspan="2">由 11 点海拔 393 米开始，从南向北沿山脊逐步降低，至 12 点海拔 375 米，最大高差 18 米</td></tr>
<tr><td>长度</td><td>182 米</td></tr>
<tr><td>墙体情况</td><td colspan="4">该段落墙体外侧高 1.5—2 米，内侧高 1—1.8 米，墙体顶宽约 5.4 米，底宽（含塌落）约 8.5 米；有大量整齐边缘墙体</td></tr>
<tr><td colspan="6">现状照片</td></tr>
<tr><td colspan="3">
由北向南远景拍摄</td><td colspan="3">
墙体细部石块</td></tr>
<tr><td colspan="3">详细描述</td><td colspan="3">破损原因</td></tr>
<tr><td colspan="5">1. 塌落：墙体塌落严重，内侧塌落宽约 2 米，外侧约 3.5 米
2. 种植树木：树木集中分布在墙体外侧，外侧树木多为刺槐、油松等，约有 130 株
3. 低矮灌木和乔木：本体两侧多有荆条、胡枝子生长，高 1.2 米左右，本体覆盖率约为 60%，塌落外坡上覆盖率约为 70%，内侧覆盖率为 40%
4. 草皮：基本以结缕草、黄背草等为主，本体顶部为登山道路，草皮覆盖率约为 70%</td><td>自然塌落、水土流失、植被生长、过度放牧</td></tr>
<tr><td>现状评估</td><td colspan="5">两侧树木植被影响</td></tr>
<tr><td>保存程度</td><td colspan="2">一般</td><td>稳定程度</td><td colspan="2">破坏趋势</td></tr>
</table>

<table>
<tr><th colspan="6">12 段墙体残破现状</th></tr>
<tr><td>位置</td><td colspan="5">12—13 点间</td></tr>
<tr><td rowspan="3">段落情况</td><td>走向</td><td>西南—东北</td><td rowspan="2">变化趋势</td><td rowspan="2" colspan="2">由 12 点海拔 375 米开始，从南向北沿山脊逐步降低，至 13 点海拔 363 米，最大高差 12 米</td></tr>
<tr><td>长度</td><td>173 米</td></tr>
<tr><td>墙体情况</td><td colspan="4">该段落墙体外侧高 1.5—2 米，内侧高 1—1.8 米，墙体顶宽约 5.4 米，底宽（含塌落）约 8.5 米；起点处墙体结合巨大山石</td></tr>
<tr><td colspan="6">现状照片</td></tr>
<tr><td colspan="3">
由北向南远景拍摄</td><td colspan="3">
由南西向东北拍摄</td></tr>
<tr><td colspan="5">详细描述</td><td>破损原因</td></tr>
<tr><td colspan="5">1. 塌落：墙体塌落严重，内侧塌落宽约 3 米，外侧约 3.5 米
2. 低矮灌木和乔木：本体两侧多有荆条、胡枝子生长，高 0.8 米左右，本体覆盖率约为 30%，塌落外坡上覆盖率约为 70%，内侧覆盖率为 80%
3. 草皮：基本以结缕草、黄背草等为主，本体顶部为登山道路，草皮覆盖率约为 70%
4. 农田：段落结束处塌落内坡开始出现农田</td><td>自然塌落、水土流失、植被生长、过度放牧</td></tr>
<tr><td>现状评估</td><td colspan="5">两侧树木植被影响，农田侵蚀</td></tr>
<tr><td>保存程度</td><td colspan="2">一般</td><td colspan="2">稳定程度</td><td>基本稳定</td></tr>
</table>

<table>
<tr><th colspan="5">13 段墙体残破现状</th></tr>
<tr><td>位置</td><td colspan="4">13—14 点间</td></tr>
<tr><td rowspan="3">段落情况</td><td>走向</td><td>西南—东北</td><td rowspan="2">变化趋势</td><td rowspan="2">由 13 点海拔 363 米开始，从南向北沿山脊逐步降低，至 14 点海拔 318 米，最大高差 45 米</td></tr>
<tr><td>长度</td><td>260 米</td></tr>
<tr><td>墙体情况</td><td colspan="3">该段落墙体外侧高 1.5—2 米，内侧高 1—1.8 米左右，墙体顶宽约 7.8 米，底宽（含塌落）约 10.1 米，无明显边墙痕迹</td></tr>
<tr><td colspan="5">现状照片</td></tr>
</table>

（续表）

<table>
<tr><td colspan="2">
由南向北远景拍摄</td><td colspan="2">
由北向南拍摄</td></tr>
<tr><td colspan="3">详细描述</td><td>破损原因</td></tr>
<tr><td colspan="3">1. 塌落：墙体塌落严重，内侧塌落宽约 3 米，外侧约 3.5 米
2. 低矮灌木和乔木：有少量灌木生长，多为荆条、胡枝子，本体覆盖度率约为 10%，两侧塌落坡上覆盖率约为 60%
3. 草皮：基本以结缕草、黄背草等为主，本体顶部为登山道路，草皮覆盖率约为 80%
4. 农田：段落结束处塌落内坡开始出现农田
5. 道路：墙体外侧塌落坡外侧修建道路</td><td>自然塌落、水土流失、植被生长、过度放牧、修建道路</td></tr>
<tr><td>现状评估</td><td colspan="3">两侧树木植被影响，农田侵蚀</td></tr>
<tr><td>保存程度</td><td>一般</td><td>稳定程度</td><td>破坏趋势</td></tr>
</table>

<table>
<tr><td colspan="6">14 段墙体残破现状</td></tr>
<tr><td>位置</td><td colspan="5">14—15 点间</td></tr>
<tr><td rowspan="3">段落情况</td><td>走向</td><td>西南—东北</td><td rowspan="2">变化趋势</td><td rowspan="2" colspan="2">由 14 点海拔 318 米开始，从南向北沿山脊逐步降低，至 15 点海拔 296 米，最大高差 22 米</td></tr>
<tr><td>长度</td><td>187 米</td></tr>
<tr><td>墙体情况</td><td colspan="4">该段落墙体顶宽约 8 米，底宽约 10.1 米，外侧断面高 2 米左右，内侧高 1.5 米左右；剖面能够看到墙体内部填充石块</td></tr>
<tr><td colspan="6">现状照片</td></tr>
<tr><td colspan="3">
道路截断山体及塌落墙体断面</td><td colspan="3">
由西南向东北拍摄</td></tr>
<tr><td colspan="5">详细描述</td><td>破损原因</td></tr>
</table>

（续表）

1. 塌落：墙体塌落严重，内侧塌落宽约 3 米，外侧约 3.5 米 2. 低矮灌木和乔木：有少量灌木生长，多为荆条、胡枝子，本体覆盖度率约为 10%，两侧塌落坡上覆盖率约为 40% 3. 草皮：基本以结缕草、黄背草等为主，本体顶部为登山道路，草皮覆盖率约为 80% 4. 农田：段落结束处塌落内坡开始出现农田 5. 道路：墙体外侧塌落坡外侧修建道路			自然塌落、水土流失、植被生长、过度放牧、修建道路
现状评估	水土流失持续影响，两侧树木植被影响，农田侵蚀、道路侵蚀		
保存程度	较差	稳定程度	破坏趋势

15 段墙体残破现状					
位置	15—16 点间				
段落情况	走向	西南—东北	变化趋势	由 15 点海拔 296 米开始，从南向北沿山脊逐步降低，至 16 点海拔 269 米，最大高差 27 米	
	长度	187 米			
	墙体情况	该段落墙体被道路占压，基本无遗迹			
现状照片					
 起点处道路截断断面			 道路占据墙体路线		
详细描述				破损原因	
墙体基本消失，被道路侵占				道路占压	
现状评估	占压				
保存程度	基本消失		稳定程度	稳定	

16 段墙体残破现状				
位置	16—17 点间			
段落情况	走向	西南—东北	变化趋势	由 16 点海拔 269 米开始，从南向北逐步升高，至 17 点海拔 271 米，最大高差 2 米
	长度	316 米		
	墙体情况	墙体整体保存差，墙体遗迹较清晰，在 17 点有一处碉堡，墙体顶部宽 1.2 米左右，底部宽 3 米左右；墙体外侧包含农田挖掘形成段断面总高 1.2—2.2 米，墙体高 0.5—1.2 米；墙体内侧高 0.3—1.2 米。两侧均无边墙痕迹		

（续表）

<table>
<tr><td colspan="4">现状照片</td></tr>
<tr><td colspan="2">
由东北向西南拍摄</td><td colspan="2">
农田侵占墙体</td></tr>
<tr><td colspan="3">详细描述</td><td>破损原因</td></tr>
<tr><td colspan="3">1. 农田：墙体外侧遭到农田果园侵蚀挖掘，外侧形成断面高 1.8—2.2 米，呈逐步升高趋势
2. 种植树木及乔灌木：墙体断面裸露，其上有酸枣、荆条生长，墙体纵断面上有杨树苗约 160 株</td><td>农田侵蚀、植被生长</td></tr>
<tr><td>现状评估</td><td colspan="3">水土流失持续影响，农田侵蚀，断面裸露</td></tr>
<tr><td>保存程度</td><td>差</td><td>稳定程度</td><td>持续破坏</td></tr>
</table>

<table>
<tr><td colspan="6">17 段墙体残破现状</td></tr>
<tr><td>位置</td><td colspan="5">17—18 点间</td></tr>
<tr><td rowspan="3">段落情况</td><td>走向</td><td>西南—东北</td><td rowspan="2">变化趋势</td><td colspan="2" rowspan="2">由 17 点海拔 271 米开始，从南向北逐步降低，至水库道路岸边 18 点海拔 258 米，最大高差 13 米</td></tr>
<tr><td>长度</td><td>67 米</td></tr>
<tr><td>墙体情况</td><td colspan="4">墙体整体保存差，墙体遗迹较清晰，在 17 点有一处碉堡，墙体顶部宽 1.2—2.5 米，底部宽 3 米左右；墙体内侧包含农田挖掘形成段断面总高 1.2—2.2 米，墙体高约 1—1.4 米；墙体外侧高 0.3—1.5 米。两侧均无边墙痕迹</td></tr>
<tr><td colspan="6">现状照片</td></tr>
<tr><td colspan="3">
墙体遭到挖掘</td><td colspan="3">
农田侵占墙体</td></tr>
<tr><td colspan="5">详细描述</td><td>破损原因</td></tr>
</table>

（续表）

1. 农田：农田侵蚀墙体，主要表现为墙体内侧约 20 米遭到挖掘，渗入墙体 1 米左右，使断面裸露 2. 草皮：墙体顶部及塌落坡上杂草疯长	农田侵蚀、植被生长

现状评估	水土流失持续影响，农田侵蚀、断面裸露		
保存程度	差	稳定程度	持续破坏

18 段墙体残破现状				
位置	18—19 点间			
段落情况	走向	西南—东北	变化趋势	由 18 点海拔 258 米开始，经水库至 19 点海拔 248 米，最大高差 10 米
	长度	840 米		
	墙体情况	水库占压，墙体消失		
现状照片				

由西南向东北拍摄，枯水期时水库内小岛浮现

由东北向西南拍摄

详细描述			破损原因
水库占压，墙体消失			水库占压
现状评估	占压		
保存程度	消失	稳定程度	稳定

19 段墙体残破现状				
位置	19—20 点间			
段落情况	走向	西南—东北	变化趋势	由 19 点海拔 248 米开始，从西向东逐步升高，至 20 点海拔 315 米，最大高差 67 米
	长度	360 米		
	墙体情况	该段落墙体基本消失		
现状照片				

（续表）

<table>
<tr><td colspan="2">
由西北向东南拍摄，墙体遭到挖掘</td><td colspan="2">
19 点处墙体现状</td></tr>
<tr><td colspan="3">详细描述</td><td>破损原因</td></tr>
<tr><td colspan="3">基本消失，地表已无明显遗迹</td><td>水库占压</td></tr>
<tr><td>现状评估</td><td colspan="3">占压</td></tr>
<tr><td>保存程度</td><td>基本消失</td><td>稳定程度</td><td>稳定</td></tr>
</table>

七、病害成因及安全评估

（一） 自然破坏

1. 雨水冲蚀

综合齐长城沂山栲根腿东岭段的墙体构筑方式及地域水文情况可知，其主要受影响因素为大气降水及其导致的水土流失，以第三区段所受影响最为明显。

齐长城在修筑时多为就地取材，在石料选择上并没有太严格的标准，大量石块均经过粗加工即应用于墙体之上。墙芯部分为土石夯筑填充，主要组成为土，夯筑程度不均一，抗水性较差，容易在降水过程中不断被冲蚀消减甚至消失。因此，在经历两千余年风雨侵蚀后，齐长城墙体出现了不同程度的塌落，两侧有大量石块散落，形成塌落带。

此外在勘察过程中还发现，大面积覆盖的结缕草草皮对遗址本体及两侧塌落带有明显的水土保持作用，部分因过度放牧及人为踩踏导致草皮覆盖率偏低甚至草皮缺失的部位，水土流失现象比较严重。

（注：周锡九、赵晓峰在《坡面植草防护的浅层加固作用》中指出，经研究证明，结缕草、黄背草等草本植物的根系网络在土壤表层形成网状结构，能够有效提高土体的抗剪强度和抗冲蚀能力，草皮覆盖率 85% 可作为防止土体产生冲蚀的临界覆盖率）

墙体两侧塌落带

草皮缺失部位水土流失

2. 植被生长

由于植树造林活动及保护意识的缺乏等因素，齐长城遗址本体及周围存在乔灌木过度生长的现象，对遗址及周边环境造成了一定破坏和影响。

乔灌木生长影响遗址稳定性

乔灌木生长影响遗址周边景观环境

部分乔灌木生长在齐长城遗址本体上，随着自身生长发育，其根系直接作用于土石夯层，使夯层松懈分离，形成大量裂隙，引导雨水进入墙体深处，侵蚀夯层，加速墙体垮塌。生长在墙体边墙及塌落带上的乔灌木则由于根系生长逐步挤压边墙石块，使石块逐渐偏移、松动，造成墙体两侧鼓胀、歪闪，影响墙体整体结构的稳定。此段墙体位于山岭脊部，因风力较大，乔木所受风荷载会直接传递到遗址本体；在极端天气下，乔木甚至会被连根拔出，在墙体上形成巨大坑洞。另外，由于经济利益驱使，大量乔木遭到砍伐挖掘，并在墙体上形成坑洞。

除此之外，齐长城遗址周边环境也受到了极大影响。高达 2—5 米且生长过度茂盛的乔灌木丛遮挡了遗址景观视线，使齐长城遗址的形状和规模难以辨识。

（二） 人为破坏

1. 道路截断及沿用

齐长城被道路截断或沿用的现象给齐长城本体造成了极大破坏。

14 段斜纵向道路截断面

15 段道路沿用，墙体消失

为便于耕作及交通活动，乡间公路往往在齐长城本体上挖出缺口，在道路两侧形成墙体断面。齐长城本体多位于山脊之上，墙体宽大，且植被覆盖率略低于两侧护坡，因此周边村民及游人均行走于长城之上，久之形成小道。随着交通的迅速发展，乡间公路的车流量猛增，使齐长城本体缺口越来越大，车行震动对遗址稳定性的影响也更加严重，破坏趋势进一步加大。墙体顶部的人行小道使得顶部覆盖草皮破损严重，造成水土流失。另外，部分墙体顶部的人行小道也被沿用为车行道，使墙体受到严重破坏，部分段落趋于消失。

部分盘山公路修建时虽未占压齐长城本体，但是与其过分接近，开挖了本体两侧的护坡甚至有的盘山公路深及山体，对齐长城本体保存造成影响，也破坏了遗址周边环境。

2. 农耕取土

农耕取土是当前对齐长城本体破坏最严重的一种因素，且存在较为普遍。

齐长城墙体宽阔，土层较厚，一般墙体外陡内缓，农民耕种时常将墙体内侧平毁垦荒，甚至将墙芯夯土大量下移至墙下薄地，导致墙体被破坏，仅在外侧陡面上残存部分痕迹。另外，周边村民为修筑梯田，常拆取长城边墙石块垒砌梯田围堰，或将部分墙体平整后直接用做梯田。

农耕取土也严重破坏了齐长城遗址周边环境。

16 段墙体外侧陡面

19 段墙体已经消失

3. 水利设施

附近居民为满足饮水及农田灌溉等水利需求，修建水库、在墙体上修建蓄水池等，导致齐长城本体有部分被水库占压，部分被蓄水池占压截断，破坏了齐长城本体的保存和整体风貌。同时被水库占压的还有草参亭、东周遗址等历史遗存。

14 点南侧位置占压墙体的蓄水池

18 段墙体被水库占压消失

（三） 安全评估总结

现对该段墙体保存情况进行汇总分析如下：

段落	长度（米）	破坏因素及环境影响				
		雨水冲蚀	植被生长	道路占压	农耕取土	水利设施
01	350		■			
02	97		■			
03	190		■			
04	329	■	■	■		
05	149		■			
06	282		■			
07	150		■			
08	353	■	■	■		
09	380		■			
10	231		■			
11	182		■			
12	173	■	■		■	
13	260	■		■	■	
14	187	■		■	■	■
15	241	■		■	■	
16	316	■		■	■	
17	67	■		■	■	
18	840	■			■	■
19	360	■			■	■

根据墙体病害成因、保存状况及整体保存稳定程度的不同，将该段墙体由南向北划分为4个保护区段，对其进行针对性的抢修保护。具体保护区段划分见下表；

区段序号	区段包含段落	长度（米）	主要病害	保存状况	稳定程度
I	第1至11段	2693	植被生长	一般	基本稳定
II	第12至14段	620	道路占压、农耕取土、水土流失	一般	破坏趋势
III	第15至17段	624	农耕取土、道路占压、水土流失	差	持续破坏
IV	第18至19段	1200	农耕取土、水库占压	消失	持续破坏

综上，齐长城沂山椁根腿东岭段受自然因素及人为因素影响，现状保存情况较差。

前半段以自然残损为主，后半段以人为破坏为主。同时可以看到，水土流失现象在植被生长较好的区段较少出现，在农耕取土及道路占压的地段表现明显。

部分墙体因农耕取土及道路占压因素影响而坍塌，破坏严重，濒临消失；部分墙体因修建水库、水土流失等因素影响，无法辨别遗迹，已经消失；整体段落因植被生长及梯田建设等因素影响，周边景观环境遭到破坏，无法体现文物真实性；各种破坏趋势还在逐年加速。

维修设计说明

一、设计依据

（一）有关法律法规

《中华人民共和国文物保护法》

《中华人民共和国文物保护法实施条例》

（二）有关规范、规程及标准

《中国文物古迹保护准则》

《文物保护工程管理办法》

《山东省文物保护条例》

《文物保护工程设计文件编制深度要求（试行）》

《建筑施工扣件式钢管脚手架安全技术规范》JGJ 130 – 2011

《砌体结构设计规范》GB 5000 – 2011

《建筑地基处理技术规范》JGJ 79 – 2012

（三） 有关资料、 文件

《齐长城沂山桲根腿东岭段现状勘察报告》

《长城——齐长城遗址保护总体规划》

其他相关资料及文献

二、设计原则与指导思想

此次修缮设计严格遵守《中华人民共和国文物保护法》中“不改变文物原状”和“最小干预”原则，坚持“保护为主、抢救第一、合理利用、加强管理”的方针，消除影响齐长城遗址本体安全的各种病害及隐患，改善遗址保存环境。

三、工程性质

根据《中华人民共和国文物保护法》《文物保护工程管理办法》等法规的规定及工程分类，结合齐长城沂山桲根腿东岭段墙体的保存现状，将本次维修定性为修缮工程。

四、保护措施

（一） 第Ⅰ区段

以现状保护为主，进行绿化及道路环境整治，对土遗址进行植被保护。

1. 绿化环境整治

（1）以齐长城本体、两侧塌落带及塌落带边缘向外扩展 12 米范围为绿化整治区域（植被控制地带），此范围内梯田退耕。

（2）在整治区域边界上埋设简易界桩，明确整治范围，待总体规划批准后按照规划要求进行拆除或者调整。

（3）在齐长城本体、两侧塌落带及塌落带边缘向外扩展 2 米范围内（核心控制区域）清除乔灌木，补足并加强草皮护坡，使其覆盖率达到 85% 以上，长期目标为 100%。

（4）再向外扩展 10 米范围作为景观绿化带，在其内适当清理植被：对自然生长且景观效果较好的乔木予以保留，其他的乔木予以清除；控制灌木丛的生长密度，定期进行修剪整理，确保植被生长不会对遗址的形状和规模展示造成影响；提高草皮覆盖率，使其达到 85% 以上。

（5）清理墙体表层沉积的枯树枝、树皮等杂物，使边墙痕迹更加清晰。

2. 道路环境整治

（1）废除 04、08 段截断齐长城本体的人行道路。

（2）在齐长城本体、两侧塌落带及塌落带边缘向外扩展 2 米位置设置绿化隔离带及人行步道。步道采取坡道和台阶相结合的方式，在山势较缓地带设置坡道，山势陡峭地段采用台阶过渡。步道边缘为碎石，路面以草皮覆盖，设计宽度 2 米。

（3）在步道靠近墙体一侧设置小型灌木绿化隔离带和排水沟，设计宽度 1 米。选用荆条作为隔离带主要植被，修剪控制高度为 0. 5 米；排水沟以碎石铺底。

3. 树立保护标志碑及警示牌

在 01 点树立保护标志碑，在 04、08 点树立警示牌。

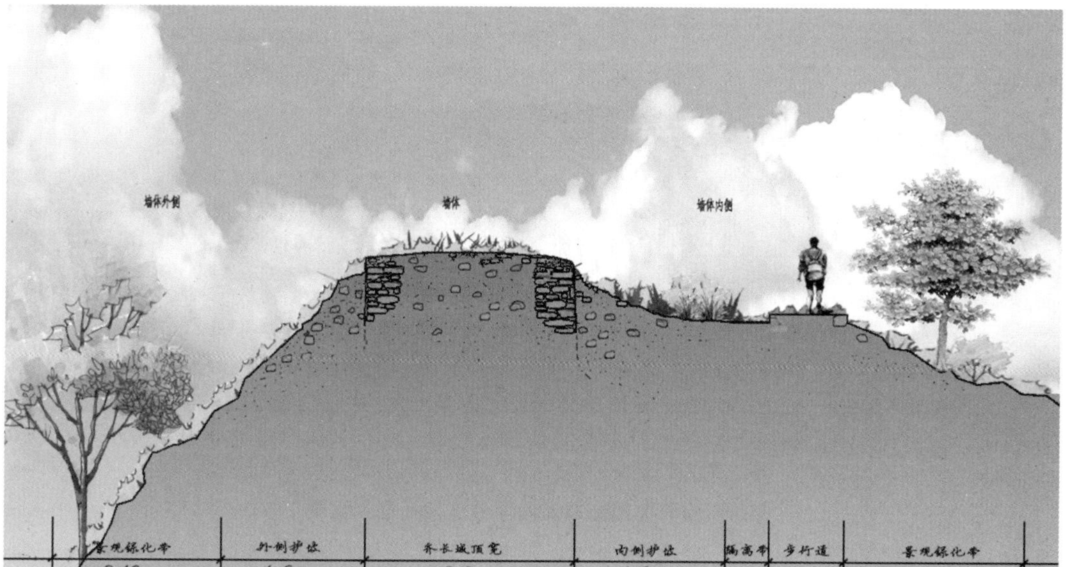

齐长城临朐桲根腿东岭段第Ⅰ区段断面示意图

（二） 第II区段

以现状保护为主，对墙体残损严重、存在继续塌落风险的部位进行补夯加固，对整个区段进行绿化及道路环境整治。

1. 补夯加固墙体

（1）对断面表面进行初步清理，排查是否存在塌陷、开挖、持续塌落、水土流失等病害。

（2）检查墙体塌陷情况，对已坍毁部分进行补足，针对可能出现大面积坍塌的墙体进行加固。

（3）对边墙痕迹清晰、部分石材缺失的墙体做适当补砌。

（4）对 15 点位置出现的墙体断面进行补夯加固，结合新做的夯筑保护层做模拟断面展示。

（5）对石砌边墙有松动、坍塌隐患的部位进行补砌。

2. 绿化环境整治

同第 I 区段做法。

齐长城临朐桲根腿东岭段第 II 区段断面示意图

3. 道路环境整治

（1）拆除 13、14 段墙体外侧的盘山公路水泥路面。

（2）将13段外侧被盘山公路侵蚀的山体护坡进行恢复加固，在其表面重新种植结缕草草皮。

（3）将原盘山公路改造为人行步道，步道边缘为碎石，路面以草皮覆盖，设计宽度为2米。

（4）在步道靠近墙体一侧设置绿化隔离带和排水沟，设计宽度为1.5米。

（5）在13点位置设置跨越齐长城本体的木桥，将第Ⅰ、第Ⅱ区段的人行步道联系起来。

4. 树立保护标志碑及警示牌

在12、15点树立保护标志碑，13点树立保护说明碑。

5. 其他

拆除14点南侧位置占压的蓄水池。

（三）第Ⅲ区段

坚持“最小干预”原则，对受农耕取土活动影响残损严重的墙体进行补夯加固，对整个区段进行绿化及道路环境整治。

1. 补夯加固墙体

（1）现状保护墙体内侧，保留遗址本体顶部农耕土为保护层。对16点至18点段东侧塌落面墙体进行补夯加固，以现存遗址断面顶部外扩1米、底部外扩1.5—2米形成护坡，顶部补种草皮，防止水土流失。

（2）本体西侧设置展示步道，路面以草皮覆盖，设计宽度为2米。

（3）对该区段北端的齐长城墙体断面做补夯加固，进行断面展示。对17点位置位的抗战时期所遗碉堡进行现状展示。

2. 绿化及道路环境整治

（1）以齐长城本体、两侧塌落带及塌落带边缘向外扩展12米范围为绿化及道路整治区域（植被控制地带），此范围内梯田退耕。

（2）在整治区域边界上埋设简易界桩，明确整治范围，待总体规划批准后按照规划要求进行拆除或者调整。

（3）在此范围内设置草皮护坡，加强两侧排水，避免降水对遗址的内部水分含量造成影响。

（4）调整第Ⅲ区段周边原有的车行道及人行道至整治区域外，具体道路选址需符合齐长城总体保护规划要求。

3. 墙体消失段落处理

通过考古调查等方式明确地表消失墙体的边界、走势，并在边界范围内植草标识，完善齐长城的整体延续性。

4. 树立保护标志碑及警示牌

在17点树立保护标志碑和保护说明碑；在16点树立警示牌。

齐长城临朐桲根腿东岭段第Ⅲ区段断面示意图

（四） 第Ⅳ区段

以现状保护为主，结合考古勘探设立齐长城遗址保护区域，并在该区域内进行绿化环境整治。

1. 设置齐长城遗址保护区域

（1）对第Ⅳ区段墙体进行考古勘探，确定遗址的残存及走向。

（2）在墙体消失段确定墙体边界，并在边界外沿1米处按照20—30米间隔埋标识桩。

（3）以考古勘探可确定遗址边界向外扩展12米为绿化环境整治区域（植被控制地带），在此范围内退耕。

（4）在整治区域边界上埋设简易界桩，明确整治范围，待总体规划批准后按照规划要求进行拆除或者调整。

（5）以考古勘探可确定遗址边界向外扩展2米范围（核心控制区域）内植结缕草草皮，使其覆盖率至少达到85%以上，长期目标100%。

（6）再向外扩展 10 米范围作为景观绿化带，在其内种植小株灌木、草本植物等植被。通过控制植被种类和生长密度，使遗址范围与周边绿化范围形成视觉区分。

2. 树立保护标志碑

在 19 点树立保护说明碑，20 点树立保护标志碑。

3. 其他

拆除 20 点位置上占压的蓄水池。

齐长城临朐椁根腿东岭段第Ⅳ区段断面示意图

五、措施要求

（一）清理植被

灌木清理可通过手工或机械割除，宜在植物生长盛期、种子成熟前进行，割除后的灌木进行堆积处理。乔木清理则需根据其树径及根系情况进行分别处理：树径 10 厘米及以上的乔木根系较为发达且深入墙体内部，不宜将其刨出，以免形成新的破坏，可采用化学制剂灌注的方法促其腐烂（使用 8% 的铵盐溶液或者 0. 2%—0. 6% 的二氯苯氧醋酸注入根系），腐烂后的空洞以砂石填充夯实；对树径 10 厘米以下的乔木进行移栽处理，可将其移栽至植被控制地带之外，用以退耕还林。

绿化环境整治中，需根据不同乔木生长成因及景观效果对其进行分别处理。油松林为自然成林，生长密度较小且景观效果较好，可全部保留；麻栎林同为自然成林，生长密度较大，景观效果一般，可对其进行适当清理，减小密度，以保持自然风貌；刺槐林为人工成林，生长密度极大，景观效果一般，建议全部移栽。

（二） 补夯加固

补夯加固主要是针对排险加固中相对处理较复杂的地段所采取的保护修缮处理方式。通过对墙体坍塌位置内部夯筑层进行组成和强度分析，确定原土石配比和夯筑方式，然后使用传统材料和传统做法对其进行补夯。

清理原墙体陡面及岩体基础表面风化的软土，确保新老夯土之间没有风化软土夹层，清理厚度不宜超过 5 厘米。土与碎石均就近选择，所选土料质地需与原墙体土质相近，土的含水率控制在能手握成团；碎石粒径小于 10 厘米。补夯前在清理好的切面铺一层无纺布，把土和碎石按照维修部位墙体土石比例进行混合，进行分段分层打夯压实。虚铺厚度为 20 厘米，压缩率约为 92%。补夯墙体后，采用斜切做出坡角，墙体放坡以安全稳定为依据，不追求完整。

对边墙痕迹清晰、部分石材缺失的墙体做适当补砌，防止新筑墙体出现侧滑。补砌部分应和历史遗址界限清晰，补砌过程采用人工和小型机械相结合的方式，并在施工过程中配合考古清理和勘测工作。补砌前先清理塌落的碎石及失稳的石块，挑拣符合尺寸要求（短边大于 20 厘米，厚度大于 15 厘米）的石块，清理后码放待用。然后按照墙体现存形制，重新补砌残损部位，补砌不追求完整，以所收集石块的石方量为准，补砌后的边墙高度不高于现存边墙。补砌后用碎石填充在修补好的边墙内侧。

（三） 植被种植

结缕草采用播种方式进行种植。播种前将草种用 0.5% 氢氧化钠溶液浸泡 24 小时，再用清水洗净、晾干，播种时间选在雨季之后。荆条采用移栽方式进行种植，将小株野生荆条挖取并移栽至绿化隔离带内，每年定时对其进行修剪和清理。乔木采用移栽方式进行种植，挖取并移栽至退耕还林区域内。

（四） 保护标识设置

保护标识包含保护标志碑、警示牌、保护说明碑和标识桩。

保护标志碑需标示该文物保护单位的级别、名称、公布机关、公布日期、树标机关以及树立日期等。全国重点文物保护单位的说明可书写在标志牌的背面，也可另立说明牌。说明文字为简要介绍文物保护单位名称、时代、性质、内容、价值和保护范围等内容。

标志碑应采用石材等坚固耐久的材料制作，颜色庄重朴素。形式采用横匾式，自左至右书写。标志牌比例为横三竖二，最小为60×40厘米，最大为150×100厘米，可根据文物保护单位的具体情况选择比例适宜的尺度。除文物保护单位的名称可用仿宋字体或楷书、隶书等外，其余一律用仿宋字体。

边界标识桩制作高度1.5米，边宽10厘米，用白色涂料进行粉刷，在距离柱头10厘米处用黑色涂料在柱的两侧面喷涂“齐长城遗址”和“注意保护”字样。边界标志桩需埋深30厘米。

（五）配套设施

水电、消防、安防及避雷等配套设施的设计与施工应委托具备相关专业资质的单位完成，本方案中不予包含。

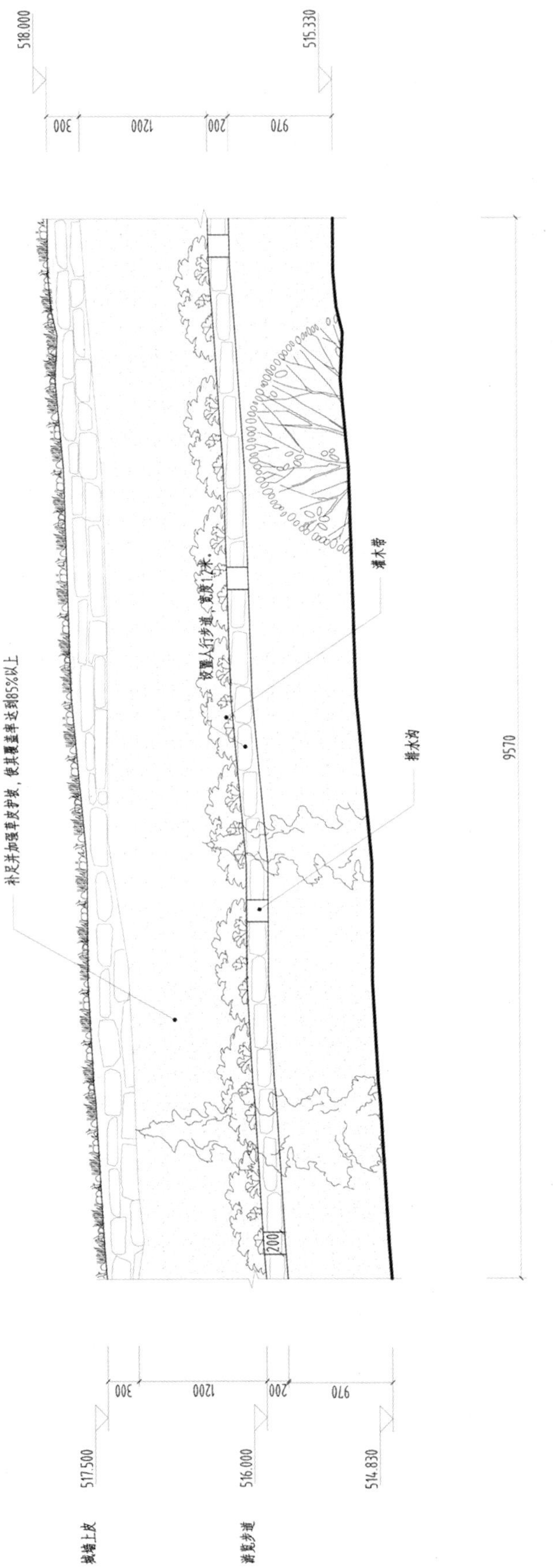

第Ⅰ区段01段墙体特征点内立面设计图1:40

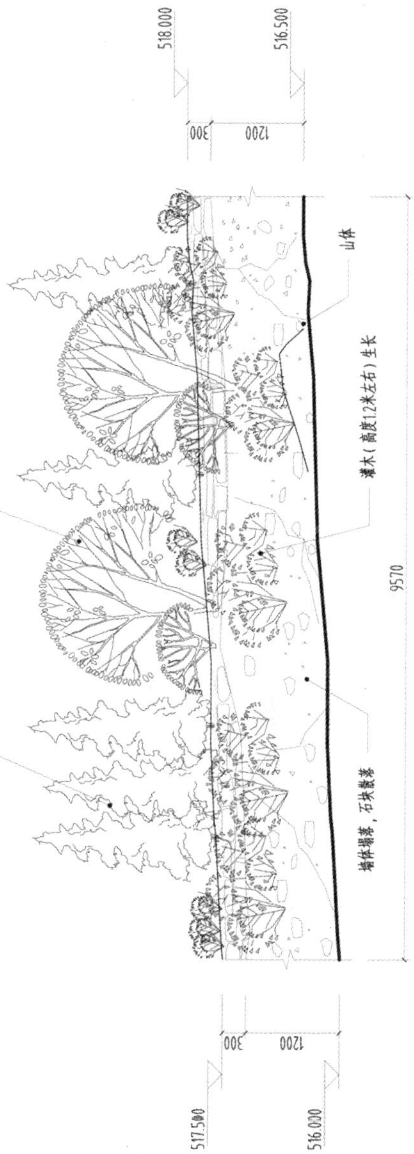

01段墙体特征点外立面现状图1:60

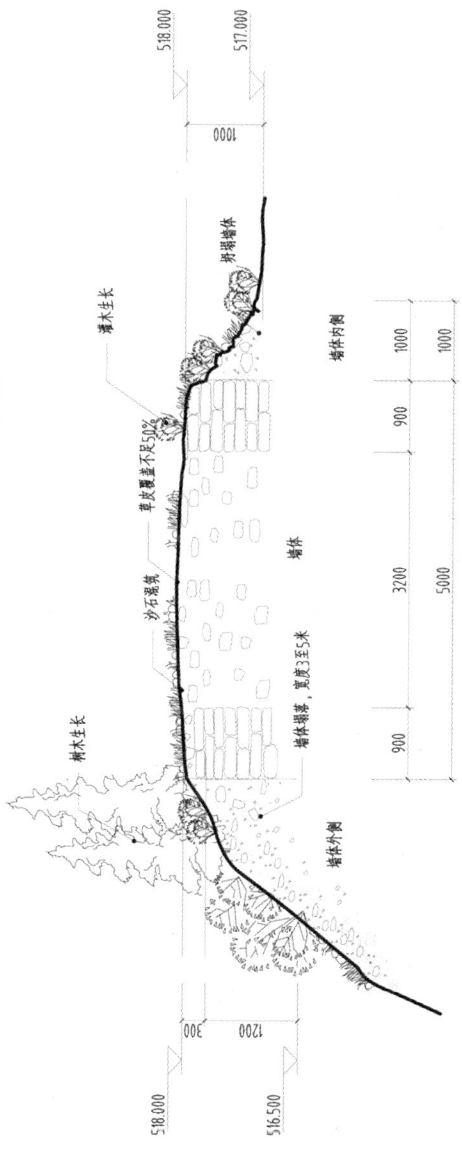

01段墙体特征点剖面现状图1:60

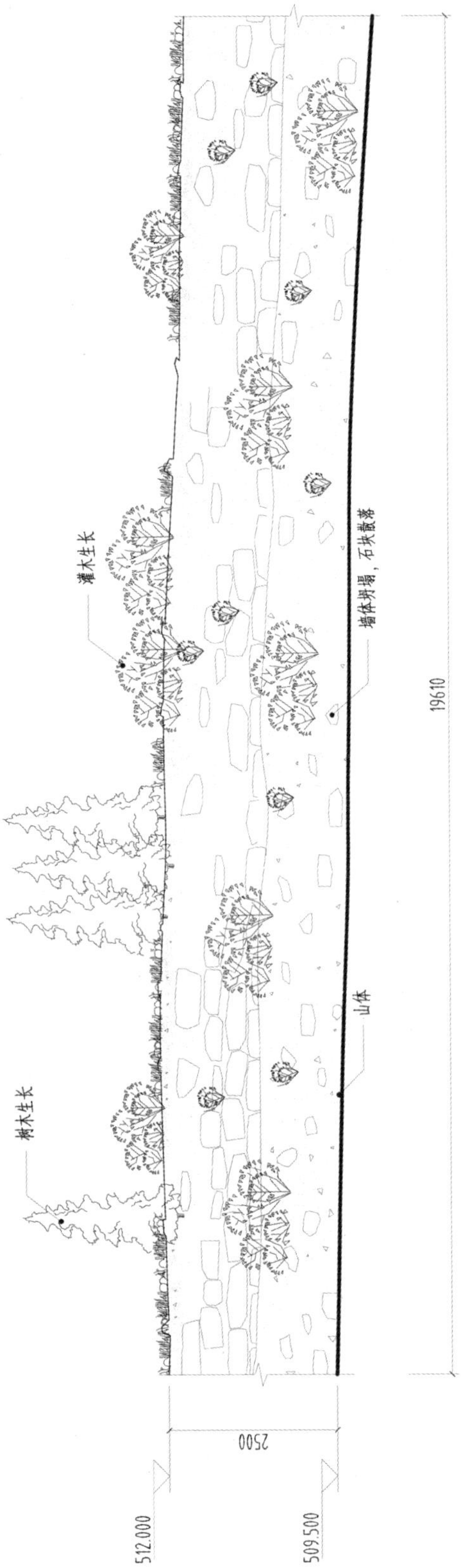

01点墙体外立面现状图1:80

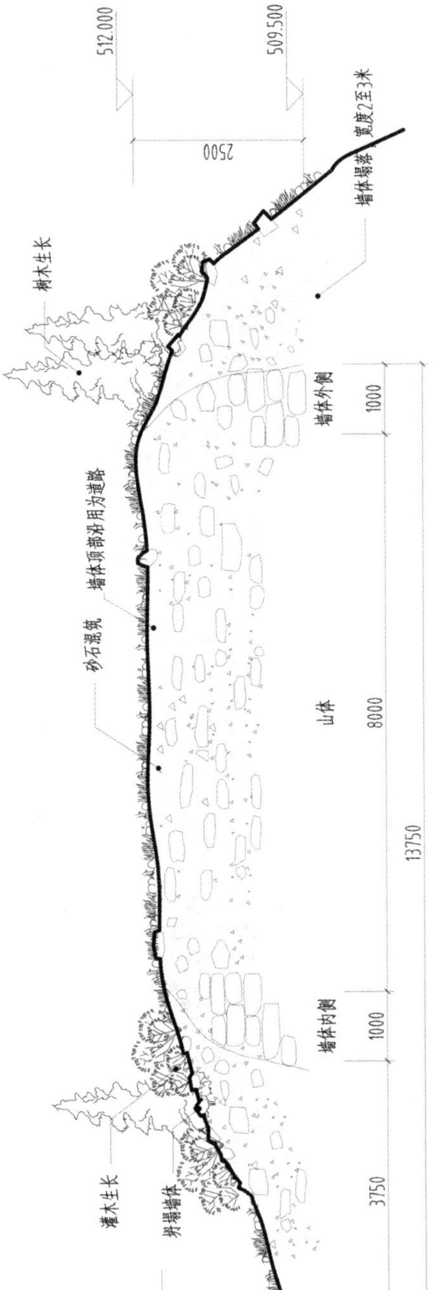

01点墙体剖面现状图1:80

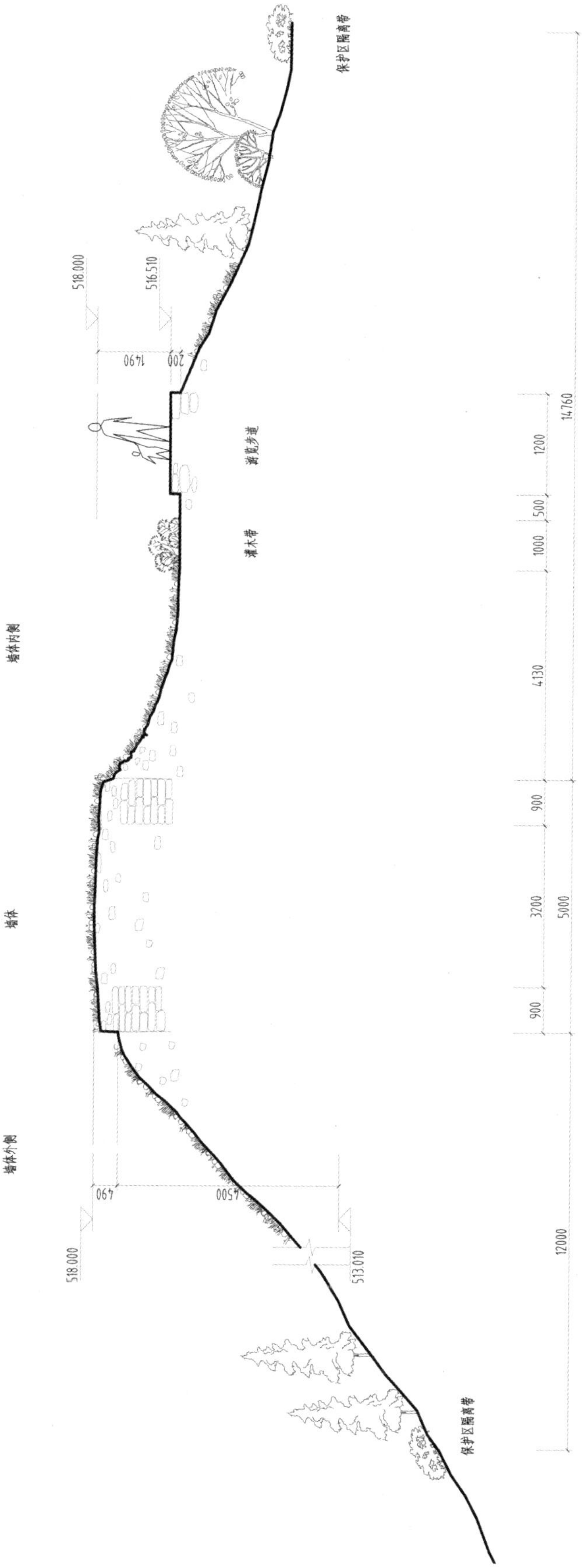

第Ⅰ区段01段墙体特征点断面设计图1:80

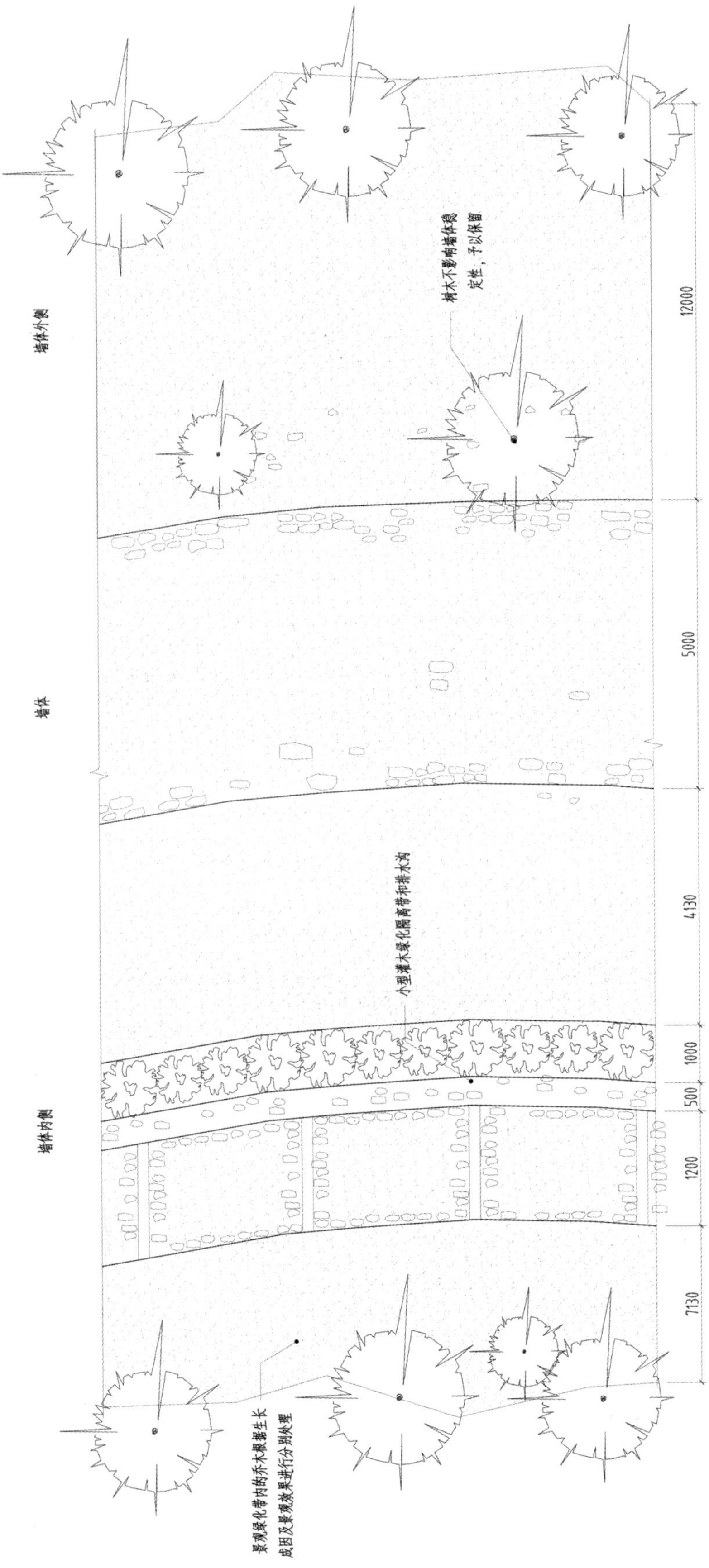

第Ⅰ区段01段墙体特征点平面设计图1:80

齐长城穆陵关西段抢救性保护方案

2014 年 6 月，该方案获国家文物局批复同意（文物保函〔2014〕1150 号）。2014 年 10 月，根据国家文物局批复意见对该方案进行了修改和完善。

现状勘察报告

一、综述

（一）文物概况

齐长城穆陵关支线总长 41988 米，西端由主线梓根腿村南山三叉点分支向东南，经由围子山、关顶（穆陵关）、黄墩山、龙山、鸡叫山至杨廷山，在光光山三叉点与主线相交，整体位于齐长城主线南侧。

齐长城穆陵关西段总长 1950 米，位于沂水县关顶村西的穆陵关西山山脊之上，属于齐长城穆陵关支线，墙体为土石混筑结构，总体走向由西南向东北，其中 79 米地表无遗迹。该段长城由穆陵关西西岭段长城（编码 370724382102020021）后 1100 米部分和穆陵关段长城（编码 370724382102020022）前 850 米部分组成。

（二）区域自然环境

1. 地理位置

沂水县位于山东省东南部的沂山南麓、临沂市最北端，地处北纬35°36′—36°13′、东经118°13′—119°03′。其东以诸城、莒县为邻，西和沂源、蒙阴接壤，南与沂南毗连，北同临朐、安丘交界；东西最大横距78公里，南北最大纵距67.5公里，总面积2434.8平方公里。

齐长城穆陵关支线位于沂水县北部，穆陵关西段位于沂水县马站镇关顶村（穆陵关）西侧山脊之上、沂山山脉东麓。

2. 气候水文

沂水县地属暖温带半湿润大陆性季风气候。全县累年平均气温12.3℃，极端最高气温39.2℃，极端最低气温24.9℃。秋冬有霜冻。降水多集中夏季，年平均降水770毫米，夏秋有冰雹，冬天有降雪。全县冬季多为北到东北风，夏季多南风，大风各季均有发生。县内主要分布有沂河、沭河、浯河，沂河由沂源县鲁山发源，南流入江苏；沭河发源于沂山南侧泰薄顶，向东南流；浯河发源于红石峪、上二郎峪，向东流入潍河。

3. 地形地貌

沂水县为低山丘陵区，西部、北部为低山区；东部、东北部为丘陵；中部、南部为平原。境内以泰薄顶山最高。山地多由古生代石灰岩、页岩构成。丘陵岭矮坡缓，岭顶浑圆，谷地宽展，多为古生代变质岩构成的砂岭，土壤多为棕壤。

齐长城穆陵关西段位于沂水北部，属低山丘陵地带，地势西高东低，该段由于山体风化，土砂层堆积较厚，植被茂密。

4. 植被覆盖

沂水县属暖温带阔叶林区，经人类长期活动，其天然植被已逐步为人工植被所代替，现有的植被具有明显的次生性质。阔叶树主要有杨树、旱柳、刺槐、泡桐、臭椿、白榆、国槐、枰柳、楸树、麻栎等。针叶树主要为松类、侧柏。板栗、柿子、核桃等干果树多分布于山坡，而苹果、桃子、梨树、山楂等多分布于低地。野生灌木有黄荆、酸枣、胡枝子等。草本植物有100多种，草场面积占22%，主要有以黄背草为主、以白羊草为主、百里香为主三个草系。农作物主要有小麦、玉米、地瓜、花生、黄烟及药材类的丹参、黄芪等。梯田开垦至岭顶，高处种植耐旱的花生、地瓜，低处种植小麦、玉米，山坡陡处有刺槐树。

齐长城穆陵关西段位于沂山山脉东麓，总体植被茂盛，现有植被均为次生植被和人工植被，且分布较有规律。林木以次生刺槐林为主，间有松树。长城内侧多种植花生、玉米、栗子等。现长城顶部多生长狗牙根、黄背草，灌草丛种类较多，主要有胡枝子—苔草属灌草丛，荆条、酸枣—结缕草、黄背草灌草丛，荆条、酸枣—白羊草、百里香灌草丛等。狗牙根、黄背草、刺槐覆盖率较高，为优势种。

二、历史沿革（略）

三、文物价值（略）

四、现状描述

本次勘察针对本段墙体保存程度的好差、折拐、消失等不同方面，进行详细分析和测绘。为便于描述，顺长城走向，统一由墙体西端起始点为里程点起点，标记为 K0 +000，由西向东以现存墙体中线为基线，沿里程详细记录墙体的现状及病害分布，进一步明确墙体的分布、形制特征、病害类型、周边环境等方面的内容。

（一）遗址分布

齐长城穆陵关西段全长 1950 米，西端起点（K0 +000）位于围子山东南山，东端终点（K1 +950）位于关顶西山。地表可识墙体总长 1871 米，总体走势为由西南向东北，其中 K0 +000 至 K0 +290 点间呈东西走向；K0 +290 至 K0 +460 点呈西南—东北走向，K0 +460 至 K0 +560 点间呈西北—东南走向，K0 +460 至 K0 +560 点间呈西北—东南走向，K0 +560 至 K1 +200 点间呈西南—东北走向，K1 +200 至 K1 +605 点间呈西—东走向，K1 +605 至 K1 +714 点间呈西南—东北走向，K1 +714 至 K1 +950 点间呈西北—东南走向。

（二）现存遗址形制

墙体整体遗迹明显，为土石分层夯筑，横切面呈梯形，底宽 4. 6—8. 3 米，顶残宽 2. 5—6. 7 米，残高 1. 5—3. 1 米，现墙体顶部以草皮覆盖为主，草皮种类多为狗牙根、黄背草。

由《沂水县穆陵关西侧齐长城遗址考古勘探报告》得知：此段长城遗址位于低山丘陵区，土层相对较厚，墙体的夯层多为黄黏土与粗砂结构，夯层厚度 20—40 厘米，夯层土质均为当地黏土和砂土，本段中 K1 +466 至 K1 +477、K1 +891 处均有残存石墙外边痕迹，其余段落墙体现为土石混筑结构。

（三） 保存现状

由现状勘察结果可知，墙体主要损害表现有切面、冲蚀、凹陷、冲沟、林木苗圃、树坑等，其中墙体切面包括纵向、横向、斜向切面。每段墙体的损害情况和保存现状详见下表。

表1　墙体损害统计表

损害起点	损害表现	描　述	成因分析
K0+000	冲蚀	K0+000至K0+209墙体顶部被利用为机耕路，后期配合基建拓宽，顶部水土流失严重，剖面呈凹形，排水不畅。冲蚀区域长209米，宽5.2—8米	农业耕作、基建修路
K0+015	冲沟	墙体内侧冲沟，长9米，宽0.7—1.8米，深0.5—1.5米	雨水冲蚀
K0+024	冲沟	墙体内侧冲沟，长11米，宽1.5—2.5米，深2—2.4米	雨水冲蚀
K0+028	冲蚀	墙体外侧坡面冲蚀，长37米，坡宽2—3米	基建修路、雨水冲蚀
K0+040	冲沟	墙体内侧冲沟，长10米，宽1—2.2米，深2.2—2.8米	雨水冲蚀
K0+071	冲沟	墙体内侧冲沟，长2米，宽1—1.8米，深0.5—1.8米	雨水冲蚀
K0+138	冲沟	墙体内侧冲沟，平面为梯形，长8米，宽2.5—3米，深0.5—1.9米	雨水冲蚀
K0+209	切面	墙体外侧纵向切面，长13米，高0.5—1.2米，系机耕道路侵占墙体形成	机耕道路
K0+273	凹陷	墙体顶部凹陷积水，深0.5米，长3米，宽4.2米	林木起挖
K0+289	凹陷	墙体顶部凹陷积水，深0.6米，长2.5米，宽3米	林木起挖
K0+293	树坑	墙体顶部树坑呈圆形，深0.3米，直径0.5米	林木起挖
K0+300	林木	墙体内部外侧有刺槐一株，树径10厘米	林木生长
K0+326	树坑	墙体顶部树坑，深0.5米，长约1.5米，宽约0.8米	林木起挖
K0+375	凹陷	墙体顶部凹陷，深0.7米，长6米，宽3米	雨水冲蚀
K0+381	切面	机耕路斜向穿越墙体，形成切面，长28米，高0.5—1米	机耕道路
K0+400	切面	机耕路斜向穿越墙体，形成切面，长21米，高0.4—1.5米	机耕道路
K0+400	林木	K0+400至K0+443墙体顶部及外侧有林木生长，其中松树7株，树径12—20厘米；刺槐14株，树径8—12厘米	林木生长
K0+400	灌木	K0+400至K0+421墙体上灌木以荆条为主，其覆盖率约为10%	灌木生长
K0+421	冲蚀、灌木	K0+421至K0+443墙体外侧冲蚀严重，宽2—3米；外侧同时有灌木生长，主要为荆条，其覆盖率约为10%	雨水冲蚀、灌木生长
K0+443	—	K0+443至K0+500地表无遗迹，现为机耕路	
K0+500	冲蚀	K0+500至K0+779墙体顶部利用为机耕路，宽4.5米	机耕道路、农业耕作

（续表）

损害起点	损害表现	描　述	成因分析
K0 +516	切面	墙体内侧纵向切面，长16米，宽1.5—1.9米，高2.7—2.8米	农业耕作
K0 +532	冲蚀	墙体内侧冲蚀严重，长21米，宽1—2米，高0.5—1.7米	雨水冲蚀、灌木生长
K0 +553	切面	K0 +553 至 K0 +582 墙体内侧纵向切面，宽1.2—1.5米，高1.2—1.5米	机耕道路
K0 +560	林木	K0 +560 至 K0 +780 墙体外侧有林木生长，以刺槐为主，树径10—25厘米	林木生长
K0 +610	切面	墙体内侧切面，长36米，高0.3—1米	农业耕作
K0 +647	切面	K0 +647 至 K0 +700 墙体内侧切面，高0.6—1.5米	农业耕作
K0 +700	切面	墙体内侧纵向切面，长36米，高0.4—0.9米，掏蚀深度0.2—0.3米	农业耕作
K0 +736	切面	墙体内侧纵向切面，长12米，高0.4米—1.2米，掏蚀深度0.1—0.2米	农业耕作
K0 +779	切面	墙体横向切面，长7米，高0.5—1.7米	农耕取土
	切面	墙体内侧纵向切面，长26米，高0.5—1米	机耕道路
K0 +780	林木	K0 +780 至 K0 +900 墙体顶部外侧有刺槐生长，树径8—15厘米，共约110株	林木生长
K0 +790	凹陷	墙体顶部凹陷，深0.2—0.3米，长87米，宽1.7米	林木起挖
K0 +867	切面	墙体外侧纵向切面，长14米，高0.31米	机耕道路
K0 +877	排水沟	墙体内侧横向排水沟，长6米，宽0.6米，高0.4—0.8米	雨水冲蚀
K0 +880	切面	墙体横向切面，长4米，高0.51米	雨水冲蚀、机耕道路
K0 +900	冲蚀	K0 +900 至 K0 +988 墙体顶部冲蚀，宽4.9米，墙体顶部凹陷积水	雨水冲蚀、机耕道路
K0 +920	切面	K0 +920 至 K0 +988 墙体内侧切面，高1.2—1.5米，掏蚀深度0.2—0.3米	农业耕作
K0 +988	切面	K0 +988 至 K1 +046 墙体内侧切面，高1.2—1.5米，掏蚀深度0.2—0.35米	农业耕作
K1 +046	切面	K1 +046 至 K1 +088 墙体内侧切面，高0.3—0.5米，掏蚀深度0.1—0.2米	农业耕作
	凹陷	K1 +046 至 K1 +088 墙体顶部凹陷，积水，深0.5—1米，宽1—1.5米	农耕取土雨水冲蚀
	林木	K1 +046 至 K1 +176 墙体外侧有刺槐林生长，约80株，树径10—15厘米	

（续表）

损害起点	损害表现	描　述	成因分析
K1 +088	切面	K1 +088 至 K1 +130 墙体内侧切面，高 0. 2—0. 4 米	农业耕作
K1 +124	冲蚀	K1 +124 至 K1 +176 墙体内侧冲蚀，宽 0. 51 米	农业耕作
K1 +131	凹陷	墙体顶部凹陷，深 0. 5 米，长 3 米，宽 2. 5 米	林木起挖、雨水冲蚀
K1 +176	切面	墙体横向切面，长 7. 5 米，高 2. 3 米	机耕道路
	—	K1 +176 至 K1 +192 机耕路穿过，地表无遗迹	机耕道路
K1 +192	切面	墙体外侧切面，长 4 米，高 0. 5—1. 4 米，掏蚀深度 0. 2—0. 3 米	机耕道路
	切面	K1 +192 至 K1 +258 墙体内侧切面，高 0. 5—0. 9 米，掏蚀深度 0. 1—0. 2 米	农业耕作
K1 +221	切面	K1 +221 至 K1 +258 墙体外侧切面，高 0. 5—0. 7 米，掏蚀深度 0. 2—0. 25 米	机耕道路
K1 +258	切面	K1 +258 机耕路穿越墙体，形成切面，长 6 米	机耕道路
	—	K1 +258 至 K1 +264 机耕路横向穿过，地表无遗迹	机耕道路
K1 +264	切面	K1 +264 至 K1 +300 墙体内侧切面，高 0. 5—1. 1 米，掏蚀深度 0. 1—0. 2 米	农业耕作
K1 +305	林木	K1 +305 至 K1 +345 墙体顶部两侧有林木生长，以刺槐为主，覆盖率为 80%	林木生长
K1 +345	冲蚀	K1 +345 至 K1 +350 机耕路穿越墙体，形成冲蚀，宽 1. 2—1. 5 米	机耕道路
K1 +377	切面	墙体纵向切面，长 33 米，高 0. 8—1. 4 米	机耕道路
	林木	K1 +377 至 K1 +483 林木、灌木生长，以刺槐、荆条为主，刺槐约 220 株，覆盖率为 60%	林木生长
K1 +466	残存石墙	K1 +466 至 K1 +477 间墙体内侧出现石墙外边，长 11 米，高0. 5—1 米，内侧边墙宽 0. 4—0. 5 米	—
K1 +500	切面	K1 +500 至 K1 +546 墙体内侧切面，高 0. 5—0. 7 米，掏蚀深度 0. 1—0. 2 米；墙体内侧裸露石块	农业耕作
K1 +546	切面	墙体内侧切面，长 5 米，高 0. 5—0. 9 米，掏蚀深度 0. 15—0. 2 米	农业耕作
K1 +556	冲蚀、凹陷	机耕路紧靠墙体；坡脚处凹陷积水；顶部冲蚀，长 20 米，宽 4. 5 米	机耕道路、雨水冲蚀
K1 +580	凹陷	墙体外侧凹陷，深 0. 5 米，长 2 米，宽 0. 7 米	
	林木	K1 +580 至 K1 +673 墙体顶部及两侧有林木灌木生长，以刺槐为主，刺槐约 210 株，覆盖率为 90%	林木生长

（续表）

损害起点	损害表现	描述	成因分析
K1 +587	凹陷	墙体顶部凹陷，深 0.4 米，长 2 米，宽 3 米	树木起挖
K1 +590	切面	墙体内侧切面，长 10 米，高 0.7—0.9 米，掏蚀深度 0.1—0.15 米	雨水冲蚀
K1 +600	切面	K1 +600 至 K1 +620 墙体外侧切面，高 0.8—1.5 米，掏蚀深度 0.15—0.25 米	雨水冲蚀
K1 +607	凹陷	墙体顶部凹陷，深 2 米，长 1.5 米，宽 0.3 米	林木起挖
K1 +620	切面	K1 +620 至 K1 +695 墙体外侧切面，高 0.9—1.5 米，掏蚀深度 0.2—0.25 米	雨水冲蚀
K1 +654	凹陷	墙体顶部凹陷，深 3 米，长 1.2 米，宽 0.4 米	林木起挖
K1 +698	凹陷	墙体顶部凹陷，深 2 米，长 2.1 米，宽 0.3 米	林木起挖
K1 +700	切面	墙体内侧切面，长 21 米，高 0.2—0.5 米，掏蚀深度 0.1—0.2 米	林木起挖
K1 +718	切面	墙体外侧切面，长 14 米，高 0.5—1 米，掏蚀深度 0.2—0.25 米	林木起挖
K1 +744	切面	K1 +744 至 K1 +775 墙体中部开挖机耕路，内种植柏树苗，两侧形成切面，高 0.3—0.7 米	机耕道路、林木种植
K1 +787	切面	墙体外侧切面，长 13 米，高 0.5—0.9 米，掏蚀深度 0.2—0.3 米	—
K1 +793	切面	墙体内侧切面，长 7 米，高 0.3—0.6 米，掏蚀深度 0.1—0.15 米	—
K1 +800	林木苗圃	K1 +800 至 K1 +950 墙体顶部及两侧大量开挖树池，种植松树苗约 110 棵。树池呈圆形，直径 0.4—0.5 米	林木种植
K1 +809	切面	墙体外侧树池开挖并种植松树苗，形成切面，长 2 米，高 0.8—1.3 米，掏蚀深度 0.15—0.2 米	林木种植
K1 +815	凹陷	墙体顶部凹陷，深 0.5 米，长 4 米，宽 2 米	雨水冲刷
K1 +835	切面	墙体顶部树池开挖并种植松树苗，墙体顶部凹陷下沉，深 0.3—0.5 米，宽 2—3 米；两侧形成切面，长 18 米，高 0.3—0.5 米	林木种植
K1 +853	切面	机耕路穿越墙体，形成切面，宽 3 米，高 0.7 米，掏蚀深度 0.1—0.15 米	机耕道路
K1 +856	切面	K1 +856 至 K1 +888 墙体内侧切面，高 0.3—0.5 米，掏蚀深度 0.1—0.18 米	农业耕作
K1 +891	残存石墙	墙体内侧石砌墙边，长 2 米，高 0.4—0.5 米，厚 0.4 米	开山取石
	切面	墙体内侧切面，长 4 米，高 0.6—0.7 米	开山取石
K1 +924	切面	K1 +924 至 K1 +950 墙体外侧切面，高 0.2—0.4 米	农业耕作

五、主要病害成因分析和现状评估

（一） 主要成因分析

1. 自然破坏

（1）雨水冲蚀

本段齐长城为土石混筑墙体，墙体夯筑程度不均一、抗水性较差，容易在降水过程中被不断冲蚀消减甚至消失。在降水过程中，水分逐渐渗透墙体夯筑层，伴随着水分的冻融、蒸发作用，土层中的盐分等不断出现结晶、重结晶的循环，从而逐渐削弱墙体成分，破坏原有夯筑强度，导致墙体疏松，易发生水土流失现象。因此，经历两千余年风雨侵蚀后，齐长城墙体出现了不同程度的损毁甚至消失，比如 K0 + 443 至 K0 + 500 段墙体已消失。另外由于雨季雨量较大，在 K0 + 000 至 K0 + 219 间墙体内侧出现多处冲沟。

（2）植被生长

该段长城遗址中土石混筑墙体表面大量覆盖草皮，植被作物对于齐长城遗址具有破坏和保护双重作用，遗址表层覆盖的草皮植被多为结缕草、黄背草、白羊草，属多年生须根系草本植物，其根系网络在土壤表层形成网状结构，成为“加筋整体”，有效提高了土体的抗剪强度和抗冲蚀能力，减缓了墙体水土流失和塌落的速度，如墙体切面凹进处，顶部墙体未持续塌落、滑坡的主要原因均为植物的保护作用，穆陵关西段中 K0 + 209 至 K0 + 381 段墙体总体由于草皮覆盖情况好，保存状况稳定。

2. 人为破坏

（1）耕作破坏

自 20 世纪 70 年代农业“学大寨”运动至今，长城墙体两侧或墙体顶面被开垦为农田，人们为了扩大耕种面积，不断地蚕食墙体，造成大量墙体切面。农民耕种时常将墙体塌落坡开垦整平，甚至将墙芯夯土大量采挖至墙下薄地，导致墙体被破坏。部分耕地直接侵占墙顶且深翻顶部夯层，将土层摊平至长城两侧，使墙体遭受严重破坏，局部段落趋于消失，如 K0 + 700 至 K0 + 773 间墙体已基本被摊平。

（2）修路破坏

长城墙体长期处于农田包围环境中，人们为了便利，在墙体外侧开辟机耕路，纵向剖开墙体，利用墙体土石来铺设路基，造成墙体纵向切面；有的直接利用墙体顶部为机耕路；有的直接横向挖断墙体，打通墙体内外两侧作为机耕路，造成墙体横向切面；有的斜向开挖墙体，利用土石铺设路基，以此作为农用机动车的通道，造成墙体斜向切面。另外，农用车辆长期碾压，造成墙体顶部受压不均、凹陷下沉、易积水，进一步对墙体造成破坏。

以上两种原因造成的墙体切面，在雨水冲刷等力的作用下，使墙体失稳，易发生切面掏蚀或者切面坍塌现象，这种现象已表现在墙体多处切面上。

(3) 植树造林

因保护意识的缺乏，人们将遗址开垦为苗圃，破坏了墙体顶部夯层，在种植、砍伐和起挖树木过程中使墙体出现大量凹陷和树坑。其中，速生乔灌木主要以刺槐、荆条为主，刺槐等根系发达，对墙体夯层的破坏尤为严重。

（二） 现状评估

齐长城穆陵关西段墙体位于人为活动频繁区，紧邻村庄，饱受人为因素破坏。由垦田拓路等原因造成的墙体切面、凹陷等病害，在雨水冲刷等自然力的作用下继续恶化，使墙体出现掏蚀凹进、冲沟、坍塌等现象，处于失稳状态。整体上该段墙体路线清晰，连续性较好，但视觉通畅度低，存在的切面及植树造林开挖墙体问题较为严重。

六、勘察结论

齐长城穆陵关西段为土石混筑墙体，通过对其现状的勘察分析可知，墙体的破坏因素主要是人为破坏，在此基础上，雨水冲刷等自然外力加剧了破坏进程，扩大了破坏范围，使长城墙体不能长久保存。另外，现墙体顶部出凹陷下沉，造成墙体排水不畅。因此，亟须对墙体进行补夯加固、培土、墙体顶部排水、植草保护等维修措施。

部分地段现状

K0 +000 至 K0 +200 顶部冲蚀【由西向东拍摄】

K0 +040 内侧冲沟【由北向南拍摄】

K0 +209 墙体纵向切面（春季拍摄）
【由西南向东北拍摄】

K0 +375 墙体内侧树坑【由南向北拍摄】

K0 +375 墙体顶部凹陷【由东北向西南拍摄】

K0 +443 至 K0 +500 地表无遗迹【由西南向东北拍摄】

K0 + 516 墙体内侧切面【由北向南拍摄】

K0 + 532 墙体内侧冲蚀【由东北向西南拍摄】

K0 + 700 墙体内侧切面【由南向北拍摄】

K0 + 900 墙体顶部冲蚀【由南向北拍摄】

K0 + 920 后墙体切面掏蚀【由北向南拍摄】

K0 + 988 墙体内侧切面【由南向北拍摄】

K1 + 176 墙体横切面【由东北向西南拍摄】

K1 + 176 至 K1 + 192 地表无遗迹【由东北向西南拍摄】

K1 +258 墙体横向切面【由东向西拍摄】

K1 +258 至 K1 +264 机耕路穿越墙体【由南向北拍摄】

K1 +345 机耕路穿越墙体形成冲蚀【由东向西拍摄】

K1 +377 至 K1 +410 墙体外侧切面【由南向北拍摄】

K1 +377 至 K1 +410 墙体外侧切面上刺槐
【由南向北拍摄】

K1 +466 至 K1 +477 间内侧边墙【由北向南拍摄】

K1 +580 至 K1 +673 间刺槐林、荆条
【由东北向西南拍摄】

K1 +590 墙体内侧切面【由东向西拍摄】

K1 +718 墙体外侧切面刺槐生长【由西向东拍摄】

K1 +744 至 K1 +775 墙体顶部凹陷【由东向西拍摄】

K1 +745 至 K1 +775 墙体切面【由西向东拍摄】

K1 +793 墙体内侧切面【由东北向西南拍摄】

K1 +835 墙体顶部种植柏树苗【由西向东拍摄】

K1 +856 墙体内侧受农田侵蚀形成切面【由东向西拍摄】

K1 +891 墙体内侧切面【由北向南拍摄】

K1 +924 墙体切面细部【由西向东拍摄】

维修设计说明

一、工程性质

根据《中华人民共和国文物保护法》《文物保护工程管理办法》等法规的规定及工程分类，结合齐长城穆陵关西段墙体的保存现状，将本次维修定性为现状保护，以抢险加固为主。

二、设计内容及规模

本维修工程勘察设计内容为：齐长城穆陵关西段墙体（土石混筑，总长1950米）的维修。主要包括长城墙体树坑、切面部位，长城墙体顶面冲蚀、凹陷部位，长城墙体冲沟部位，林木苗圃破坏区域。

三、设计依据

（一）有关法律法规

《中华人民共和国文物保护法》

《中华人民共和国文物保护法实施条例》

（二）有关规范、规程及标准

《中国文物古迹保护准则》

《文物保护工程管理办法》

《山东省文物保护条例》

《文物保护工程设计文件编制深度要求（试行）》

《建筑施工扣件式钢管脚手架安全技术规范》JGJ 130－2011

《砌体结构设计规范》GB 50003－2011

《建筑地基处理技术规范》JGJ 79－2012

（三）有关资料、文件

《沂水县穆陵关西侧齐长城遗址考古勘探报告》

《长城——齐长城遗址保护总体规划》

其他相关资料及文献

四、设计原则和指导思想

本维修设计依据《中华人民共和国文物保护法》“对不可移动文物进行修缮、保养、迁移，必须遵守不改变文物原状的原则”的规定，遵循“不改变文物原状”和“最小干预”原则，坚持“保护为主、抢救第一、合理利用、加强管理”的方针，以消除影响齐长城遗址本体安全的各种病害、隐患为主，不追求长城墙体完整，使维修部位具有可识别性。

五、维修措施

（一）补夯加固

1. 工程范围及要求

工程范围：垂直高度高于 0.5 米的墙体切面；墙体冲沟。

工程要求：

（1）土与碎石均就近选择，且碎石粒径小于 10 厘米。

（2）土的含水率控制在能手握成团即可。

（3）采用芦苇席隔离切面，使新补夯土具有可识别性，芦苇席厚度应小于 5 毫米。

（4）墙体放坡以安全稳定为依据，不追求完整，墙体补夯范围依据考古报告内墙体宽度进行控制。

2. 工程做法

（1）清理切面。①清理切面风化表层，清理厚度不超过 5 厘米。②清理切面顶部松动草皮，清理宽度不超过 10 厘米。③清理切面底部塌落堆积物，清理宽度视补夯情况而定。

（2）切面标示处理。补夯前在清理好的切面铺一层芦苇席（高度低于切面 10 厘米），以标示新老墙体。对于切面较为复杂不适合直接部位布置木锚杆，做法同“（3）安置木锚杆”。

（3）安置木锚杆。针对高度不低于2米的墙体切面，在切面设置白蜡杆木锚杆，木锚杆长度1米，锚杆直径3厘米，斜向插入切面0.6米，按照横0.5米、纵0.5米方式，横纵错位设置。

（4）补夯。把土和碎石按照维修部位墙体土石比例进行混合，碎石的比例控制在20%—30%，进行分段分层打夯压实。每次夯筑长度控制在10—20米，虚铺厚度为30厘米，压缩率约为92%，接缝处打毛后夯实，不留拼接缝。

（5）放坡。按照设计要求进行放坡，最小排水坡度3%。用木锨自上而下修理坡面。

（6）顶部新旧切面接缝处理。补夯顶部应略高于切面顶部1—2厘米，再用木板修整找平，为后续的植补草皮做准备。

（7）植补草皮。参照植草保护措施。

（二）培土

1. 工程范围及要求

工程范围：垂直高度不高于0.5米的墙体切面；墙体顶面冲蚀、凹陷、树坑部位。

工程要求：

（1）土与碎石均就近选择，且碎石粒径小于3厘米。

（2）土的含水率控制在能手握成团即可。

（3）墙体放坡以安全稳定为依据，不追求完整。

2. 工程做法

（1）清理切面。①清理切面风化表层，清理厚度依据风化情况而定，最大不超过3厘米。②清理切面顶部松动草皮，清理宽度不超过10厘米。③清理切面底部塌落堆积物，清理宽度视补夯情况而定。

（2）培土压实。虚铺25厘米，淋湿浇透后铺土踩实，直至与旧面齐平。

（3）放坡。按照设计要求进行放坡，最小排水坡度3%。用木锨自上而下修理坡面。

（4）植补草皮。参照植草保护措施。

（三）林木苗圃处理

针对墙体范围内林木所采取的处理措施。对城墙范围内速生乔木进行砍伐注射，遗址内松树景观性较好，可予以保留。

1. 工程范围及要求

工程范围：K0 + 300、K0 + 400 至 K0 + 443、K0 + 560 至 K0 + 900、K1 + 046 至 K1 + 176、K1 + 305 至 K1 + 345、K1 + 377 至 K1 + 483、K1 + 580 至 K1 + 673、K1 + 800 至 K1 + 950。

工程要求：确保砍伐过程中遗址本体的安全。

2. 工程做法

（1）砍伐。齐地平砍伐林木，移除 K1 + 800 至 K1 + 950 段内的柏树苗。

（2）药剂注射。对树桩采取注射腐烂处理。

（3）渗透灌浆。对残留树洞进行渗透灌浆。

（4）顶部进行培土、植草保护。

3. 材料准备

（1）注射药剂。可使用8%的铵盐溶液或者0.2%—4.6%的二氯苯氧醋酸。

（2）泥浆制作。选当地可溶盐含量低于0.5%的黏土，粉碎后经过1毫米的筛分，与石灰粉按照灰土比3∶7混合均匀，与糯米浆液按照水灰比0.4拌制加固浆液。

（3）石灰选用要求。石灰最好选用磨细生石灰粉，或块灰浇以适量的水，经放置24小时成粉状的消石灰。

（四）排水设计

在墙体顶部凹凸不平、排水不畅部位，采取排水设计措施。

1. 工程范围及要求

工程范围：K0 + 000 至 K0 + 209、K0 + 421 至 K0 + 443、K0 + 500 至 K0 + 779、K0 + 900 至 K0 + 988、K1 + 744 至 K1 + 775、K1 + 800 至 K1 + 950。

工程要求：确保墙体顶部及遗址周边排水畅通、不积水。

2. 工程做法

（1）清理作业面。

（2）培土保护后修整顶部排水坡度，以墙体中心线向两侧放坡。

（3）设计最小排水坡度为3%。

（4）沿墙体走向排水，防止雨水聚集于墙体边缘。墙体边缘低洼处采取回填土方式处理，设计排水坡度不小于3%。

（5）植草保护。参照植草保护措施。

（五）植草保护

1. 工程范围及要求

工程范围：补夯加固区域；培土区域；林木苗圃处理区域；排水设计区域；土石混筑墙体边缘外扩5米的带状区域。

工程要求：

（1）草皮种类应选择墙体区域内生长的黄背草、狗牙根。

（2）墙体表面冲蚀区域，应先做培土，然后再植草保护。

（3）补种后的草皮覆盖率达100%。

2. 工程做法

（1）整理作业面。①清理冲蚀区域表层风化面。②清理墙体补夯加固坡面和培土坡面。③清理废弃道路路面。

（2）植补草皮。在专业技术人员指导下进行植补。

（3）日常检查。随时检查草种成活情况，及时补足草皮。

六、维修措施

表2　墙体维修措施表

范　围	损害表现	维修起点	保护措施
K0+000至K0+209	冲蚀	K0+000	培土、排水设计、植草保护
	冲沟	K0+015、K0+024、K0+028、K0+040、K0+071、K0+138	补夯加固、植草保护
K0+209至K0+443	大于0.5米切面	K0+209、K0+381、K0+400	补夯加固、植草保护
	凹陷、树坑	K0+273、K0+289、K0+293、K0+326、K0+375	培土、植草保护
	林木、灌木	K0+300、K0+400	林木苗圃处理、培土、植草保护
	冲蚀	K0+421	培土、植草保护
K0+443至K0+500	—	地表无遗迹	—

（续表）

范 围	损害表现	维修起点	保护措施
K0 +500 至 K0 +779	大于0.5米切面	K0 +516、K0 +553、K0 +647、K0 +736	补夯加固、植草保护
	小于等于0.5米切面	K0 +610、K0 +700	培土、植草保护
	冲蚀	K0 +500、K0 +532	培土、排水设计、植草保护
	林木	K0 +560	林木苗圃处理、植草保护
K0 +799 至 K1 +176	大于0.5米切面	K0 +779纵向、K0 +779横向、K0 +867、K0 +880、K0 +920、K0 +988、K1 +176	补夯加固、植草保护
	小于等于0.5米切面	K1 +046、K1 +088	培土、植草保护
	冲蚀	K0 +900、K1 +124	培土、排水设计、植草保护
	林木	K0 +780、K1 +046	林木苗圃处理、植草保护
	凹陷、排水沟	K0 +790、K0 +877、K1 +046、K1 +131	培土、植草保护
K1 +176 至 K1 +192	—	地表无遗迹	—
K1 +192 至 K1 +258	大于0.5米切面	K1 +192内侧、K1 +192外侧、K1 +221、K1 +258	补夯加固、植草保护
K1 +258 至 K1 +264	—	地表无遗迹	—
K1 +264 至 K1 +550	大于0.5米切面	K1 +264、K1 +377、K1 +500、K1 +546	补夯加固、植草保护
	冲蚀	K1 +345	培土、植草保护
	林木	K1 +305、K1 +377	林木苗圃处理、植草保护
K1 +550 至 K1 +740	大于0.5米切面	K1 +590、K1 +600、K1 +620、K1 +718	补夯加固、植草保护
	小于等于0.5米切面	K1 +700	培土、植草保护
	凹陷	K1 +587、K1 +607、K1 +654、K1 +698	培土、植草保护
	冲蚀	K1 +556、K1 +580	培土、植草保护
	林木	K1 +580	林木苗圃处理、植草保护
K1 +740 至 K1 +950	大于0.5米切面	K1 +744、K1 +787、K1 +809、K1 +853、K1 +891	补夯加固、排水设计、植草保护
	小于等于0.5米切面	K1 +793、K1 +835、K1 +856、K1 +924	培土、植草保护
	凹陷	K1 +815	培土、植草保护
	林木	K1 +800	林木苗圃处理、排水设计、植草保护

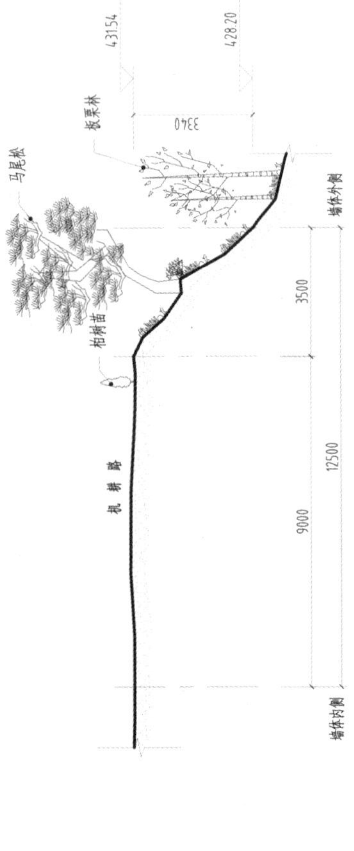

K0+008剖面现状图1:120

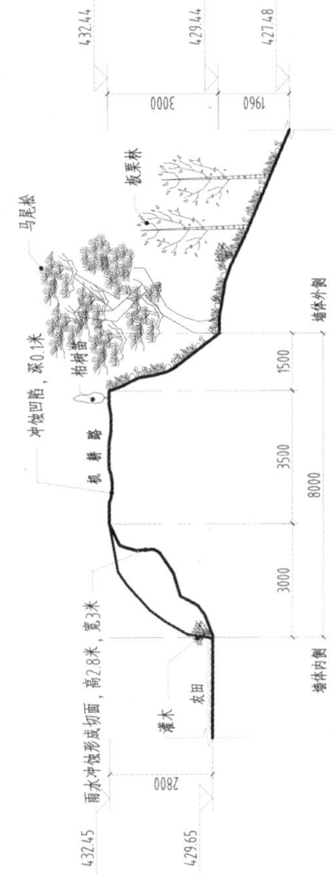

K0+049剖面现状图1:120

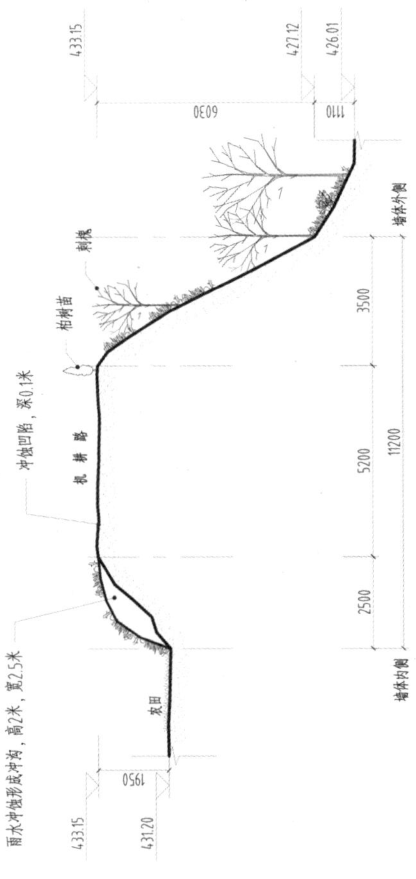

K0+138剖面现状图1:120

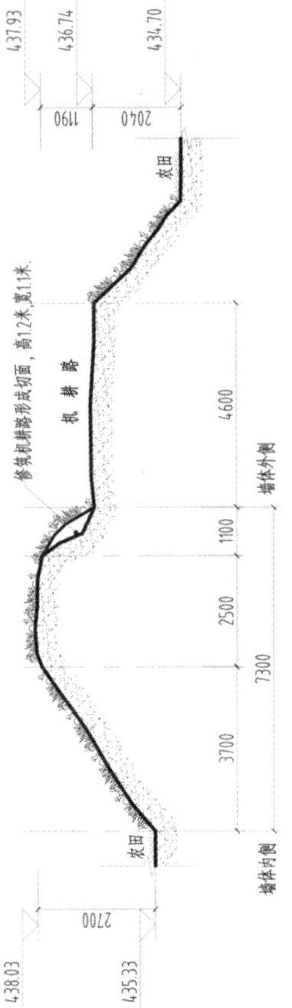

K0+213剖面现状图1:120

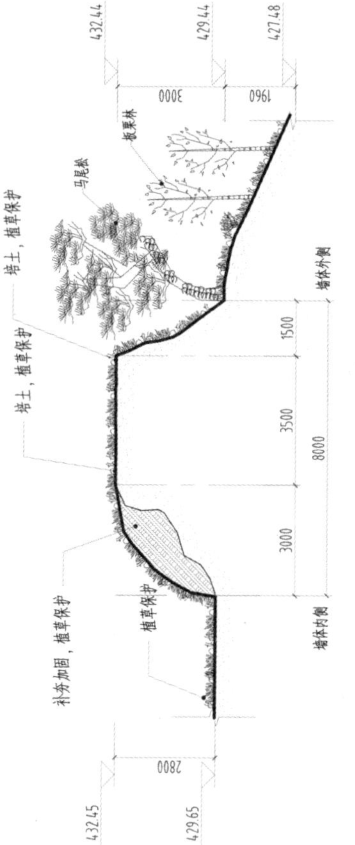

K0+049剖面设计图1:120

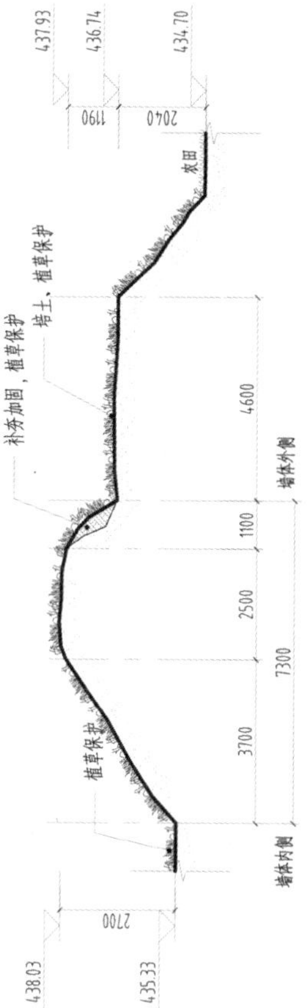

K0+213剖面设计图1:120

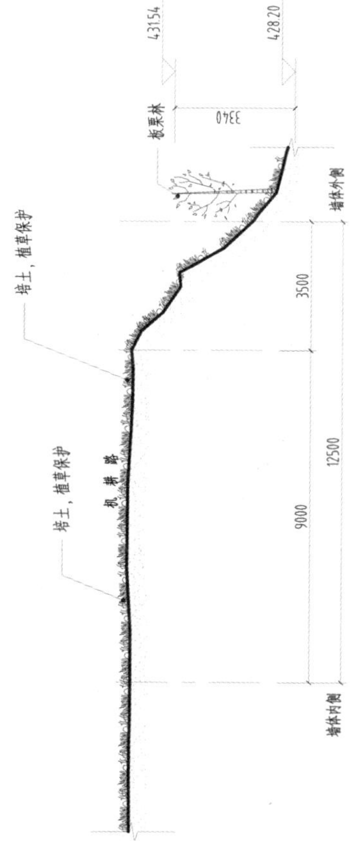

K0+008剖面设计图1:120

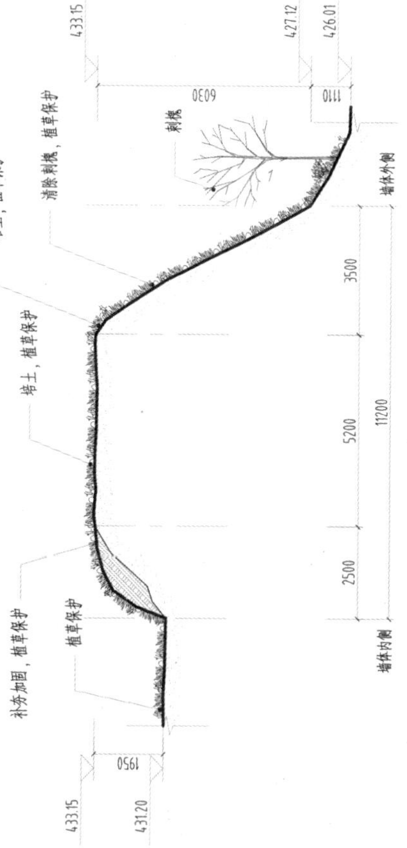

K0+138剖面设计图1:120

齐长城沂源核桃崮段抢救性保护方案

2015 年 3 月，该方案获国家文物局批复同意（文物保函〔2015〕562 号）。2017 年 5 月，根据国家文物局批复意见对该方案进行了修改和完善。

现状勘察报告

一、综述

（一） 文物概况

沂源县境内齐长城总长 33520 米，包含墙体、山险、消失三种类型，其中山险 24587 米，消失 6680 米，墙体保存长度 2253 米。

齐长城沂源核桃崮段（编码 370323382102020010）又称无路岭段，总长 3010 米，此次保护长度为 1900 米，其中消失 547 米，墙体长度 1353 米并遭严重破坏；其西端由悦庄至三岔县级公路（三悦路）分水流山口东侧山岭纵切形成的断面向东南，经过水泉溜东山，至红崮堆山东。该段长城路线选址为山脊阳坡，和山脊形成双层防御体系。

（二） 区域自然环境

1. 地理位置

沂源县位于沂蒙山区、山东省中部、淄博市最南端，地处东经 117°54′—118°31′、北纬

35°55′—36°23′，县域总面积1636平方公里。

保护段齐长城遗址整体位于沂源县东北部南鲁山与悦庄两镇交界处，即当地俗称的“无路岭”之上。无路岭，又称齐鲁岭、雾露岭，其山崖险峻，地势陡峭，北坡缓而南坡较陡，自古以来就是一交通要道，地理位置十分重要，而在无路岭两侧尤其是北侧分布有丰富的古代文化遗址。

2. 气候水文

沂源县属暖温带半湿润大陆性季风气候，四季分明，年平均气温11.9℃，年平均无霜期有189天，年平均日照时数2660.6小时，年平均降雨量720.8毫米。

3. 地形地貌

沂源县属中低山丘陵区，整个地势西北高东南低，沿沂河流向倾斜。地貌类型有中山、低山、丘陵、山前倾斜平地等。境内山峦起伏，沟壑纵横，有名山头1983座。其中鲁山为群峰之首，山势挺拔，风景迷人，海拔1108.3米，是山东省第四高峰。最低点为东南沂河谷地，海拔180米。

沂源县的地层多由太古界的泰山群构成，主体岩石以黑云斜长片麻岩居多。沂源县堪称山东省的地层博物馆，县内地层发育齐全，基底以泰山群黑云斜长片麻岩、黑色变粒岩等为主，下古生界寒武系、奥陶系地层发育完好，形成丰富多样的岩溶地貌和著名的溶洞景观。

全县地质构造于太古代末期泰山运动结束地槽发展阶段褶皱成山，断裂构造具有一定的等距性：沂源—南博山一带，东西间断裂规模较大，多数是划分凸起、凹陷的分界断裂，故构成了鲁山等山地。

齐长城沂源核桃崮段所在的无路岭一带山高坡陡、土质稀薄，此段齐长城系就山取石取砂砌筑而成。

4. 植被覆盖

齐长城沂源核桃崮段植被以黄背草、狗尾草、结缕草、荆条、胡枝子等为主，间有桃树、树柏等林木。现墙体顶部多有植被覆盖，整体保存稳定。

二、历史沿革（略）

三、文物价值（略）

四、现状描述

本次勘察针对本段墙体保存程度的好差、折拐、消失等不同方面，进行详细分析和测绘。顺长城走向由西向东以现存墙体中线为基线，以该段西端为里程点起点，标记为 K0 + 000，沿里程详细记录墙体的现状及病害分布，进一步明确墙体的分布与形制特征、病害类型、周边环境等方面的内容。

（一）遗址分布

齐长城沂源核桃崮段全长 1900 米，其西端起点（K0 + 000）位于水泉溜西山（悦庄至三岔县级公路分水流山口），东端终点（K1 + 950）位于红崮堆山东。地表可识墙体总长 1353 米，总体走向为由西北向东南，其中 K0 + 000 至 K0 + 470 间呈西北—东南走向，K0 + 470 至 K0 + 900 间呈西南—东北走向，K0 + 900 至 K1 + 070 间呈东西走向，K1 + 070 至 K1 + 270 间呈西北—东南走向，K1 + 270 至 K1 + 387 间呈西南—东北走向，K1 + 387 至 K1 + 850 间呈西北—东南走向，K1 + 850 至 K1 + 900 间呈东西走向。

（二）现存遗址

墙体遗迹明显，整体砌筑方式以土石混筑为主。墙体包含内墙、外墙、墙芯三部分，内、外墙采用条状石灰岩石块单层、干摆垒砌，内、外墙间距 6 米左右，现存遗址高度范围内未见明显收分；墙芯夯层为就地取材，包含小片石和土砂，夯层厚度 10—40 厘米，夯窝为圆形，直径 3—5 厘米，墙芯采用分段夯筑方式，每段长 3—5 米不等。

墙体的砌筑方式以 K0 + 708 处裸露断面为最具代表性，其墙体截面呈梯形，上部宽 3. 2 米，中部宽 3. 6 米，下部宽 5. 5 米，高 0. 3—1. 7 米，包含内墙、外墙、墙芯三部分，内、外墙宽 0. 3—0. 5 米，石块规格 4—14 厘米不等；墙芯夯土痕迹明显，夯土为本地黄褐土包含片石，结构致密，夯层区分明显，厚度 10—40 厘米；夯窝为圆形，直径 3. 5 厘米。

墙体整体保存情况：K0 + 000 至 K0 + 115、K0 + 610 至 K0 + 635、K1 + 578 至 K1 + 785 几段墙体后期改造痕迹明显，表现为拆除原边墙砌筑围堰或直接改造为围堰，围堰高 1. 5—2. 5 米，宽 0. 3—0. 5 米，现墙体墙芯遗址被围堰保护着，这部分段落中主要边墙（围堰）塌落，墙芯夯层以流失、失稳为主。K0 + 115 至 K0 + 351 间大段消失，仅存 K0 + 169 至 K0 + 180、K0 + 292 至 K0 + 336 两段。K0 + 351 至 K0 + 568 间墙体整体呈垄状，墙体两侧零星出现边墙，两侧边墙间距 5—6.4 米，保存高度 0.3—0.8 米；墙体两侧塌落，塌落坡相对稳定，现墙体顶部以草皮覆盖为主。K0 +568 至 K0 +750 间墙体外侧边墙由于机耕道路破坏，现墙芯裸露、失稳。K0 +750 至 K0 +900 间无遗址。K0 +900 至 K0 +995 间墙体间断出现。K0 +995 至 K1 +179 间地表无遗迹。K1 +179 至 K1 +248 间整体保存较好。K1 +248 至 K1 +578 间，山势陡峻处墙体遭破坏严重，现仅存填土石夯层，夯层痕迹清晰，每层厚 20—40 厘米不等，土质与周围土质一致，夹杂较多碎石颗粒。

（三） 保存现状

由现状勘察结果可知，墙体主要损害表现有墙体改造、塌落、坍塌、植物根系破坏、墙芯裸露等，每段墙体的损害情况和成因分析详见下表。

表 1　墙体损害统计表

损害起点	损害表现	描　述	成因分析
K0 +000	改造	K0 +000 至 K0 +115 共 115 米，墙体均遭到严重改造，以墙体外侧边墙为基础位置进行拆改修建围堰，现围堰内为墙体墙芯范围，种植丹参、黄芪、桔梗等，内侧已无边墙痕迹。多处部位处于不稳定状态，表现为围堰塌落、墙芯流失、围堰歪闪错位等，均持续危害遗址安全	农业耕作、修砌围堰
K0 +028	塌落	边墙塌落，塌落口长 8 米，露出内部碎石、泥土，塌落高 0.5 米，石块塌落坡堆积厚度 0.4—0.6 米	年久失修
K0 +044	塌落	边墙塌落，塌落口长 3 米，露出内部碎石泥土，塌落坡宽 1—1.5 米，石块塌落坡堆积厚度 0.4—0.5 米	年久失修
K0 +047	植物根系破坏、松动错位	K0 +047 至 K0 +115 共 68 米，紧贴边墙处有灌木密集生长，灌木以荆条为主，高 1—1.9 米，其根系深入墙体石缝间，严重破坏墙体，使墙体不断出现松动、歪闪，甚至出现塌落	灌木生长
K0 +058	坍塌	边墙出现坍塌，和塌落石块形成一个坡面；坍塌墙体长 12 米，仅存墙基高 0.2—0.5 米，露出内部碎石泥土，塌落坡宽 1.5—2.7 米，石块堆积厚度 0.2—0.5 米	年久失修、灌木生长
K0 +084	坍塌	边墙出现坍塌，同塌落石块形成坡面；坍塌墙体长 7 米，塌落坡宽 0.8—1.4 米，石块堆积厚度 0.2—0.4 米，堆积宽度 1.5—2.4 米	年久失修
K0 +115	消失	K0 +115 至 K0 +169 消失	—

（续表）

损害起点	损害表现	描 述	成因分析
K0+169	塌落	边墙塌落，塌落口长 8 米，露出内部碎石泥土，塌落坡宽 1.1—1.5 米，石块堆积厚度 0.2—0.5 米	年久失修
	植物根系破坏	K0+169 至 K0+180 共 11 米，墙体上灌木密集生长，灌木根系深入墙体石缝间，严重危害墙体，使墙体出现松动塌落	灌木生长
K0+180	消失	K0+180 至 K0+292 消失	—
K0+297	塌落	边墙塌落，塌落口长 3 米，内部紧靠山体岩石，塌落坡宽 1.5—2.2 米，石块堆积厚度 0.4—0.7 米	年久失修
K0+304	植物根系破坏	K0+304 至 K0+318 共 14 米，紧靠墙体处有灌木密集生长，灌木以荆条为主，其根系深入边墙石缝，造成墙体石块松动、错位	灌木生长
K0+336	消失	K0+336 至 K0+351 消失	—
K0+363	冲蚀	K0+363 至 K0+393 墙体顶部机耕道路的修建使墙芯裸露，夯土植被层遭到破坏	机耕路修建
K0+351 至 K0+568	植物根系破坏、稳定塌落坡	墙体整体呈垄状，早期塌落依附墙体呈坡状，起到保护原有墙体作用，现墙体顶部植被也起到保护遗址的作用。外侧边墙间断出现，保存高度 0.3—0.8 米，整体较为稳定；无边墙部分灌木生长，灌木根系破坏墙体，墙体整体基本趋于稳定	年久失修、灌木生长
	外侧边墙出现	外侧边墙出现段落有：K0+351 至 K0+354，长 3 米，高 0.2—0.7 米；K0+363 至 K0+365，长 2 米，高 0.4—0.5 米；K0+369 至 K0+378，长 9 米，高 0.2—0.5 米；K0+393 至 K0+398，长 5 米，高 0.3—0.5 米；K0+417 至 K0+424，长 7 米，高 0.3—0.8 米；K0+427 至 K0+431，长 4 米，高 0.4—0.6 米；K0+439 至 K0+442，长 4 米，高 0.4—0.6 米；K0+445 至 K0+446，长 1 米，高 0.3 米；K0+500 至 K0+510，长 10 米，高 0.2—0.5 米；K0+514 至 K0+515，长 1 米，高 0.5 米；K0+528 至 K0+531，长 3 米，高 0.3—0.4 米；K0+562 至 K0+564，长 2 米，高 0.3—0.5 米	—
K0+500	塌落	K0+500 至 K0+516 墙体外侧边墙塌落，仅留底部 0.5 米左右边墙，其上墙芯裸露，高 0.5—1 米，且有掏蚀凹进；塌落宽 0.4—1.6 米	年久失修
K0+568	挖掘破坏	K0+568 至 K0+573 墙体顶部受农业耕作影响，内部土石夯层遭破坏，宽 2 米，深 0.2—0.3 米	农业耕作

（续表）

损害起点	损害表现	描 述	成因分析
K0 +575	塌落、墙芯裸露	道路修建造成墙体纵向形成挖掘面，墙体外侧边墙被破坏，墙芯夯层裸露，总长 35 米，裸露断面高 1—2.8 米	道路修建、取石
K0 +610	改造	道路修建造成墙体仅保存内侧边墙，农业耕作又使边墙遭到破坏改造，总长 25 米，高 1.9—2.3 米	道路修建、农业耕作
K0 +635	塌落墙芯裸露	道路修建造成墙体形成纵向挖掘面，墙体外侧边墙被破坏，墙芯夯层裸露，墙芯塌落 1.2—3 米，总长 70 米，裸露断面高 1.8—2.9 米	道路修建
K0 +705	道路	农耕道路穿越墙体，路宽 3 米	道路建设
K0 +708	塌落	机耕道路建设挖掘墙体，造成断面，断面高 1.4—1.6 米，墙体两侧边墙裸露，墙体内部夯层清晰	道路建设
K0 +712	塌落、墙芯裸露	墙体墙芯夯层和边墙一同塌落成坡，塌落坡遭到破坏，被挖至边墙根部，塌落口长 20 米，高 1—1.4 米	道路建设
K0 +750	消失	K0 +750 至 K0 +900 消失	开山采石
K0 +900	墙芯裸露断面	墙体外侧边墙塌落造成墙芯裸露，长 10 米，裸露断面高度 1.5—2.2 米	年久失修
K0 +910	塌落	K0 +910 外侧边墙出现，共 2 米，高 0.5—1.6 米，立面呈梯形，顶宽 2.1 米，底宽 4 米，顶部高 0.3 米，墙芯裸露且顺外墙两侧塌落	年久失修
K0 +914	消失	K0 +914 至 K0 +946 消失	—
K0 +946	悬空、塌落	K0 +946 至 K0 +951 共 5 米，残存边墙高 0.7—1.1 米。其中 K0 +946 至 K0 +948 边墙顶部悬空，K0 +948 至 K0 +951 边墙塌落，墙芯外露	年久失修
K0 +951	墙芯塌落	K0 +951 至 K0 +969 边墙塌落，墙芯塌落成坡，现状态趋于稳定	—
K0 +969	墙芯塌落	K0 +969 至 K0 +995 间断出现外侧边墙，高 0.8—1 米，出现段落有：K0 +969 至 K0 +973，共 4 米；K0 +977 至 K0 +981，共 4 米；K0 +984 至 K0 +989，共 5 米；K0 +993 至 K0 +995，共 2 米。顶部墙芯夯层及植被层遭破坏，长 26 米，宽 0.5—1 米，厚 0.3—0.4 米	农耕取土取石
K0 +973	塌落	墙体边墙塌落，墙芯及边墙石块塌落成坡，长 4 米，高 0.7—0.9 米；塌落坡宽 2—2.5 米，石块堆积厚度 0.4—0.6 米	年久失修、农耕取石

（续表）

损害起点	损害表现	描　述	成因分析
K0 +981	塌落	墙体边墙塌落，塌落口长 3 米，塌落坡宽 2—2.5 米，堆积厚度 0.2—0.5 米	年久失修、农耕取石
K0 +989	塌落	墙体边墙塌落，塌落口长 4 米，塌落坡宽 2.1—2.6 米，堆积厚度 0.2—0.5 米	年久失修、农耕取石
K0 +995	消失	K0 +995 至 K1 +179 消失	—
K1 +179	塌落	墙体边墙遭到开垦破坏，墙芯裸露，总长 11 米，裸露断面高 0.3—0.9 米	农耕取土取石
K1 +248	塌落断面	开垦农田过程中横向挖掘墙体，造成墙体断面裸露，断面宽 12.1 米，高 1.8 米，墙体裸露高度 1 米	农耕取土取石
K1 +248	墙芯裸露	K1 +248 至 K1 +348 间，由于开垦农田过程中纵向挖掘墙体，对墙体造成严重破坏，现仅部分墙芯夯层残存且间断出现：K1 +294 保存高度 1.3 米，长 3 米，剩余厚度 0.4—0.5 米；K1 +300 保存高度 1.2 米，长 0.4 米，剩余厚度 0.3 米；K1 +326 保存高度 0.5 米，长 6 米，剩余厚度 0.5—0.6 米	开垦农田、取土取石
K1 +348	墙芯裸露	开垦农田过程中纵向挖掘墙体，造成仅部分墙芯夯层残存，保存高度 0.3—0.6 米，长 30 米，剩余厚度 0.2—0.8 米	开垦农田、取土取石
K1 +378	消失	K1 +378 至 K1 +386 消失	开垦农田、取土取石
K1 +386	墙芯裸露	开垦农田过程中纵向挖掘墙体，使外侧边墙被破坏，墙芯夯层裸露，整体不稳定，有持续塌落滑坡趋势，整体保存高度 1.2—2 米，长 100 米	开垦农田、取土取石
K1 +503	墙芯裸露	开垦农田过程中纵向挖掘墙体，使外侧边墙被破坏，墙芯夯层裸露，整体不稳定，有持续塌落滑坡趋势。K1 +540 至 K1 +544 夯层塌落严重，整体保存高度 0.3—1.5 米，长 41 米	开垦农田、取土取石
K1 +578	改造	K1 +578 至 K1 +785 总长 207 米，墙体均遭到严重改造，表现为以墙体外侧边墙为基础位置进行拆改，修建围堰。现围堰内为墙体墙芯范围，种植丹参、黄芪、桔梗等，内侧已无边墙痕迹。多处部位处于不稳定状态，表现为围堰塌落、墙芯流失、围堰歪闪错位等，均持续危害遗址安全	农业耕作、修砌围堰
	植物根系破坏	K1 +578 至 K1 +785 总长 207 米，围堰上有灌木密集生长，灌木根系深入围堰石缝间，使石块出现松动、塌落	灌木生长

（续表）

损害起点	损害表现	描　述	成因分析
K1 +606	塌落	围堰塌落，墙芯滑坡、流失，塌落口长 4 米，高 1.5 米	农业耕作、年久失修
K1 +614	塌落	围堰塌落，墙芯滑坡、流失，塌落口长 6 米，高 1.8 米	农业耕作、年久失修
K1 +643	塌落	围堰塌落、墙芯滑坡、流失，塌落口长 2 米，高 1.5 米	农业耕作、年久失修
K1 +694	塌落	围堰塌落、墙芯滑坡、流失，塌落口长 8 米，高 1.6 米	农业耕作、年久失修
K1 +705	塌落	围堰塌落、墙芯滑坡、流失，塌落口长 14 米，高 1.6 米	农业耕作、年久失修
K1 +729	塌落	围堰塌落、墙芯滑坡、流失，塌落口长 16 米，高 0.6 米	农业耕作、年久失修
K1 +771	塌落	围堰塌落、墙芯滑坡、流失，塌落口长 4 米，高 0.6 米	农业耕作、年久失修
K1 +785	机耕路	机耕路穿越墙体，路宽 5 米	机耕路建设
K1 +790	墙芯裸露	沿着墙体方向开辟机耕道路，墙体外侧边墙被破坏，墙芯夯层裸露，夯层清晰，高度 0.5—1 米，总长 37 米	机耕路建设
K1 +827	塌落	墙体边墙塌落，塌落口长 2 米，高 0.8 米；墙芯夯层滑落成坡，宽 1.6 米，堆积厚度 0.2—0.5 米	机耕路建设
K1 +832	墙芯裸露	墙体边墙塌落，墙芯夯层裸露，长 19 米，夯层残高 0.4—1.1 米	机耕路建设
K1 +851	塌落	K1 +851 至 K1 +891 共 40 米，以墙体外侧边墙位置为基础进行拆改，修建围堰，现围堰以内为墙芯部分，种植丹参、黄芪、桔梗等。K1 +851 至 K1 +880 围堰塌落，塌落口长 29 米；墙芯夯层塌落成坡，宽 1.1—2.4 米，堆积厚度 0.2—0.5 米	农业耕作、修砌围堰
	植物根系破坏	K1 +851 至 K1 +891 共 40 米，墙体上有灌木密集生长，灌木根系深入墙体石缝间，严重危害墙体，使墙体出现松动、塌落	灌木生长
K +880	松动错位	墙体边墙石块松动，长 11 米，高 0.2—0.5 米	农业耕作

五、主要病害成因分析和现状评估

（一） 主要成因分析

1. 自然破坏

（1） 年久失修

墙体底部石块或用来找平填塞的石楔，在自身风化的同时，又长期处于受压状态，易发生碎裂现象，降低了自身的承重作用，从而影响整体结构的稳定性，造成墙体失稳、坍塌；在前段墙体坍塌后，断面周边的墙体会存在临空卸荷力，不断地扩大石缝间隙，导致边墙持续塌落甚至整段塌落。

（2） 植被生长

墙体外侧或墙体上生长着灌木、乔木，在其生长过程中，其根系深入石缝内，不断挤压和撬动墙体石块，扩大石缝间隙，使墙体发生鼓胀、歪闪等现象。

另外，该段墙体中墙芯夯层表面大量覆盖草皮，草皮以黄背草、狗尾草、白羊草为主，属多年生须根系草本植物，其根系网络在土壤表层形成网状结构，有效提高了墙体的抗剪强度和抗冲蚀能力，减缓了墙体水土流失和塌落的程度，如本段中 K0 + 351 至 K0 + 575 间墙体整体表现为土垄状，两侧塌落坡稳定。

（3） 降雨

由于现存遗址呈土垄状，其顶部草皮植被起到了保持水土的作用，墙体整体保存较好，但裸露切面、墙芯夯层部位长期受雨水冲刷，墙芯土砂逐步流失并遭到持续破坏，加剧了墙体的塌落、流失。另外，墙体顶部种植区域及凹凸不平部位都造成雨水滞留、侵渗墙芯，破坏墙体夯筑结构。

雨水在墙体上不能及时排出，墙体夯层便会因水分的蒸发、土壤的冻融等作用而受到破坏，不利于其长期保存。

2. 人为破坏

（1） 耕作破坏

自 20 世纪 70 年代农业“学大寨”运动至今，长城墙体两侧或墙体顶面被开垦为农田，人们为了扩大耕种面积，不断地蚕食墙体，拆改原墙体外墙修砌围堰。年长日久，围堰塌落并造成大量塌落口，使墙芯夯层裸露甚至塌落、流失。

（2）修路破坏

长城墙体长期处于农田包围环境中，人们为了便利，在墙体外侧开辟机耕路，如 K0 + 575 至 K0 + 750 间，机耕路纵向剖开墙体，利用墙体土石来铺设路基，现道路宽 5—7 米，造成墙体失稳、墙芯裸露；有的机耕路直接横向截断墙体，如 K0 + 708 处有宽 5 米的机耕路穿过，破坏了原本保存较好的墙体。

（3）开山取石

由于长城处于山体之上，受开山取石等利益驱使，人们在部分地段开山取石，严重破坏了长城及其所在山体的完整性、稳定性，如在 K0 + 750 至 K0 + 900 间开山取石，破坏了长城遗址及走势，破坏了整个山体的植被风貌。现开山取石活动已经停止。

（二）现状评估

齐长城—沂源核桃崮段墙体位于人为活动频繁区，饱受人为因素破坏。由垦田拓路、开山取石等原因造成的墙体边墙塌落、墙芯夯层裸露等病害，在雨水冲刷等自然外力的作用下伴随人类活动等原因，造成墙体保留部分持续流失，使墙体处于失稳状态。另外，塌落边墙部位逐步向两侧扩展，灌木根系破坏不断撑裂、撑胀墙体等问题亦十分严重，亟须采取相应措施对齐长城进行相应保护。

六、勘察结论

齐长城沂源核桃崮段为土石混筑结构，通过对其现状的勘察分析可知，墙体的破坏因素主要是人为破坏，在此基础上，雨水冲刷等自然外力加剧了破坏进程，扩大了破坏范围，使长城墙体不能长久保存。其中道路建设、机耕开垦造成墙体墙芯夯层裸露、失稳并有持续塌落的趋势，亟须采取保护措施；农业耕作改造后的边墙整体状况趋于稳定，但存在大量塌落口及墙芯夯层水土流失现象，应采取保护加固措施避免水土流失。

部分地段现状

K0 +000 至 K0 +115 墙体后期被改造为围堰【由西向东拍摄】

K0 +044 墙体坍塌【由西向东拍摄】

K0 +84 墙体边墙坍塌【由西向东拍摄】

K0 +169 至 K0 +180 墙体【由北向南拍摄】

K0 +297 墙体塌落【由北向南拍摄】

K0 +351 至 K0 +378 墙体顶部破坏【由北向南拍摄】

K0 +440 至 K0 +510 墙体顶部【由东向西拍摄】

K0 +562 边墙及植被【由东向西拍摄】

K0 +500 边墙上部墙芯塌落【由西向东拍摄】

K0 +575 至 K0 +610 墙体外侧边墙及墙芯塌落【由东南向西北拍摄】

K0 +635 至 K0 +705 墙体外侧边墙及墙芯破坏【由西向东拍摄】

K0 +705 至 K0 +708 机耕路穿越墙体【由南向北拍摄】

K0 +708 墙体外侧边墙【由南向北拍摄】

K0 +708 墙体内侧边墙挤压变形【由西北向东南拍摄】

K0 +750 至 K0 +910 开山采石造成的墙体消失
【由西向东拍摄】

K0 +900 至 K0 +910 墙芯塌落断面
【由西南向东北拍摄】

K0 +946 至 K0 +951 墙体边墙塌落、顶部悬空
【由东南向西北拍摄】

K0 +969 向东墙芯及植被层破坏【由西向东拍摄】

K0 +973 墙体塌落口及墙芯破坏【由南向北拍摄】

K0 +995 至 K1 +179 消失【由东南向西北拍摄】

K1 +179 残存外侧边墙【由西北向东南拍摄】

K1 +248 裸露墙芯【由西南向东北拍摄】

K1 +460 墙芯裸露【由西南向东北拍摄】

K1 +500 至 K1 +544 墙体墙芯裸露【由西南向东北拍摄】

K1 +745 至 K1 +786 修砌围堰【由西北向东南拍摄】

K1 +606 墙体塌落口【由南向北拍摄】

K1 +643 围堰塌落，墙芯裸露【由西向东拍摄】

K1 +785 机耕路横向切断，内部土体滑落【由北向南拍摄】

K1 +790 后墙体外侧边墙及墙芯塌落
【由西北向东南拍摄】

K1 +838 至 K1 +851 墙体外侧边墙塌落
【由东南向西北拍摄】

维修设计说明

一、工程性质

根据《中华人民共和国文物保护法》《文物保护工程管理办法》等法规的规定及工程分类，结合齐长城沂源核桃峪段墙体的保存现状，将本次维修定性为现状保护，以抢险加固为主。

二、设计内容及规模

本维修工程勘察设计内容为：齐长城沂源核桃峪段墙体的维修，涉及长度1900米，主要包括墙体边墙塌落及改造部位，墙体边墙失稳部位，墙芯裸露、失稳部位，墙体顶部种植区域。

三、设计依据

（一）有关法律法规

《中华人民共和国文物保护法》

《中华人民共和国文物保护法实施条例》

（二）有关规范、规程及标准

《中国文物古迹保护准则》

《文物保护工程管理办法》

《山东省文物保护条例》

《文物保护工程设计文件编制深度要求（试行）》

《建筑施工扣件式钢管脚手架安全技术规范》JGJ 130－2011

《砌体结构设计规范》GB 50003—2011

《建筑地基处理技术规范》JGJ 79－2012

（三）有关资料、文件

《齐长城沂源县境内无路岭东段调查报告》

《长城保护维修工作指导意见》

《长城——齐长城遗址保护总体规划》

其他相关资料及文献

四、设计原则和指导思想

本维修设计依据《中华人民共和国文物保护法》“对不可移动文物进行修缮、保养、迁移，必须遵守不改变文物原状的原则”的规定，遵循“不改变文物原状”和“最小干预”原则，坚持“保护为主、抢救第一、合理利用、加强管理”的方针，以消除影响齐长城遗址本体安全的各种病害、隐患为准，不追求长城墙体完整，使维修部位具有可识别性。

五、维修措施

（一）清理灌木

针对危害墙体安全的植物根系所采取的保护措施，主要为灌木根系。

1. 工程范围及要求

工程范围：墙体边墙及内外两侧各 3 米范围内的带状区域。

范围说明：本范围的选择是基于现场勘查结果而定的。贴近墙基生长的灌木对墙体的影响最大，随着距离的逐渐增加，其影响逐渐减弱，同时密集的灌木也会影响长城的观瞻及后续的工程施工，因此墙体外侧的灌木清理范围暂定为 3 米。

2. 工程做法

（1）对生长在工程范围内的乔木予以清除；禁止翻刨伸入墙体内部的根系，在不扰动墙体石块的前提下，尽可能多地去除根部；对于已造成墙体失稳的灌木根系，可在后续工程施工中彻底清除。

（2）对于失稳墙体段的清理，需要在墙体外侧做好支护措施，避免施工过程中引起墙体倒塌。

（3）施工时尽量避免在边墙上走动，减少对墙体造成的二次破坏。

（二） 补夯加固

针对墙芯裸露造成的遗址失稳采取保护措施，防止墙芯夯层进一步塌落，补夯后外观形式和两侧墙体保持一致。补夯部分紧密结合墙体，强度接近墙体强度，防止雨水直接冲刷墙芯，并起到支稳残存墙体的作用。补夯加固措施仅针对墙芯裸露失稳亟须采取保护措施的部位。

1. 工程范围

工程范围：墙体墙芯裸露部位，主要分布在 K0 + 575 至 K0 + 732、K1 + 248 至 K1 + 544 段。

2. 工程做法

（1）清理墙芯裸露面。①裸露墙芯风化表层，清理厚度依据风化情况而定，最大不超过 5 厘米。②顶部松动草皮，清理宽度不超过 10 厘米。③清理底部塌落堆积物，清理宽度视补夯情况而定。

（2）安置木锚杆。针对高度不低于 2 米的墙芯裸露断面，可设置白蜡杆木锚杆拉结，木锚杆长度 1 米，锚杆直径 3 厘米，插入切面 0.6 米，按照每层中 0.5 米间隔、上下层错位设置，施工时以每补夯两层布置一层木锚杆为宜。

（3）补夯。施工前夯实基底，然后把土、碎石按照维修部位墙体土石比例进行混合，进行分段分层打夯压实。每次夯筑长度控制在 5 米左右，虚铺厚度 30—50 厘米，压缩率约为 92%。

由于该段中墙芯土石夯层夯筑工艺有所不同，补夯加固时应依照需补夯部位的不同夯筑方式进行补夯，具体需补夯部位夯筑方式参见《齐长城沂源县境内无路岭东段调查报告》。

（4）放坡。按照设计要求进行放坡，最小排水坡度 3%。用木锨自上而下修理坡面。

（5）植补草皮。参照植草保护措施。

（6）K0 + 575 至 K0 + 732 墙体外侧有机耕道路，宽 5—7 米，由于不具备道路迁移条件，对此段墙体进行保护时应严格控制补夯宽度并提高补夯强度，同时将机耕道路宽度控制在 3 米左右。K0 + 705 处机耕道路穿越墙体部分，夯实后厚度应不小于 60 厘米。

（三）补砌加固

针对墙体边墙塌落部位及后期改造的围堰所采取的保护处理措施，通过局部补砌加固起到保护墙芯夯层的作用，防止由于边墙塌落造成墙芯夯层的流失与破坏。用于补砌加固的材料应选择塌落口附近的堆积石块。对于被掩埋且较稳定的边墙塌落坡应予以现状保护，不予补砌。

1. 工程范围及要求

工程范围：墙体边墙塌落形成的塌落口；后期改造中的围堰塌落口。

工程要求：

（1）边墙及围堰回砌高度以能保持内部墙芯安全、防止水土流失为准，不追求墙体完整。

（2）墙体高度高于1.5米的补砌加固处需要搭设双排脚手架并做好防护措施，避免对墙体造成二次破坏。

材料要求：补砌边墙的石块应就近选择，且石块短边大于20厘米、厚度大于15厘米。

2. 工程做法

（1）清理。①清理边墙塌落的碎石，平整墙体底部。②就近挑拣符合尺寸的石块，清理后码放待用。

（2）补砌。按照墙体现存形制重新补砌塌落口，并与现存墙体做好拼接。对于边墙迹象不明显的墙体，在修复时可参照左右两侧的边墙位置，先进行定位，再实施修复。

（3）内侧填充。用土及碎石填充在修补好的边墙内侧并分层夯实，夯筑时应保证边墙稳定，夯筑均匀，夯筑高度不能高于边墙。

（四）拆砌加固

针对墙体松动、歪闪部位所采取的保护措施，通过局部拆砌加固失稳墙体。另外，清理灌木后进行墙体稳定性检查，通过采用石楔垫、填、塞等办法保证墙体规整、牢固，亦属于此类措施。

1. 工程范围及要求

工程范围：墙体失稳，出现歪闪、鼓胀、松动的部位。

工程要求：

（1）墙体失稳长度超过5米的部位，需要分段拆砌。

（2）墙体拆砌高度应根据实际情况而定，不能一拆到底。

（3）墙体拆砌长度要略超出失稳墙体长度，超出范围控制在 1 米以内。

（4）墙体高度高于 1.5 米的拆砌加固部位需要搭设双排脚手架并做好防护措施，避免对墙体造成二次破坏。

2. 工程做法

（1）划定范围。根据墙体出现的病害范围，划定操作范围。

（2）支护。采用脚手架和厚木板支护失稳墙体外侧，防止在清理过程中引起墙体倒塌，造成二次破坏。

（3）清理和拆除。①清理失稳墙体内侧填充物，清理深度视拆砌情况而定。②就近挑拣符合尺寸的石块，清理后码放待用。③拆除失稳边墙，并规整堆放石料。

（4）砌补。按照墙体现存形制重新砌补边墙，并与现存墙体做好拼接。

（5）回填。回填并夯实内侧填充物，夯筑时应保证边墙稳定，夯筑均匀，夯筑高度不能高于边墙。

（五）排水、防渗设计

针对墙体种植区域及墙体凹凸不平处雨水聚集、排水不畅所采取的保护措施，通过回填、修整坡度等方式设定排水坡度、水流方向，避免雨水在墙体上聚集。

1. 工程范围

墙体凹凸不平排水不畅区域，自然排水淤积部位。

2. 工程要求

（1）墙体顶面做出向墙体内侧倾斜的排水坡，坡度不小于 3%。

（2）分段施工，每段长度不超过 5 米。

（3）施工前做好边墙支护，避免对边墙造成二次破坏。

（4）材料要求：素土不得含有有机杂质，使用前宜过筛，其粒径不大于 15 毫米，含水量以 12%—15% 为宜（可捏成团，轻掰即散）；石灰质量应符合相关规定。

3. 工程做法

（1）清理。清理风化表层，清理厚度依据风化情况而定，最大不超过 5 厘米。

（2）培土压实。用土和碎石虚铺，随后压实、找平。

（3）灰土夯实。按照设计要求放坡，虚铺灰土并进行夯实，压实度不小于 95%，压实后厚度为 10 厘米。

（六） 植草保护

通过对整段墙体保存情况的分析可知，现墙体整体保存较好段落 K0 + 351 至 K0 + 575 间墙体整体稳定，其顶部植被的固土作用明显，对于长城的长期保存起到了重要作用。植草保护即依据该段保存较好墙体的植被固土作用而制定的固土保护措施，包括补夯加固区域、清理灌木区域、墙芯顶部种植区域及破坏区域的植草保护，其中墙芯种植区域的植草保护范围应为墙体宽度外两侧各加 3 米。对于现存墙体顶部草皮覆盖较好、排水顺畅的段落，不予补种。

1. 工程范围及要求

工程范围：顶部破坏、补夯加固区域；墙芯灌木清理、墙芯种植区域两侧各外扩 3 米区域。

工程要求：

（1）草皮种类应选择墙体区域内生长的黄背草、白羊草、结缕草。

（2）应先做培土压实后再植草保护。

（3）补种后的草皮覆盖率达 100%。

2. 工程做法

（1）整理作业面。

（2）培土放坡。培土压实后修整顶部排水坡度，设计最小排水坡度为 3%。

（3）植补草皮。在专业技术人员指导下进行植补。

（4）日常检查。随时检查草种成活情况，及时补足草皮。

（七） 标识设置

在消失墙体两端墙体出现处视觉通透性较差的段落设置保护标识。在长城路线拐折点设置标识桩，可起到联系两端出现点、明确长城遗址路线的作用。

1. 工程范围

工程范围：K1 + 070，K0 + 575 至 K0 + 732。

2. 工程做法

（1）标识桩的制作。制作边宽 20 厘米、高度 1.6 米的混凝土标识桩；用白色涂料对标识桩进行粉刷，在距离柱头 10 厘米处用黑色涂料在柱的两侧面喷涂“齐长城遗址”和“注意保护”字样，字体的上端和下端分别用红色涂料粉刷，粉刷高度为 10

厘米。

（2）埋置。在 K1 +070 处设置标识桩，先确定消失墙体内外沿位置，在距离此内外沿各 1 米处，埋下制作好的标识桩，埋藏深度为 0.6 米。K0 +575 至 K0 +732 墙体外侧埋置标识桩，间隔 5—10 米进行埋置，并树立警示牌。

（3）保护围栏

在 K0 +705 处设置铁质保护围栏（设计高度 1.2 米），同时设置齐长城保护标识。

六、维修措施

表 2　墙体维修措施表

范　围	损害表现	维修起点	保护措施
K0 +000 至 K0 +115	塌落	K0 +028、K0 +044、K0 +058、K0 +084	补砌加固
	植物根系破坏、松动错位	K0 +047	清理灌木、拆砌加固
	墙芯种植区域	K0 +000 至 K0 +115	排水防渗设计、植草保护
K0 +115 至 K0 +169	消失	—	—
K0 +169 至 K0 +180	塌落	K0 +169	补砌加固
	植物根系破坏、松动错位	K0 +169	拆砌加固
K0 +180 至 K0 +292	消失	—	—
K0 +292 至 K0 +336	塌落	K0 +297	补砌加固
	植物根系破坏、松动错位	K0 +304	清理灌木、拆砌加固
K0 +336 至 K0 +351	消失	—	—
K0 +351 至 K0 +568	挖掘破坏	K0 +351	排水防渗设计、植草保护
	植物根系破坏	K0 +363 至 K0 +393	清理灌木、植草保护
	塌落	K0 +500	补砌加固

（续表）

范围	损害表现	维修起点	保护措施
K0+568 至 K0+750	挖掘破坏	K0+568、K0+708	补夯加固、排水防渗设计、植草保护
	墙芯裸露	K0+575、K0+635、K0+712	补夯加固（置木锚杆）、植草保护
	植物根系破坏	K0+610	清理灌木、补夯加固、植草保护
	机耕路	K0+705	植草保护
K0+750 至 K0+900	消失	—	—
K0+900 至 K0+995	墙芯裸露	K0+900、K0+969	补夯加固、植草保护
	塌落	K0+910、K0+946、K0+973、K0+981、K0+989	补砌加固
K0+995 至 K1+179	消失	K1+070	标识
K1+179 至 K1+578	塌落	K1+179、K1+248	补夯加固、植草保护
	墙芯裸露	K1+294、K1+300、K1+326、K1+348、K1+386、K1+503	补夯加固、植草保护
K1+578 至 K1+785	植物根系破坏	K1+578	清理灌木、拆砌加固
	塌落	K1+606、K1+614、K1+643、K1+694、K1+705、K1+729、K1+771	补砌加固
	墙芯种植区域	K1+578 至 K1+785	排水防渗设计、植草保护
K1+785 至 K1+900	机耕路	K1+785	植草保护
	墙芯裸露	K1+790、K1+832	补夯加固、植草保护
	塌落	K1+827、K1+851	补砌加固
	植物根系破坏	K1+851、K1+880	清理灌木、拆砌加固、植草保护

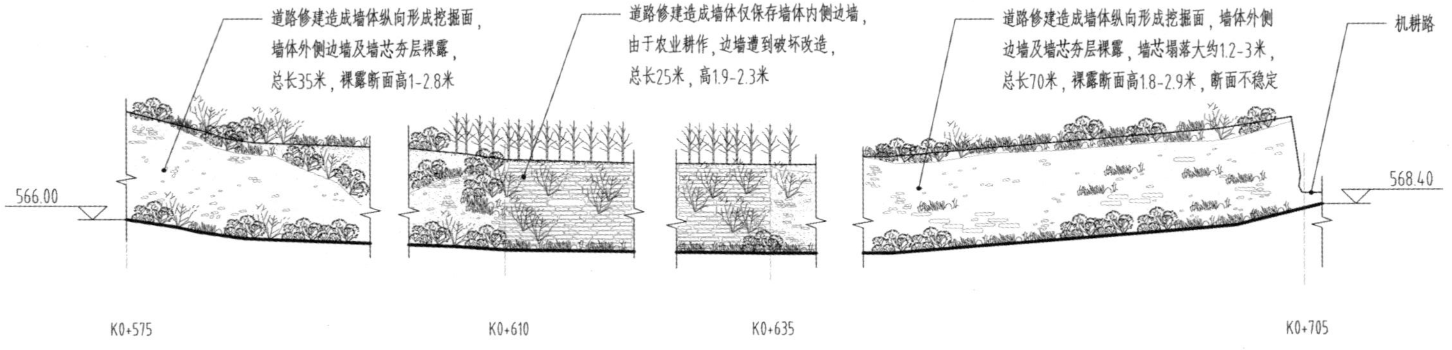

K0+575至K0+705墙体立面设计图1:120

K0+708至K0+750墙体立面设计图1:120

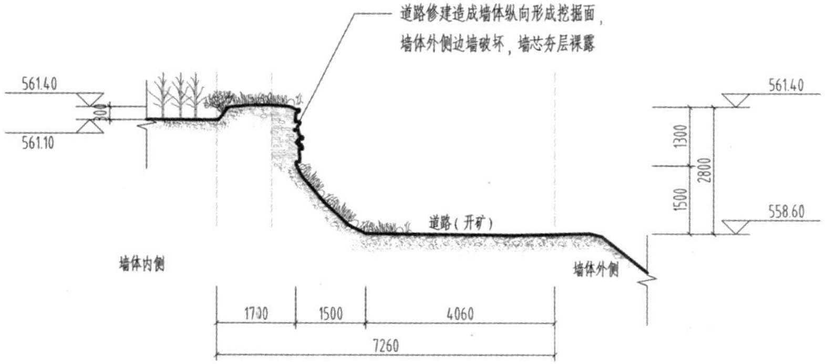

核桃崮段K0+603剖面现状图1:100

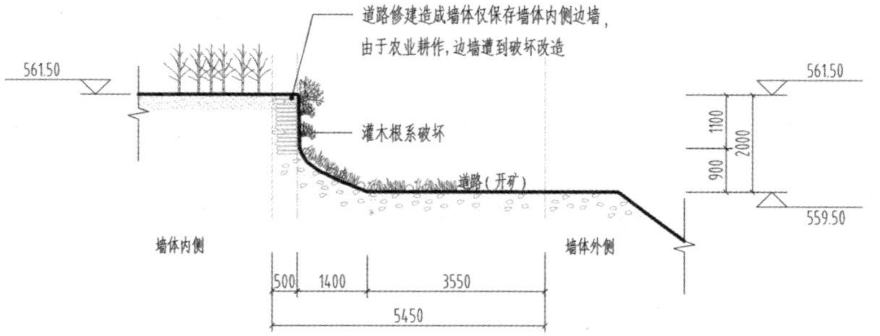

核桃崮段K0+616剖面现状图1:100

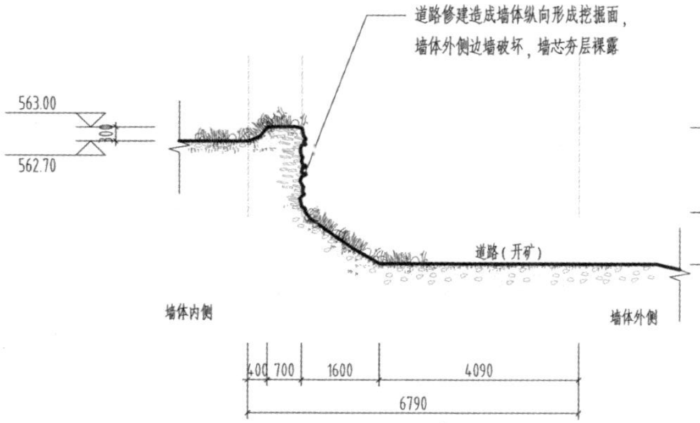

核桃崮段K0+659剖面现状图1:100

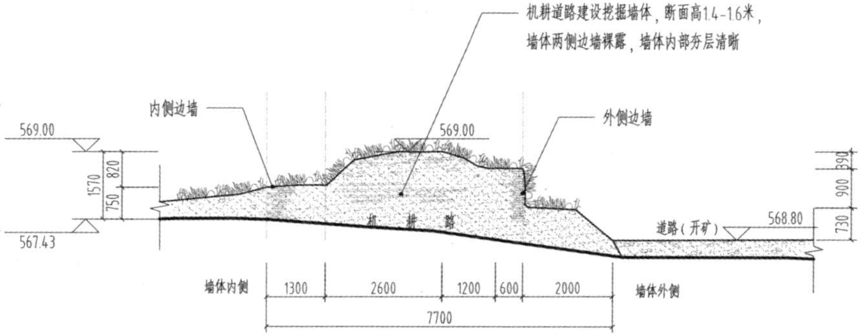

核桃崮段K0+708剖面现状图1:100

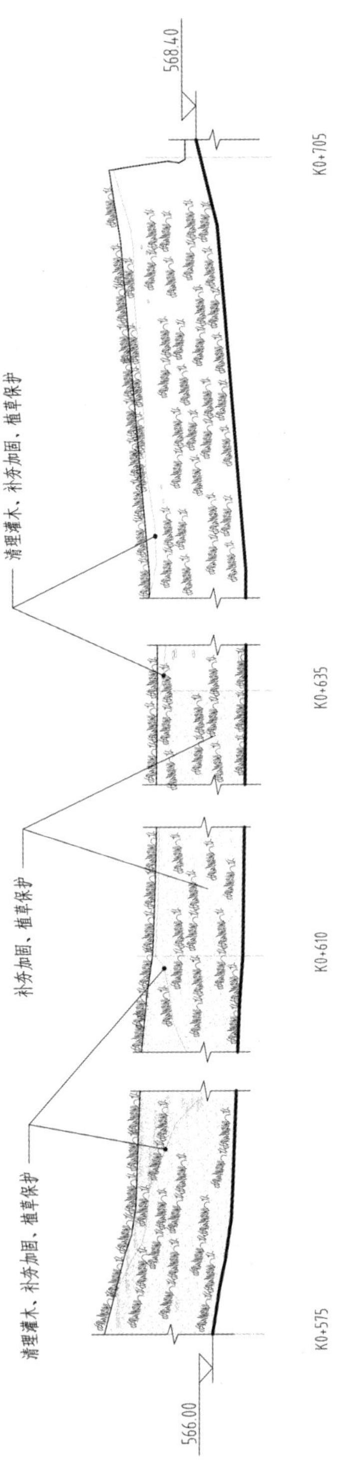

K0+575至K0+705墙体立面设计图1:120

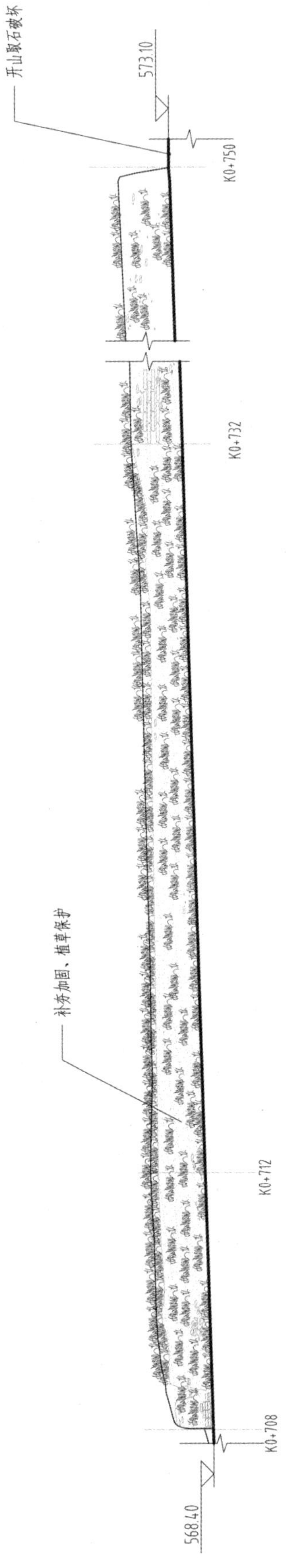

K0+708至K0+750墙体立面设计图1:120

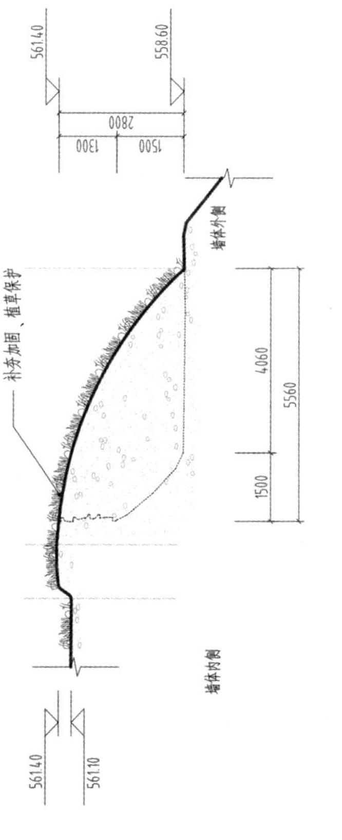

核桃崮段K0+603剖面设计图1:100

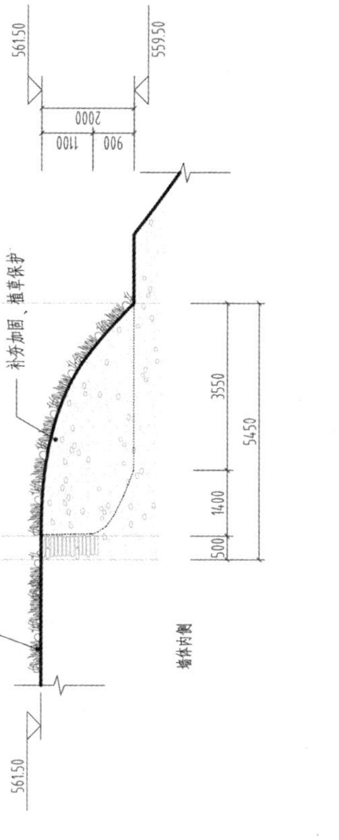

核桃崮段K0+616剖面设计图1:100

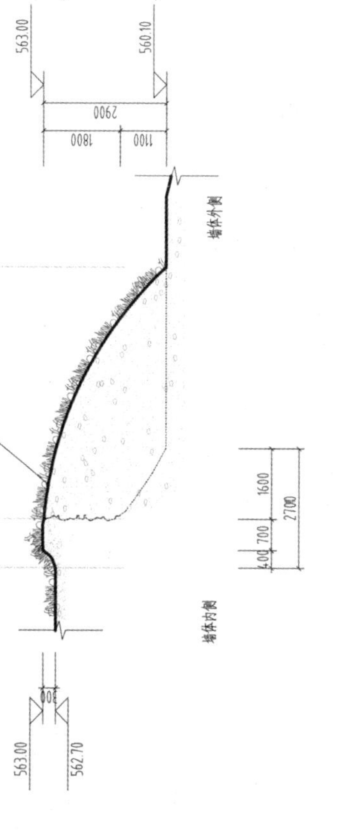

核桃崮段K0+659剖面设计图1:100

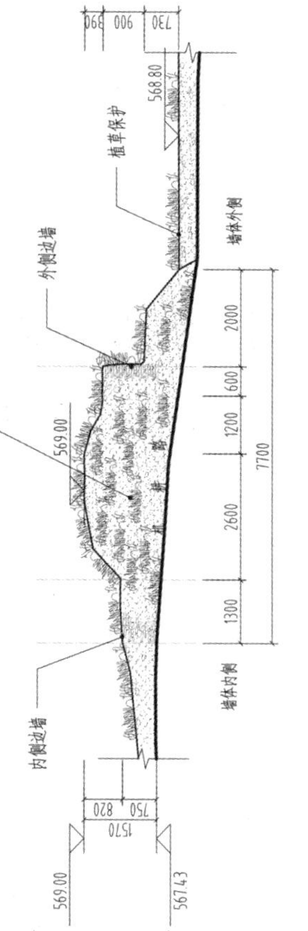

核桃崮段K0+708剖面设计图1:100

齐长城诸城石河头段及黑王家沟段修缮保护方案

2012年5月，该方案获国家文物局批复同意（文物保函〔2012〕1306号）。2013年8月，根据国家文物局批复意见对该方案进行了修改和完善。

现状勘察报告

一、综述

（一）文物概况

齐长城诸城段西起马耳山东山、大风口东北200米处，沿五莲—诸城县界向东，途经阎王鼻子山、马鞍东山，并由马鞍东山折北，继续沿五莲—诸城县界，经南路西岭、石人山折东北，经玉带北岭、七泉山、寨山、石八盘，由三块石向东进入诸城境内，经龙湾头北山、望海楼、响水崖子南山、南许家沟北山、黄牛山，经马山折东北，过上崔家沟北山、邹家沟东山、磊石山，经太平安、大洼、近枝子、竹园，绕子阿东岭，向东即到史家夼北岭，进入胶南境。

齐长城诸城石河头段及黑王家沟段均位于诸城林家村镇区域内，墙体均为土石混筑，呈西南—东北走向。两段总长2034米，系诸城境内长城墙体现存最好的段落，地表高度4米左右，同时也是损害表现最为严重的段落，且残破程度呈逐年加速的趋势，亟须保护。

（二） 区域自然环境

1. 地理位置

诸城市位于山东省东南部，隶属于潍坊市，北依潍坊，东临青岛，南靠日照，是山东半岛重要的交通枢纽。西汉初年设东武县，隋代改称诸城。

齐长城诸城石河头段距离诸城市石河头村北约500米、太平安村东约100米；齐长城诸城黑王家沟段距离黑王家沟村北约400米、绕子阿村南约500米。

2. 气候水文

诸城属暖温带大陆性季风气候，年平均无霜期184天，年平均降雨量750毫米，年平均气温12℃。此种气候条件下，对齐长城保存的主要影响因素为大气降水。

境内河流近五十条，其中潍河最大，自成一系。淮河发源于莒县之潍山，由西南向北经墙夼水库入市境，总向东北流，穿市境中部而过，至市境北端与渠河交汇出境。潍河在境内支流较多，组成叶脉状水系。潍河水系河床比降大（干流为3‰—4‰），水流湍急，侵蚀力强，河谷下切深邃，水土流失严重。齐长城—诸城石河头段墙体东西两端均伸入河谷，墙体表面径流现象比较明显。

3. 植被覆盖

齐长城诸城石河头段及黑王家沟段墙体表面自然植被以狗尾草、茅草、黄背草等杂草为主，多数地段植被覆盖率达85%以上，少数地段覆盖率低于40%甚至不足10%。

二、历史沿革（略）

三、文物价值（略）

四、现状描述

本次勘察主要针对齐长城诸城石河头段及黑王家沟段墙体保存程度的好差、折拐、消失等不同方面，进行详细分析和测绘。顺长城走向，由西向东以现存墙体中线为基线，沿里程详细记录墙体的现状及病害分布。统一由每段墙体西端起始点为里程点起点，标记为 K0 +000，进一步明确墙体的分布、形制特征、病害类型、周边环境等方面的内容。

（一） 遗址分布

齐长城诸城石河头段西端（K0 +000 点）位于太平安村南河谷，东端（K1 +079 点）位于太平安村东水库，全长 1079 米，总体呈西南—东北走向，其中 K0 +000 至 K0 +579 点间墙体位于小桃路西侧，呈西南—东北走向；K0 +589 至 K0 +893 点间墙体呈西南—东北走向，K0 +893 至 K1 +079 点间墙体呈东西走向，略偏北。

齐长城诸城黑王家沟段墙体西端（K0 +000 点）位于黑王家沟村北，东端（K0 +955 点）位于乡村土路，全长 955 米，总体呈西南—东北走向，其中 K0 +000 至 K0 +462 点间墙体呈西南—东北走向；K0 +462 至 K0 +701 点间墙体呈南—北走向，略偏西；K0 +701 至 K0 +955 点间墙体呈西南—东北走向。

（二） 现存遗址形制

齐长城诸城石河头段及黑王家沟段墙体构筑类型统一，均为土石混筑，即用黄土（或砂土）和砾径为 5—20 厘米的石块混合夯筑而成。墙体随地势起伏而有落差，墙体内侧地势高于墙体外侧。

现存的长城墙体整体为土垄状，截面呈上窄下宽的梯形，墙体顶面宽度 1—2 米，底边宽度 11—14 米，内外边坡安全坡度为 30°—60°。

经调查，用于夯筑墙体的土砂系由长城两侧的平地挖沟取土而来，墙体内大小不一的石块来自附近的基岩，多为沉积岩，充分反映了齐长城在修筑过程中因地制宜、就地取材的特点。

（三） 保存现状

由现状勘察结果可知，墙体主要损害表现有切面、冲蚀、冲沟等，其中墙体切面包括纵向和横向切面，这也是两段墙体的普遍病害。每段墙体病害情况详见下列各表。

表1 石河头段墙体现状统计表

石河头段			
位　置	损害表现	描　述	成因分析
K0+000	切面	此点墙体出现横向切面，高2.6米，底宽10米。现切面已出现坍塌，塌落物堆积高度约1米，厚度约1.6米。该切面向墙体内外两侧均有延伸，向外侧延伸10米，切面高1.3—1.6米；向内侧延伸5米，切面高1.1—1.5米	修路破坏
K0+026	切面	此点墙体外沿出现纵向切面，长9米，高0.3—2.6米	耕作破坏
K0+057	切面	此点墙体外沿出现纵向切面，长15米，高0.2—1.2米	耕作破坏
K0+058	冲蚀	此点墙体顶面出现冲蚀，长35，宽2米	修路破坏、自然破坏
K0+097	切面	此点墙体从中间处出现平面呈“V”字形的切面，一边长9米，另一边长15米，切面高0.5米左右	修路破坏
		此点墙体外沿出现纵向切面，长3米，高1—1.5米	耕作破坏
K0+137	切面	此点墙体外沿出现纵向切面，长12米，高1—2米	耕作破坏
K0+167	切面	此点墙体外沿出现纵向切面，长4米，高0.5—1.5米	耕作破坏
K0+170	切面	此点墙体出现横向切面，高0.4—1.6米，底宽10米	修路破坏
K0+174	切面	此点墙体出现横向切面，高0.4—1.6米，底宽10米	修路破坏
K0+190	切面	此点墙体外沿出现纵向切面，长15米，高0.6—1.8米	耕作破坏
K0+205	切面	此点墙体外沿出现纵向切面，长4米，高1.5—1.9米	耕作破坏
K0+226	切面	此点墙体内沿出现纵向切面，长9米，高1—1.5米	耕作破坏
K0+228	切面	此点墙体外沿出现纵向切面，长7米，高1.8—2.3米	耕作破坏
K0+235	切面	此点墙体内沿出现纵向切面，长30米，高1.2—1.5米	耕作破坏
		此点墙体外沿出现纵向切面，长39米，高1.2—1.9米	耕作破坏
K0+275	切面	此点墙体内沿出现纵向切面，长35米，高1—2米	耕作破坏
		此点墙体外沿出现纵向切面，长38米，高1.5—2米	耕作破坏
K0+315	切面	此点墙体内沿出现纵向切面，长45米，高1.5—1.9米	耕作破坏
		此点墙体外沿出现纵向切面，长43米，高0.4—0.6米	耕作破坏
K0+362	切面	此点墙体内沿出现纵向切面，长42米，高1米左右	耕作破坏
		此点墙体外沿出现纵向切面，长40米，高0.8—1.3米	耕作破坏
K0+404	切面	此点墙体内沿出现纵向切面，长45米，高1米左右	耕作破坏
K0+450	切面	此点墙体内沿出现纵向切面，长24米，高1.5—1.8米	耕作破坏
K0+473	切面	此点墙体内沿出现纵向切面，长25米，高1.7—2.2米	耕作破坏
K0+498	切面	此点墙体内沿出现纵向切面，长52米，高0.4—1.7米	耕作破坏
K0+552	切面	此点墙体出现横向切面，高3米，底宽8米，切面坡度约60°	耕作破坏
K0+553	—	自此点向东墙体消失，长36米	耕作破坏、修路破坏

（续表）

石河头段			
位　置	损害表现	描　述	成因分析
K0 +589	切面	此点墙体出现横向切面，高 0.7—1.7 米，底宽 10 米	修路破坏
K0 +590	切面	此点墙体外沿出现纵向切面，长 38 米，高 1.7 米左右	耕作破坏
	冲蚀	此点墙体内边坡出现冲蚀，长 6 米，宽 2 米	修路破坏、自然破坏
K0 +592	切面	此点墙体内沿出现纵向切面，长 30 米，高 0.6 米	耕作破坏
K0 +598	冲蚀	此点墙体顶面出现冲蚀，长 300 米，宽 2.1 米	修路破坏、自然破坏
K0 +627	切面	此点墙体内沿出现纵向切面，长 36 米，高 0.6 米左右	耕作破坏
		此点墙体外沿出现纵向切面，长 37 米，高 1.5—2 米	耕作破坏
K0 +663	切面	此点墙体内沿出现纵向切面，长 38 米，高 1—1.5 米	耕作破坏
		此点墙体外沿出现纵向切面，长 38 米，高 1—2 米，切面有掏蚀现象，掏蚀深度为 0.4 米	耕作破坏
K0 +701	切面	此点墙体内沿出现纵向切面，长 48 米，高 1 米左右	耕作破坏
		此点墙体外沿出现纵向切面，长 48 米，高 0.6 米左右	耕作破坏
K0 +739	切面	此点墙体内沿出现双层纵向切面，上层平面呈弧形，长 22 米，高 1 米，切面有掏蚀现象，掏蚀深度为 0.2 米，切面底部距离下层切面边沿 1.8 米；下层切面与 K0 +701 点墙体内沿纵向切面重合	耕作破坏、修路破坏
K0 +749	切面	此点墙体内沿出现纵向切面，长 25 米，高 1 米左右	耕作破坏
		此点墙体外沿出现纵向切面，长 25 米，高 1 米左右	耕作破坏
K0 +774	切面	此点墙体内沿出现纵向切面，长 36 米，高 1 米左右	耕作破坏
		此点墙体外沿出现纵向切面，长 36 米，高 2—2.4 米	耕作破坏
K0 +810	切面	此点墙体内沿出现纵向切面，长 40 米，高 1 米左右，切面有掏蚀现象，掏蚀深度 0.2—0.3 米	耕作破坏
		此点墙体外沿出现纵向切面，长 47 米，高 1 米	耕作破坏
K0 +857	切面	此点墙体内沿出现纵向切面，长 1 米，高 0.7 米	耕作破坏
		此点墙体外沿出现纵向切面，长 36 米，高 0.5 米	耕作破坏
K0 +893	切面	此点墙体内沿出现纵向切面，长 29 米，高 0.3—1 米	耕作破坏
K0 +921	切面	此点墙体内沿出现纵向切面，长 15 米，高 0.7 米	耕作破坏
K0 +927	切面	此点墙体外沿出现纵向切面，长 63 米，高 0.5—0.8 米	耕作破坏
K1 +016	冲蚀	此点墙体外边坡出现冲蚀，长 43 米，宽 0.6 米	耕作破坏、自然破坏
K1 +079	—	此点墙体深入河谷，向东墙体消失，河谷宽 15 米	—

表2　黑王家沟段墙体现状统计表

黑王家沟段			
位　置	损害表现	描　述	成因分析
K0 +000	冲蚀	此点墙体顶面出现冲蚀，长42米，宽2.1米	修路破坏、自然破坏
	切面	此点墙体内沿出现纵向切面，长8米，高0.5米	耕作破坏
		此点墙体外沿出现纵向切面，长48米，高1.5米	耕作破坏
K0 +042	顶面凹陷	此点墙体顶面出现凹陷，长51米，宽2.1米，深0.3米	修路破坏
	切面	此点墙体内沿出现纵向切面，长45米，高0.4—0.7米	耕作破坏
		此点墙体外沿出现纵向切面，长50米，高0.7米	耕作破坏
K0 +093	冲蚀	此点墙体顶面出现冲蚀，长45米，宽2.1米	修路破坏、自然破坏
	切面	此点墙体内沿出现纵向切面，长55米，高0.5—0.7米	耕作破坏
K0 +138	凹陷	此点墙体顶面出现凹陷，长14米，宽2.1米，深0.4米	修路破坏
K0 +152	冲蚀	此点墙体顶面出现冲蚀，长42米，宽2.1米	修路破坏、自然破坏
	切面	此点墙体内沿出现纵向切面，长42米，高0.7米	耕作破坏
K0 +194	冲蚀	此点墙体顶面出现冲蚀，长40米，宽2.1米	耕作破坏、自然破坏
	切面	此点墙体内沿出现纵向切面，长53米，高0.7米	耕作破坏
K0 +247	冲蚀	此点墙体顶面出现冲蚀，长15米，宽2.1米	修路破坏、自然破坏
	切面	此点墙体内边坡出现斜向切面，长12米，高0.1—0.7米	修路破坏
		此点墙体顶面外侧出现纵向切面，长33米，高0.4米	耕作破坏
	冲蚀	此点墙体外边坡出现冲蚀，长33米，宽1.7米	耕作破坏、自然破坏
K0 +305	切面	此点墙体内边坡出现斜向切面，长12米，高0.5米	修路破坏
		此点墙体内沿出现纵向切面，长65米，高0.5米	耕作破坏
		此点墙体外沿出现纵向切面，长70米，高1.4—1.6米，局部有掏蚀现象，掏蚀深度为0.3米	耕作破坏
K0 +374	切面	此点墙体内沿出现纵向切面，长35米，高1—1.6米	耕作破坏
		此点墙体外沿出现纵向切面，长90米，高1.3—1.6米，局部有掏蚀现象，掏蚀深度为0.3米	耕作破坏
K0 +462	冲蚀	此点墙体顶面出现冲蚀，长25米，宽2.1米	修路破坏、自然破坏
	切面	此点墙体内沿出现纵向切面，长136米，高1—1.8米	耕作破坏
		此点墙体外沿出现纵向切面，长120米，高0.8米。	耕作破坏
K0 +598	切面	此点墙体内边坡出现斜向切面，长15米，高0.5—1.8米，切面底部掏蚀，深度为0.5米	修路破坏
		此点墙体内沿出现纵向切面，长100米，高1.3—2米	耕作破坏
		此点墙体外沿出现纵向切面，长40米，高0.8米	耕作破坏
K0 +701	切面	此点墙体内沿出现纵向切面，长80米，高1.3米	耕作破坏
	冲蚀	此点墙体外沿出现冲蚀，长83米，宽1.7米	耕作破坏、自然破坏

（续表）

黑王家沟段			
位　置	损害表现	描　述	成因分析
K0 +782	切面、冲沟	此点墙体出现平面呈“V”字形的切面，一边长 15 米，高 2—2.7 米，局部有掏蚀现象，深度为 0.4 米；另一边长 21 米，高 0.5—1.7 米，局部有冲沟，沟深 0.3 米	耕作破坏、修路破坏、自然破坏
	—	自此点向东北墙体消失，长 24 米	修路破坏
K0 +806	冲蚀	此点墙体顶面出现冲蚀，长 8 米，宽 5 米	修路破坏、自然破坏
	切面	此点墙体外沿出现纵向切面，长 80 米，高 1.5 米	耕作破坏
K0 +885	冲蚀	此点墙体顶面出现冲蚀，长 10 米，宽 2.1 米	修路破坏、自然破坏
	切面	此点墙体内沿出现纵向切面，长 70 米，高 1.6 米	耕作破坏
		此点墙体外沿出现纵向切面，长 70 米，高 1.7 米	耕作破坏
K0 +955	切面	此点墙体出现横向切面，高 3 米，底宽 13 米，整个切面已塌落成坡，坡度约为 40°	修路破坏

五、主要病害成因分析和稳定评估

（一）病害成因分析

1. 自然破坏

土砂墙或土石混筑墙墙体裸露于自然，不断受风化、冲蚀、冻融等自然力的破坏，原有墙体夯筑层的夯筑强度逐渐减弱，导致墙体不断疏松剥离；又受雨水冲刷，形成水土流失，造成墙体逐渐削减。历经千年风雨剥蚀的齐长城墙体现在呈现出不同程度的损毁，甚至濒临消失。

（注：周锡九在《坡面植草防护的浅层加固作用》中提出，经研究证明，黄背草、结缕草等草本植物的根系网络在土壤表层形成网状结构，能够有效提高土体的抗剪强度和抗冲蚀能力，草皮覆盖度 85% 可作为防止土体产生冲蚀的临界覆盖度）

2. 人为破坏

（1）耕作破坏

自 20 世纪 70 年代农业“学大寨”运动至今，长城墙体两侧或墙体顶面被开垦为农田。人们为了扩大耕种面积，不断地蚕食墙体，形成大量墙体切面；耕种时又常将墙体塌落坡开垦整平，甚至大量采挖墙芯夯土至墙下薄地，导致墙体破坏。部分耕地直接侵占墙顶，且深翻顶部夯层，将土层摊平至长城两侧，使墙体遭受严重破坏，局部段落趋于消失。

（2）修路破坏

长城墙体长期处于农田包围环境中，人们为了便利，在墙体外侧开辟机耕路，纵向剖开墙体，利用墙体土石来铺设路基，造成墙体纵向切面；有的直接利用墙体顶部为机耕路；有的直接横向挖断墙体，打通墙体内外两侧作为机耕路，造成墙体横向切面；有的斜向开挖墙体，利用土石来铺设路基，成为农用机动车的通道，造成墙体斜向切面。

以上两种原因造成的墙体切面，在雨水冲刷等力的作用下会使墙体失稳，进而发生切面掏蚀或者切面坍塌现象，这些现象已表现在多处墙体切面上。

（二） 稳定性评估

齐长城诸城石河头段及黑王家沟段墙体位于人为活动频繁区，饱受人为因素破坏。由垦田拓路等原因造成的墙体切面，在雨水冲刷等自然外力的作用下，出现掏蚀凹进、坍塌等现象，使墙体处于失稳状态，亟须采取保护措施。

六、勘察结论

（一） 本体

齐长城诸城石河头段及黑王家沟段墙体为土石混筑，通过对其现状的勘察分析可知，墙体的破坏因素主要是人为破坏，在此基础上，雨水冲刷等自然外力加剧了破坏进程，扩大了破坏程度，使长城墙体不能长久保存。因此，亟须对墙体采取补夯加固、培土、植草保护等维修措施，这也是本方案的维修重点。

（二） 周边环境

墙体遗址处于开放式环境中，人为破坏、环境影响等均对墙体保护有着不同程度的干扰。对长城周边环境的治理也迫在眉睫，但不包括在本方案内，需另行设计并报批。

部分地段现状

一、石河头段墙体现状

K0 +000 点墙体横向切面【由南向北拍摄】

K0 +026 点墙体外沿纵向切面【由西向东拍摄】

K0 +058 点墙体顶面冲蚀【由西向东拍摄】

K0 +097 点墙体“V”字形切面【由西向东拍摄】

K0 +174 点墙体横向切面【由南向北拍摄】

K0 +362 点墙体内沿纵向切面【西南向东北拍摄】

K0 +450 点墙体内沿纵向切面【由西南向东北拍摄】

K0 +589 点墙体横向切面【由西向东拍摄】

K0 +598 点墙体顶面冲蚀【由东北向西南拍摄】

K0 +663 点墙体外沿纵向切面【由东向西拍摄】

K0 +749 点墙体内沿纵向切面【由东北向西南拍摄】

K0 +810 点墙体内沿纵向切面【由东北向西南拍摄】

K0 +893 点墙体内沿纵向切面【由北向南拍摄】

K1 +016 点墙体外边坡冲蚀【由东向西拍摄】

二、黑王家沟段墙体现状

K0 +000 点墙体顶面冲蚀【由西南向东北拍摄】

K0 +042 点墙体顶面凹陷【由西南向东北拍摄】

K0 +093 点墙体内沿纵向切面【由东北向西南拍摄】

K0 +138 点墙体顶面凹陷【由东北向西南拍摄】

K0 +247 点墙体顶面冲蚀【由西南向东北拍摄】

K0 +247 点墙体内边坡斜向切面【由西向东拍摄】

K0 +305 点墙体外沿纵向切面【由西南向东北拍摄】

K0 +462 点墙体内沿纵向切面【由南向北拍摄】

K0 +598 点墙体内边坡斜向切面【由北向南拍摄】

K0 +701 点墙体外坡面冲蚀【由西向东拍摄】

K0 +782 点墙体“V”字形切面【由东向西拍摄】

K0 +885 点墙体外沿纵向切面【由西南向东北拍摄】

维修设计说明

一、工程性质

根据《中华人民共和国文物保护法》《文物保护工程管理办法》等法规的规定及工程分类，结合齐长城诸城石河头段及黑王家沟段墙体的保存现状，将本次维修定性为修缮工程。

二、设计内容及规模

本维修工程勘察设计内容为：诸城石河头段及黑王家沟段墙体的维修。主要包括：长城墙体失稳塌落部位，长城墙体顶面凹陷部位，长城墙体冲蚀及冲沟部位。

三、设计依据

（一）有关法律法规

《中华人民共和国文物保护法》

《中华人民共和国文物保护法实施条例》

（二）有关规范、规程及标准

《中国文物古迹保护准则》

《文物保护工程管理办法》

《山东省文物保护条例》

《文物保护工程设计文件编制深度要求（试行）》

《建筑施工扣件式钢管脚手架安全技术规范》JGJ 130－2011

《砌体结构设计规范》GB 50003－2011

《建筑地基处理技术规范》JGJ 79－2012

（三）有关资料、文件

《齐长城诸城石河头段及黑王家沟段现场勘察报告》

《长城保护维修工作指导意见》

《齐长城诸城段专题会议纪要》

《长城——齐长城遗址保护总体规划》

其他相关资料及文献

四、设计原则和指导思想

本维修设计依据《中华人民共和国文物保护法》“对不可移动文物进行修缮、保养、迁移，必须遵守不改变文物原状的原则”的规定，坚持“保护为主、抢救第一、合理利用、加强管理”的方针，以消除影响齐长城遗址本体安全的各种病害、隐患为主，不追求长城墙体完整，使维修部位具有可识别性。

五、维修设计做法

（一）补夯加固

1. 工程范围及要求

工程范围：垂直高度不低于0.5米的墙体纵向或横向切面。

工程要求：

（1）土与碎石均就近选择，尽量与原夯土材料一致或相近。

（2）碎石粒径小于10厘米。

（3）土的含水率控制在能手握成团即可。

（4）墙体放坡以安全稳定为依据，不追求完整。

2. 工程做法

（1）清理切面。①清理风化表层，清理厚度不超过5厘米。②清理切面顶部松动草皮，清理宽度不超过10厘米。③清理切面底部塌落堆积物，清理宽度视补夯情况而定。

（2）补夯。把土和碎石按照维修部位墙体的土石比例进行混合，碎石比例控制在

30%—50%，进行分段分层打夯压实。根据断面长度进行分段夯筑，每次夯筑长度控制在10—20米，土石虚铺厚度20厘米，压缩率为92%，接缝处打毛后夯实，不留拼接缝。

（3）放坡。按照设计要求进行放坡，用木锨自上而下修理坡面。

（4）顶部新旧切面接缝处理。补夯顶部应略高于切面顶部1—2厘米，再用木板修整找平，为后续植补草皮做准备。

（5）植补草皮。参照植草保护措施。

（二）培土

1. 工程范围及要求

工程范围：垂直高度低于0.5米的墙体纵向或横向切面；墙体顶面凹陷部位；冲蚀及冲沟部位。

工程要求：

（1）土与碎石均就近选择，且碎石粒径小于3厘米。

（2）土的含水率控制在能手握成团即可。

（3）采用无纺布隔离切面，使维修部位具有可识别性。

（4）墙体放坡以安全稳定为依据，不追求完整。

2. 工程做法

（1）清理切面。①切面风化表层，清理厚度依据风化情况而定，最大不超过3厘米。②清理切面顶部松动草皮，清理宽度不超过10厘米。③清理切面底部塌落堆积物，清理宽度视补夯情况而定。

（2）切面隔离处理。补夯前在清理好的切面铺一层无纺布，高度低于切面5厘米。

（3）培土压实。虚铺25厘米，淋湿浇透后铺土踩实，直至与旧面齐平。

（4）放坡。按照设计要求进行放坡，用木锨自上而下修理坡面。

（5）植补草皮。参照植草保护措施。

（三）植草保护

1. 工程范围及要求

工程范围：冲蚀区域；墙体补夯加固坡面；墙体培土坡面；农耕叠压区域；道路沿用占压区域；墙体现存边界线外扩5米区域。

工程要求：

（1）草皮种类应选择墙体区域内普遍生长的黄背草。

（2）墙体表面冲蚀区域，应先做培土然后再植草保护。

（3）补种后的草皮覆盖率达85%以上。

（4）在长城现存边缘外5米的带状范围内植补草皮，作为限耕标识，以改善长城周边环境。

2. 工程做法

（1）整理作业面。①整理冲蚀区域表层风化面。②整理墙体补夯加固坡面和培土坡面。③整理废弃道路路面。

（2）植补草皮。在专业技术人员指导下进行植补。

（3）日常检查。随时检查草种成活情况，及时补足草皮。

六、维修措施

（一）石河头段

表3　石河头段维修措施表

序号	维修部位	残损现状	维修措施
1	K0＋000、K0＋026、K0＋097、K0＋137、K0＋167、K0＋170、K0＋174、K0＋190、K0＋205、K0＋226、K0＋228、K0＋235、K0＋275、K0＋315内沿、K0＋362、K0＋404、K0＋450、K0＋473、K0＋498、K0＋589、K0＋590外沿、K0＋592、K0＋627、K0＋663、K0＋701、K0＋739、K0＋749、K0＋774、K0＋810、K0＋921、K0＋927	垂直高度不低于0.5米的墙体纵向或横向切面	补夯加固、植草保护
2	K0＋057、K0＋315外沿、K0＋857、K0＋893	垂直高度低于0.5米的墙体纵向或横向切面	培土、植草保护
3	K0＋000至K0＋579间墙体两侧、K0＋589至K1＋079间墙体两侧	农耕叠压	退耕、植草保护
4	K0＋170至K0＋174间道路	道路截断	补夯加固、植草保护
5	K0＋589至K1＋079间墙体顶面	沿用道路	道路调整、培土、植草保护

（二）黑王家沟段

表 4 黑王家沟段维修措施表

序号	维修部位	残损现状	维修措施
1	K0 + 000、K0 + 042、K0 + 093、K0 + 152、K0 + 194、K0 + 247、K0 + 305、K0 + 374、K0 + 462、K0 + 598、K0 + 701、K0 + 782、K0 + 806、K0 + 885	垂直高度不低于 0. 5 米的墙体纵向或横向切面	补夯加固、植草保护
2	K0 + 247 外侧	垂直高度低于 0. 5 米的墙体纵向或横向切面	培土、植草保护
3	K0 + 000 至 K0 + 782 间墙体两侧、K0 + 806 至 K0 + 955 间墙体两侧	农耕叠压	退耕、植草保护
4	K0 + 000 至 K0 + 782 间墙体顶面	沿用道路	道路调整、培土、植草保护
5	K0 + 300 至 K0 + 955 间墙体顶面	墙体外侧道路占压	道路调整、植草保护
6	K0 + 806 至 K0 + 955 间墙体顶面	冲蚀	培土、植草保护

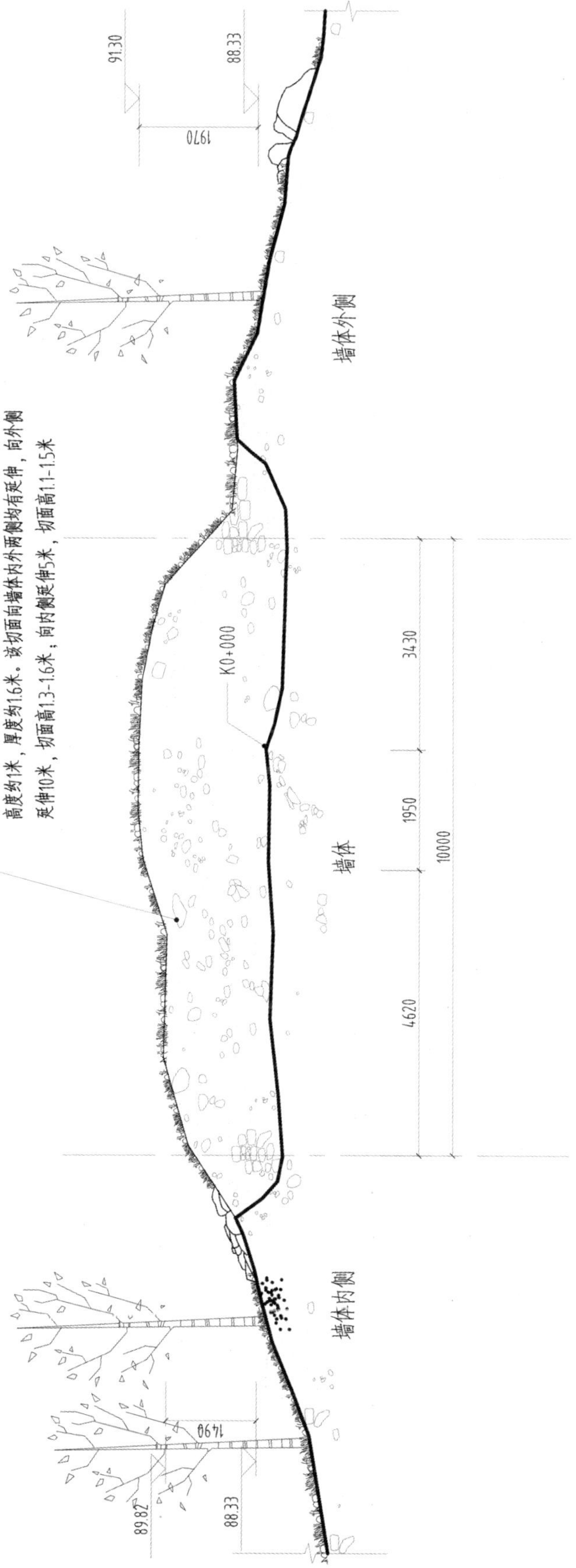

石河头段K0+000点墙体剖面现状图1:80

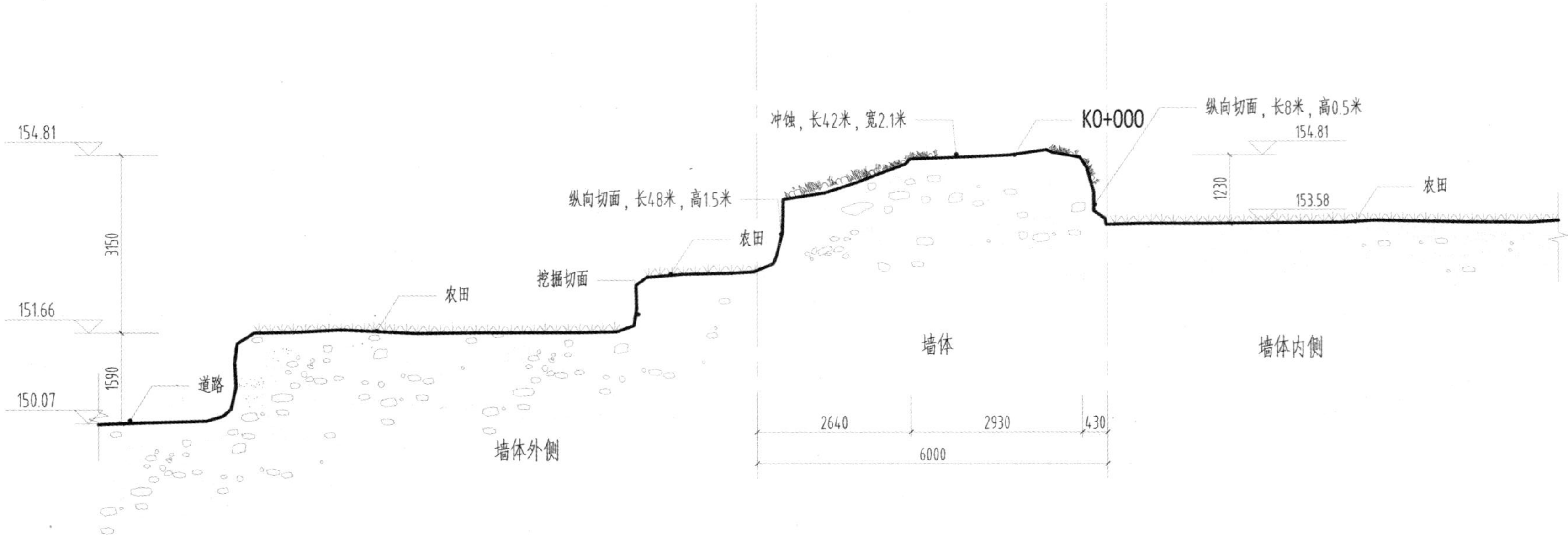

现状说明：此点墙体顶面出现冲蚀，长42米，宽2.1米；墙体内沿出现纵向切面，长8米，高0.5米；墙体外沿出现纵向切面，长48米，高1.5米

黑王家沟段K0+000点墙体剖面现状图1∶80

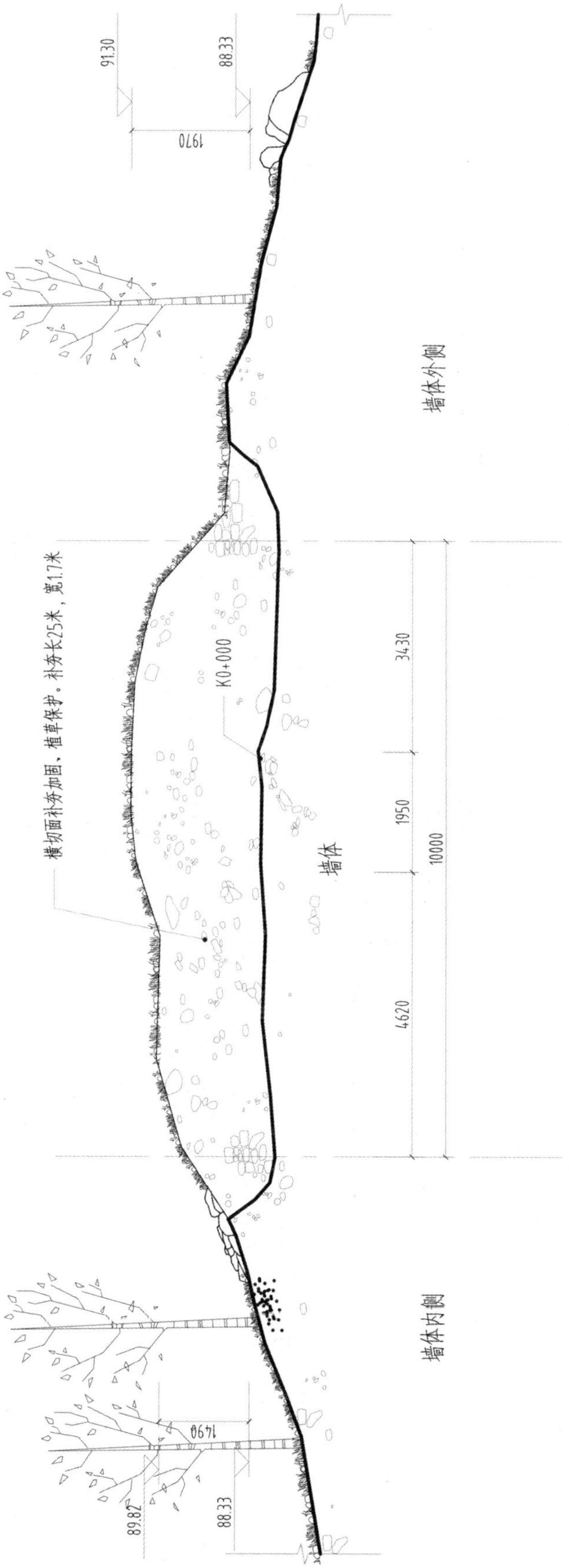

石河头段K0+000点墙体剖面设计图1:80

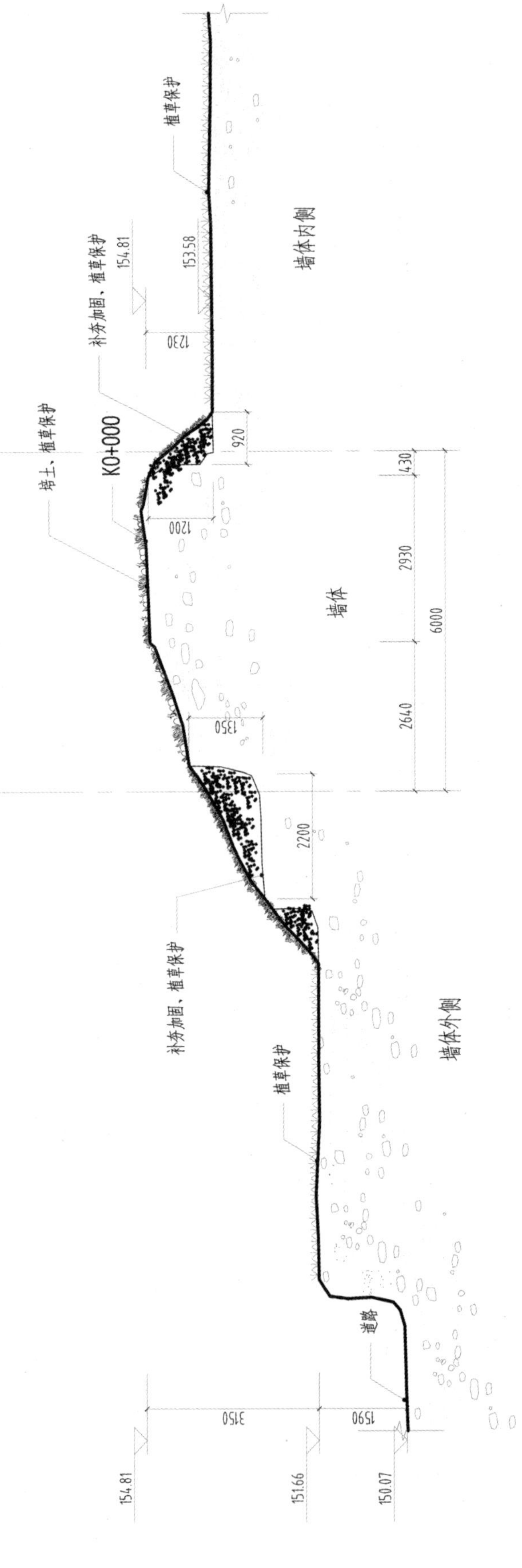

黑王家沟段K0+000点墙体剖面设计图1:80

齐长城诸城响水崖子南山段、邹家沟东山段修缮保护方案

2016 年 9 月，该方案获国家文物局批复同意（文物保函〔2016〕1599 号）。2016 年 12 月，根据国家文物局批复意见对该方案进行了修改和完善。

现状勘察报告

一、综述

（一） 文物概况

齐长城诸城段西起马耳山东山，大风口东北 200 米处，沿五莲—诸城县界向东，途经阎王鼻子山、马鞍东山，并由马鞍东山折北，继续沿五莲—诸城县界，经南路西岭、石人山折东北，经玉带北岭、七泉山、寨山、石八盘，由三块石向东进入诸城境内，经龙湾头北山、望海楼、响水崖子南山、南许家沟北山、黄牛山，经马山折东北，过上崔家沟北山、邹家沟东山、磊石山，经太平安、大洼、近枝子、竹园，绕子阿东岭，向东即到史家夼北岭，进入胶南境。

齐长城诸城段总长 47585 米，主要分为两部分：一部分与五莲县共有，长 10273 米；另一部分为境内独有，长 37312 米，均呈西南—东北走向。

此次勘察设计内容为诸城境内响水崖子南山段、邹家沟东山段两段，总长 1630 米。其

中响水崖子段（长城认定编码：370782381201020003）长1200米，总体呈西南—东北走向，墙体类型为土石混筑墙体；邹家沟东山段（长城认定编码：370782382101020008）长430米，总体呈西南—东北走向，墙体类型为土石混筑墙体。

（二）区域自然环境

1. 地理位置

诸城市位于山东省东南部，隶属于潍坊市，北依潍坊，东临青岛，南靠日照，是山东半岛重要的交通枢纽。诸城地形属胶莱冲积平原南部的潍河平原，地势南高北低，东南部为起伏较大的低山丘岭。齐长城诸城响水崖子南山段、邹家沟东山段整体位于诸城市南部，响水崖子南山段位于西响水崖子村东北，皇华镇与桃林镇分界线上；邹家沟东山段位于邹家沟东山石门和石河头分界线上。

2. 气候水文

诸城属暖温带大陆性季风气候，年平均无霜期184天，年平均降雨量750毫米，年平均气温12℃。此种气候条件对齐长城保存的主要影响因素为大气降水。

境内河流近五十条，潍河最大，自成一系，发源于莒县潍山，由西南向北经墙夼水库入市境，总向东北流，穿市境中部而过，至市境北端与渠河交汇出境。潍河在境内支流较多，组成叶脉状水系。潍河水系河床比降大（干流为3‰—4‰），水流湍急，侵蚀力强，河谷下切深邃，水土流失严重。

3. 植被覆盖

诸城南部丘陵植被中的主要杂草有狗尾草、节节草、茅草、黄背草等，落叶灌木有山枣、紫穗槐等。齐长城诸城响水崖子南山段、邹家沟东山段墙体表面自然植被以杂草为主，多狗尾草、茅草、黄背草等，多数地段植被覆盖率达85%以上，少数地段覆盖率低于40%甚至不足10%。

二、历史沿革（略）

三、文物价值（略）

四、现状描述

本次勘察针对墙体保存程度的好差、折拐、消失等不同方面，进行详细分析和测绘。分段以长城出现点为起点，由西向东以现存墙体中线为基线，沿里程详细记录墙体的现状及病害分布，进一步明确墙体的分布、形制特征、病害类型、周边环境等方面的内容。

（一）遗址分布

齐长城诸城响水崖子南山段、邹家沟东山段，总体呈西南—东北走向，设计内容总长1630米。其中响水崖子南山段长1200米，由西响水崖子村东北约500米处开始，沿西响水崖子东北岭向东北至K1+200结束。邹家沟东山段长430米，由邹家沟村东山墙体出现处开始，沿山脊向北至K0+250转向东偏北，至K0+320转向东南，至K0+375又折向东北，至K0+430结束。

（二）现存遗址

齐长城诸城响水崖子南山段、邹家沟东山段墙体构筑类型统一，即用黄土（或砂土）和粒径为5—20厘米的石块混合夯筑而成，夯层厚度8—20厘米。墙体随地势起伏而有落差，内侧地势高于外侧。现存的长城墙体整体为土垄状，截面呈上窄下宽的梯形，墙体顶面残宽0.5—5米，底边残宽3—14米。响水崖子南山段、邹家沟东山段整体砌筑方式为土石混筑，由于就地取材等原因，墙体中土、砂、石含量有一定差异。

（三）保存现状

表1　响水崖子南山段损害统计表

范　围	位　置	损害表现	描　述	成因分析
K0+000至K0+088	K0+000至K0+041	切面	墙体外侧纵向切面，高0.7—1.6米，长41米	农业耕作
	K0+000至K0+016	切面	墙体内侧纵向切面，高0.7—1.8米，长16米	农业耕作
	K0+000至K0+010	冲蚀	墙体顶部冲蚀，宽1—2米，长10米	农业耕作
	K0+010至K0+040	冲蚀	墙体顶部冲蚀，宽5—7米，长30米	农业耕作
	K0+010至K0+025	切面	墙体内侧上层纵向切面，高0.5—0.7米，长15米	农业耕作

（续表）

范　围	位　置	损害表现	描　述	成因分析
K0 +000 至 K0 +088	K0 +032 至 K0 +041	切面	墙体内侧上层纵向切面，高 0.5—0.8 米，长 9 米	农业耕作
	K0 +040 至 K0 +50	冲沟	墙体顶部冲沟，宽 2—3 米，深 1.6—2.5 米，长 10 米	农业耕作
	K0 +040 至 K0 +067	冲蚀	墙体顶部冲蚀，宽 6—8 米，长 27 米	农业耕作
	K0 +067 至 K0 +080	冲沟	墙体顶部冲沟，宽 2—3 米，深 1.6—2.5 米，长 13 米	农业耕作
	K0 +082	切面	墙体横向切面，底宽 4—5 米，高 0.5—1.3 米	农业耕作
	K0 +083 至 K0 +095	冲蚀	墙体顶部农田，宽 5—8 米，长 12 米	农业耕作
K0 +088 至 K0 +200	K0 +095	切面	墙体横向切面，底宽 5—8 米，高 1.3—1.8 米	农业耕作
	K0 +095 至 K0 +219	切面	墙体外侧纵向切面，高 1.6—2.1 米，长 124 米	农业耕作
	K0 +101 至 K0 +150	切面	墙体内侧纵向切面，高 0.3—0.5 米，长 49 米	农业耕作
	K0 +110 至 K0 +150	冲蚀	墙体顶部及护坡冲蚀，宽 4—8 米，长 40 米	农业耕作
	K0 +150 至 K0 +170	冲蚀	墙体冲蚀宽 3—4 米，长 20 米	农业耕作
	K0 +166 至 K0 +200	切面	墙体内侧纵向切面，高 0.7—1.7 米，掏蚀 0.2—0.3 米，长 34 米	农业耕作
K0 +200 至 K0 +300	K0 +200 至 K0 +214	切面	墙体内侧纵向切面，高 0.7—1.8 米，长 14 米	农业耕作
	K0 +208 至 K0 +214	冲沟	墙体外侧冲沟，宽 6—8 米，深 0.7—1.6 米，长 6 米	农业耕作
	K0 +213 至 K0 +250	冲蚀	墙体顶部冲蚀，宽 5—8 米，长 37 米	农业耕作
	K0 +222 至 K0 +265	切面	墙体外侧纵向切面，高 0.5—0.7 米，长 43 米	农业耕作
	K0 +250 至 K0 +265	冲蚀	墙体冲蚀，宽 5—6 米，长 15 米	农业耕作
	K0 +265 至 K0 +318	切面	墙体内侧纵向切面，高 0.8—1.9 米，长 53 米	农业耕作
	K0 +274 至 K0 +321	切面	墙体外侧纵向切面，高 0.5—0.8 米，长 47 米	农业耕作
K0 +300 至 K0 +426	K0 +318 至 K0 +324	冲蚀	墙体冲蚀，宽 3—4 米，长 6 米	农业耕作
	K0 +324	切面	墙体横向切面，高 0.5—0.7 米，宽 4 米	农业耕作
	K0 +324 至 K0 +459	切面	墙体内侧纵向切面，高 0.7—1.8 米，长 135 米	农业耕作
	K0 +324 至 K0 +350	切面	墙体外侧纵向切面，高 0.7—1.8 米，长 26 米	农业耕作
	K0 +350 至 K0 +459	切面	墙体外侧纵向切面，高 1.4—2.5 米，长 109 米	农业耕作

（续表）

范　围	位　置	损害表现	描　述	成因分析
K0 + 426 至 K0 + 550	K0 + 459 至 K0 + 466	机耕路	墙体被机耕道路横向截断，宽 7 米	道路建设
	K0 + 466 至 K0 + 489	切面	墙体内侧纵向切面，高 1.4—1.8 米，长 23 米	农业耕作
	K0 + 466 至 K0 + 489	切面	墙体外侧纵向切面，高 1.2—1.6 米，长 23 米	农业耕作
	K0 + 493 至 K0 + 550	冲蚀	墙体冲蚀，宽 3—4 米，长 57 米	农业耕作
	K0 + 493 至 K0 + 539	切面	墙体外侧纵向切面，高 1.6—2.3 米，长 46 米	农业耕作
	K0 + 493 至 K0 + 539	切面	墙体内侧纵向切面，高 1—1.9 米，长 46 米	农业耕作
K0 + 550 至 K0 + 672	K0 + 550 至 K0 + 600	—	河谷，地表无遗迹	—
	K0 + 600 至 K0 + 619	冲沟	墙体冲沟，宽 2—3 米，深 1—1.5 米，此处墙体纵向坡度大于 60°	取石取土、雨水冲蚀
	K0 + 622 至 K0 + 639	切面	墙体内侧纵向切面，高 0.8—1.5 米，长 17 米	农业耕作
	K0 + 639 至 K0 + 700	冲蚀	墙体内坡冲蚀，宽 2—3 米，长 61 米	农业耕作
	K0 + 654 至 K0 + 750	林木	墙体范围内生长乔木，以松树为主，树径 8—10 厘米，共约 170 株	林木生长
	K0 + 654 至 K0 + 750	凹陷、树坑	墙体范围内滥砍滥伐造成的树坑，共约 8 个，树坑深 0.5—0.8 米，呈圆形，直径 1—1.5 米	林木砍伐
K0 + 672 至 K0 + 774	K0 + 704 至 K0 + 750	切面	墙体外侧纵向切面，高 0.4—0.5 米，长 46 米	农业耕作
	K0 + 708 至 K0 + 750	切面	墙体内侧纵向切面，高 0.5—0.7 米，长 42 米	农业耕作
	K0 + 750 至 K0 + 774	切面	墙体外侧纵向切面，高 3—3.5 米，长 24 米	农业耕作
	K0 + 750 至 K0 + 814	林木	墙体范围内生长乔木，以松树为主，树径 8—12 厘米，共约 150 株	林木生长
	K0 + 750 至 K0 + 814	凹陷、树坑	墙体范围内滥砍滥伐造成的树坑，共约 10 个，树坑深 0.5 米，呈圆形，直径 1—1.5 米	林木砍伐
K0 + 774 至 K0 + 886	K0 + 820 至 K1 + 130	机耕路	墙体顶部为机耕路，宽 4—5 米，长 310 米	道路建设、取石取土
	K0 + 850 至 K0 + 878	切面	墙体外侧纵向切面，高 1—1.9 米，切面掏蚀深度 0.3—0.4 米，长 28 米	农业耕作
	K0 + 878 至 K0 + 900	挖掘沟	墙体顶部外侧挖掘沟，宽 1—2 米，深 0.6—1.1 米，长 22 米	农业耕作
	K0 + 880 至 K0 + 900	切面	墙体外侧纵向切面，高 0.5—0.9 米，长 20 米	农业耕作
	K0 + 880 至 K0 + 900	切面	墙体内侧纵向切面，高 0.5—0.9 米，长 20 米	农业耕作
K0 + 886 至 K1 + 000	K0 + 900 至 K0 + 922	切面	墙体外侧纵向切面，高 0.6—1.6 米，长 22 米	农业耕作
	K0 + 928 至 K0 + 950	切面	墙体外侧纵向切面，高 0.5—1 米，长 22 米	农业耕作
	K0 + 950 至 K1 + 000	切面	墙体外侧纵向切面，高 0.7—1.7 米，长 50 米	农业耕作
	K0 + 950 至 K0 + 987	切面	墙体内侧纵向切面，高 0.6—1 米，长 37 米	农业耕作

（续表）

范　围	位　置	损害表现	描　述	成因分析
K1 +000 至 K1 +100	K1 +035 至 K1 +050	切面	墙体内侧纵向切面，高 0.5—0.8 米，长 15 米	农业耕作
	K1 +050 至 K1 +090	切面	墙体内侧纵向切面，高 1.1—1.4 米，长 40 米	农业耕作
	K1 +052 至 K1 +080	切面	墙体外侧纵向切面，高 0.5—0.7 米，长 28 米	农业耕作
K1 +100 至 K1 +200	K1 +127	切面	墙体横向切面，高 0.6—1.8 米，底宽 6 米	农业耕作
	K1 +127 至 K1 +200	林木	墙体范围内生长乔木，以松树为主，树径 7—12 厘米，共约 100 株	林木生长
	K1 +150 至 K1 +165	切面	墙体内侧纵向切面，高 1.6—2.1 米，长 15 米	农业耕作
	K1 +150 至 K1 +187	切面	墙体外侧纵向切面，高 1.8—2.5 米，长 37 米	农业耕作

表 2　邹家沟东山段损害统计表

范　围	位　置	损害表现	描　述	成因分析
K0 +000 至 K0 +100	K0 +004	切面	墙体横向切面，高 3.6 米，底宽 6 米	农业耕作
	K0 +004 至 K0 +008	切面	墙体外侧纵向切面，高 1.4—1.7 米，长 4 米	农业耕作
	K0 +004 至 K0 +029	切面	墙体内侧纵向切面，高 3.4—3.9 米，长 25 米	农业耕作
	K0 +008 至 K0 +029	冲蚀	墙体范围内冲蚀，宽 4—5 米，长 21 米	农业耕作
	K0 +011 至 K0 +016	切面	墙体外侧切面，高 0.7—1.6 米，长 5 米	农业耕作
	K0 +016 至 K0 +029	切面	墙体内侧上层切面，高 0.5—0.9 米，长 13 米	农业耕作
	K0 +018 至 K0 +035	切面	墙体外侧纵向切面，高 0.3—0.5 米，长 17 米	农业耕作
	K0 +029 至 K0 +050	冲蚀	墙体顶部为机耕路，宽 4—5 米，长 21 米	农业耕作
	K0 +052 至 K0 +070	切面	墙体外侧纵向切面，高 0.6—1.5 米，长 18 米	农业耕作
	K0 +052 至 K0 +083	切面	墙体内侧纵向切面，高 2.4—2.8 米，切面掏蚀凹进 0.2—0.3 米，长 31 米	农业耕作
	K0 +052 至 K0 +129	林木苗圃	墙体范围内种植松树苗、橡树苗，共约 160 株	林木生长
	K0 +086 至 K0 +100	切面	墙体内侧纵向切面，高 0.6—1 米，长 34 米	农业耕作
K0 +100 至 K0 +205	K0 +100 至 K0 +118	切面	墙体内侧纵向切面，高 1—1.7 米，长 18 米	农业耕作
	K0 +129 至 K0 +150	矿坑	墙体被采石采矿破坏，现采石坑深 3.5—7.5 米，宽 15—20 米，长 21 米	采矿取石取土
	K0 +150	切面	墙体横向切面，底宽 15—18 米，高 3.5—4.5 米	采矿取石取土
	K0 +153 至 K0 +162	机耕路	机耕路穿越墙体，宽 15—18 米	道路建设
	K0 +153	切面	墙体横向切面，高 0.6—1.3 米，底宽 15 米	道路建设
	K0 +162	切面	墙体横向切面，高 0.7—1.7 米，底宽 18 米	道路建设
	K0 +162 至 K0 +238	林木苗圃	墙体范围内中种植松树苗、橡树苗，共约 150 株	林木生长

（续表）

范 围	位 置	损害表现	描 述	成因分析
K0 +205 至 K0 +325	K0 +284	切面	墙体横向切面，高1.2—2.5米，底宽6米	道路建设
	K0 +306 至 K0 +322	切面	墙体内侧纵向切面，高0.5—1米，长16米	农业耕作
	K0 +325 至 K0 +344	切面	墙体内侧纵向切面，高4—5.5米，长19米	农业耕作
K0 +325 至 K0 +430	K0 +330 至 K0 +372	切面	墙体外侧纵向切面，高1.2—1.7米，长42米	农业耕作
	K0 +380 至 K0 +400	林木苗圃	墙体范围内中种植松树、橡树苗，共约60株	林木生长
	K0 +408	切面	墙体横向切面，高2.5—2.9米，切面掏蚀凹进0.3—0.4米，底宽10米	道路建设、取石取土
	K0 +408 至 K0 +414	—	取石取土挖掘墙体，挖掘长度6米	道路建设、取石取土
	K0 +414	切面	墙体横向切面，高2.5—2.9米，底宽12米	道路建设、取石取土
	K0 +414 至 K0 +430	切面	墙体内侧纵向切面，高1.1—1.4米，长16米	取石取土

五、主要病害成因分析

（一） 自然破坏

1. 雨水冲蚀

土石混筑墙体抗水性较差，容易在降水过程中被不断冲蚀消减甚至消失。在降水过程中，水分逐步渗透墙体夯筑层，伴随着水分的冻融、蒸发作用，土层中的盐分等不断出现结晶、重结晶的循环，从而逐步破坏原有夯筑强度，导致墙体疏松并易发生水土流失现象。

2. 植物根系

响水崖子南山段、邹家沟东山段墙体范围内有大量林木苗圃，主要以松树、橡树为主。生长在墙体边坡部位的林木，其根系生长过程中不断剥离墙体土体，并逐步破坏原有夯层及护坡，造成墙体土体剥离、出现裂隙。另外，长城所处郊野环境使得大量灌木生长，主要以荆条、酸枣为主，边坡及裸露切面位置生长的植被对于墙体稳定性也有一定程度的破坏。

现墙体顶部普遍生长的黄背草、白羊草等均属于多年生浅根系植被，对于墙体表层土层均起到了保持水土的作用。另外，其根系网络在土壤表层形成网状结构，成为“加筋整体”，有效提高了土体的抗剪强度和抗冲蚀能力，减缓了墙体水土流失和塌落的程度。

（二） 人为破坏

1. 耕作破坏

自20世纪70年代农业“学大寨”运动至今，长城墙体两侧或墙体顶面被开垦为农田。人们为了扩大耕种面积，不断地蚕食墙体，形成大量墙体切面；耕种时又常将墙体塌落坡开垦整平，甚至大量采挖墙芯夯土至墙下薄地，导致墙体破坏。部分耕地直接侵占墙顶，且深翻顶部夯层，将土层摊平至长城两侧，使墙体遭受严重破坏，局部段落趋于消失。因耕作破坏，在响水崖子南山段K0+040至K0+50段、K0+067至K0+080段墙体顶部及K0+208至K0+214段墙体外侧形成冲沟，冲沟截面呈“V”字形，冲沟经雨水的不断冲刷，其宽度和深度在不断加大。

2. 修路破坏

长城墙体长期处于农田包围环境中，人们为了便利，在墙体外侧开辟机耕路，纵向剖开墙体，利用墙体土石来铺设路基，造成墙体纵向切面；有的直接利用墙体顶部为机耕路；有的直接横向挖断墙体，打通墙体内外两侧作为机耕路，造成墙体横向切面；有的斜向开挖墙体，利用土石来铺设路基，作为农用机动车的通道，造成墙体斜向切面。

3. 滥砍滥伐

墙体顶部原有大量松树等树木生长，由于景观性等原因，大量树木被砍伐挖取，使墙体表面出现大量树坑，造成雨水聚集，持续侵蚀墙体。这一问题在响水崖子南山段表现极为突出。

4. 取石取土

邹家沟东山段墙体范围内因开矿取石取土，不仅破坏了墙体，使大量墙体切面裸露，而且在响水崖子南山段K0+600至K0+619段墙体形成冲沟，对山体风貌也产生较大程度破坏。

六、勘察结论

齐长城诸城响水崖子南山段、邹家沟东山段位于农耕密集区域，饱受人为因素破坏：受垦田拓路等影响严重，墙体形成大量挖掘切面、表面草皮覆盖率不足；周边农业耕作不断蚕食墙体，造成墙体持续流失，处于失稳状态。

响水崖子南山段、邹家沟东山段普遍存在的问题主要有不稳定的墙体切面、冲蚀、凹陷、下沉、树木（松树、橡树）的生长及无序砍伐形成的树坑破坏等，这些问题严重影响了墙体的长期保存。另外，响水崖子南山段机耕路对墙体的破坏也较为严重，邹家沟东山段一废弃矿坑对墙体及长城整体环境风貌的影响较大。

齐长城诸城响水崖子南山段、邹家沟东山段整体亟须采取有效的保护措施，防止病害持续发展。针对墙体中存在的墙体切面、冲蚀、冲沟、凹陷、下沉等问题，亟须采取有效的保护措施。拟采取的保护措施包含补夯加固、培土、回填、植草保护等，以阻止墙体垮塌、保持墙体顶部水流的畅通。由于现不具备道路迁移条件，机耕道路占压部位拟采取培土保护措施，但对于培土厚度有明确要求。

部分地段现状

一、响水崖子南山段现状

K0 + 000 至 K0 + 041 墙体外侧切面【由东北向西南拍摄】

K0 + 067 至 K0 + 080 墙体顶部冲沟【由南向北拍摄】

K0 + 082 墙体横向切面【由南向北拍摄】

K0 + 095 至 K0 + 219 墙体外侧纵向切面【由东向西拍摄】

K0 + 208 至 K0 + 214 墙体外侧冲沟【由西向东拍摄】

K0 + 274 至 K0 + 321 墙体外侧纵向切面
【由东南向西北拍摄】

K0 + 318 至 K0 + 324 墙体顶部冲蚀【由北向南拍摄】

K0 + 459 至 K0 + 466 机耕路【由西南向东北拍摄】

K0 + 493 至 K0 + 539 墙体外侧纵向切面
【由东北向西南拍摄】

K0 + 550 至 K0 + 600 河谷，墙体消失
【由东北向西南拍摄】

K0 + 639 至 K0 + 700 墙体内坡冲蚀【由南向北拍摄】

K0 + 654 至 K0 + 750 墙体上林木【由南向北拍摄】

K0 +760 墙体上树坑【由西向东拍摄】

K0 +820 至 K1 +130 墙体顶部机耕路
【由东北向西南拍摄】

K0 +820 至 K1 +130 墙体顶部冲沟
【由东北向西南拍摄】

K0 +878 至 K0 +900 墙体外侧挖掘沟
【由北向南拍摄】

K0 +950 至 K1 +020 墙体外侧切面
【由东北向西南拍摄】

K1 +035 至 K1 +090 墙体内侧切面
【由西南向东北拍摄】

二、邹家沟东山段现状

K0 + 004 至 K0 + 008 墙体外侧切面【由东向西拍摄】

K0 + 029 至 K0 + 050 墙体冲蚀【由南向北拍摄】

K0 + 052 至 K0 + 129 墙体上林木苗圃
【由西向东拍摄】

K0 + 129 至 K0 + 150 墙体上采矿坑
【由东南向西北拍摄】

K0 + 153 至 K0 + 162 墙体机耕路【由西向东拍摄】

K0 + 284 墙体横向切面【由东向西拍摄】

K0 + 330 至 K0 + 372 墙体外侧切面【由西向东拍摄】

K0 + 414 墙体横向切面【由西向东拍摄】

维修设计说明

一、工程性质

根据《中华人民共和国文物保护法》《文物保护工程管理办法》等法规的规定及工程分类，结合齐长城诸城响水崖子南山段、邹家沟东山段的保存现状，将本次维修定性为修缮工程。

二、设计内容及规模

本维修工程勘察设计内容为：齐长城响水崖子南山段、邹家沟东山段，均为土石混筑墙体，总长 1630 米，其中响水崖子南山段长 1200 米，邹家沟东山段长 430 米。主要包括：切面部位，冲蚀、植被覆盖不足部位，树坑、凹陷、下沉等部位，机耕路占压部位，林木苗圃区域。

三、设计依据

（一） 有关法律法规

《中华人民共和国文物保护法》

《中华人民共和国文物保护法实施条例》

（二） 有关规范、 规程及标准

《中国文物古迹保护准则》

《文物保护工程管理办法》

《山东省文物保护条例》

《文物保护工程设计文件编制深度要求（试行）》

《建筑施工扣件式钢管脚手架安全技术规范》JGJ 130－2011

《砌体结构设计规范》GB 50003－2011

《建筑地基处理技术规范》JGJ 79－2012

（三） 有关资料、 文件

《长城保护维修工作指导意见》

《齐长城诸城段专题会议纪要》

《长城——齐长城遗址保护总体规划》

《2014 齐长城诸城段考古调查勘探工作报告（响水崖子南山至史家夼北山段）》

《齐长城诸城响水崖子南山至史家夼北山段修缮工程立项报告》

《关于山东省齐长城诸城响水崖子南山至史家夼北山段修缮工程立项的批复》（文物保函〔2015〕788 号）

其他相关资料及文献

四、设计原则和指导思想

本维修设计依据《中华人民共和国文物保护法》“对不可移动文物进行修缮、保养、迁移，必须遵守不改变文物原状的原则”的规定，遵循“不改变文物原状”和“最小干预”原则，坚持“保护为主、抢救第一、合理利用、加强管理”的方针，以能消除影响墙体安全的各种病害、隐患为准，不追求墙体完整。

五、维修措施

（一） 林木处理

主要针对墙体上生长的松树、橡树等林木所采取的处理措施，依据树径的不同，采取相应措施。

1. 工程范围及要求

工程范围：墙体及两侧2米内生长松树、橡树区域。

工程要求：最大限度减少对墙体的破坏。

2. 工程做法

（1）移栽

针对树径5厘米以下的林木，采取移栽方式。

具体做法：

①移栽墙体范围内林木。

②对于移栽后形成的坑洞，进行回填、植草保护。

（2）砍伐

针对树径5厘米以上的林木，采取砍伐注射方式。

具体做法：

①砍伐。齐地砍伐工程范围内符合要求的林木。

②药剂注射。对树桩采取注射腐烂处理。

③渗透灌浆。对残留树洞进行渗透灌浆。

④顶部进行培土、植草保护。

材料准备：

①注射药剂。可使用8%的铵盐溶液或者0.2%—4.6%的二氯苯氧醋酸。

②泥浆制作。选当地可溶盐含量低于0.5%的黏土，粉碎后经过1毫米的筛分，与石灰粉按照灰土比3∶7混合均匀，与糯米浆液按照水灰比0.4拌制加固浆液。

③石灰选用要求。石灰最好选用磨细生石灰粉，或块灰浇以适量的水，经放置24小时成粉状的消石灰。

（二）补夯加固

针对遗存不稳定切面所采取的保护措施，防止墙体夯层进一步塌落。补夯后墙体的外观形式和需两侧墙体保持一致。

1. 工程范围

工程范围：高度超过1米的墙体切面，深度大于1米的冲沟。

2. 工程做法

（1）清理切面。①清理风化表层，清理厚度依据风化情况而定，最大不超过5厘米。②清理顶部松动草皮，清理宽度不超过10厘米。③清理底部塌落堆积物，清理宽度视补夯情况而定。

（2）补夯。把土、石按照维修部位墙体土、石比例混合后进行分段分层打夯压实。每次夯筑长度控制在5—10米，虚铺厚度为30—50厘米，压缩率约为92%。

由于墙体夯层夯筑工艺有所不同，应依照需补夯部位不同的夯筑方式进行补夯，具体需夯筑方式参见《2014齐长城诸城段考古调查勘探工作报告（响水崖子南山至史家夼北山段)》。

（3）安置木锚杆。针对高度超过2米的墙体切面设置白蜡杆拉结，长度1米，直径3厘米，插入切面0.6米。每夯筑两层，布置一层木锚杆，间距1米。当切面高度低于或等于2米时停止布杆。

（4）放坡。按照设计要求进行放坡，最小排水坡度3%。用木锨自上而下修理坡面。

（5）植补草皮。参照植草保护措施。

（三）培土、回填

针对切面高度较低、表面冲蚀、道路占压部位所采取的保护措施，以保护墙体夯层为目的，由于道路占压部分现不具备迁移道路条件，采取培土回填方式保护遗址。

1. 工程范围

工程范围：墙体冲蚀、凹陷、下沉、林木区域，高度低于或等于1米的墙体切面、冲沟部位；机耕路占压部位。

2. 工程做法

（1）清理切面。①清理风化表层，清理厚度依据风化情况而定，最大不超过3厘米。②清理切面顶部松动草皮，清理宽度不超过10厘米。③清理底部塌落堆积物，清理宽度视培土放坡情况而定。

（2）培土压实。虚铺30厘米，淋湿浇透后铺土压实，直至与旧面齐平。机耕道路占压部分培土回填压实后厚度不小于0.6米，由下向上分别为0.2米厚的砂土隔离层、0.4米厚的夯土层。

（3）放坡。按照设计要求进行放坡，最小排水坡度3%。用木锨自上而下修理坡面。

（4）植补草皮。参照植草保护措施。

（四）排水防渗设计

针对墙体顶部凹凸不平、雨水聚集及排水不畅所采取的保护措施。通过回填、修整坡度调整自然排水，设定排水坡度、水流方向，避免墙体上聚集雨水。

1. 工程范围

墙体凹凸不平、排水不畅区域，自然排水淤积部位。

2. 工程要求

（1）墙体顶面做出向墙体内侧排水坡，坡度不小于3%。

（2）分段施工，每段长度不超过5米。

（3）施工前做好边墙支护，防止对边墙造成二次破坏。

（4）材料要求：素土不得含有有机杂质，使用前宜过筛，其粒径不大于15毫米，含水量以12%—15%为宜（可捏成团，轻掰即散）。

3. 工程做法

（1）清理切面。清理风化表层，清理厚度依据风化情况而定，最大不超过5厘米。

（2）培土压实。用土和碎石虚铺，压实、找平。

（五）植草保护

保持墙体水土的保护措施，包含对补夯加固、清理灌木、培土、回填区域的植草保护。

1. 工程范围及要求

工程范围：补夯加固、培土、回填、林木处理等区域。

工程要求：

（1）草皮种类应选择当地优势种黄背草、白羊草等。

（2）先做培土然后再植草保护。

（3）补种后的草皮覆盖率达 100%。

2. 工程做法

（1）整理作业面。

（2）培土放坡。包含内容：①清理作业面。②培土压实。③培土后修整顶部排水坡度，设计最小排水坡度为 3%。

（3）植补草皮。在专业技术人员指导下进行植补。

（4）日常检查。随时检查草种成活情况，及时补足草皮。

（六）标识设置

依据齐长城诸城响水崖子南山段、邹家沟东山段墙体整体保存情况，在必要部位设置保护标志碑、警示说明牌等标识，减少人为因素的影响。根据山东省文物局相关文件要求，对文物保护标志碑、界桩等文物标识进行安装。

1. 工程范围及要求

工程范围：

（1）齐长城诸城响水崖子南山段 K0 +000 处、邹家沟东山段 K0 +000 处共计 2 处设置保护标志碑。

（2）齐长城诸城响水崖子南山段 K0 +459、K0 +850、K1 +150 处及邹家沟东山段 K0 +035、K0 +284、K0 +408 处共计 6 处设置警示说明牌。

（3）依照墙体保存现状，设置保护界桩，原则上每间隔 30 米置一组，分别于墙体遗存地表边沿外 2 米处埋置。

工程要求：

（1）保护标志碑自左至右书写，正面标示齐长城遗址的级别、名称、公布机关、公布日期、树标机关以及树立日期等；背面标示该段齐长城遗址的认定编码、时代、长度、性质、保护范围及建设控制地带等。

（2）保护界桩四面均标注“齐长城”字样。

2. 工程做法

（1）保护标志碑由碑座和碑身两部分组成，碑座为须弥座，碑身为横匾式。碑座长 1.9 米，宽 0.725 米，厚 0.65 米；碑身长 1.5 米，宽 1 米，厚 0.25 米。

（2）保护界桩为长方体，高 1 米，宽 0.2 米，厚 0.2 米，基础埋深 0.6 米。

（3）保护标志碑材质为海洋红花岗岩；界桩材质为青白粒花岗岩。

（4）基槽挖毕，必须进行钎探。如遇不良情况，可按照《建筑地基处理技术规范》有关规定并结合实际情况进行处理，并经工程技术监理验收合格后才能施工。

（5）基槽必须垫层且必须夯实，垫层压实系数不小于0.93。然后再按基础设计图施工。

（6）基础施工过程中，严禁槽内浸水。

（7）混凝土标号C25，钢筋保护层厚度25毫米。

六、维修措施对应表

表3 响水崖子南山段保护措施表

范围	位置	损害表现	描述	保护措施
K0+000至K0+088	K0+000至K0+041	切面	墙体外侧纵向切面，高0.7—1.6米，长41米	补夯加固、植草保护
	K0+000至K0+016	切面	墙体内侧纵向切面，高0.7—1.8米，长16米	补夯加固、植草保护
	K0+000至K0+010	冲蚀	墙体顶部冲蚀，宽1—2米，长10米	培土、植草保护
	K0+010至K0+040	冲蚀	墙体顶部冲蚀，宽5—7米，长30米	培土、植草保护
	K0+010至K0+025	切面	墙体内侧上层纵向切面，高0.5—0.7米，长15米	培土、植草保护
	K0+032至K0+041	切面	墙体内侧上层纵向切面，高0.5—0.8米，长9米	培土、植草保护
	K0+040至K0+50	冲沟	墙体顶部冲沟，宽2—3米，深1.6—2.5米，长10米	补夯加固、植草保护
	K0+040至K0+067	冲蚀	墙体顶部冲蚀，宽6—8米，长27米	培土、植草保护
	K0+067至K0+080	冲沟	墙体顶部冲沟，宽2—3米，深1.6—2.5米，长13米	补夯加固、植草保护
	K0+082	切面	墙体横向切面，底宽4—5米，高0.5—1.3米	补夯加固、植草保护
	K0+083至K0+095	冲蚀	墙体顶部农田，宽5—8米，长12米	培土、植草保护

（续表）

范 围	位 置	损害表现	描 述	保护措施
K0+088至K0+200	K0+095	切面	墙体横向切面，底宽5—8米，高1.3—1.8米	补夯加固、植草保护
	K0+095至K0+219	切面	墙体外侧纵向切面，高1.6—2.1米，长124米	补夯加固、植草保护
	K0+101至K0+150	切面	墙体内侧纵向切面，高0.3—0.5米，长49米	培土、植草保护
	K0+110至K0+150	冲蚀	墙体顶部及护坡冲蚀，宽4—8米，长40米	培土、植草保护
	K0+150至K0+170	冲蚀	墙体冲蚀，宽3—4米，长20米	培土、植草保护
	K0+166至K0+200	切面	墙体内侧纵向切面，高0.7—1.7米，掏蚀0.2—0.3米，长34米	补夯加固、植草保护
K0+200至K0+300	K0+200至K0+214	切面	墙体内侧纵向切面，高0.7—1.8米，长14米	补夯加固、植草保护
	K0+208至K0+214	冲沟	墙体外侧冲沟，宽6—8米，深0.7—1.6米，长6米	补夯加固、植草保护
	K0+213至K0+250	冲蚀	墙体顶部冲蚀，宽5—8米，长37米	培土、植草保护
	K0+222至K0+265	切面	墙体外侧纵向切面，高0.5—0.7米，长43米	培土、植草保护
	K0+250至K0+265	冲蚀	墙体冲蚀，宽5—6米，长15米	培土、植草保护
	K0+265至K0+318	切面	墙体内侧纵向切面，高0.8—1.9米，长53米	补夯加固、植草保护
	K0+274至K0+321	切面	墙体外侧纵向切面，高0.5—0.8米，长47米	培土、植草保护
K0+300至K0+426	K0+318至K0+324	冲蚀	墙体冲蚀，宽3—4米，长6米	培土、植草保护
	K0+324	切面	墙体横向切面，高0.5—0.7米，宽4米	培土、植草保护
	K0+324至K0+459	切面	墙体内侧纵向切面，高0.7—1.8米，长135米	补夯加固、植草保护
	K0+324至K0+350	切面	墙体外侧纵向切面，高0.7—1.8米，长26米	补夯加固、植草保护
	K0+350至K0+459	切面	墙体外侧纵向切面，高1.4—2.5米，长109米	补夯加固、植草保护

（续表）

范 围	位 置	损害表现	描 述	保护措施
K0 +426 至 K0 +550	K0 +459 至 K0 +466	机耕路	墙体被机耕道路横向截断，宽 7 米	培土（压实后厚度不小于 0.6 米）
	K0 +466 至 K0 +489	切面	墙体内侧纵向切面，高 1.4—1.8 米，长 23 米	补夯加固、植草保护
	K0 +466 至 K0 +489	切面	墙体外侧纵向切面，高 1.2—1.6 米，长 23 米	补夯加固、植草保护
	K0 +493 至 K0 +550	冲蚀	墙体冲蚀，宽 3—4 米，长 57 米	培土、植草保护
	K0 +493 至 K0 +539	切面	墙体外侧纵向切面，高 1.6—2.3 米，长 46 米	补夯加固、植草保护
	K0 +493 至 K0 +539	切面	墙体内侧纵向切面，高 1—1.9 米，长 46 米	补夯加固、植草保护
K0 +550 至 K0 +672	K0 +550 至 K0 +600	—	河谷，地表无遗迹	—
	K0 +600 至 K0 +619	冲沟	墙体冲沟，宽 2 至 3 米，深 1—1.5 米，此处墙体纵向坡度大于 60°	补夯加固、植草保护
	K0 +622 至 K0 +639	切面	墙体内侧纵向切面，高 0.8 至 1.5 米，长 17 米	补夯加固、植草保护
	K0 +639 至 K0 +700	冲蚀	墙体内坡冲蚀，宽 2—3 米，长 61 米	培土、植草保护
	K0 +654 至 K0 +750	林木	墙体范围内生长乔木，以松树为主，树径 8—10 厘米，共约 170 株	林木处理、回填、排水防渗设计、植草保护
	K0 +654 至 K0 +750	凹陷、树坑	墙体范围内滥砍滥伐造成的树坑，共约 8 个，树坑深 0.5—0.8 米，呈圆形，直径 1—1.5 米	回填、排水防渗设计、植草保护
K0 +672 至 K0 +774	K0 +704 至 K0 +750	切面	墙体外侧纵向切面，高 0.4—0.5 米，长 46 米	培土、植草保护
	K0 +708 至 K0 +750	切面	墙体内侧纵向切面，高 0.5—0.7 米，长 42 米	培土、植草保护
	K0 +750 至 K0 +774	切面	墙体外侧纵向切面，高 3—3.5 米，长 24 米	补夯加固、植草保护
	K0 +750 至 K0 +814	林木	墙体范围内生长乔木，以松树为主，树径 8—12 厘米，共约 150 株	林木处理、回填、排水防渗设计、植草保护
	K0 +750 至 K0 +814	凹陷、树坑	墙体范围内滥砍滥伐造成的树坑，共约 10 个，树坑深 0.5 米，呈圆形，直径 1—1.5 米	回填、排水防渗设计、植草保护

（续表）

范　围	位　置	损害表现	描　述	保护措施
K0 +774至K0 +886	K0 +820 至 K1 +130	机耕路	墙体顶部为机耕路，宽 4—5 米，长310 米	培土（压实后厚度不小于 0.6 米）
K0 +774至K0 +886	K0 +850 至 K0 +878	切面	墙体外侧纵向切面，高 1—1.9 米，切面掏蚀深度 0.3—0.4 米，长 28 米	补夯加固、植草保护
K0 +774至K0 +886	K0 +878 至 K0 +900	挖掘沟	墙体顶部外侧挖掘沟，宽 1—2 米，深 0.6—1.1 米，长 22 米	回填、排水防渗设计、植草保护
K0 +774至K0 +886	K0 +880 至 K0 +900	切面	墙体外侧纵向切面，高 0.5—0.9 米，长 20 米	培土、植草保护
K0 +774至K0 +886	K0 +880 至 K0 +900	切面	墙体内侧纵向切面，高 0.5—0.9 米，长 20 米	培土、植草保护
K0 +886至K1 +000	K0 +900 至 K0 +922	切面	墙体外侧纵向切面，高 0.6—1.6 米，长 22 米	补夯加固、植草保护
K0 +886至K1 +000	K0 +928 至 K0 +950	切面	墙体外侧纵向切面，高 0.5—1 米，长 22 米	培土、植草保护
K0 +886至K1 +000	K0 +950 至 K1 +020	切面	墙体外侧纵向切面，高 0.7—1.7 米，长 70 米	补夯加固、植草保护
K0 +886至K1 +000	K0 +950—K0 +987	切面	墙体内侧纵向切面，高 0.6—1 米，长 37 米	培土、植草保护
K1 +000至K1 +100	K1 +035 至 K1 +050	切面	墙体内侧纵向切面，高 0.5—0.8 米，长 15 米	培土、植草保护
K1 +000至K1 +100	K1 +050 至 K1 +090	切面	墙体内侧纵向切面，高 1.1—1.4 米，40 米	补夯加固、植草保护
K1 +000至K1 +100	K1 +052 至 K1 +080	切面	墙体外侧纵向切面，高 0.5—0.7 米，长 28 米	培土、植草保护
K1 +100至K1 +200	K1 +127	切面	墙体横向切面，高 0.6—1.8 米，底宽 6 米	补夯加固、植草保护
K1 +100至K1 +200	K1 +127 至 K1 +200	林木	墙体范围内生长乔木，以松树为主，树径 7—12 厘米，共约 100 株	林木处理、回填、排水防渗设计、植草保护
K1 +100至K1 +200	K1 +150 至 K1 +165	切面	墙体内侧纵向切面，高 1.6—2.1 米，长 15 米	补夯加固、植草保护
K1 +100至K1 +200	K1 +150 至 K1 +187	切面	墙体外侧纵向切面，高 1.8—2.5 米，长 37 米	补夯加固、植草保护

表4 邹家沟南山段保护措施表

范围	位置	损害表现	描述	保护措施
K0+000至K0+100	K0+004	切面	墙体横向切面，高3.6米，底宽6米	补夯加固、植草保护
	K0+004至K0+008	切面	墙体外侧纵向切面，高1.4—1.7米，长4米	补夯加固、植草保护
	K0+004至K0+029	切面	墙体内侧纵向切面，高3.4—3.9米，长25米	补夯加固、植草保护
	K0+008至K0+029	冲蚀	墙体范围内冲蚀，宽4—5米，长21米	培土、植草保护
	K0+011至K0+016	切面	墙体外侧切面，高0.7—1.6米，长5米	补夯加固、植草保护
	K0+016至K0+029	切面	墙体内侧上层切面，高0.5—0.9米，长13米	培土、植草保护
	K0+018至K0+035	切面	墙体外侧纵向切面，高0.3—0.5米，长17米	培土、植草保护
	K0+029至K0+050	冲蚀	墙体顶部为机耕路，宽4—5米，长21米	培土（压实后不小于0.6米）
	K0+052至K0+070	切面	墙体外侧纵向切面，高0.6—1.5米，长18米	补夯加固、植草保护
	K0+052至K0+083	切面	墙体内侧纵向切面，高2.4—2.8米，切面掏蚀凹进0.2—0.3米，长31米	补夯加固、植草保护
	K0+052至K0+129	林木苗圃	墙体范围内种植松树苗、橡树苗，共约160株	林木处理、回填、排水防渗设计、植草保护
	K0+086至K0+100	切面	墙体内侧纵向切面，高0.6—1米，长34米	培土、植草保护
K0+100至K0+205	K0+100至K0+118	切面	墙体内侧纵向切面，高1—1.7米，长18米	补夯加固、植草保护
	K0+129至K0+150	矿坑	墙体被采石采矿破坏，现采石坑深3.5—7.5米，宽15—20米，长21米	回填、排水防渗设计、植草保护
	K0+150	切面	墙体横向切面，底宽15—18米，高3.5—4.5米	补夯加固、植草保护
	K0+153至K0+162	机耕路	机耕路穿越墙体，宽15—18米	培土（压实后厚度不小于0.6米）
	K0+153	切面	墙体横向切面，高0.6—1.3米，底宽15米	补夯加固、植草保护

（续表）

范围	位置	损害表现	描述	保护措施
K0+100至K0+205	K0+162	切面	墙体横向切面，高0.7—1.7米，底宽18米	补夯加固、植草保护
	K0+162至K0+238	林木苗圃	墙体范围内中种植松树、橡树苗，共约150株	林木处理、回填、排水防渗设计、植草保护
K0+205至K0+325	K0+284	切面	墙体横向切面，高1.2—2.5米，底宽6米	补夯加固、植草保护
	K0+306至K0+322	切面	墙体内侧纵向切面，高0.5—1米，长16米	培土、植草保护
	K0+325至K0+344	切面	墙体内侧纵向切面，高4—5.5米，长19米	补夯加固、植草保护
K0+325至K0+430	K0+330至K0+372	切面	墙体外侧纵向切面，高1.2—1.7米，长42米	补夯加固、植草保护
	K0+380至K0+400	林木苗圃	墙体范围内中种植松树、橡树苗，共约60株	林木处理、回填、排水防渗设计、植草保护
	K0+408	切面	墙体横向切面，高2.5—2.9米，切面掏蚀凹进0.3—0.4米，底宽10米	补夯加固、植草保护
	K0+408至K0+414	—	取石取土挖掘墙体，挖掘长度6米	回填、植草保护
	K0+414	切面	墙体横向切面，高2.5—2.9米，底宽12米	补夯加固、植草保护
	K0+414至K0+430	切面	墙体内侧纵向切面，高1.1—1.4米，长16米	补夯加固、植草保护

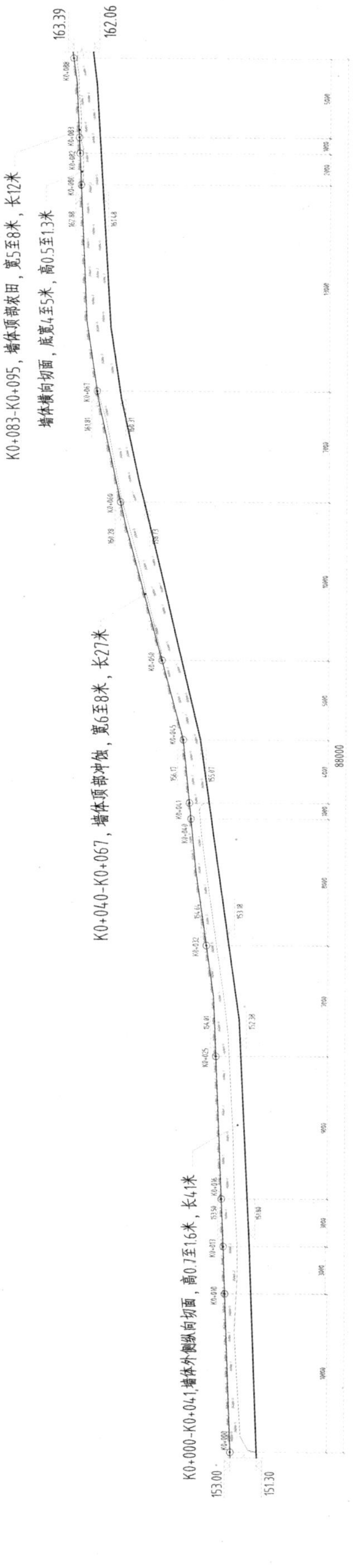

响水崖子南山段K0+000至K0+088外立面实测图1:120

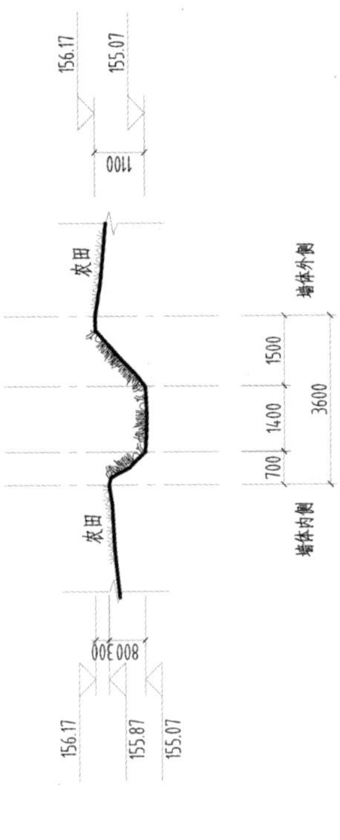

响水崖子南山段K0+045剖面实测图1:120

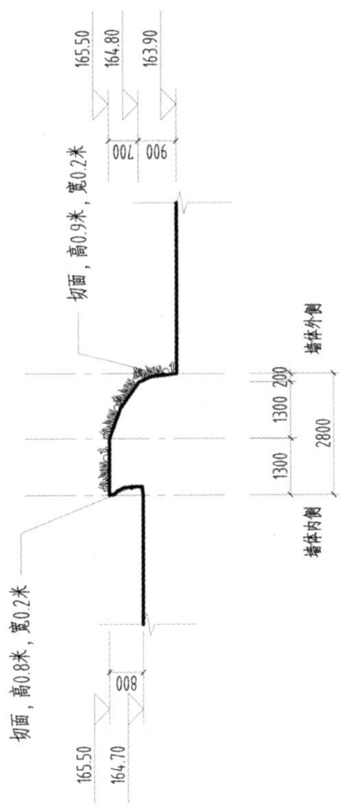

响水崖子南山段K0+170剖面实测图1:120

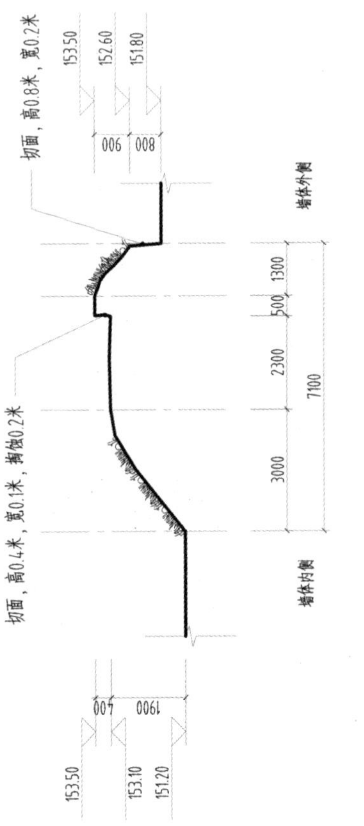

响水崖子南山段K0+013剖面实测图1:120

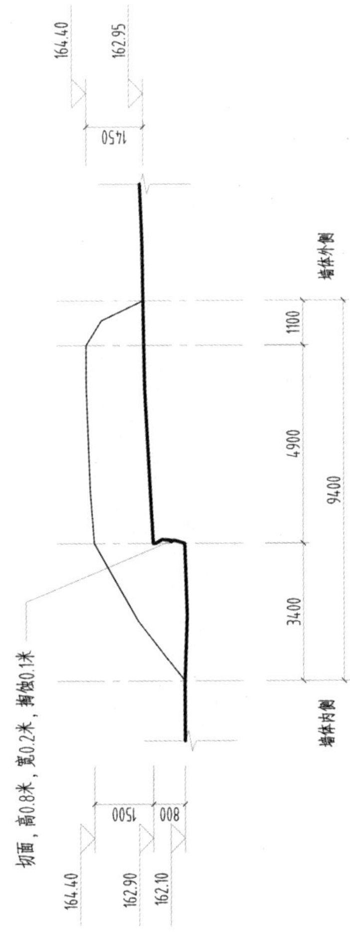

响水崖子南山段K0+095剖面实测图1:120

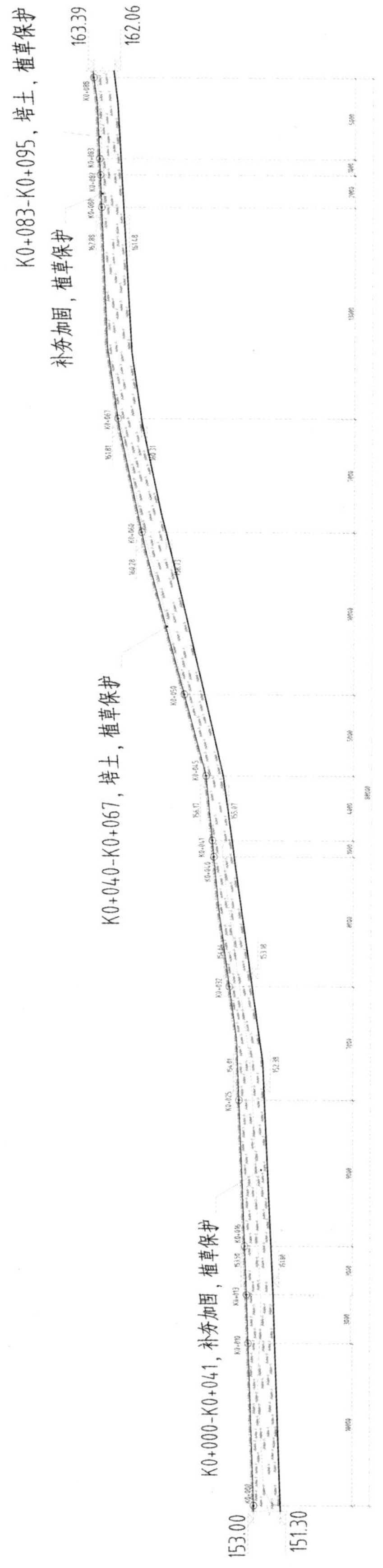

响水崖子南山段K0+000至K0+088外立面修缮图1:120

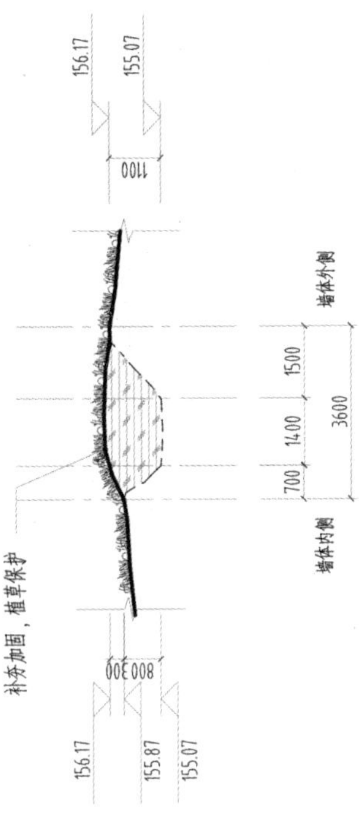

响水崖子南山段K0+045剖面修缮图1:120

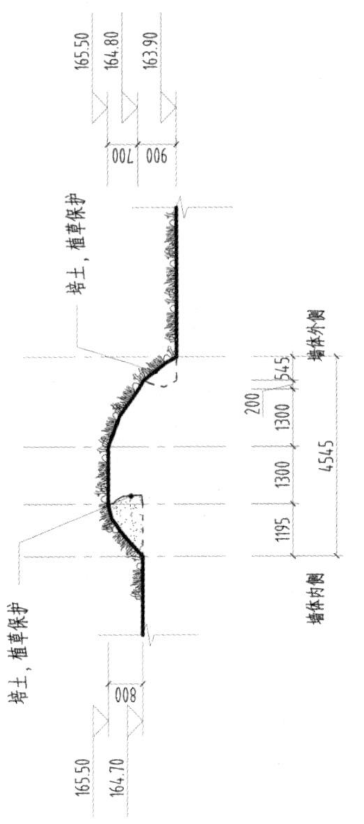

响水崖子南山段K0+170剖面修缮图1:120

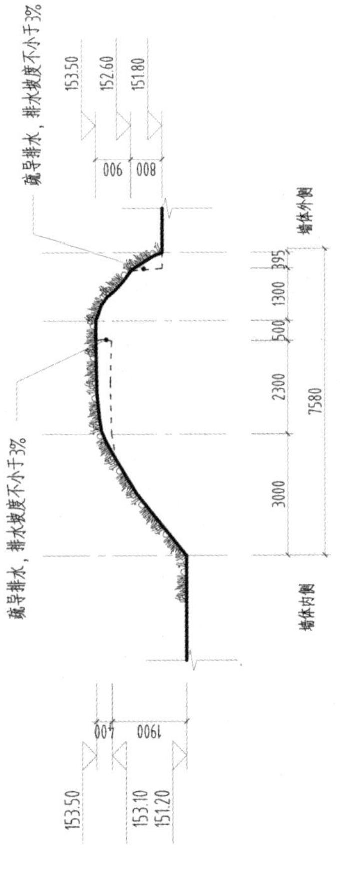

响水崖子南山段K0+013剖面修缮图1:120

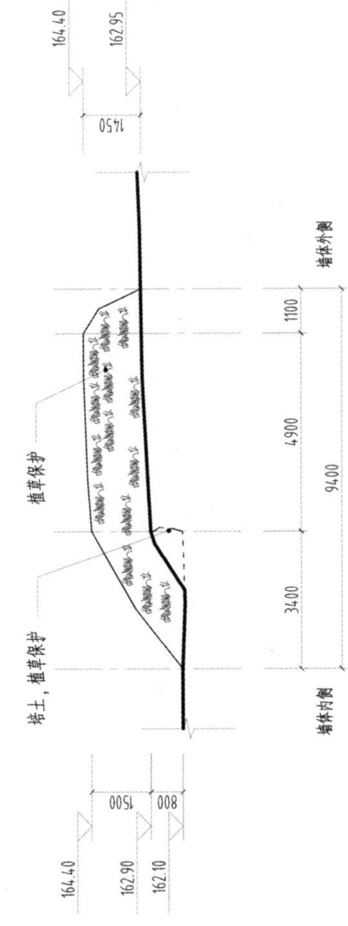

响水崖子南山段K0+095剖面修缮图1:120

附 录

附表1 齐长城遗址遗产具体破坏原因、残损现象表

遗产类型		县（区）	墙体类型	编 号	名 称	破坏原因			损坏现象	备 注
墙体	主线	济南长清区	土墙	CQ—TQ	广里村北长城	自然破坏	风蚀	由于缺乏植物或者地形的保护，墙体遭到风蚀的破坏	墙体缺损、消失	CQ：长清区 TQ：土墙 SQ：石墙
							雨水冲蚀	雨水的冲刷、渗透、浸蚀	墙体松软、垮塌，水土流失严重	
						人为破坏	农业耕作	土墙墙体顶面开垦农田、墙体侧面取土培田	墙体失稳、缺损、消失，形成多处断面	
							道路建设	国道220、济荷高速、机耕路穿越墙体	墙体被截断、占压	
							水利设施	水渠穿越墙体	墙体被截断、占压	
			石墙	CQ—SQ1	珠珠山陡岭子—阳干山长城	自然破坏	植物生长	乔灌木根系挤压墙体石块，乔木所受风荷载直接传递到墙体	墙体石块偏移、松动，墙体鼓胀、歪闪、失稳、塌落	
						人为破坏	植树造林	人工种植乔木，乔木根系挤压墙体石块，乔木所受风荷载直接传递到墙体	墙体石块偏移、松动，墙体鼓胀、歪闪、失稳、塌落	
								取石围砌树池	石墙缺损	
							道路建设	乡间机耕路、生产路穿越墙体	墙体被截断、占压形成断面；墙体松动，存在滑坡、塌落隐患	

（续表）

遗产类型		县（区）	墙体类型	编 号	名 称	破坏原因			损坏现象	备 注
墙体	主线	济南长清区	石墙	CQ—SQ2	石小子寨—北傅庄北山长城	自然破坏	植物生长	乔灌木根系挤压墙体石块，乔木所受风荷载直接传递到墙体	墙体石块偏移、松动，墙体鼓胀、歪闪、失稳、塌落	CQ：长清区 TQ：土墙 SQ：石墙
						人为破坏	农业耕作	取石修围堰	墙体失稳、缺损、消失	
							道路建设	乡间机耕路、生产路穿越墙体遗址	墙体消失	
				CQ—SQ3	采石场东山长城—狗头山长城	自然破坏	植物生长	乔灌木根系挤压墙体石块，乔木所受风荷载直接传递到墙体	墙体石块偏移、松动，墙体鼓胀、歪闪、失稳、塌落	
						人为破坏	开山取石	开山取石破坏墙体所在山体	墙体所在山体被破坏	
				CQ—SQ4	凤凰山长城—北马套北山长城	自然破坏	植物生长	乔灌木根系挤压墙体石块，乔木所受风荷载直接传递到墙体	墙体石块偏移、松动，墙体鼓胀、歪闪、失稳、塌落	
						人为破坏	农业耕作	取石修围堰	墙体失稳、缺损、消失	
							道路建设	高铁、国道 104、乡间机耕路、生产路穿越墙体	墙体被截断、占压形成断面；墙体松动，存在滑坡、塌落隐患	
							日常生活	取石建民房、拆墙捉蝎、拆墙建牛羊圈	墙体失稳、缺损、消失	
				CQ—SQ5	北顶山长城—定头崖西山长城	人为破坏	农业耕作	取石修围堰	墙体失稳、缺损、消失	
							道路建设	乡间机耕路、生产路穿越墙体	墙体被截断、占压形成断面；墙体松动，存在滑坡、塌落隐患	
							日常生活	取石建民房、拆墙捉蝎、拆墙建牛羊圈	墙体失稳、缺损、消失	

（续表）

遗产类型		县（区）	墙体类型	编 号	名 称	破坏原因			损坏现象	备 注
墙体	主线	济南长清区	地表消失	CQ—XS1	北黄崖—梯子山长城	人为破坏	日常生活	取石建民房、拆墙捉蝎、拆墙建牛羊圈、取石修寨	墙体消失	
				CQ—XS2	崮头长城	人为破坏	村庄建设	潘庄、崮头村扩建侵占墙体	墙体消失	
		济南历城区	石墙	LC—SQ1	大药乡东北段—西道沟西北段长城	自然破坏	植物生长	乔灌木根系挤压墙体石块，乔木所受风荷载直接传递到墙体	墙体石块偏移、松动，墙体鼓胀、歪闪、失稳、塌落	LC：历城区 SQ：石墙
						人为破坏	道路建设	药乡国家森林公园道路多处穿越墙体，乡间机耕路、生产路穿越墙体	墙体被截断、占压形成断面；墙体松动，存在滑坡、塌落隐患	
				LC—SQ2	白家庄北段长城	自然破坏	植物生长	乔灌木根系挤压墙体石块，乔木所受风荷载直接传递到墙体	墙体石块偏移、松动，墙体鼓胀、歪闪、失稳、塌落	
						人为破坏	农业耕作	取石修围堰	墙体失稳、缺损、消失	
							植树造林	人工种植乔木，乔木根系直接作用于墙体上挤压墙体石块，乔木所受风荷载直接传递到墙体；取石围砌树池	墙体石块偏移、松动，墙体鼓胀、歪闪、失稳、塌落、缺损	
							道路建设	乡间机耕路、生产路穿越墙体	墙体被截断、占压形成断面；墙体松动，存在滑坡、塌落隐患	
				LC—SQ3	黑松林长城—四界首长城	自然破坏	植物生长	乔灌木根系挤压墙体石块，乔木所受风荷载直接传递到墙体	墙体石块偏移、松动，墙体鼓胀、歪闪、失稳、塌落	
						人为破坏	道路建设	乡间机耕路、生产路穿越墙体	墙体被截断、占压形成断面；墙体松动，存在滑坡、塌落隐患	

（续表）

遗产类型		县（区）	墙体类型	编号	名称	破坏原因			损坏现象	备注
墙体	主线	济南章丘区	石墙	ZQ—SQ1	四界首段长城—北峪西山段长城	自然破坏	植物生长	乔木根系挤压墙体石块，乔木所受风荷载直接传递到墙体	墙体石块偏移、松动，墙体鼓胀、歪闪、失稳、塌落	ZQ：章丘区 SQ：石墙
						人为破坏	道路建设	七星台景区道路多处穿越墙体	墙体被截断、占压形成断面；墙体松动，存在滑坡、塌落隐患	
							重建	部分墙体在遗址上重建	遗址被占压	
				ZQ—SQ2	锦阳关段长城—鲁地北山段长城	自然破坏	植物生长	乔木根系挤压墙体石块，乔木所受风荷载直接传递到墙体	墙体石块偏移、松动，墙体鼓胀、歪闪、失稳、塌落	
						人为破坏	道路建设	省道 242 穿越墙体，乡间机耕路、生产路穿越墙体	墙体被截断、占压形成断面；墙体松动，存在滑坡、塌落隐患	
							日常生活	取石建民房、拆墙捉蝎、拆墙建牛羊圈	墙体失稳、缺损、消失	
				ZQ—SQ3	北栾宫东山段—相峪西山段长城	自然破坏	植物生长	灌木根系挤压墙体石块	墙体石块偏移、松动，墙体鼓胀、歪闪、失稳、塌落	
						人为破坏	道路建设	乡间机耕路、生产路穿越墙体	墙体被截断、占压形成断面；墙体松动，存在滑坡、塌落隐患	
				ZQ—SQ4	黄石关段—上王庄北山段长城	自然破坏	植物生长	灌木根系挤压墙体石块	墙体石块偏移、松动，墙体鼓胀、歪闪、失稳、塌落	
						人为破坏	农业耕作	取石修围堰	墙体失稳、缺损、消失	
							植树造林	人工种植灌木，灌木根系挤压墙体石块	墙体石块偏移、松动，墙体鼓胀、歪闪、失稳、塌落	
							道路建设	乡间机耕路、生产路穿越墙体	墙体被截断、占压形成断面；墙体松动，存在滑坡、塌落隐患	

（续表）

遗产类型		县（区）	墙体类型	编 号	名 称	破坏原因			损坏现象	备 注
墙体	主线	淄博博山区	石墙	BS—SQ1	风门道关段长城	自然破坏	植物生长	灌木根系挤压墙体石块	墙体石块偏移、松动，墙体鼓胀、歪闪、失稳、塌落	BS：博山区 SQ：石墙 XS：地表消失
						人为破坏	道路建设	乡间机耕路、生产路穿越墙体	墙体被截断、占压形成断面；墙体松动，存在滑坡、塌落隐患	
				BS—SQ2	老虎头岭段—干贝峪段长城	自然破坏	植物生长	灌木根系挤压墙体石块	墙体石块偏移、松动，墙体鼓胀、歪闪、失稳、塌落	
						人为破坏	植树造林	人工种植灌木，灌木根系挤压墙体石块	墙体石块偏移、松动，墙体鼓胀、歪闪、失稳、塌落	
							道路建设	滨博高速（国道205）穿越墙体，原山景区内道路多次穿越墙体	墙体被截断、占压形成断面；墙体松动，存在滑坡、塌落隐患	
							城镇建设	城镇扩建占压墙体	墙体被占压	
				BS—SQ3	两平村段—冯八峪东山段长城	人为破坏	农业耕作	取石修围堰	墙体失稳、缺损、消失	
							植树造林	人工种植乔木，乔木根系直接作用于墙体上挤压墙体石块，乔木所受风荷载直接传递到墙体	墙体石块偏移、松动，墙体鼓胀、歪闪、失稳、塌落	
							道路建设	乡间机耕路、生产路穿越墙体	墙体被截断、占压形成断面；墙体松动，存在滑坡、塌落隐患	
				BS—SQ4	岳家北峪北山段长城	自然破坏	自然风化	墙体石块风化成碎石	墙体坍塌、失稳	
						人为破坏	农业耕作	取石修围堰	墙体失稳、缺损、消失	
							道路建设	乡间机耕路、生产路穿越墙体	墙体被截断、占压形成断面；墙体松动，存在滑坡、塌落隐患	

（续表）

遗产类型		县（区）	墙体类型	编号	名称	破坏原因			损坏现象	备注
墙体	主线		地表消失	BS—XS1	凤凰山段—鹅眉山段长城	人为破坏	道路建设	铁路穿越墙体	墙体消失	
							城镇建设	城镇扩建侵占墙体	墙体消失	
							重建	凤凰山段全段复建	墙体遗址被占压，墙体风貌被误导	
				BS—XS2	黑山段—西沟峪北山段长城	人为破坏	城镇建设	城镇扩建侵占墙体	墙体消失	
							道路建设	过境县道穿越墙体	墙体消失	
		淄博淄川区	石墙	ZC—SQ1	护宝泉村南山段—岳阳山段长城	人为破坏	植树造林	人工种植灌木，灌木根系挤压墙体石块	墙体石块偏移、松动，墙体鼓胀、歪闪、失稳、塌落	ZC：淄川区 SQ：石墙 XS：地表消失
							农业耕作	取石修围堰	墙体失稳、缺损、消失	
							道路建设	乡间机耕路、生产路穿越墙体	墙体被截断、占压形成断面；墙体松动，存在滑坡、塌落隐患	
							其他建筑物建设	墙体上建设高压线、信号塔	墙体被占压	
				ZC—SQ2	城子段—三太山段长城	自然破坏	植物生长	灌木根系挤压墙体石块	墙体石块偏移、松动，墙体鼓胀、歪闪、失稳、塌落	
						人为破坏	植树造林	人工种植灌木，灌木根系挤压墙体石块	墙体石块偏移、松动，墙体鼓胀、歪闪、失稳、塌落	
							村庄建设	村庄扩建侵占墙体	墙体消失	
							道路建设	乡间机耕路、生产路穿越墙体	墙体被截断、占压形成断面；墙体松动，存在滑坡、塌落隐患	

（续表）

遗产类型		县（区）	墙体类型	编 号	名 称	破坏原因			损坏现象	备 注
墙体	主线	淄博淄川区	石墙	ZC—SQ3	胡兰顶段长城	自然破坏	植物生长	灌木根系挤压墙体石块	墙体石块偏移、松动，墙体鼓胀、歪闪、失稳、塌落	
						人为破坏	植树造林	人工种植灌木，灌木根系挤压墙体石块	墙体石块偏移、松动，墙体鼓胀、歪闪、失稳、塌落	
							农业耕作	取石修围堰	墙体失稳、缺损、消失	
							道路建设	乡间机耕路、生产路穿越墙体	墙体被截断、占压形成断面；墙体松动、存在滑坡、塌落隐患	
			地表消失	ZC—XS	陈家井西山段—鹿角山段长城	自然破坏	植物生长	灌木根系挤压墙体石块	墙体消失	
						人为破坏	农业耕作	取石修围堰	消失	
							植树造林	人工种植灌木	墙体消失，灌木占压墙体遗址	
		淄博沂源县	石墙	YY—SQ	水泉溜西山段—核桃崮段长城	自然破坏	植物生长	乔木根系挤压墙体石块，乔木所受风荷载直接传递到墙体	墙体石块偏移、松动，墙体鼓胀、歪闪、失稳、塌落	YY：沂源县 SQ：石墙 XS：地表消失
						人为破坏	农业耕作	取石修围堰，墙体顶面开垦农田	墙体失稳、缺损、消失	
							植树造林	人工种植乔木	墙体石块偏移、松动	
			地表消失	YY—XS	敖子顶段长城	人为破坏	植树造林	人工种植灌木	墙体消失，灌木占压墙体遗址	
		潍坊临朐县	石墙	LQ—SQ1	里峪南山口长城	人为破坏	农业耕作	取石修围堰，墙体顶面开垦农田	墙体失稳、缺损、消失	LQ：临朐县 SQ：石墙 XS：地表消失
							日常生活	取石建民房、拆墙捉蝎、拆墙建牛羊圈	墙体失稳、缺损、消失	
				LQ—SQ2	小辛庄段长城	自然破坏	植物生长	灌木根系挤压墙体石块	墙体石块偏移、松动，墙体鼓胀、歪闪、失稳、塌落	
						人为破坏	农业耕作	取石修围堰，墙体顶面开垦农田	墙体失稳、缺损、消失	
							道路建设	乡间机耕路、生产路穿越墙体	墙体被截断、占压，墙体凹陷下沉形成断面；墙体松动，存在滑坡、塌落隐患	

（续表）

遗产类型		县（区）	墙体类型	编　号	名　称	破坏原因			损坏现象	备　注
墙体	主线		石墙	LQ—SQ3	黄粮崮将军台段—大蚕场南岭长城	自然破坏	植物生长	乔灌木根系挤压墙体石块，乔木所受风荷载直接传递到墙体	墙体石块偏移、松动，墙体鼓胀、歪闪、失稳、塌落	
						人为破坏	农业耕作	取石修围堰，墙体顶面开垦农田	墙体失稳、缺损、消失	
							道路建设	乡间机耕路、生产路穿越墙体	墙体被截断、占压，墙体凹陷下沉形成断面；墙体松动，存在滑坡、塌落隐患	
							村庄建设	南蜂子窝村、下龙湾村占压	墙体被占压	
							水库建设	紫草岭水库	墙体被占压	
				LQ—SQ4	沂山玉皇顶段—祝家店子段长城	自然破坏	植物生长	乔灌木根系挤压墙体石块，乔木所受风荷载直接传递到墙体	墙体石块偏移、松动，墙体鼓胀、歪闪、失稳、塌落	
						人为破坏	农业耕作	取石修围堰	墙体失稳、缺损、消失	
							植树造林	人工种植乔木，乔灌木根系挤压墙体石块，乔木所受风荷载直接传递到墙体	墙体石块偏移、松动	
							道路建设	乡间机耕路、生产路、过境县道穿越墙体	墙体被截断、占压，墙体凹陷下沉形成断面；墙体松动，存在滑坡、塌落隐患	
							水利建设	大关水库（长城水库）占压墙体	墙体被占压	
			地表消失	LQ—XS	小花龙砂崮子段长城	人为破坏	农业耕作	墙体顶面开垦农田	墙体消失	
							村庄建设	小花龙潭村占压	墙体消失	
		临沂沂水县	石墙	YS—SQ1	卧牛城旺峪东岭段长城	自然破坏	植物生长	灌木根系挤压墙体石块	墙体石块偏移、松动，墙体鼓胀、歪闪、失稳、塌落	YS：沂水县 SQ：石墙 XS：地表消失
						人为破坏	农业耕作	取石修围堰	墙体失稳、缺损、消失	
							道路建设	乡间机耕路、生产路、过境县道穿越墙体	墙体被截断、占压形成断面；墙体松动，存在滑坡、塌落隐患	
							日常生活	取石垒寨	墙体失稳、缺损、消失	

（续表）

遗产类型		县（区）	墙体类型	编 号	名 称	破坏原因			损坏现象	备 注
墙体	主线	临沂沂水县	石墙	YS—SQ2	光光山段长城	自然破坏	植物生长	灌木根系挤压墙体石块	墙体石块偏移、松动，墙体鼓胀、歪闪、失稳、塌落	
						人为破坏	开山取石	已破坏墙体	墙体失稳、缺损、消失	
							道路建设	乡间机耕路、生产路穿越墙体	墙体被截断、占压形成断面；墙体松动，存在滑坡、塌落隐患	
			地表消失	YS—XS	墙框良沟南岭段长城	人为破坏	村庄建设	石匣村占压墙体	墙体消失	
		潍坊安丘市	石墙	AQ—SQ	碾台山段—虎崖段长城	自然破坏	植物生长	乔灌木根系挤压墙体石块，乔木所受风荷载直接传递到墙体	墙体石块偏移、松动，墙体鼓胀、歪闪、失稳、塌落	AQ：安丘县 SQ：石墙 XS：地表消失
						人为破坏	农业耕作	取石修围堰	墙体失稳、缺损、消失	
							植树造林	人工种植乔木，乔木根系挤压墙体石块，乔木所受风荷载直接传递到墙体	墙体石块偏移、松动，墙体鼓胀、歪闪、失稳、塌落	
							道路建设	乡间机耕路、生产路穿越墙体	墙体被截断、占压，墙体凹陷下沉形成断面；墙体松动，存在滑坡、塌落隐患	
							厂矿建设	厂房、临时宿舍、风力发电机组紧挨或直接搭建在墙体上	墙体被占压	
			地表消失	AQ—XS1	太平山段长城	人为破坏	厂矿建设	风力发电机组直接搭建在墙体上	墙体消失	
				AQ—XS2	王家庄段长城	人为破坏	村庄建设	王家庄占压	墙体消失	

（续表）

遗产类型		县（区）	墙体类型	编　号	名　称	破坏原因			损坏现象	备　注
墙体	主线	日照莒县	石墙	JX—SQ1	三楞山魏家官庄段—大店子西长城岭长城	自然破坏	植物生长	乔灌木根系挤压墙体石块，乔木所受风荷载直接传递到墙体	墙体石块偏移、松动，墙体鼓胀、歪闪、失稳、塌落	JX：莒县 SQ：石墙 XS：地表消失
						人为破坏	道路建设	过境县道穿越墙体	墙体被截断、占压，墙体凹陷下沉；墙体松动，存在滑坡、塌落隐患	
							农业耕作	取石修围堰，墙体顶面开垦农田	墙体失稳、缺损、消失、断面	
							开山取石	已破坏墙体	墙体所在山体被破坏	
				JX—SQ2	玄武庵东岭长城岭	自然破坏	植物生长	乔灌木根系挤压墙体石块，乔木所受风荷载直接传递到墙体	墙体石块偏移、松动，墙体鼓胀、歪闪、失稳、塌落	
						人为破坏	农业耕作	取石修围堰	墙体失稳、缺损、消失	
							植树造林	人工种植乔木，乔木根系挤压墙体石块，乔木所受风荷载直接传递到墙体	墙体石块偏移、松动，墙体鼓胀、歪闪、失稳、塌落	
							厂矿建设	墙体上建蓄水池	墙体被挖掘、占压	
			地表消失	JX—XS1	玄武庵苏家官庄长城	—		—	—	
				JX—XS2	陡沟南长城岭	—		—	—	
		日照五莲县	石墙	WL—SQ1	河西水库段长城	自然破坏	植物生长	灌木根系挤压墙体石块	墙体石块偏移、松动，墙体鼓胀、歪闪、失稳、塌落	WL：五莲县 SQ：石墙 XS：地表消失
						人为破坏	农业耕作	取石修围堰，墙体顶面开垦农田	墙体失稳、缺损、消失	
							道路建设	乡间机耕路、生产路穿越墙体	墙体被截断、占压，墙体凹陷下沉形成断面；墙体松动，存在滑坡、塌落隐患	
							水利建设	河西水库占压	墙体消失	

（续表）

遗产类型		县（区）	墙体类型	编 号	名 称	破坏原因			损坏现象	备 注
墙体	主线	日照五莲县	石墙	WL—SQ2	墙夼云门段—潘村西北岭段长城	自然破坏	植物生长	灌木根系挤压墙体石块	墙体石块偏移、松动，墙体鼓胀、歪闪、失稳、塌落	
						人为破坏	农业耕作	取石修围堰，墙体顶面开垦农田	墙体失稳、缺损、消失	
							植树造林	人工种植乔木，乔木根系挤压墙体石块，乔木所受风荷载直接传递到墙体	墙体石块偏移、松动，墙体鼓胀、歪闪、失稳、塌落	
							道路建设	乡间机耕路、生产路穿越墙体	墙体被截断、占压，墙体凹陷下沉形成断面；墙体松动，存在滑坡、塌落隐患	
							水利建设	墙夼水库占压	墙体消失	
				WL—SQ3	高泽东岭段长城	自然破坏	植物生长	灌木根系挤压墙体石块	墙体石块偏移、松动，墙体鼓胀、歪闪、失稳、塌落	
						人为破坏	农业耕作	取石修围堰，墙体顶面开垦农田	墙体失稳、缺损、消失	
				WL—SQ4	院上东岭段—张榜沟北岭段长城	自然破坏	植物生长	乔灌木根系挤压墙体石块，乔木所受风荷载直接传递到墙体	墙体石块偏移、松动，墙体鼓胀、歪闪、失稳、塌落	
						人为破坏	农业耕作	取石修围堰，墙体顶面开垦农田	墙体失稳、缺损、消失	
							植树造林	人工种植乔木，乔木根系挤压墙体石块，乔木所受风荷载直接传递到墙体	墙体石块偏移、松动，墙体鼓胀、歪闪、失稳、塌落	
							道路建设	乡间机耕路、生产路、过境县道穿越墙体	墙体被截断、占压，墙体凹陷下沉形成断面；墙体松动，存在滑坡、塌落隐患	
							厂矿建设	晟通矿业、泰山民爆公司危险品总库占压墙体	墙体消失	

（续表）

遗产类型		县（区）	墙体类型	编　号	名　称	破坏原因			损坏现象	备　注
墙体	主线	日照五莲县	石墙	WL—SQ5	永镇关段—石八盘段长城	自然破坏	植物生长	乔灌木根系挤压墙体石块，乔木所受风荷载直接传递到墙体	墙体石块偏移、松动，墙体鼓胀、歪闪、失稳、塌落	
						人为破坏	农业耕作	取石修围堰	墙体失稳、缺损、消失	
							道路建设	乡间机耕路、生产路穿越墙体	墙体被截断、占压，墙体凹陷下沉形成断面；墙体松动，存在滑坡、塌落隐患	
							原址重建	永镇关段约 640 米城墙为原址上重建	重建城墙占压墙体遗址	
			地表消失	WL—XS1	分水岭北淮河北岭段—白马山长城岭长城	人为破坏	道路建设	乡间机耕路、生产路穿越墙体	墙体消失	
							水利建设	墙夯水库	墙体消失	
				WL—XS2	潘村西南岭段长城	人为破坏	农业耕作	取石修围堰	墙体消失	
							村庄建设	汪崖村占压	墙体消失	
				WL—XS3	邱村东北岭段长城	—	—	—	—	
		潍坊诸城市	土墙	ZC—TQ1	龙湾头北山段—大洼段长城	自然破坏	风蚀	由于缺乏植物或者地形的保护，墙体遭到风蚀的破坏	墙体缺损、消失	ZC：诸城市 TQ：土墙 XS：地表消失
							雨水冲蚀	雨水的冲刷、渗透、浸蚀	墙体松软、垮塌，水土流失严重	
						人为破坏	农业耕作	土墙墙体顶面开垦农田，墙体侧面取土培田	墙体失稳、缺损、消失	
							道路建设	乡间机耕路、生产路穿越墙体	墙体被截断、占压，墙体凹陷下沉形成断面；墙体松动，存在滑坡、塌落隐患	

（续表）

遗产类型		县（区）	墙体类型	编　号	名　称	破坏原因			损坏现象	备　注
墙体	主线	潍坊诸城市	土墙	ZC—TQ2	绕子阿南山段—史家夼北山段长城	自然破坏	风蚀	由于缺乏植物或者地形的保护，墙体遭到风蚀的破坏	墙体缺损、消失	
							雨水冲蚀	雨水的冲刷、渗透、浸蚀	墙体松软、垮塌，水土流失严重	
						人为破坏	农业耕作	土墙墙体顶面开垦农田，墙体侧面取土培田	墙体失稳、形成断面、消失	
							道路建设	乡间机耕路、生产路穿越墙体	墙体被截断、占压，墙体凹陷下沉形成断面；墙体松动，存在滑坡、塌落隐患	
			地表消失	ZC—XS	竹园东山段长城	人为破坏	农业耕作	土墙墙体顶面开垦农田，墙体侧面取土培田	墙体消失	
							村庄建设	大洼村、竹园村占压墙体	墙体消失	
							道路建设	乡间机耕路、生产路穿越墙体所在位置	—	
		青岛黄岛区	土墙	HD—TQ1	史家夼东山段长城—葫芦山段长城	自然破坏	风蚀	由于缺乏植物或者地形的保护，墙体遭到风蚀的破坏	墙体缺损、消失	HD：黄岛区 TQ：土墙 SQ：石墙 XS：地表消失
							雨水冲蚀	雨水的冲刷、渗透、浸蚀	墙体松软、垮塌，水土流失严重	
						人为破坏	农业耕作	墙体顶面开垦农田，墙体侧面取土培田	墙体失稳、缺损、消失	
							道路建设	乡间机耕路、生产路穿越墙体	墙体被截断、占压，墙体凹陷下沉形成断面；墙体松动，存在滑坡、塌落隐患	

（续表）

遗产类型		县（区）	墙体类型	编　号	名　称	破坏原因			损坏现象	备　注
墙体	主线	青岛黄岛区	土墙	HD—TQ2	曹城山段—陡楼段长城	自然破坏	风蚀	由于缺乏植物或者地形的保护，墙体遭到风蚀的破坏	墙体缺损、消失	
							雨水冲蚀	雨水的冲刷、渗透、浸蚀	墙体松软、垮塌，水土流失严重	
						人为破坏	农业耕作	墙体顶面开垦农田，墙体侧面取土培田	墙体失稳、缺损、消失	
							道路建设	乡间机耕路、生产路穿越墙体	墙体被截断、占压，墙体凹陷下沉形成断面；墙体松动，存在滑坡、塌落隐患	
				HD—TQ3	东山村北山	自然破坏	风蚀	由于缺乏植物或者地形的保护，墙体遭到风蚀的破坏	墙体缺损、消失	
							雨水冲蚀	雨水的冲刷、渗透、浸蚀	墙体松软、垮塌，水土流失严重	
						人为破坏	重建	原址重建 500 米	重建城墙占压墙体	
				HD—TQ4	徐山段长城	自然破坏	风蚀	由于缺乏植物或者地形的保护，墙体遭到风蚀的破坏	墙体缺损、消失	
							雨水冲蚀	雨水的冲刷、渗透、浸蚀	墙体松软、垮塌，水土流失严重	
			石墙	HD—SQ	鹁鸽山段长城	自然破坏	植物生长	乔灌木根系挤压墙体石块，乔木所受风荷载直接传递到墙体	墙体石块偏移、松动，墙体鼓胀、歪闪、失稳、塌落	
						人为破坏	农业耕作	取石修围堰	墙体失稳、缺损、消失	
							植树造林	墙体顶面人工种植乔木，乔木根系直接作用于墙体上挤压墙体石块，乔木所受风荷载直接传递到墙体	墙体石块偏移、松动，墙体鼓胀、歪闪、失稳、塌落	

（续表）

遗产类型		县（区）	墙体类型	编 号	名 称	破坏原因			损坏现象	备 注
墙体	主线	青岛 黄岛区	地表消失	HD—XS1	背儿山段长城	人为破坏	农业耕作	墙体所在位置开垦农田	墙体消失	
							水利建设	铁山水库占压墙体	墙体消失	
				HD—XS2	长城村段长城	人为破坏	农业耕作	墙体所在位置开垦农田	墙体消失	
							村庄建设	长城村占压	墙体消失	
							道路建设	同三高速穿越墙体	墙体被截断、占压形成断面；墙体松动，存在滑坡、塌落隐患	
				HD—XS1	背儿山段长城	人为破坏	农业耕作	墙体所在位置开垦农田	墙体消失	
							水利建设	铁山水库占压墙体	墙体消失	
	支线	泰安 肥城市	石墙	FC—SQ （ZX）	连环山—三岔山山口长城	自然破坏	植物生长	乔灌木根系挤压墙体石块，乔木所受风荷载直接传递到墙体	墙体石块偏移、松动，墙体鼓胀、歪闪、失稳、塌落	FC：肥城市 LQ：临朐县 YS：沂水县 SQ：石墙 ZX：支线
						人为破坏	农业耕作	石墙上取石修围堰	墙体失稳、缺损、消失	
							道路建设	乡间机耕路、生产路、过境县道穿越墙体	墙体被截断、占压，墙体凹陷下沉形成断面；墙体松动，存在滑坡、塌落隐患	
							其他建构筑物建设	在城墙墙体上建庙宇	墙体被占压	
		潍坊 临朐县	石墙	LQ—SQ （ZX）	围子山北段—穆陵关段长城	自然破坏	植物生长	乔灌木根系挤压墙体石块，乔木所受风荷载直接传递到墙体	墙体石块偏移、松动，墙体鼓胀、歪闪、失稳、塌落	
						人为破坏	农业耕作	石墙上取石修围堰、土石混筑墙体顶面开垦农田	墙体失稳、缺损、消失	
							植树造林	土石混筑墙体顶面人工种植乔木，乔木根系直接作用于墙体上挤压墙体石块，乔木所受风荷载直接传递到墙体	墙体石块偏移、松动，墙体鼓胀、歪闪、失稳、塌落	
							道路建设	乡间机耕路、生产路、过境县道穿越墙体	墙体被截断、占压，墙体凹陷下沉形成断面；墙体松动，存在滑坡、塌落隐患	
							村庄建设	关顶村占压	墙体消失	

（续表）

遗产类型		县（区）	墙体类型	编号	名称	破坏原因			损坏现象	备注
墙体	支线	临沂沂水县	石墙	YS—SQ（ZX）	黄墩段—杨廷山段长城	自然破坏	植物生长	乔灌木根系挤压墙体石块，乔木所受风荷载直接传递到墙体	墙体石块偏移、松动，墙体鼓胀、歪闪、失稳、塌落	
						人为破坏	农业耕作	石墙上取石修围堰，土石混筑墙体顶面开垦农田	墙体失稳、缺损、消失	
							道路建设	乡间机耕路、生产路、济青南线穿越墙体	墙体被截断、占压，墙体凹陷下沉形成断面；墙体松动，存在滑坡、塌落隐患	
							日常生活	石墙上取石垒寨	墙体失稳、缺损、消失	
							开山取石	已破坏墙体	城墙所在山体被破坏	
	复线	莱芜莱城区	石墙	LW—SQ1（FX）	青石关段长城—青石关村东山段长城	自然破坏	植物生长	乔灌木根系挤压墙体石块，乔木所受风荷载直接传递到墙体	墙体石块偏移、松动，墙体鼓胀、歪闪、失稳、塌落	LW：莱芜市 SQ：石墙 FX：复线
						人为破坏	农业耕作	石墙上取石修围堰	墙体失稳、缺损、消失	
							植树造林	墙体顶面人工种植乔木，乔木根系直接作用于墙体上挤压墙体石块，乔木所受风荷载直接传递到墙体	墙体石块偏移、松动，墙体鼓胀、歪闪、失稳、塌落	
							道路建设	乡间机耕路、生产路穿越墙体	墙体被截断、占压形成断面；墙体松动，存在滑坡、塌落隐患	
				LW—SQ2（FX）	焦家峪西山段—原山段长城	自然破坏	植物生长	灌木根系挤压墙体石块	墙体石块偏移、松动，墙体鼓胀、歪闪、失稳、塌落	
						人为破坏	农业耕作	石墙上取石修围堰	墙体失稳、缺损、消失	
							道路建设	乡间机耕路、生产路穿越墙体	墙体被截断、占压形成断面；墙体松动，存在滑坡、塌落隐患	

附表2-1 齐长城遗址遗产保护措施分类表

遗产类型	县（区）	墙体类型	编号	遗产名称	保护工程类型	备注
墙体 主线	济南长清区	土墙	CQ—TQ	广里村北长城	植草保护、排水设施建设、农田退耕、补夯加固、培土保护、道路水渠调整	CQ：长清区 TQ：土墙 SQ：石墙 XS：地表消失
		石墙	CQ—SQ1	珠珠山陡岭子—阳干山长城	植物清理、补砌加固、植草保护、树池拆除、道路调整、补夯加固	
			CQ—SQ2	石小子寨—北傅庄北山长城	植物清理、补砌加固、植草保护、围堰拆除、道路调整	
			CQ—SQ3	采石场东山长城—狗头山长城	植物清理、补砌加固、植草保护、停止开山采石	
			CQ—SQ4	凤凰山长城—北马套北山长城	植物清理、补砌加固、植草保护、围堰拆除、道路调整、补夯加固、加强日常维护	
			CQ—SQ5	北顶山长城—定头崖西山长城	围堰拆除、补砌加固、道路调整、补夯加固、加强日常维护	
		地表消失	CQ—XS1	北黄崖—梯子山长城	绿化标识	
			CQ—XS2	崮头长城	民房拆迁、绿化标识	
	济南历城区	石墙	LC—SQ1	大药乡东北段—西道沟西北段长城	植物清理、补砌加固、植草保护、道路调整、补夯加固	LC：历城区 SQ：石墙
			LC—SQ2	白家庄北段长城	植物清理、补砌加固、植草保护、围堰拆除、道路调整、补夯加固	
			LC—SQ3	黑松林长城—四界首长城	植物清理、补砌加固、植草保护、道路调整、补夯加固	
	济南章丘区	石墙	ZQ—SQ1	四界首段长城—北峪西山段长城	植物清理、补砌加固、植草保护、道路调整、标识说明	ZQ：章丘区 SQ：石墙
			ZQ—SQ2	锦阳关段长城—鲁地北山段长城	植物清理、补砌加固、植草保护、道路调整、补夯加固、加强日常维护	
			ZQ—SQ3	北栾宫东山段—相峪西山段长城	植物清理、补砌加固、植草保护、道路调整、补夯加固	
			ZQ—SQ4	黄石关段—上王庄北山段长城	植物清理、补砌加固、植草保护、围堰拆除、道路调整、补夯加固	
	淄博博山区	石墙	BS—SQ1	风门道关段长城	植物清理、补砌加固、植草保护、道路调整、补夯加固	BS：博山区 SQ：石墙
			BS—SQ2	老虎头岭段—千贝峪段长城	植物清理、补砌加固、植草保护道路调整、补夯加固、后建构筑物拆除	
			BS—SQ3	两平村段—冯八峪东山段长城	围堰拆除、植物清理、补砌加固、植草保护、道路调整、补夯加固	

（续表）

遗产类型	县（区）	墙体类型	编　号	遗产名称	保护工程类型	备　注
墙体 主线	淄博博山区	石墙	BS—SQ4	岳家北峪北山段长城	补砌加固、围堰拆除、道路调整、补夯加固	
		地表消失	BS—XS1	凤凰山段—鹅眉山段长城	后建构筑物拆除、标识说明、绿化标识	
			BS—XS2	黑山段—西沟峪北山段长城	后建构筑物拆除、道路调整、绿化标识	
	淄博淄川区	石墙	ZC—SQ1	护宝泉村南山段—岳阳山段长城	植物清理、补砌加固、植草保护、围堰拆除、道路调整、补夯加固、后建构筑物拆除	ZC：淄川区 SQ：石墙 XS：地表消失
			ZC—SQ2	城子段—三太山段长城	植物清理、补砌加固、植草保护、民房迁移、道路调整、补夯加固	
			ZC—SQ3	胡兰顶段长城	植物清理、补砌加固、植草保护、围堰拆除、道路调整、补夯加固	
		地表消失	ZC—XS	陈家井西山段—鹿角山段长城	植物清理、围堰拆除、绿化标识	
	淄博沂源县	石墙	YY—SQ	水泉溜西山段—核桃崮段长城	植物清理、补砌加固、植草保护、围堰拆除、农田退耕	YY：沂源县 SQ：石墙 XS：地表消失
		地表消失	YY—XS	敖子顶段长城	现状保存	
	潍坊临朐县	石墙	LQ—SQ1	里峪南山口长城	围堰拆除、补砌加固、农田退耕、加强日常维护	LQ：临朐县 SQ：石墙 XS：地表消失
			LQ—SQ2	小辛庄段长城	植物清理、补砌加固、植草保护、围堰拆除、农田退耕、道路调整、补夯加固	
			LQ—SQ3	黄粮崮将军台段—大蚕场南岭长城	植物清理、补砌加固、植草保护、围堰拆除、农田退耕、道路调整、补夯加固、后建构筑物拆除、标识说明	
			LQ—SQ4	沂山玉皇顶段—祝家店子段长城	植物清理、补砌加固、植草保护、围堰拆除、道路调整、补夯加固、标识说明	
		地表消失	LQ—XS	小花龙砂崮子段长城	现状保存	
	临沂沂水县	石墙	YS—SQ1	卧牛城旺峪东岭段长城	植物清理、补砌加固、植草保护、围堰拆除、道路调整、补夯加固、加强日常维护	YS：沂水县 SQ：石墙 XS：地表消失
			YS—SQ2	光光山段长城	植物清理、补砌加固、植草保护、禁止开山取石、道路调整、补夯加固	

（续表）

遗产类型	县（区）	墙体类型	编号	遗产名称	保护工程类型	备注
墙体 主线	临沂沂水县	地表消失	YS—XS	墙框良沟南岭段长城	民房迁移、绿化标识	
	潍坊安丘市	石墙	AQ—SQ	碾台山段—虎崖段长城	植物清理、补砌加固、植草保护、围堰拆除、道路调整、补夯加固、后建构筑物拆除	AQ：安丘市 SQ：石墙 XS：地表消失
		地表消失	AQ—XS1	太平山段长城	建构筑物拆除、绿化标识	
			AQ—XS2	王家庄段长城	民房拆迁、绿化标识	
	日照莒县	石墙	JX—SQ1	三楞山魏家官庄段—大店子西长城岭长城	植物清理、补砌加固、植草保护、农田退耕、围堰拆除、禁止开山采石	JX：莒县 SQ：石墙 XS：地表消失
			JX—SQ2	玄武庵东岭长城岭	植物清理、补砌加固、植草保护、围堰拆除、后建构筑物拆除	
		地表消失	JX—XS1	玄武庵苏家官庄长城	绿化标识	
			JX—XS2	陡沟南长城岭	绿化标识	
	日照五莲县	石墙	WL—SQ1	河西水库段长城	植物清理、补砌加固、植草保护、围堰拆除、农田退耕、道路调整、标识说明	WL：五莲县 SQ：石墙 XS：地表消失
			WL—SQ2	墙夼云门段—潘村西北岭段长城	植物清理、补砌加固、植草保护、围堰拆除、农田退耕、道路调整、补夯加固、标识说明	
			WL—SQ3	高泽东岭段长城	植物清理、补砌加固、植草保护、围堰拆除、农田退耕	
			WL—SQ4	院上东岭段—张榜沟北岭段长城	植物清理、补砌加固、植草保护、围堰拆除、农田退耕、道路调整、补夯加固、后建构筑物拆除	
			WL—SQ5	永镇关段—石八盘段长城	植物清理、补砌加固、植草保护、围堰拆除、道路调整、补夯加固、标识说明	

（续表）

遗产类型	县（区）	墙体类型	编　号	遗产名称	保护工程类型	备　注
墙体 主线	日照 五莲县	地表消失	WL—XS1	分水岭北淮河北岭段—白马山长城岭长城	道路调整、标识说明、绿化标识	
			WL—XS2	潘村西南岭段长城	围堰拆除、农田退耕、民房拆迁、绿化标识	
			WL—XS3	邱村东北岭段长城	绿化标识	
	潍坊 诸城市	土墙	ZC—TQ1	龙湾头北山段—大洼段长城	排水设施、植草保护、补夯加固、培土保护、农田退耕、道路调整	ZC：诸城市 TQ：土墙 XS：地表消失
			ZC—TQ2	绕子阿南山段—史家夼北山段长城	排水设施、植草保护、补夯加固、培土保护、农田退耕、道路调整	
		地表消失	ZC—XS	竹园东山段长城	农田退耕、民房拆迁、绿化标识	
	青岛 黄岛区	土墙	HD—TQ1	史家夼东山段长城—葫芦山段长城	排水设施、植草保护、补夯加固、培土保护、农田退耕、道路调整	HD：黄岛区 TQ：土墙 SQ：石墙 XS：地表消失
			HD—TQ2	曹城山段—陡楼段长城	排水设施、植草保护、补夯加固、培土保护、农田退耕、道路调整	
			HD—TQ3	东山村北山	排水设施、植草保护、补夯加固、培土保护、标识说明	
			HD—TQ4	徐山段长城	排水设施、植草保护、补夯加固、培土保护、标识说明、农田退耕、后建构筑物拆除	
		石墙	HD—SQ1	鹁鸽山段长城	植物清理、补砌加固、植草保护、围堰拆除	
		地表消失	HD—XS1	背儿山段长城	农田退耕、标识说明、绿化标识	
			HD—XS2	长城村段长城	农田退耕、民房迁移、绿化标识	

（续表）

遗产类型		县（区）	墙体类型	编　号	遗产名称	保护工程类型	备　注
墙体	支线	泰安肥城市	石墙	FC—SQ（ZX）	连环山—三岔山山口长城	植物清理、补砌加固、植草保护、围堰拆除、道路调整、补夯加固、后建构筑物拆除	FC：肥城市 LQ：临朐县 YS：沂水县 SQ：石墙 ZX：支线
		潍坊临朐县	石墙	LQ—SQ（ZX）	围子山北段—穆陵关段长城	植物清理、补砌加固、植草保护、围堰拆除、道路调整、补夯加固、农田退耕、民房拆迁	
		临沂沂水县	石墙	YS—SQ（ZX）	黄墩段—杨廷山段长城	植物清理、补砌加固、植草保护、围堰拆除、农田退耕、道路调整、补夯加固、禁止开山采石、加强日常维护	
	复线	莱芜莱城区	石墙	LW—SQ1（FX）	青石关段长城—青石关村东山段长城	植物清理、补砌加固、植草保护、围堰拆除、道路调整、补夯加固	LW：莱芜市 SQ：石墙 FX：复线
				LW—SQ2（FX）	焦家峪西山段—原山段长城	植物清理、补砌加固、植草保护、围堰拆除、道路调整、补夯加固	

附表 2－2　齐长城遗址遗产保护工程类型表

遗产类型		县（区）	编　号	遗产名称	保护工程类型	备　注
壕堑		济南 长清区	CQ—HQ	岚峪西北壕堑	加强日常维护、绿化标识、道路调整	CQ：长清区 HQ：壕堑
山险	主线	济南 长清区	CQ—SX1	陈家湾东山段山险	停止开山采石	CQ：长清区 LC：历城区 ZQ：章丘区 BS：博山区 ZC：淄川区 YY：沂源县 LQ：临朐县 WL：五莲县 HD：黄岛区 LW：莱芜市 SX：山险 FX：复线
			CQ—SX2	老挂尖—楼顶至大麻子峪顶段山险	加强日常维护	
		济南 历城区	LC—SX1	清阳台段—瓦子岭段山险	加强日常维护	
			LC—SX2	天马顶段山险	加强日常维护	
			LC—SX3	梯子山段山险	加强日常维护	
		济南 章丘区	ZQ—SX1	官屋子山段山险	加强日常维护	
			ZQ—SX2	磨池岭山段山险	加强日常维护	
			ZQ—SX3	珍峪北山段—四赋峪顶段山险	加强日常维护	
			ZQ—SX4	霹雳尖段山险	加强日常维护	
		淄博 博山区	BS—SX1	卧铺北山段山险	加强日常维护	
			BS—SX2	禄柱崖段山险	加强日常维护	
		淄博 淄川区	ZC—SX1	青龙山段山险	加强日常维护	
			ZC—SX2	四座山段山险	加强日常维护	
			ZC—SX3	黑虎寨段—雁门寨段山险	加强日常维护	
			ZC—SX4	太平山段山险	加强日常维护	
		淄博 沂源县	YY—SX	鞭皮山段长城—马头崮段山险	加强日常维护	
		潍坊 临朐县	LQ—SX1	大崮段山险	加强日常维护	
			LQ—SX2	南坪山山险	加强日常维护	
			LQ—SX3	高嘴子驴皮崮段—大崮豁口鞍段山险	加强日常维护	
			LQ—SX4	沂山红石崖段山险	加强日常维护	
		日照 五莲县	WL—SX	马耳山景区段—南路西岭山险	加强日常维护	
		青岛 黄岛区	HD—SX1	扎营山段山险	加强日常维护	
			HD—SX2	小珠山北山段山险	加强日常维护	
	复线	莱芜 莱城区	LW—SX （FX）	武山段山险	加强日常维护	

（续表）

<table>
<tr><th>遗产类型</th><th>县（区）</th><th colspan="2">遗产名称</th><th>保护工程类型</th></tr>
<tr><td rowspan="8">烽火台（烽燧）</td><td>济南长清区</td><td colspan="2">万南烽火台</td><td>补夯加固、培土保护、保护性设施建设</td></tr>
<tr><td rowspan="4">济南历城区</td><td colspan="2">葫芦套南山烽燧</td><td>加强日常维护、保护性设施建设</td></tr>
<tr><td colspan="2">白家庄东山烽燧</td><td>加强日常维护、保护性设施建设</td></tr>
<tr><td colspan="2">梯子山西烽燧</td><td>加强日常维护、保护性设施建设</td></tr>
<tr><td colspan="2">梯子山烽燧</td><td>加强日常维护、保护性设施建设</td></tr>
<tr><td>潍坊临朐县</td><td colspan="2">小关烽燧</td><td>加强日常维护、保护性设施建设</td></tr>
<tr><td>日照莒县</td><td colspan="2">大店子烽火台</td><td>加强日常维护、保护性设施建设</td></tr>
<tr><td>青岛黄岛区</td><td colspan="2">于家河烽火台</td><td>标识说明</td></tr>
<tr><td rowspan="7">关</td><td rowspan="4">济南章丘区</td><td colspan="2">天门关</td><td>绿化标识</td></tr>
<tr><td colspan="2">北门关</td><td>绿化标识</td></tr>
<tr><td colspan="2">锦阳关</td><td>绿化标识</td></tr>
<tr><td colspan="2">黄石关</td><td>绿化标识</td></tr>
<tr><td>莱芜莱城区</td><td colspan="2">东门关</td><td>修补加固</td></tr>
<tr><td>淄博博山区</td><td colspan="2">风门道关</td><td>绿化标识</td></tr>
<tr><td>临沂沂水县</td><td colspan="2">穆陵关</td><td>绿化标识</td></tr>
<tr><td rowspan="3">堡</td><td rowspan="3">莱芜莱城区</td><td rowspan="3">青石关关堡</td><td>南关门</td><td>回填保护</td></tr>
<tr><td>西关门</td><td>绿化标识</td></tr>
<tr><td>北关门</td><td>清理灌木、规整挡墙</td></tr>
</table>

附表 3－1　历史文化资源列表

序　号	县（区）	资源名称	类型及级别
01	济南长清区	汉济北王墓	古墓葬，第五批全国重点文物保护单位
02	济南长清区	小屯遗址	古遗址，省级文物保护单位
03	济南长清区	孝里镇方峪村	省级传统村落，省级“乡村记忆”工程试点单位
04	济南长清区	孝堂山郭氏墓石祠	古建筑，第一批全国重点文物保护单位
05	济南长清区	大峰山古建筑群	古建筑，省级文物保护单位
06	济南长清区	张营遗址	古遗址，市级文物保护单位
07	济南长清区	灵岩寺	古建筑，第二批全国重点文物保护单位
08	济南长清区	马山古建筑群	古建筑，无级别
09	济南长清区	杜庄山寨	古建筑，无级别
10	济南长清区	大街东南古墓群	古墓葬，无级别
11	济南长清区	大街墓地	古墓葬，无级别
12	济南长清区	大街周代遗址	古遗址，无级别
13	济南长清区	广里村	传统村落，无级别
14	济南长清区	东障片区（张营、四街、大街等其他村居）	传统村落，无级别
15	济南长清区	房头村	传统村落，无级别
16	济南长清区	马陵村	传统村落，无级别
17	济南长清区	学成村	传统村落，无级别
18	济南长清区	苾村	传统村落，无级别
19	济南长清区	上营村	传统村落，无级别
20	济南长清区	下营村	传统村落，无级别
21	济南长清区	石胡同村	传统村落，无级别
22	济南长清区	长城村	传统村落，无级别
23	济南长清区	北马套村	传统村落，无级别
24	济南历城区	千佛崖造像	石窟寺及石刻，第三批全国重点文物保护单位
25	济南历城区	四门塔	古建筑，第一批全国重点文物保护单位
26	济南章丘区	朱家峪村	第一批国家级传统村落
27	济南章丘区	城子崖遗址	古遗址，第一批全国重点文物保护单位
28	济南章丘区	相公庄镇	历史文化名镇，省级文物保护单位
29	济南章丘区	东平陵故城	古遗址，第六批国家级文物保护单位
30	济南章丘区	文祖镇三德范村	省级传统村落，省级文物保护单位
31	泰安肥城市	鱼山村	省级传统村落
32	泰安岱岳区	大汶口遗址	古遗址，第二批全国重点文物保护单位

（续表）

序　号	县（区）	资源名称	类型及级别
33	泰安岱岳区	大汶口镇山西街村	省级传统村落
34	泰安岱岳区	蒿滩市	其他村落，无级别
35	泰安泰山区	泰山	世界文化遗产
36	泰安泰山区	周明堂遗址	古遗址，省级文物保护单位
37	莱芜莱城区	嬴城遗址	古遗址，第七批全国重点文物保护单位
38	莱芜莱城区	莱芜战役指挥所旧址	近现代重要史迹及代表性建筑，第七批全国重点文物保护单位
39	莱芜莱城区	苗山镇南文字街村	省级传统村落，省级“乡村记忆”工程试点单位
40	莱芜莱城区	逯家岭村	省级传统村落
41	莱芜莱城区	上法山村	省级传统村落
42	莱芜莱城区	上王庄村	省级传统村落
43	莱芜莱城区	卧铺村	省级传统村落
44	莱芜莱城区	下法山村	省级传统村落
45	莱芜莱城区	中茶业村	传统村落，无级别
46	莱芜莱城区	中法山村	省级传统村落
47	莱芜莱城区	潘家崖村	省级传统村落
48	莱芜莱城区	齐鲁古道	古遗址，无级别
49	淄博博山区	博山红门	古建筑，市级文物保护单位
50	淄博博山区	八陡瓷窑址	古遗址，省级文物保护单位
51	淄博博山区	炉神庙	古建筑，省级文物保护单位
52	淄博博山区	颜文姜祠	古建筑，第六批全国重点文物保护单位
53	淄博淄川区	磁村瓷窑址	古遗址，第七批全国重点文物保护单位
54	淄博淄川区	太河镇梦泉村	第一批国家级传统村落
55	淄博淄川区	太河镇上端士村（上端士民居建筑群）	第一批国家级传统村落
56	淄博淄川区	莱芜故城遗址	古遗址，市级文物保护单位
57	淄博沂源县	东安古城遗址	古遗址，省级文物保护单位
58	淄博沂源县	沂源猿人遗址	古遗址，第六批全国重点文物保护单位
59	临沂沂水县	关顶村	第三批国家级传统村落
60	临沂沂水县	孟母村	传统村落，无级别
61	临沂沂水县	纪王崮墓群	古墓葬，省级文物保护单位
62	临沂沂水县	《大众日报》创刊地	近现代重要史迹及代表性建筑，省级文物保护单位

（续表）

序　号	县（区）	资源名称	类型及级别
63	临沂沂水县	中共中央山东分局旧址	近现代重要史迹及代表性建筑，省级文物保护单位
64	潍坊临朐县	东镇庙	古建筑，省级文物保护单位
65	潍坊临朐县	西朱封遗址	古遗址，第七批全国重点文物保护单位
66	潍坊临朐县	崔芬墓（海浮山墓群内）	古墓葬，第六批全国重点文物保护单位
67	潍坊安丘市	城顶山围子遗址	古遗址，市级文物保护单位
68	潍坊安丘市	公冶长书院遗址	古遗址，省级文物保护单位
69	潍坊安丘市	刘家峪围子遗址	古遗址，市级文物保护单位
70	潍坊安丘市	马湾有子祠遗址	古遗址，无级别
71	潍坊安丘市	摘药山老子庙遗址	古遗址，市级文物保护单位
72	潍坊诸城市	臧克家故居	近现代建筑，无级别
73	潍坊诸城市	王尽美故居	近现代建筑，全国重点文物保护单位
74	潍坊诸城市	近贤村	传统村落，无级别
75	日照莒县	莒国故城	古遗址，省级文物保护单位
76	日照莒县	大朱家村遗址	古遗址，第七批全国重点文物保护单位
77	日照莒县	东莞村	历史文化名村，无级别
78	日照莒县	大沈刘庄村	传统村落，无级别
79	日照莒县	孟家洼遗址	古遗址，市级文物保护单位
80	青岛黄岛区	琅琊台遗址	古遗址，第七批全国重点文物保护单位

附表 3－2　非物质文化遗产列表

序号	县（区）	资源名称	类型及级别
01	济南长清区、莱芜莱城区、临沂沂水县、潍坊安丘市、淄博博山区、沂源县、淄川区	孟姜女哭长城传说	民间文学，第一批国家级非物质文化遗产
02	山东省	山东大鼓	曲艺，第一批国家级非物质文化遗产
03	山东省	山东琴书	曲艺，第一批国家级非物质文化遗产
04	山东省	山东快书	曲艺，第一批国家级非物质文化遗产
05	山东省	吕剧	传统戏剧，第二批国家级非物质文化遗产
06	济南长清区	“南修长城挡大水、北修长城挡大兵”	民间文学，无级别
07	济南长清区	“扁担开花、铁牛上树、逢广就住”	民间文学，无级别
08	济南章丘区	七星台的传说	民间文学，无级别
09	济南章丘区	五音戏	传统戏剧，第一批国家级非物质文化遗产
10	济南章丘区	锦屏山神话	民间文学，无级别
11	济南章丘区	抬阁（章丘芯子）	民俗，第二批国家级非物质文化遗产
12	泰安市	豆腐传统制作技艺（泰安豆腐制作技艺）	传统技艺，市级非物质文化遗产
13	莱芜莱城区	莱芜梆子	传统戏剧，第二批国家级非物质文化遗产
14	莱芜莱城区	西关村王家锡雕	民间美术，第一批省级非物质文化遗产
15	莱芜莱城区	木偶戏（贾家洼村傀儡戏）	戏曲，第一批省级非物质文化遗产
16	莱芜莱城区	莱芜吕家泥塑	传统美术，第二批省级非物质文化遗产
17	莱芜莱城区	长勺之战传说	民间文学，第二批省级非物质文化遗产
18	莱芜莱城区	长勺鼓乐	传统音乐，第三批省级非物质文化遗产
19	莱芜莱城区	蹉地舞	传统舞蹈，第二批省级非物质文化遗产
20	莱芜莱城区	“抬芯子”	传统舞蹈，市级非物质文化遗产
21	莱芜莱城区	雪野鱼头	传统技艺，市级非物质文化遗产
22	淄博市	蹴鞠	杂技与竞技，第一批国家级非物质文化遗产

（续表）

序号	县（区）	资源名称	类型及级别
23	淄博博山区	博山锣鼓	传统音乐，第二批省级非物质文化遗产
24	淄博博山区	清梅居香酥牛肉干手工技艺	传统技艺，第二批省级非物质文化遗产
25	淄博博山区	民间食俗（四四席食俗）	民俗，第三批省级非物质文化遗产
26	淄博淄川区	鬼谷子传说	民间文学，第二批省级非物质文化遗产
27	淄博淄川区	淄博刻瓷	传统技艺，第三批省级非物质文化遗产
28	淄博淄川区	砚台制作技艺（淄砚制作技艺）	传统技艺，第三批省级非物质文化遗产
29	淄博沂源县	牛郎织女传说	民间文学，第二批国家级非物质文化遗产
30	临沂市	龙舞（龙灯扛阁）	民间舞蹈，第一批国家级非物质文化遗产
31	潍坊临朐县	民间信俗（东镇沂山祭仪）	民俗，第三批国家级非物质文化遗产
32	潍坊临朐县	桑皮纸制作技艺	传统技艺，第二批省级非物质文化遗产
33	潍坊临朐县	砚台制作技艺（临朐红丝砚制作技艺）	传统技艺，第三批省级非物质文化遗产
34	潍坊安丘市	李左车的传说	民间文学，第三批省级非物质文化遗产
35	潍坊安丘市	景芝酒传统酿造技艺	民间手工技艺，第一批省级非物质文化遗产
36	潍坊诸城市	诸城派古琴	民间音乐，第一批省级非物质文化遗产
37	潍坊诸城市	舜的传说	民间文学，第三批国家级非物质文化遗产
38	日照莒县	大沈刘庄的传说	民间文学，无级别
39	日照莒县	苏家官庄烧肉技艺	手工技艺，无级别
40	日照莒县	杞梁妻哭夫	民间文学，市级非物质文化遗产
41	日照五莲县	五莲割花	传统技艺，第二批省级非物质文化遗产
42	日照五莲县	五莲剪纸	民间美术，第一批省级非物质文化遗产
43	日照五莲县	五莲茂腔	戏曲，市级非物质文化遗产
44	青岛黄岛区	徐福传说	民间文学，第二批省级非物质文化遗产
45	青岛黄岛区	茂腔	戏曲，第一批省级非物质文化遗产
46	青岛黄岛区	胶州剪纸	民间美术，第一批省级非物质文化遗产
47	青岛黄岛区	琅琊台传说	民间文学，市级非物质文化遗产

附表 3－3 自然风景资源列表

序号	县（区）	资源名称	类型及级别
01	济南长清区	大峰山风景区	国家 AAA 级旅游景区、省级森林公园
02	济南长清区	马山风景区	其他风景区，无级别
03	济南长清区	卧龙峪生态风景区	省级森林公园
04	济南长清区	凤凰岭风景区	其他风景区，无级别
05	济南历城区	南部山区	省级风景名胜区
06	济南历城区	九如山瀑布群风景区	国家 AAAA 级旅游景区、国家森林公园
07	济南章丘区	七星台旅游度假区	其他风景区
08	莱芜莱城区	龙山森林公园	国家级森林公园
09	淄博博山区	博山风景名胜区	国家级风景名胜区
10	淄博淄川区	梦泉生态景区	国家 AAA 级旅游景区、省级风景名胜区
11	淄博淄川区	涌泉生态景区	国家级风景名胜区
12	淄博淄川区	淄川风景名胜区	省级风景名胜区
13	淄博沂源县	沂河源水利风景区	国家级水利风景区
14	淄博沂源县	沂源猿人溶洞风景区	省级风景名胜区
15	淄博沂源县	牛郎织女景区	省级风景名胜区、省级地质公园、省级森林公园
16	临沂沂水县	天上王城景区	国家 AAAA 级旅游景区
17	临沂沂水县	圈里南龙山玄武岩矿山公园	矿山公园，无级别
18	临沂沂水县	八里沟风景区	市级风景名胜区
19	临沂沂水县	杨庄镇高楼子生态旅游度假区	国家级 AA 级旅游景区
20	临沂沂水县	沂水地下大峡谷	省级地质公园
21	潍坊临朐县	神牛谷风景区	省级风景名胜区
22	潍坊临朐县	沂山风景名胜区	国家 AAAAA 级旅游景区、国家级森林公园、省级风景名胜区
23	潍坊临朐县	黑松林森林公园	市级森林公园
24	潍坊临朐县	淌水崖水利风景区	国家级水利风景区
25	潍坊临朐县	老龙湾	省级风景名胜区
26	潍坊临朐县	山旺古生物化石保护区	国家级自然保护区
27	潍坊诸城市	马耳山景区	国家 AAA 级旅游景区、省级森林公园
28	潍坊诸城市	常山景区	国家 AAAA 级旅游景区
29	日照五莲县	五莲山风景名胜区	国家 AAAA 级旅游景区、国家森林公园
30	日照五莲县	大青山旅游区（大青山森林公园）	国家 AAA 级旅游景区、省级森林公园
31	青岛黄岛区	小珠山国家森林公园	国家级森林公园
32	青岛黄岛区	九九山生态旅游风景区	其他风景区，无级别
33	青岛黄岛区	鹁鸽山齐长城展示区	其他风景区，无级别

附表 3-4　其他资源列表

序号	县（区）	资源名称	类型及级别
01	济南长清区	长清区博物馆	博物馆，县（市）级
02	济南历城区	藕池省级旅游特色村	乡村旅游示范点，省级
03	济南市	山东博物馆	博物馆，省级
04	济南章丘区	章丘区博物馆	博物馆，县（市）级
05	泰安肥城市	肥城市博物馆	博物馆，县（市）级
06	泰安市	泰安市博物馆（岱庙）	博物馆，县（市）级
07	莱芜莱城区	汪洋台	红色旅游，省级
08	莱芜莱城区	莱芜战役纪念馆	博物馆，国家级
09	莱芜莱城区	唐朝板栗生态博物馆	博物馆，市级
10	淄博博山区	博山琉璃博物馆	博物馆，县（市）级
11	淄博博山区	1954 陶瓷文化创意园	博物馆，县（市）级
12	淄博淄川区	淄川博物馆	博物馆，县（市）级
13	淄博淄川区	马鞍山景区	红色旅游，省级
14	淄博沂源县	沂源博物馆	博物馆，县（市）级
15	临沂沂水县	沂水县博物馆	博物馆，县（市）级
16	潍坊临朐县	临朐山旺化石博物馆	博物馆，县（市）级
17	潍坊安丘市	安丘市博物馆	博物馆，县（市）级
18	潍坊诸城市	诸城市博物馆	博物馆，国家级
19	潍坊诸城市	诸城市恐龙博物馆	博物馆，县（市）级
20	日照五莲县	五莲县	休闲旅游与乡村旅游示范县，省级
21	日照五莲县	五莲县博物馆	博物馆，县级
22	日照莒县	莒州博物馆	博物馆，国家二级
23	青岛黄岛区	黄岛区博物馆	博物馆，县（市）级
24	青岛黄岛区	月季山农业生态旅游示范点	工农业旅游示范点，无级别
25	青岛黄岛区	九上沟杨家山里	红色旅游，无级别

中华人民共和国文物保护法（2017年修正本）

（1982年11月19日第五届全国人民代表大会常务委员会第二十五次会议通过　根据1991年6月29日第七届全国人民代表大会常务委员会第二十次会议《关于修改〈中华人民共和国文物保护法〉第三十条、第三十一条的决定》第一次修正　2002年10月28日第九届全国人民代表大会常务委员会第三十次会议修订　根据2007年12月29日第十届全国人民代表大会常务委员会第三十一次会议《关于修改〈中华人民共和国文物保护法〉的决定》第二次修正　根据2013年6月29日第十二届全国人民代表大会常务委员会第三次会议《关于修改〈中华人民共和国文物保护法〉等十二部法律的决定》第三次修正　根据2015年4月24日第十二届全国人民代表大会常务委员会第十四次会议《关于修改〈中华人民共和国文物保护法〉的决定》第四次修正　根据2017年11月4日第十二届全国人民代表大会常务委员会第三十次会议《关于修改〈中华人民共和国会计法〉等十一部法律的决定》第五次修正）

目　录

第一章　总　则

第一条　为了加强对文物的保护，继承中华民族优秀的历史文化遗产，促进科学研究工作，进行爱国主义和革命传统教育，建设社会主义精神文明和物质文明，根据宪法，制定本法。

第二条　在中华人民共和国境内，下列文物受国家保护：

（一）具有历史、艺术、科学价值的古文化遗址、古墓葬、古建筑、石窟寺和石刻、壁画；

（二）与重大历史事件、革命运动或者著名人物有关的以及具有重要纪念意义、教育意义或者史料价值的近代现代重要史迹、实物、代表性建筑；

（三）历史上各时代珍贵的艺术品、工艺美术品；

（四）历史上各时代重要的文献资料以及具有历史、艺术、科学价值的手稿和图书资料等；

（五）反映历史上各时代、各民族社会制度、社会生产、社会生活的代表性实物。

文物认定的标准和办法由国务院文物行政部门制定，并报国务院批准。

具有科学价值的古脊椎动物化石和古人类化石同文物一样受国家保护。

第三条　古文化遗址、古墓葬、古建筑、石窟寺、石刻、壁画、近代现代重要史迹和代表性建筑等不可移动文物，根据它们的历史、艺术、科学价值，可以分别确定为全国重点文物保护单位，省级文物保护单位，市、县级文物保护单位。

历史上各时代重要实物、艺术品、文献、手稿、图书资料、代表性实物等可移动文物，分为珍贵文物和一般文物；珍贵文物分为一级文物、二级文物、三级文物。

第四条　文物工作贯彻保护为主、抢救第一、合理利用、加强管理的方针。

第五条　中华人民共和国境内地下、内水和领海中遗存的一切文物，属于国家所有。

古文化遗址、古墓葬、石窟寺属于国家所有。国家指定保护的纪念建筑物、古建筑、石刻、壁画、近代现代代表性建筑等不可移动文物，除国家另有规定的以外，属于国家所有。

国有不可移动文物的所有权不因其所依附的土地所有权或者使用权的改变而改变。

下列可移动文物，属于国家所有：

（一）中国境内出土的文物，国家另有规定的除外；

（二）国有文物收藏单位以及其他国家机关、部队和国有企业、事业组织等收藏、保管的文物；

（三）国家征集、购买的文物；

（四）公民、法人和其他组织捐赠给国家的文物；

（五）法律规定属于国家所有的其他文物。

属于国家所有的可移动文物的所有权不因其保管、收藏单位的终止或者变更而改变。

国有文物所有权受法律保护，不容侵犯。

第六条　属于集体所有和私人所有的纪念建筑物、古建筑和祖传文物以及依法取得的其他文物，其所有权受法律保护。文物的所有者必须遵守国家有关文物保护的法律、法规的规定。

第七条　一切机关、组织和个人都有依法保护文物的义务。

第八条　国务院文物行政部门主管全国文物保护工作。

地方各级人民政府负责本行政区域内的文物保护工作。县级以上地方人民政府承担文物保护工作的部门对本行政区域内的文物保护实施监督管理。

县级以上人民政府有关行政部门在各自的职责范围内，负责有关的文物保护工作。

第九条　各级人民政府应当重视文物保护，正确处理经济建设、社会发展与文物保护的关系，确保文物安全。

基本建设、旅游发展必须遵守文物保护工作的方针，其活动不得对文物造成损害。

公安机关、工商行政管理部门、海关、城乡建设规划部门和其他有关国家机关，应当依法认真履行所承担的保护文物的职责，维护文物管理秩序。

第十条　国家发展文物保护事业。县级以上人民政府应当将文物保护事业纳入本级国民经济和社会发展规划，所需经费列入本级财政预算。

国家用于文物保护的财政拨款随着财政收入增长而增加。

国有博物馆、纪念馆、文物保护单位等的事业性收入，专门用于文物保护，任何单位或者个人不得侵占、挪用。

国家鼓励通过捐赠等方式设立文物保护社会基金，专门用于文物保护，任何单位或者个人不得侵占、挪用。

第十一条　文物是不可再生的文化资源。国家加强文物保护的宣传教育，增强全民文物保护的意识，鼓励文物保护的科学研究，提高文物保护的科学技术水平。

第十二条　有下列事迹的单位或者个人，由国家给予精神鼓励或者物质奖励：

（一）认真执行文物保护法律、法规，保护文物成绩显著的；

（二）为保护文物与违法犯罪行为作坚决斗争的；

（三）将个人收藏的重要文物捐献给国家或者为文物保护事业作出捐赠的；

（四）发现文物及时上报或者上交，使文物得到保护的；

（五）在考古发掘工作中作出重大贡献的；

（六）在文物保护科学技术方面有重要发明创造或者其他重要贡献的；

（七）在文物面临破坏危险时，抢救文物有功的；

（八）长期从事文物工作，作出显著成绩的。

第二章　不可移动文物

第十三条　国务院文物行政部门在省级、市、县级文物保护单位中，选择具有重大历史、艺术、科学价值的确定为全国重点文物保护单位，或者直接确定为全国重点文物保护单位，报国务院核定公布。

省级文物保护单位，由省、自治区、直辖市人民政府核定公布，并报国务院备案。

市级和县级文物保护单位，分别由设区的市、自治州和县级人民政府核定公布，并报省、自治区、直辖市人民政府备案。

尚未核定公布为文物保护单位的不可移动文物，由县级人民政府文物行政部门予以登记并公布。

第十四条　保存文物特别丰富并且具有重大历史价值或者革命纪念意义的城市，由国务院核定公布为历史文化名城。

保存文物特别丰富并且具有重大历史价值或者革命纪念意义的城镇、街道、村庄，由省、自治区、直辖市人民政府核定公布为历史文化街区、村镇，并报国务院备案。

历史文化名城和历史文化街区、村镇所在地的县级以上地方人民政府应当组织编制专门的历史文化名城和历史文化街区、村镇保护规划，并纳入城市总体规划。

历史文化名城和历史文化街区、村镇的保护办法，由国务院制定。

第十五条　各级文物保护单位，分别由省、自治区、直辖市人民政府和市、县级人民政府划定必要的保护范围，作出标志说明，建立记录档案，并区别情况分别设置专门机构或者专人负责管理。全国重点文物保护单位的保护范围和记录档案，由省、自治区、直辖市人民政府文物行政部门报国务院文物行政部门备案。

县级以上地方人民政府文物行政部门应当根据不同文物的保护需要，制定文物保护单位和未核定为文物保护单位的不可移动文物的具体保护措施，并公告施行。

第十六条　各级人民政府制定城乡建设规划，应当根据文物保护的需要，事先由城乡建设规划部门会同文物行政部门商定对本行政区域内各级文物保护单位的保护措施，并纳入规划。

第十七条　文物保护单位的保护范围内不得进行其他建设工程或者爆破、钻探、挖掘等作业。但是，因特殊情况需要在文物保护单位的保护范围内进行其他建设工程或者爆破、钻探、挖掘等作业的，必须保证文物保护单位的安全，并经核定公布该文物保护单位的人民政府批准，在批准前应当征得上一级人民政府文物行政部门同意；在全国重点文物保护单位的保护范围内进行其他建设工程或者爆破、钻探、挖掘等作业的，必须经省、自治区、直辖市人民政府批准，在批准前应当征得国务院文物行政部门同意。

第十八条　根据保护文物的实际需要，经省、自治区、直辖市人民政府批准，可以在文物保护单位的周围划出一定的建设控制地带，并予以公布。

在文物保护单位的建设控制地带内进行建设工程，不得破坏文物保护单位的历史风貌；工程设计方案应当根据文物保护单位的级别，经相应的文物行政部门同意后，报城乡建设规划部门批准。

第十九条　在文物保护单位的保护范围和建设控制地带内，不得建设污染文物保护单位及其环境的设施，不得进行可能影响文物保护单位安全及其环境的活动。对已有的污染文物保护单位及其环境的设施，应当限期治理。

第二十条　建设工程选址，应当尽可能避开不可移动文物；因特殊情况不能避开的，对文物保护单位应当尽可能实施原址保护。

实施原址保护的，建设单位应当事先确定保护措施，根据文物保护单位的级别报相应的文物行政部门批准；未经批准的，不得开工建设。

无法实施原址保护，必须迁移异地保护或者拆除的，应当报省、自治区、直辖市人民政府批准；迁移或者拆除省级文物保护单位的，批准前须征得国务院文物行政部门同意。全国重点文物保护单位不得拆除；需要迁移的，须由省、自治区、直辖市人民政府报国务院批准。

依照前款规定拆除的国有不可移动文物中具有收藏价值的壁画、雕塑、建筑构件等，由文物行政部门指定的文物收藏单位收藏。

本条规定的原址保护、迁移、拆除所需费用，由建设单位列入建设工程预算。

第二十一条　国有不可移动文物由使用人负责修缮、保养；非国有不可移动文物由所有人负责修缮、保养。非国有不可移动文物有损毁危险，所有人不具备修缮能力的，当地人民政府应当给予帮助；所有人具备修缮能力而拒不依法履行修缮义务的，县级以上人民政府可以给予抢救修缮，所需费用由所有人负担。

对文物保护单位进行修缮，应当根据文物保护单位的级别报相应的文物行政部门批准；对未核定为文物保护单位的不可移动文物进行修缮，应当报登记的县级人民政府文物行政部门批准。

文物保护单位的修缮、迁移、重建，由取得文物保护工程资质证书的单位承担。

对不可移动文物进行修缮、保养、迁移，必须遵守不改变文物原状的原则。

第二十二条　不可移动文物已经全部毁坏的，应当实施遗址保护，不得在原址重建。但是，因特殊情况需要在原址重建的，由省、自治区、直辖市人民政府文物行政部门报省、自治区、直辖市人民政府批准；全国重点文物保护单位需要在原址重建的，由省、自治区、直辖市人民政府报国务院批准。

第二十三条　核定为文物保护单位的属于国家所有的纪念建筑物或者古建筑，除可以建立博物馆、保管所或者辟为参观游览场所外，作其他用途的，市、县级文物保护单位应当经核定公布该文物保护单位的人民政府文物行政部门征得上一级文物行政部门同意后，报核定公布该文物保护单位的人民政府批准；省级文物保护单位应当经核定公布该文物保护单位的省级人民政府的文物行政部门审核同意后，报该省级人民政府批准；全国重点文物保护单位作其他用途的，应当由省、自治区、直辖市人民政府报国务院批准。国有未核定为文物保护单位的不可移动文物作其他用途的，应当报告县级人民政府文物行政部门。

第二十四条　国有不可移动文物不得转让、抵押。建立博物馆、保管所或者辟为参观游览场所的国有文物保护单位，不得作为企业资产经营。

第二十五条　非国有不可移动文物不得转让、抵押给外国人。

非国有不可移动文物转让、抵押或者改变用途的，应当根据其级别报相应的文物行政部门备案。

第二十六条　使用不可移动文物，必须遵守不改变文物原状的原则，负责保护建筑物及其附属文物的安全，不得损毁、改建、添建或者拆除不可移动文物。

对危害文物保护单位安全、破坏文物保护单位历史风貌的建筑物、构筑物，当地人民政府应当及时调查处理，必要时，对该建筑物、构筑物予以拆迁。

第三章　考古发掘

第二十七条　一切考古发掘工作，必须履行报批手续；从事考古发掘的单位，应当经国务院文物行政部门批准。

地下埋藏的文物，任何单位或者个人都不得私自发掘。

第二十八条　从事考古发掘的单位，为了科学研究进行考古发掘，应当提出发掘计划，报国务院文物行政部门批准；对全国重点文物保护单位的考古发掘计划，应当经国务院文物行政部门审核后报国务院批准。国务院文物行政部门在批准或者审核前，应当征求社会科学研究机构及其他科研机构和有关专家的意见。

第二十九条　进行大型基本建设工程，建设单位应当事先报请省、自治区、直辖市人民政府文物行政部门组织从事考古发掘的单位在工程范围内有可能埋藏文物的地方进行考古调查、勘探。

考古调查、勘探中发现文物的，由省、自治区、直辖市人民政府文物行政部门根据文物保护的要求会同建设单位共同商定保护措施；遇有重要发现的，由省、自治区、直辖市人民政府文物行政部门及时报国务院文物行政部门处理。

第三十条　需要配合建设工程进行的考古发掘工作，应当由省、自治区、直辖市文物行政部门在勘探工作的基础上提出发掘计划，报国务院文物行政部门批准。国务院文物行政部门在批准前，应当征求社会科学研究机构及其他科研机构和有关专家的意见。

确因建设工期紧迫或者有自然破坏危险，对古文化遗址、古墓葬急需进行抢救发掘的，由省、自治区、直辖市人民政府文物行政部门组织发掘，并同时补办审批手续。

第三十一条　凡因进行基本建设和生产建设需要的考古调查、勘探、发掘，所需费用由建设单位列入建设工程预算。

第三十二条　在进行建设工程或者在农业生产中，任何单位或者个人发现文物，应当保护现场，立即报告当地文物行政部门，文物行政部门接到报告后，如无特殊情况，应当在二十四小时内赶赴现场，并在七日内提出处理意见。文物行政部门可以报请当地人民政府通知公安机关协助保护现场；发现重要文物的，应当立即上报国务院文物行政部门，国务院文物行政部门应当在接到报告后十五日内提出处理意见。

依照前款规定发现的文物属于国家所有，任何单位或者个人不得哄抢、私分、藏匿。

第三十三条　非经国务院文物行政部门报国务院特别许可，任何外国人或者外国团体不得在中华人民共和国境内进行考古调查、勘探、发掘。

第三十四条　考古调查、勘探、发掘的结果，应当报告国务院文物行政部门和省、自治区、直辖市人民政府文物行政部门。

考古发掘的文物，应当登记造册，妥善保管，按照国家有关规定移交给由省、自治区、直辖市人民政府文物行政部门或者国务院文物行政部门指定的国有博物馆、图书馆或者其他国有收藏文物的单位收藏。经省、自治区、直辖市人民政府文物行政部门批准，从事考古发掘的单位可以保留少量出土文物作为科研标本。

考古发掘的文物，任何单位或者个人不得侵占。

第三十五条　根据保证文物安全、进行科学研究和充分发挥文物作用的需要，省、自治区、直辖市人民政府文物行政部门经本级人民政府批准，可以调用本行政区域内的出土文物；国务院文物行政部门经国务院批准，可以调用全国的重要出土文物。

第四章 馆藏文物

第三十六条 博物馆、图书馆和其他文物收藏单位对收藏的文物，必须区分文物等级，设置藏品档案，建立严格的管理制度，并报主管的文物行政部门备案。

县级以上地方人民政府文物行政部门应当分别建立本行政区域内的馆藏文物档案；国务院文物行政部门应当建立国家一级文物藏品档案和其主管的国有文物收藏单位馆藏文物档案。

第三十七条 文物收藏单位可以通过下列方式取得文物：

（一）购买；

（二）接受捐赠；

（三）依法交换；

（四）法律、行政法规规定的其他方式。

国有文物收藏单位还可以通过文物行政部门指定保管或者调拨方式取得文物。

第三十八条 文物收藏单位应当根据馆藏文物的保护需要，按照国家有关规定建立、健全管理制度，并报主管的文物行政部门备案。未经批准，任何单位或者个人不得调取馆藏文物。

文物收藏单位的法定代表人对馆藏文物的安全负责。国有文物收藏单位的法定代表人离任时，应当按照馆藏文物档案办理馆藏文物移交手续。

第三十九条 国务院文物行政部门可以调拨全国的国有馆藏文物。省、自治区、直辖市人民政府文物行政部门可以调拨本行政区域内其主管的国有文物收藏单位馆藏文物；调拨国有馆藏一级文物，应当报国务院文物行政部门备案。

国有文物收藏单位可以申请调拨国有馆藏文物。

第四十条 文物收藏单位应当充分发挥馆藏文物的作用，通过举办展览、科学研究等活动，加强对中华民族优秀的历史文化和革命传统的宣传教育。

国有文物收藏单位之间因举办展览、科学研究等需借用馆藏文物的，应当报主管的文物行政部门备案；借用馆藏一级文物的，应当同时报国务院文物行政部门备案。

非国有文物收藏单位和其他单位举办展览需借用国有馆藏文物的，应当报主管的文物行政部门批准；借用国有馆藏一级文物，应当经国务院文物行政部门批准。

文物收藏单位之间借用文物的最长期限不得超过三年。

第四十一条 已经建立馆藏文物档案的国有文物收藏单位，经省、自治区、直辖市人民政府文物行政部门批准，并报国务院文物行政部门备案，其馆藏文物可以在国有文物收藏单位之间交换。

第四十二条　未建立馆藏文物档案的国有文物收藏单位，不得依照本法第四十条、第四十一条的规定处置其馆藏文物。

第四十三条　依法调拨、交换、借用国有馆藏文物，取得文物的文物收藏单位可以对提供文物的文物收藏单位给予合理补偿，具体管理办法由国务院文物行政部门制定。

国有文物收藏单位调拨、交换、出借文物所得的补偿费用，必须用于改善文物的收藏条件和收集新的文物，不得挪作他用；任何单位或者个人不得侵占。

调拨、交换、借用的文物必须严格保管，不得丢失、损毁。

第四十四条　禁止国有文物收藏单位将馆藏文物赠与、出租或者出售给其他单位、个人。

第四十五条　国有文物收藏单位不再收藏的文物的处置办法，由国务院另行制定。

第四十六条　修复馆藏文物，不得改变馆藏文物的原状；复制、拍摄、拓印馆藏文物，不得对馆藏文物造成损害。具体管理办法由国务院制定。

不可移动文物的单体文物的修复、复制、拍摄、拓印，适用前款规定。

第四十七条　博物馆、图书馆和其他收藏文物的单位应当按照国家有关规定配备防火、防盗、防自然损坏的设施，确保馆藏文物的安全。

第四十八条　馆藏一级文物损毁的，应当报国务院文物行政部门核查处理。其他馆藏文物损毁的，应当报省、自治区、直辖市人民政府文物行政部门核查处理；省、自治区、直辖市人民政府文物行政部门应当将核查处理结果报国务院文物行政部门备案。

馆藏文物被盗、被抢或者丢失的，文物收藏单位应当立即向公安机关报案，并同时向主管的文物行政部门报告。

第四十九条　文物行政部门和国有文物收藏单位的工作人员不得借用国有文物，不得非法侵占国有文物。

第五章　民间收藏文物

第五十条　文物收藏单位以外的公民、法人和其他组织可以收藏通过下列方式取得的文物：

（一）依法继承或者接受赠与；

（二）从文物商店购买；

（三）从经营文物拍卖的拍卖企业购买；

（四）公民个人合法所有的文物相互交换或者依法转让；

（五）国家规定的其他合法方式。

文物收藏单位以外的公民、法人和其他组织收藏的前款文物可以依法流通。

第五十一条　公民、法人和其他组织不得买卖下列文物：

（一）国有文物，但是国家允许的除外；

（二）非国有馆藏珍贵文物；

（三）国有不可移动文物中的壁画、雕塑、建筑构件等，但是依法拆除的国有不可移动文物中的壁画、雕塑、建筑构件等不属于本法第二十条第四款规定的应由文物收藏单位收藏的除外；

（四）来源不符合本法第五十条规定的文物。

第五十二条　国家鼓励文物收藏单位以外的公民、法人和其他组织将其收藏的文物捐赠给国有文物收藏单位或者出借给文物收藏单位展览和研究。

国有文物收藏单位应当尊重并按照捐赠人的意愿，对捐赠的文物妥善收藏、保管和展示。

国家禁止出境的文物，不得转让、出租、质押给外国人。

第五十三条　文物商店应当由省、自治区、直辖市人民政府文物行政部门批准设立，依法进行管理。

文物商店不得从事文物拍卖经营活动，不得设立经营文物拍卖的拍卖企业。

第五十四条　依法设立的拍卖企业经营文物拍卖的，应当取得省、自治区、直辖市人民政府文物行政部门颁发的文物拍卖许可证。

经营文物拍卖的拍卖企业不得从事文物购销经营活动，不得设立文物商店。

第五十五条　文物行政部门的工作人员不得举办或者参与举办文物商店或者经营文物拍卖的拍卖企业。

文物收藏单位不得举办或者参与举办文物商店或者经营文物拍卖的拍卖企业。

禁止设立中外合资、中外合作和外商独资的文物商店或者经营文物拍卖的拍卖企业。

除经批准的文物商店、经营文物拍卖的拍卖企业外，其他单位或者个人不得从事文物的商业经营活动。

第五十六条　文物商店不得销售、拍卖企业不得拍卖本法第五十一条规定的文物。

拍卖企业拍卖的文物，在拍卖前应当经省、自治区、直辖市人民政府文物行政部门审核，并报国务院文物行政部门备案。

第五十七条 省、自治区、直辖市人民政府文物行政部门应当建立文物购销、拍卖信息与信用管理系统。文物商店购买、销售文物，拍卖企业拍卖文物，应当按照国家有关规定作出记录，并于销售、拍卖文物后三十日内报省、自治区、直辖市人民政府文物行政部门备案。

拍卖文物时，委托人、买受人要求对其身份保密的，文物行政部门应当为其保密；但是，法律、行政法规另有规定的除外。

第五十八条 文物行政部门在审核拟拍卖的文物时，可以指定国有文物收藏单位优先购买其中的珍贵文物。购买价格由文物收藏单位的代表与文物的委托人协商确定。

第五十九条 银行、冶炼厂、造纸厂以及废旧物资回收单位，应当与当地文物行政部门共同负责拣选掺杂在金银器和废旧物资中的文物。拣选文物除供银行研究所必需的历史货币可以由人民银行留用外，应当移交当地文物行政部门。移交拣选文物，应当给予合理补偿。

第六章 文物出境进境

第六十条 国有文物、非国有文物中的珍贵文物和国家规定禁止出境的其他文物，不得出境；但是依照本法规定出境展览或者因特殊需要经国务院批准出境的除外。

第六十一条 文物出境，应当经国务院文物行政部门指定的文物进出境审核机构审核。经审核允许出境的文物，由国务院文物行政部门发给文物出境许可证，从国务院文物行政部门指定的口岸出境。

任何单位或者个人运送、邮寄、携带文物出境，应当向海关申报；海关凭文物出境许可证放行。

第六十二条 文物出境展览，应当报国务院文物行政部门批准；一级文物超过国务院规定数量的，应当报国务院批准。

一级文物中的孤品和易损品，禁止出境展览。

出境展览的文物出境，由文物进出境审核机构审核、登记。海关凭国务院文物行政部门或者国务院的批准文件放行。出境展览的文物复进境，由原文物进出境审核机构审核查验。

第六十三条 文物临时进境，应当向海关申报，并报文物进出境审核机构审核、登记。

临时进境的文物复出境，必须经原审核、登记的文物进出境审核机构审核查验；经审核查验无误的，由国务院文物行政部门发给文物出境许可证，海关凭文物出境许可证放行。

第七章　法律责任

第六十四条　违反本法规定，有下列行为之一，构成犯罪的，依法追究刑事责任：

（一）盗掘古文化遗址、古墓葬的；

（二）故意或者过失损毁国家保护的珍贵文物的；

（三）擅自将国有馆藏文物出售或者私自送给非国有单位或者个人的；

（四）将国家禁止出境的珍贵文物私自出售或者送给外国人的；

（五）以牟利为目的倒卖国家禁止经营的文物的；

（六）走私文物的；

（七）盗窃、哄抢、私分或者非法侵占国有文物的；

（八）应当追究刑事责任的其他妨害文物管理行为。

第六十五条　违反本法规定，造成文物灭失、损毁的，依法承担民事责任。

违反本法规定，构成违反治安管理行为的，由公安机关依法给予治安管理处罚。

违反本法规定，构成走私行为，尚不构成犯罪的，由海关依照有关法律、行政法规的规定给予处罚。

第六十六条　有下列行为之一，尚不构成犯罪的，由县级以上人民政府文物主管部门责令改正，造成严重后果的，处五万元以上五十万元以下的罚款；情节严重的，由原发证机关吊销资质证书：

（一）擅自在文物保护单位的保护范围内进行建设工程或者爆破、钻探、挖掘等作业的；

（二）在文物保护单位的建设控制地带内进行建设工程，其工程设计方案未经文物行政部门同意、报城乡建设规划部门批准，对文物保护单位的历史风貌造成破坏的；

（三）擅自迁移、拆除不可移动文物的；

（四）擅自修缮不可移动文物，明显改变文物原状的；

（五）擅自在原址重建已全部毁坏的不可移动文物，造成文物破坏的；

（六）施工单位未取得文物保护工程资质证书，擅自从事文物修缮、迁移、重建的。

刻划、涂污或者损坏文物尚不严重的，或者损毁依照本法第十五条第一款规定设立的文物保护单位标志的，由公安机关或者文物所在单位给予警告，可以并处罚款。

第六十七条　在文物保护单位的保护范围内或者建设控制地带内建设污染文物保护单位及其环境的设施的，或者对已有的污染文物保护单位及其环境的设施未在规定的期限内完成治理的，由环境保护行政部门依照有关法律、法规的规定给予处罚。

第六十八条　有下列行为之一的，由县级以上人民政府文物主管部门责令改正，没收违法所得，违法所得一万元以上的，并处违法所得二倍以上五倍以下的罚款；违法所得不足一万元的，并处五千元以上二万元以下的罚款：

（一）转让或者抵押国有不可移动文物，或者将国有不可移动文物作为企业资产经营的；

（二）将非国有不可移动文物转让或者抵押给外国人的；

（三）擅自改变国有文物保护单位的用途的。

第六十九条　历史文化名城的布局、环境、历史风貌等遭到严重破坏的，由国务院撤销其历史文化名城称号；历史文化城镇、街道、村庄的布局、环境、历史风貌等遭到严重破坏的，由省、自治区、直辖市人民政府撤销其历史文化街区、村镇称号；对负有责任的主管人员和其他直接责任人员依法给予行政处分。

第七十条　有下列行为之一，尚不构成犯罪的，由县级以上人民政府文物主管部门责令改正，可以并处二万元以下的罚款，有违法所得的，没收违法所得：

（一）文物收藏单位未按照国家有关规定配备防火、防盗、防自然损坏的设施的；

（二）国有文物收藏单位法定代表人离任时未按照馆藏文物档案移交馆藏文物，或者所移交的馆藏文物与馆藏文物档案不符的；

（三）将国有馆藏文物赠与、出租或者出售给其他单位、个人的；

（四）违反本法第四十条、第四十一条、第四十五条规定处置国有馆藏文物的；

（五）违反本法第四十三条规定挪用或者侵占依法调拨、交换、出借文物所得补偿费用的。

第七十一条　买卖国家禁止买卖的文物或者将禁止出境的文物转让、出租、质押给外国人，尚不构成犯罪的，由县级以上人民政府文物主管部门责令改正，没收违法所得，违法经营额一万元以上的，并处违法经营额二倍以上五倍以下的罚款；违法经营额不足一万元的，并处五千元以上二万元以下的罚款。

文物商店、拍卖企业有前款规定的违法行为的，由县级以上人民政府文物主管部门没收违法所得、非法经营的文物，违法经营额五万元以上的，并处违法经营额一倍以上三倍以下的罚款；违法经营额不足五万元的，并处五千元以上五万元以下的罚款；情节严重的，由原发证机关吊销许可证书。

第七十二条　未经许可，擅自设立文物商店、经营文物拍卖的拍卖企业，或者擅自从事文物的商业经营活动，尚不构成犯罪的，由工商行政管理部门依法予以制止，没收违法所得、非法经营的文物，违法经营额五万元以上的，并处违法经营额二倍以上五倍以下的罚款；违法经营额不足五万元的，并处二万元以上十万元以下的罚款。

第七十三条　有下列情形之一的，由工商行政管理部门没收违法所得、非法经营的文物，违法经营额五万元以上的，并处违法经营额一倍以上三倍以下的罚款；违法经营额不足五万元的，并处五千元以上五万元以下的罚款；情节严重的，由原发证机关吊销许可证书：

（一）文物商店从事文物拍卖经营活动的；

（二）经营文物拍卖的拍卖企业从事文物购销经营活动的；

（三）拍卖企业拍卖的文物，未经审核的；

（四）文物收藏单位从事文物的商业经营活动的。

第七十四条　有下列行为之一，尚不构成犯罪的，由县级以上人民政府文物主管部门会同公安机关追缴文物；情节严重的，处五千元以上五万元以下的罚款：

（一）发现文物隐匿不报或者拒不上交的；

（二）未按照规定移交拣选文物的。

第七十五条　有下列行为之一的，由县级以上人民政府文物主管部门责令改正：

（一）改变国有未核定为文物保护单位的不可移动文物的用途，未依照本法规定报告的；

（二）转让、抵押非国有不可移动文物或者改变其用途，未依照本法规定备案的；

（三）国有不可移动文物的使用人拒不依法履行修缮义务的；

（四）考古发掘单位未经批准擅自进行考古发掘，或者不如实报告考古发掘结果的；

（五）文物收藏单位未按照国家有关规定建立馆藏文物档案、管理制度，或者未将馆藏文物档案、管理制度备案的；

（六）违反本法第三十八条规定，未经批准擅自调取馆藏文物的；

（七）馆藏文物损毁未报文物行政部门核查处理，或者馆藏文物被盗、被抢或者丢失，文物收藏单位未及时向公安机关或者文物行政部门报告的；

（八）文物商店销售文物或者拍卖企业拍卖文物，未按照国家有关规定作出记录或者未将所作记录报文物行政部门备案的。

第七十六条　文物行政部门、文物收藏单位、文物商店、经营文物拍卖的拍卖企业的工作人员，有下列行为之一的，依法给予行政处分，情节严重的，依法开除公职或者吊销其从业资格；构成犯罪的，依法追究刑事责任：

（一）文物行政部门的工作人员违反本法规定，滥用审批权限、不履行职责或者发现违法行为不予查处，造成严重后果的；

（二）文物行政部门和国有文物收藏单位的工作人员借用或者非法侵占国有文物的；

（三）文物行政部门的工作人员举办或者参与举办文物商店或者经营文物拍卖的拍卖企业的；

（四）因不负责任造成文物保护单位、珍贵文物损毁或者流失的；

（五）贪污、挪用文物保护经费的。

前款被开除公职或者被吊销从业资格的人员，自被开除公职或者被吊销从业资格之日起十年内不得担任文物管理人员或者从事文物经营活动。

第七十七条　有本法第六十六条、第六十八条、第七十条、第七十一条、第七十四条、第七十五条规定所列行为之一的，负有责任的主管人员和其他直接责任人员是国家工作人员的，依法给予行政处分。

第七十八条　公安机关、工商行政管理部门、海关、城乡建设规划部门和其他国家机关，违反本法规定滥用职权、玩忽职守、徇私舞弊，造成国家保护的珍贵文物损毁或者流失的，对负有责任的主管人员和其他直接责任人员依法给予行政处分；构成犯罪的，依法追究刑事责任。

第七十九条　人民法院、人民检察院、公安机关、海关和工商行政管理部门依法没收的文物应当登记造册，妥善保管，结案后无偿移交文物行政部门，由文物行政部门指定的国有文物收藏单位收藏。

第八章　附　则

第八十条　本法自公布之日起施行。

长城保护条例

第一条　为了加强对长城的保护，规范长城的利用行为，根据《中华人民共和国文物保护法》（以下简称文物保护法），制定本条例。

第二条　本条例所称长城，包括长城的墙体、城堡、关隘、烽火台、敌楼等。

受本条例保护的长城段落，由国务院文物主管部门认定并公布。

第三条　长城保护应当贯彻文物工作方针，坚持科学规划、原状保护的原则。

第四条　国家对长城实行整体保护、分段管理。

国务院文物主管部门负责长城整体保护工作，协调、解决长城保护中的重大问题，监督、检查长城所在地各地方的长城保护工作。

长城所在地县级以上地方人民政府及其文物主管部门依照文物保护法、本条例和其他有关行政法规的规定，负责本行政区域内的长城保护工作。

第五条　长城所在地县级以上地方人民政府应当将长城保护经费纳入本级财政预算。

国家鼓励公民、法人和其他组织通过捐赠等方式设立长城保护基金，专门用于长城保护。长城保护基金的募集、使用和管理，依照国家有关法律、行政法规的规定执行。

第六条　国家对长城保护实行专家咨询制度。制定长城保护总体规划、审批与长城有关的建设工程、决定与长城保护有关的其他重大事项，应当听取专家意见。

第七条　公民、法人和其他组织都有依法保护长城的义务。

国家鼓励公民、法人和其他组织参与长城保护。

第八条　国务院文物主管部门、长城所在地县级以上地方人民政府及其文物主管部门应当对在长城保护中作出突出贡献的组织或者个人给予奖励。

第九条　长城所在地省、自治区、直辖市人民政府应当对本行政区域内的长城进行调查；对认为属于长城的段落，应当报国务院文物主管部门认定，并自认定之日起 1 年内依法核定公布为省级文物保护单位。

本条例施行前已经认定为长城但尚未核定公布为全国重点文物保护单位或者省级文物保护单位的段落，应当自本条例施行之日起 1 年内依法核定公布为全国重点文物保护单位或者省级文物保护单位。

第十条　国家实行长城保护总体规划制度。

国务院文物主管部门会同国务院有关部门，根据文物保护法的规定和长城保护的实际需要，制定长城保护总体规划，报国务院批准后组织实施。长城保护总体规划应当明确长城的保护标准和保护重点，分类确定保护措施，并确定禁止在保护范围内进行工程建设的长城段落。

长城所在地县级以上地方人民政府制定本行政区域的国民经济和社会发展计划、土地利用总体规划和城乡规划，应当落实长城保护总体规划规定的保护措施。

第十一条　长城所在地省、自治区、直辖市人民政府应当按照长城保护总体规划的要求，划定本行政区域内长城的保护范围和建设控制地带，并予以公布。

省、自治区、直辖市人民政府文物主管部门应当将公布的保护范围和建设控制地带报国务院文物主管部门备案。

第十二条　任何单位或者个人不得在长城保护总体规划禁止工程建设的保护范围内进行工程建设。在建设控制地带或者长城保护总体规划未禁止工程建设的保护范围内进行工程建设，应当遵守文物保护法第十七条、第十八条的规定。

进行工程建设应当绕过长城。无法绕过的，应当采取挖掘地下通道的方式通过长城；无法挖掘地下通道的，应当采取架设桥梁的方式通过长城。任何单位或者个人进行工程建设，不得拆除、穿越、迁移长城。

第十三条　长城所在地省、自治区、直辖市人民政府应当在长城沿线的交通路口和其他需要提示公众的地段设立长城保护标志。设立长城保护标志不得对长城造成损坏。

长城保护标志应当载明长城段落的名称、修筑年代、保护范围、建设控制地带和保护机构。

第十四条　长城所在地省、自治区、直辖市人民政府应当建立本行政区域内的长城档案，其文物主管部门应当将长城档案报国务院文物主管部门备案。

国务院文物主管部门应当建立全国的长城档案。

第十五条　长城所在地省、自治区、直辖市人民政府应当为本行政区域内的长城段落确定保护机构；长城段落有利用单位的，该利用单位可以确定为保护机构。

保护机构应当对其所负责保护的长城段落进行日常维护和监测，并建立日志；发现安全隐患，应当立即采取控制措施，并及时向县级人民政府文物主管部门报告。

第十六条　地处偏远、没有利用单位的长城段落，所在地县级人民政府或者其文物主管部门可以聘请长城保护员对长城进行巡查、看护，并对长城保护员给予适当补助。

第十七条　长城段落为行政区域边界的，其毗邻的县级以上地方人民政府应当定期召开由相关部门参加的联席会议，研究解决长城保护中的重大问题。

第十八条　禁止在长城上从事下列活动：

（一）取土、取砖（石）或者种植作物；

（二）刻划、涂污；

（三）架设、安装与长城保护无关的设施、设备；

（四）驾驶交通工具，或者利用交通工具等跨越长城；

（五）展示可能损坏长城的器具；

（六）有组织地在未辟为参观游览区的长城段落举行活动；

（七）文物保护法禁止的其他活动。

第十九条　将长城段落辟为参观游览区，应当坚持科学规划、原状保护的原则，并应当具备下列条件：

（一）该长城段落的安全状况适宜公众参观游览；

（二）该长城段落有明确的保护机构，已依法划定保护范围、建设控制地带，并已建立保护标志、档案；

（三）符合长城保护总体规划的要求。

第二十条　将长城段落辟为参观游览区，应当自辟为参观游览区之日起5日内向所在地省、自治区、直辖市人民政府文物主管部门备案；长城段落属于全国重点文物保护单位的，应当自辟为参观游览区之日起5日内向国务院文物主管部门备案。备案材料应当包括参观游览区的旅游容量指标。

所在地省、自治区、直辖市人民政府文物主管部门和国务院文物主管部门，应当自收到备案材料之日起20日内按照职权划分核定参观游览区的旅游容量指标。

第二十一条　在参观游览区内举行活动，其人数不得超过核定的旅游容量指标。

在参观游览区内设置服务项目，应当符合长城保护总体规划的要求。

第二十二条　任何单位或者个人发现长城遭受损坏向保护机构或者所在地县级人民政府文物主管部门报告的，接到报告的保护机构或者县级人民政府文物主管部门应当立即采取控制措施，并向县级人民政府和上一级人民政府文物主管部门报告。

第二十三条　对长城进行修缮，应当依照文物保护法的规定办理审批手续，由依法取得文物保护工程资质证书的单位承担。长城的修缮，应当遵守不改变原状的原则。

长城段落已经损毁的，应当实施遗址保护，不得在原址重建。

长城段落因人为原因造成损坏的，其修缮费用由造成损坏的单位或者个人承担。

第二十四条　违反本条例规定，造成长城损毁，构成犯罪的，依法追究刑事责任；尚不构成犯罪，违反有关治安管理的法律规定的，由公安机关依法给予治安处罚。

第二十五条　违反本条例规定，有下列情形之一的，依照文物保护法第六十六条的规定责令改正，造成严重后果的，处5万元以上50万元以下的罚款；情节严重的，由原发证机关吊销资质证书：

（一）在禁止工程建设的长城段落的保护范围内进行工程建设的；

（二）在长城的保护范围或者建设控制地带内进行工程建设，未依法报批的；

（三）未采取本条例规定的方式进行工程建设，或者因工程建设拆除、穿越、迁移长城的。

第二十六条　将不符合本条例规定条件的长城段落辟为参观游览区的，由省级以上人民政府文物主管部门按照职权划分依法取缔，没收违法所得；造成长城损坏的，处5万元以上50万元以下的罚款。

将长城段落辟为参观游览区未按照本条例规定备案的，由省级以上人民政府文物主管部门按照职权划分责令限期改正，逾期不改正的，依照前款规定处罚。

在参观游览区内设置的服务项目不符合长城保护总体规划要求的，由县级人民政府文物主管部门责令改正，没收违法所得。

第二十七条　违反本条例规定，有下列情形之一的，由县级人民政府文物主管部门责令改正，造成严重后果的，对个人处1万元以上5万元以下的罚款，对单位处5万元以上50万元以下的罚款：

（一）在长城上架设、安装与长城保护无关的设施、设备的；

（二）在长城上驾驶交通工具，或者利用交通工具等跨越长城的；

（三）在长城上展示可能损坏长城的器具的；

（四）在参观游览区接待游客超过旅游容量指标的。

第二十八条　违反本条例规定，有下列情形之一的，由县级人民政府文物主管部门责令改正，给予警告；情节严重的，对个人并处1000元以上5000元以下的罚款，对单位并处1万元以上5万元以下的罚款：

（一）在长城上取土、取砖（石）或者种植作物的；

（二）有组织地在未辟为参观游览区的长城段落举行活动的。

第二十九条　行政机关有下列情形之一的，由上级行政机关责令改正，通报批评；对负有责任的主管人员和其他直接责任人员，依照文物保护法第七十六条的规定给予行政处分；情节严重的，依法开除公职：

（一）未依照本条例的规定，确定保护机构、划定保护范围或者建设控制地带、设立保护标志或者建立档案的；

（二）发现不符合条件的长城段落辟为参观游览区未依法查处的；

（三）有其他滥用职权、玩忽职守行为，造成长城损坏的。

第三十条　保护机构有下列情形之一的，由长城所在地省、自治区、直辖市人民政府文物主管部门责令改正，对负有责任的主管人员和其他直接责任人员依法给予行政处分；情节严重的，依法开除公职：

（一）未对长城进行日常维护、监测或者未建立日志的；

（二）发现长城存在安全隐患，未采取控制措施或者未及时报告的。

第三十一条　本条例自 2006 年 12 月 1 日起施行。

文物建筑开放导则

一、总　则

第一条　为科学指导和规范文物建筑开放工作，满足公共文化服务需求，确保文物和人员安全，根据《中华人民共和国文物保护法》等法律法规和标准规范制定本导则。

第二条　本导则所规定的开放条件、要求和操作规范，适用于各级文物保护单位、尚未核定公布为文物保护单位的不可移动文物中的古建筑以及近代现代重要代表性建筑等所有文物建筑，重点引导一般性文物建筑开放使用。

第三条　文物建筑开放应有利于阐释文物价值、发挥文物社会功能、保持文物安全、提升文物管理水平，在不影响文物建筑安全的前提下，依托文物建筑进行参观游览、科研展陈、社区服务、经营服务等活动。

文物建筑应采取不同形式对公众开放，现状尚不具备开放条件的文物建筑应创造条件对公众开放，鼓励机关、团体、企事业单位、集体和个人所有的文物建筑对公众开放。开放可采取全面开放或在有限的时段、有限的空间开放。

文物建筑开放应遵循正面导向、注重公益、促进保护、服务公众的原则。

第四条　具体使用文物建筑并负责开放工作的机关、团体、企事业单位、集体和个人等文物建筑的开放使用方是文物建筑开放使用的直接责任主体，应落实日常养护和管理责任。文物建筑所有权人应承担相应的法定责任和监管责任。

第五条　鼓励各级地方人民政府出台促进文物建筑开放的激励办法和保障措施。

二、开放条件

第六条　文物建筑开放应满足以下条件：

（一）文物本体无安全隐患，具备基本的开放服务保障，符合安防、消防的基本要求，能够保障人员安全和文物安全。

（二）文物建筑开放使用方责任清晰，能够承担开放的各项工作，履行文物日常保养职责。

（三）文物价值载体认定清晰。

第七条　文物建筑开放使用方应进行开放可行性评估，评估开放使用对文物的影响，根据文物保护要求和实际情况，科学制定开放策略和计划，并以恰当的方式向社会公布。

开放策略和计划需明确开放区域、开放内容、开放时间、日承载量、配套服务、保养维护、安全防范等内容。

第八条　文物建筑出现下列情况应立即停止开放并公告，进行整改：

（一）开放过程中出现重大文物险情，影响文物安全和文物价值，或造成恶劣社会影响；

（二）开放过程中出现安全事故等突发事件，威胁人员安全。

整改后，文物建筑开放使用方应重新进行开放可行性评估，确定文物建筑符合开放条件后，方可对外开放。重新开放前，应及时将整改情况向社会公告。

三、功能类型

第九条　文物建筑的使用功能应综合考虑文物价值、保存状况、重要性、敏感度、社会影响力以及使用现状等确定。

第十条　文物建筑使用功能调整或改变，应进行可行性评估，客观分析影响，提升开放使用的社会效益。调整或改变功能应符合法定程序，并向社会公示。

第十一条　文物建筑开展宗教活动应符合国家有关宗教政策并履行法定程序。

第十二条　文物建筑使用功能可参照但不限于以下类型：

（一）社区服务：祠堂、会馆、书院和图书馆、学校等近现代建筑，可作为社区书屋、公益讲堂、文化站、管理用房等，开展文化活动，发挥服务功能。

（二）文化展示：文物价值、建筑特征、空间规模等方面具备条件的古建筑和行政、会堂、工业等功能的近现代建筑，可作为博物馆、展示馆、美术馆或科研展陈场所等，进行文物建筑现状展示或进行陈列布展，发挥文化传播、科研和教育功能。

（三）参观游览：宫殿、庙宇、园林、牌楼、塔幢、楼阁、古城墙、门阙、桥梁和文化纪念、交通等功能的近现代建筑，可作为参观游览对象，发挥游憩、纪念和教育功能。

（四）经营服务：民居古建筑和住宅、工商业等功能的近现代建筑，在确保安全的前提下，可作为小型宾馆、客栈、民宿、店铺、茶室、传统工艺作坊等经营服务场所，发挥服务功能。

（五）公益办公：文庙、书院等古建筑和行政、金融、商肆等近现代建筑，可作为公益性机构、院校等办公场所，划定开放区域，明确开放时段，并采取信息板、多媒体、建筑实物展示等方式开放。

第十三条 鼓励文物建筑开放使用方加强文物建筑价值的发掘和综合研究，向社会公布研究成果、普及文化知识、宣传文物价值，提高公众文物保护意识。

四、开放方式和要求

第十四条 文物建筑可采用以下开放方式：

（一）景区景点中的文物建筑，应尽最大限度向公众全面开放，可根据文物建筑特点和开放需要，采取日游和夜间游览等分时段开放方式，提升游客观光体验。

（二）具备开放条件的办公、居住或存在私密性空间的文物建筑，可采取有限开放方式，明确开放区域和时间。

（三）保存状况脆弱、敏感度较高的文物建筑，应根据日承载量采取限流措施，可推行参观游览预约制。

第十五条 文物建筑开放应重点阐释和展示其独特价值和历史文化信息，弘扬社会主义核心价值观，坚持积极健康的文化导向，提高公众审美水平。

第十六条 文物建筑阐释和展示主要采用建筑实物陈列展示、建筑图文信息展览、设计建筑游线、导览和讲解、应用多媒体和建设网站等方式，说明文物建筑的历史、艺术、科学价值及相关的社会、文化、事件、人物关系及其背景，为增进公众对文物建筑的认知。文物建筑的阐释和展示应在研究基础上，采用多种方式真实、准确、生动地展现文物建筑的价值特征。

（一）文物建筑展示方式可采取本体展示、陈列展示、标识展示、数字展示等。

（二）文物建筑阐释可采用建立图文展示系统、解说导览系统，举办文化教育活动、文化艺术活动、公众考古活动等方式。

（三）鼓励采用新技术、新理念科学阐释和展示文物建筑的价值。

（四）鼓励开展公众参与、体验、互动式活动。

第十七条 文物建筑开放使用建设应坚持最小干预原则，不得影响文物建筑原有的形式、格局和风貌，不得改变结构体系，不得损毁文物建筑、影响文物价值。开放使用相关建设项目应按照法律法规要求履行相应报批程序。

（一）应合理控制开放使用范围、内容和强度，修缮过程中应充分考虑开放使用，避免二次装修、空间改造、设施设备装配影响文物安全。

（二）装修应确保建筑结构安全，优先使用传统材料和工艺做法，并符合节能环保及防火要求。

（三）文物建筑现状适用的空间结构和设施设备应优先利用。新增设施设备应首先评估对文物建筑结构安全的影响，有利于文物建筑装饰陈设和结构保护，与环境相协调，并利于日常巡查、监测和维修。

（四）新建设施应充分尊重现有建筑，形式、体量、高度和外观色彩应与文物建筑相协调。

（五）加强对捐赠行为的管理，不得以捐赠为名随意添建建筑、设施、塑像、碑刻等。

第十八条　文物建筑开放应体现公益性和社会性导向，鼓励社会力量参与文物建筑开放工作，成立志愿者队伍，提供义务讲解和免费服务。

各利益相关方应可通过签订合同、协议等方式确保各方合法权益。用于经营性的开放使用活动收益应有一定比例用于文物建筑的日常保养维护。

五、日常管理与维护

第十九条　开放使用方应熟知文物保护的基本要求，加强日常开放管理和保养维护。

（一）应建立日常管理制度，并落实具体负责人和职责分工。

（二）文物建筑产权人、开放使用人应签订协议，明确文物安全、保养维护、监督管理等方面各方责任和义务。

第二十条　文物建筑的日常开放管理工作主要包括：

（一）及时向社会公布开放信息。

（二）应按照《文物消防安全检查规程》、《文物建筑消防管理规则》等相关安消防法律法规，落实安消防责任和措施，配备安消防设施设备，规范用火用电行为，制定安全措施和应急预案，做好定期安消防检查、记录和相关培训工作。

（三）定期评估开放效果，包括文物安全、开放成效、管理措施、游客和周边社区满意度等，并根据评估结果作出适当调整。

第二十一条　文物建筑的日常保养维护工作主要包括：

（一）重点巡查游客量大、开放时间长、使用频率较高的区域，了解、记录文物建筑内电力、电信、燃气、供暖、给排水等设施设备使用情况，及时排除安全隐患。

（二）定期巡查和保养维护文物建筑的屋面、大木构架、楼地面、月台、台明、栏杆等脆弱、易损部位，以及院落排水、山石、驳岸、游步道、护坡等安全隐患部位，按技术规程开展保养维护工作。发现重大文物病害及安全隐患，应及时报告上级主管部门和地方文物行政部门，并采取必要的保护措施。

第二十二条　鼓励文物建筑开放使用方开展以下工作：

（一）采用新技术动态监测文物安全、环境状况、参观人流和活动情况等，监测数据建档保管。

（二）建立公众信息平台，利用网络等新媒体、新技术及时公布科研成果、管理情况和活动信息，促进本地居民、游客、专家学者、企事业单位、志愿者等参与文物保护交流与合作，优化开放使用，推动文化建设。

1. 文物建筑开放参考流程

2. 文物建筑开放使用功能分析表

3. 文物建筑阐释与展示参考要点

4. 文物建筑开放使用建设与设施布置参考要点

附件 1

文物建筑开放参考流程

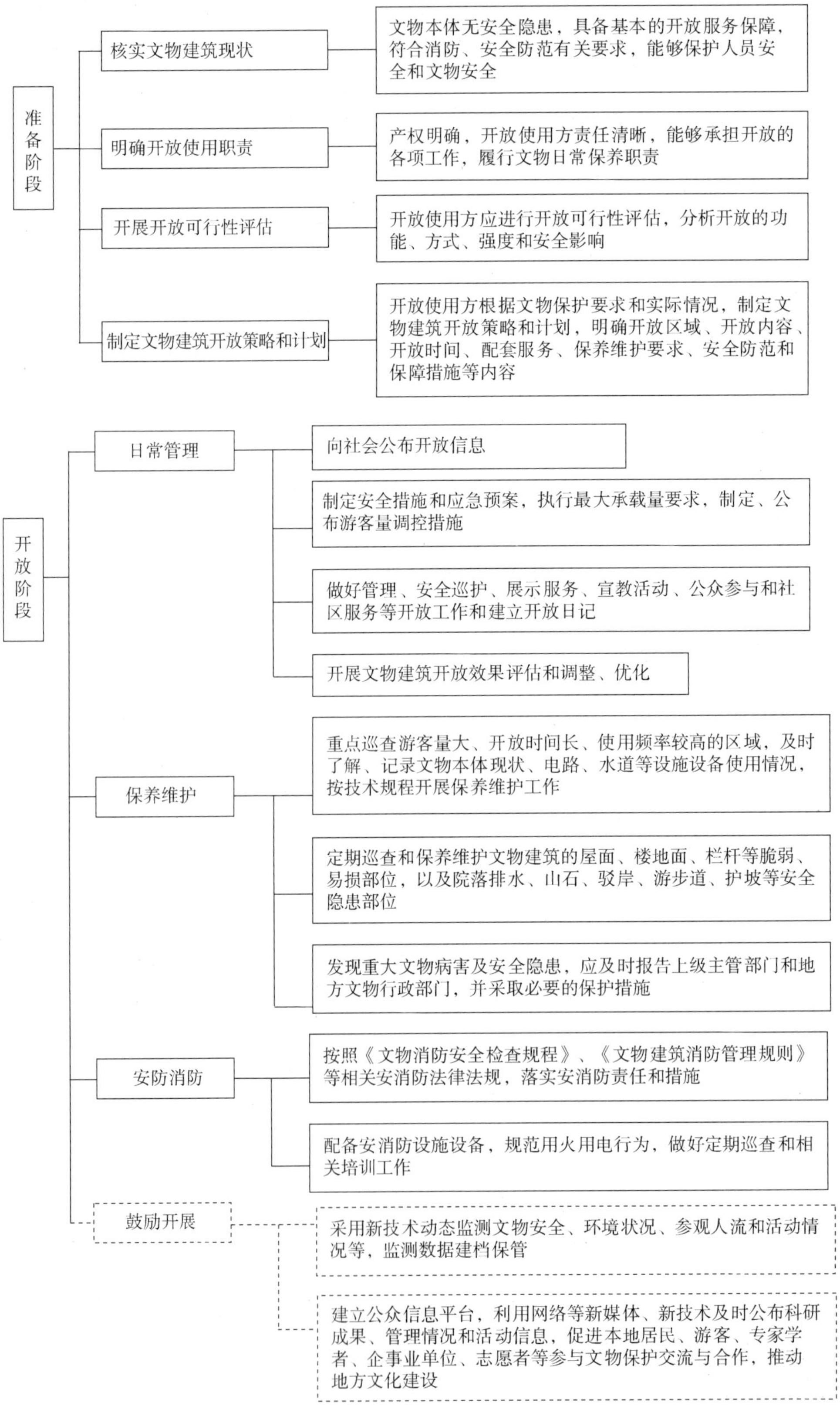

附件 2

文物建筑开放使用功能分析表

功能分类	功能内容	适用范围	注意事项
社区服务	社区书屋、公益讲堂、文化站、管理用房等，开展文化活动，发挥服务功能	祠堂、会馆、书院和近现代图书馆、学校等文物建筑	1. 在确保文物价值和安全的前提下，优化功能空间，适度配置设施设备。 2. 功能空间优化和设施设备安装应具有可逆性。 3. 应在明确文物建筑使用强度、游客承载量的前提下，优化建筑使用条件。同时，应制定应急措施和日常维护措施，确保文物和人员安全。
文化展示	博物馆、展示馆、美术馆或科研展陈场所等，进行文物建筑现状展示，或进行陈列布展，发挥文化传播、科研和教育功能	在文物价值、建筑特征、空间规模具备条件的古建筑和近现代行政、会堂、工业建筑等文物建筑	1. 统筹考虑文物建筑和展陈物品、家具陈设的布置与存放安全，提供良好的展陈条件和科研环境。 2. 在保证疏散安全前提下，鼓励合理、高效利用文物建筑空间。 3. 对展示参观条件的改善应适度控制。
参观游览	景观和游览对象，或参观、缅怀对象，发挥游憩、纪念和教育功能	宫殿、庙宇、园林、牌楼、塔幢、楼阁、古城墙、门阙、桥梁和近现代文化纪念、交通建筑等文物建筑	1. 注意保护文物建筑的历史景观环境。 2. 加强外部空间游线设计，组织娴静的游赏活动。 3. 不宜在文物建筑本体附加过多的展陈设施，不得任意改动原有园林围墙。 4. 可酌情增加座椅、垃圾桶等服务设施，提供基本的室外参观条件。 5. 名人故居以复原陈列为主。 6. 鼓励宣传文物建筑价值活动，如科学讲座等，增加公众的参与和互动。
经营服务	小型宾馆、客栈、民宿、店铺、茶室、传统工艺作坊等经营服务场所，发挥服务功能	民居古建筑和近现代住宅、商业建筑等文物建筑	1. 兼顾文物建筑开放使用的公益性，可采用有限开放方式，并利用展板，陈列等多种方式宣传、展示文物价值。 2. 科学确定经营活动类型和内容，以使经营活动有利于延续和传达文物建筑的价值特色。 3. 在确保文物价值和安全的前提下，优化功能空间，适度配置设施设备。 4. 应在明确文物建筑使用强度、游客承载量的前提下，优化建筑使用条件。同时，应制定应急措施和日常维护措施，确保文物和人员安全。
公益办公	公益性机构、院校等办公场所，可以划定开放区域，明确开放时段，并采取信息板、多媒体、建筑实物展示等方式开放	书院等古建筑和近现代行政、金融等文物建筑	1. 兼顾文物建筑开放的公益性，可采用有限开放方式，宣传、展示文物价值。 2. 办公功能应根据文物建筑承载力合理调整，避免过度使用，并规范用火用电行为。 3. 应制定应急措施和日常维护措施，确保文物和人员安全。

附件 3

文物建筑阐释与展示参考要点

一、文物建筑阐释应注意以下要点：

（一）重点阐释文物建筑的核心价值，采用通俗易懂的方式向游客展现文物建筑的历史信息，避免误解或含有封建迷信内容。

（二）充分考虑民族、宗教信仰、年龄、职业、地区差异，针对不同社会群体制定相应的阐释策略，提高阐释水平。鼓励丰富阐释方式。

（三）全面记录阐释的信息来源、阐释与展示方案、活动情况等，并及时归档。

二、文物建筑阐释内容应着重以下方面：

（一）文物建筑的历史文化内涵，包括建筑选址、材料、工艺、结构、装饰、风格、形制等文物建筑历史文化信息，以及庭院、园林、匾额、楹联题刻等文化景观资源。

（二）文物建筑的原有格局和保护维修沿革，包括文物建筑在所处时代和区域的历史地位和价值，及其对该时代、区域整体文化内涵的影响。有限开放的文物建筑，应阐释文物建筑的历史背景、整体格局及历史沿革等信息。

（三）文物建筑的发展演变过程和各个阶段特征，包括标语、口号，不同时期改建的历史痕迹等各时期历史信息，并准确标注时间。

（四）文物建筑本身的功能变化、使用单位、使用人及与重大历史事件、人物的相关性。

（五）文物建筑周边景观、自然环境和地理条件。

三、文物建筑阐释包括但不限于以下方式：

（一）解说导览系统，包括讲解员、标志标识系统、智能导览、出版物和宣传品等。

1. 解说内容应科学、准确、生动地阐释文物价值，兼具知识性和趣味性，表达方式易被游客理解和接受。

2. 讲解员讲解时应注意普及文物保护知识和内容，传达文物保护理念。

3. 标志标识系统应与文物建筑文化特色、景观环境相协调，体量、尺度、色彩、材质适宜，文字及图案内容清晰、直观，突出文化性、生态性、艺术性和功能性。鼓励采用双语标识及国际通用图形标志。

（二）文化教育活动，包括教育项目、社区活动、公共讲座、培训、公众考古等。

1. 在文物建筑内开展文化教育活动，应充分考虑文物建筑和人员安全问题，细化现场组织措施，制定必要的应急预案。

2. 鼓励与当地教育部门、社区和媒体合作，积极利用网站、微博等新媒体，科学阐释和传播文物建筑价值。

3. 鼓励结合考古和保护工作，开展公众考古活动，促进公众参与保护与学习。公众考古活动应确保人员和文物安全。文物保护工地现场参观时，可开辟单独通道，开放展示文物修缮主体或考古遗迹。

4. 鼓励文物建筑价值阐释相关的展览、表演、非物质文化遗产展示活动等。应及时对外公告展览和活动信息、服务项目、开放时间等，并采取有效措施避免干扰当地居民正常生活。

四、文物建筑展示应注意以下要点：

（一）根据文物建筑的空间布局特征、现存状况和景观特点，合理确定展示流线和服务设施配置。展示流线应考虑建筑组群关系、空间序列、功能组织等。

（二）以文物建筑实物为主要展示对象，适当考虑历史场景和景观环境展示，营造与文物价值相符的历史氛围。鼓励根据历史研究成果进行多手段展示，并在显著位置说明复制品、仿制品及其他辅助展示手段。

（三）设置标志，说明文物建筑重要部位，展示其位置、规模、功能等信息。

（四）加强展示交流，提高公众参与的积极性，定期发放调查问卷，接受社会监督，优化改进展示工作。

五、鼓励采用电子触控屏、虚拟现实展示装置、移动终端 APP、交互平台等新技术手段展示文物建筑价值，形成数字化、网络化传播与现场参观、实地考察之间的互动互补。

六、鼓励研发文创产品，培育特有文创品牌，通过产品营销扩大文物建筑的社会影响力，传播文物建筑价值。

附件 4

文物建筑开放使用建设与设施布置参考要点

一、文物建筑室内空间改造应注意以下要点：

（一）科学评估文物建筑的空间条件及承受能力，根据评估结果综合确定适宜的利用方式、空间改造措施和强度，优先利用已有建筑空间，确保文物建筑安全。

（二）重新布置文物建筑内空间或进行室内陈列布展时，严格保护文物建筑组成部分的分隔墙、装修装饰、构件，重要的室内装饰应适度开放展示。

（三）新增构件、装饰材料、设备应具有可识别性和可逆性，不得以文物建筑构件承重，尽量符合节能环保要求，规模适度、功能合理，风格、色彩与文物建筑环境相协调。鼓励采用当地传统建筑材料。

（四）新增吊顶时，不宜将文物建筑原有裸露构件全部隐蔽于吊顶内，可采用观察窗或其它方式，便于日常观察、监测文物建筑现状和病害情况。完全遮蔽的文物建筑构件应定期检查，及时发现、处理隐患，确保文物安全。

（五）施工前应进行文物建筑室内详细测绘，及时发现、处理文物建筑构件变形、损伤等问题，记录项目每天的人员安排、工作内容、进度和重要发现等，项目资料应归档保存。

二、照明灯具和电气设备安装应注意以下要点：

（一）严格执行有关电气安装使用、消防安全的管理要求、技术规范和导则，相关设计方案履行报批程序。

（二）严禁使用卤钨灯等高温照明灯具或电炉等加热器。

（三）敷设电气线路应符合消防安全要求，有阻燃措施，严禁乱拉乱接电线。

（四）应分区安装单独分支回路，独立设置控制开关。控制开关、熔断器均应安装在专用配电箱内。配电箱应设在室外，有条件的应单独设置配电室。

（五）定期检查电气设施使用情况，并做好记录。

三、给排水和保温供暖设备安装应注意以下要点：

（一）严格执行有关给排水和保温供暖的管理要求、技术规范和导则，相关设计方案履行报批程序。

（二）严禁使用烧柴、煤炉等使用明火的供暖设备。

（三）敷设线路应采取必要的安全保护措施，严禁靠近易损文物构件。

（四）定期检查给排水和供暖设施使用情况。

（五）保温材料应符合消防耐火等级要求。

四、新增展示、服务、交通等设施应注意以下要点：

（一）确需新建的设施尽量远离文物本体，形式、体量、规模和外观色彩应与文物建筑协调。停车场、游客服务中心等设施应结合周边区域规划统一设置，尽量利用现有设施。

（二）不应随意改变开放区内原有园路、桥梁的走向和标高。确需拓宽道路时，应具有可识别性，并与环境相协调。新增游览步行道路应尽量采用生态型材料，控制铺设范围，不建议使用柏油、水泥等现代铺装材料。

（三）因展示和经营服务的需要而增加的广告和店招等设施，形式、尺度、色彩和材料运用应与文物建筑风貌协调，不影响文物建筑形象的展示与传统环境面貌，不应对文物建筑立面和原有装饰构件进行大面积遮挡。

五、园林景观工程应注意以下要点：

（一）应以文物价值和研究成果作为工程设计依据，注意符合文物价值特征和历史氛围，避免城市园林化、现代化设计倾向。

（二）保护院落内植物品类，新增树池、花池、水池等园林设施、小品需有科学依据。

（三）以乡土植物作为主要植被选种，植物的优化调整应有利于保护文物建筑环境和地域性的生态环境。

（四）山石驳岸应以现状整修、展示为主，不应改变历史形制。缺损的假山不宜另行补配山石，应进行现状加固和展示。

后 记

多年来，山东省古建筑保护研究院（原山东省文物科技保护中心）、山东省文物工程公司的各位同事一直工作在齐长城遗址保护的前线，先后编制并实施了《齐长城起点至陡岭子段抢救性保护方案》《齐长城莱芜青石关东门关段抢救性保护方案》《齐长城莱芜锦阳关段修缮保护方案》《齐长城沂源核桃崮段抢救性保护方案》《齐长城沂山桲根腿段抢救性保护方案》《齐长城沂山桲根腿东岭段抢救性保护方案》《齐长城安丘城顶山段维修保护方案》《齐长城诸城石河头段及黑王家沟段修缮保护方案》《齐长城响水崖子南山、邹家沟东山段修缮保护方案》《齐长城诸城史家夼北山段修缮保护方案》《沂水穆陵关西段维修保护方案》《齐长城莒县大店子段修缮保护方案》《齐长城五莲前长城岭至张榜沟段抢救性保护方案》《齐长城胶南金猪坑至苗家段修缮保护方案》《齐长城黄岛王家墩子至曹成山东坡段修缮保护方案》《齐长城黄岛长城村至徐山段抢救性保护方案》《齐长城黄岛月季山西坡 B 段至曹城山中段维修保护方案》《齐长城黄岛史家夼东山至山周村西山段抢救性保护方案》，以及《齐长城人文自然风景带建设规划》《齐长城遗址总体保护规划》，对齐长城遗址的保护利用做出了突出贡献。

本书旨在整合已取得的工作成果，系统梳理齐长城保护理念和方法，记录并分享保护工作经验和收获，希冀能为今后将会继续开展的齐长城遗址保护工作提供借鉴。

齐长城遗址保护工作以及本书的编写，得到了全省各级文物行政部门领导、专家们的大力支持，在此深表感谢。特别感谢山东省文物局原副局长由少平、王永波的悉心指导，感谢省文化和旅游厅博物馆与社会文物处倪国圣处长、文物保护与考古处王守功处长、原省文物科技保护中心孙博主任、陈雯副主任的大力支持。

本书的顺利出版得益于齐鲁书社贺伟先生、马安钰女士鼎力相助，在此一并感谢。

由于编者学术水平有限，不妥及疏漏之处在所难免，敬请各位专家、读者指正。

编写组

2020 年 1 月

图书在版编目（CIP）数据

齐长城遗址保护与研究 / 山东省古建筑保护研究院编著. -- 济南 : 齐鲁书社, 2020.1
ISBN 978-7-5333-4313-2

Ⅰ. ①齐… Ⅱ. ①山… Ⅲ. ①长城—古建筑遗址—保护—研究—山东 Ⅳ. ①K928.77

中国版本图书馆CIP数据核字(2020)第022666号

齐长城遗址保护与研究

山东省古建筑保护研究院　编著

主管单位	山东出版传媒股份有限公司
出版发行	齊鲁書社
社　　址	济南市英雄山路189号
邮　　编	250002
网　　址	www.qlss.com.cn
电子邮箱	qilupress@126.com
营销中心	（0531）82098521　82098519
印　　刷	山东星海彩印有限公司
开　　本	889mm×1194mm　1/16
印　　张	27
插　　页	16
字　　数	560千
版　　次	2020年1月第1版
印　　次	2020年1月第1次印刷
标准书号	ISBN 978-7-5333-4313-2
定　　价	198.00元